Monika Brunsting / Hans-Jörg Keller / Josef Steppacher
(Herausgeber)

Teilleistungsschwächen
Prävention und Therapie

D1725520

Monika Brunsting
Hans-Jörg Keller
Josef Steppacher (Hrsg.)

Teilleistungsschwächen

Prävention
und Therapie

EDITION SZH
EDITION SPC

© 1990
Edition SZH/SPC

der Schweizerischen Zentralstelle für Heilpädagogik (SZH) Luzern
du Secrétariat suisse de pédagogie curative et spécialisée (SPC) Lucerne
del Segretariato svizzero di pedagogia curativa e speciale (SPC) Lucerna
dal Secretariat svizzer da pedagogia curativa e speziala (SPC) Lucerna

Graphische Anstalt Schüler AG Biel
Printed in Switzerland

ISBN 3-908264-24-3

Inhalt

Vorwort

Der vorliegende Band enthält den Grossteil der Beiträge an das Symposium mit gleichnamigem Titel, das Ende 1989 an der Universität Zürich stattfand. Anlass für diesen fachlichen Austausch bot der 65. Geburtstag von Prof. Dr. Hans Grissemann. Das Institut für Sonderpädagogik und der Verband Zürcher Legasthenie- und Dyskalkulietherapeuten als Veranstalter durften eine grosse Zahl von Zuhörerinnen und Zuhörern, Referentinnen und Referenten begrüssen, die alle im weiten Feld der Prävention und Therapie von Teilleistungsschwächen tätig sind.

So vielfältig wie die Arbeitsgebiete der Referierenden sind auch auch ihre Beiträge ausgefallen. Entsprechend schwierig war es, die Referate den Kapiteln dieses Sammelbandes zuzuweisen. Die Kapitelüberschriften dürfen deshalb nur als grober Wegweiser dienen, viele Beiträge lassen sich - zum Glück - nicht einfach den «sonderpädagogischen Grundlagen», der «Prävention», «Diagnostik» oder «Therapie» zuordnen.

Das Patentrezept zur Vermeidung von Teilleistungsschwächen und *die* Therapiemethode wird man allerdings vergeblich suchen - es gibt sie nicht. Wir hoffen aber, es gelinge, Prävention und Therapie von Teilleistungsschwächen in ihrer Mehrdimensionalität aufzeigen, Denkanstösse zu vermitteln und auch einige Antworten zu geben. Wir hoffen, das Buch sei allen nützlich, die in irgendeiner Weise im Dienste der Menschen stehen, die Schwierigkeiten in der Aneignung und Anwendung der Kulturtechniken haben oder bekommen könnten.

Zürich, im Herbst 1990   die Herausgeber

Alois Bürli

Was ist gute Sonderpädagogik?

Einige Grundsatzüberlegungen sowie Ergebnisse der Schulwirkungsforschung

1. Eine Fülle von Fragen

Was ist gute Sonderpädagogik? Dies ist eine schwierige, eine persönliche, eine vernachlässigte, eine wichtige, eine permanente und gleichzeitig eine aktuelle Frage.

Soll die Sonderschule zur Volksschule gehören? Welcher Kanton hat das beste sonderpädagogische System? Ist es gut, wenn diese Sonderschule strikte nur geistigbehinderte Kinder aufnimmt? Braucht dieses Kind einmal wöchentlich oder einmal täglich Therapie? Was können wir vom Ausland lernen? - Es ist erstaunlich, dass wir auf diese geläufigen Fragen nicht eine spontane und sichere Antwort haben. Offenbar lässt sich das, was wir täglich tun oder propagieren, nicht mit hieb- und stichfesten Argumenten und ohne langes Nachdenken begründen. Und offensichtlich sind wir uns nicht gewohnt, die Wirksamkeit und Qualität unserer sonderpädagogischen Bemühungen nach aussenhin zu rechtfertigen.

Sind dies vielleicht alles Fragen, die jeder nach seinem persönlichen Geschmack beantworten muss?

Eigentlich sollte man meinen, es wäre wichtig, die Wirksamkeit unserer pädagogisch-therapeutischen Massnahmen zu kennen, um dementsprechend unsere Arbeitsweise zu gestalten und zu verbessern. Welches sind die Bedingungen für das Auftreten von Schulerfolg und Schulversagen? Sind zum Beispiel die dinghaft gemachten Teilleistungsstörungen lediglich das Ergebnis schlechter Schulen?

Die Frage nach der Qualität von Bildung und Schulung hat die pädagogischen Reformer aller Zeiten beschäftigt. Vielfach geschah dies unter dem Blickwinkel, ob das Bildungswesen angesichts der technischen Entwicklung den künftigen Ansprüchen zu genügen vermöge oder ob es allen Schichten der Bevölkerung im Sinne der Chancengleichheit Rechnung trage. Aufgeschreckt durch den Bildungsvergleich Japan/ USA dominiert heute die Fragestellung, ob der Westen dem Ansturm und Wettbewerb des Ostens wirtschaftlich, aber auch hinsichtlich Ausbildung, Leistungsbereitschaft und beruflichen Qualifikationen gewachsen sei.

In der Allgemeinen Pädagogik wird die Qualitätsfrage im Rahmen der Schulwirkungsforschung in den letzten Jahren vermehrt gestellt. Die Wirtschaftsorganisation OECD bemüht sich sogar um die Entwicklung eines Indikatorensystems, mit welchem die Qualität des Bildungswesens eines Landes kontinuierlich überprüft werden kann.

In der Sonderpädagogik ist diese Frage explizit vor kurzem in Aufsätzen von ANSTÖTZ (1987) und HAEBERLIN (1987) aufgetaucht, wobei es hier um die Ausbildung zum «guten» Sonderpädagogen ging. Wenn es stimmt, dass (auch) die Sonderpädagogik in einer Wendezeit, in einer Orientierungs- und Normenkrise steht und bisher Unbestrittenes in Zweifel gezogen wird, dann ist kritisches und bewusstes Nachdenken über die Qualität der Sonderpädagogik besonders angezeigt. Die Wert- und damit die Zielfrage wurde bekanntlich - und wird auch heute noch in der (Sonder-)Pädagogik oft ausgeklammert, weil sie, je nach Standpunkt, der rationalen Begründung nicht bzw. schwer zugänglich ist.

Bevor wir zu ersten Antworten vordringen, noch einige weitere, konkretere Fragen zum sonderpädagogischen Handlungsfeld, das aufgegliedert werden soll (vgl. Abb.) in a) Gesamtsystem pädagogischer Angebote für Behinderte, b) Subsystem Einrichtung (Schule, Sonderschule, Heim, Beratungsstelle), c) pädagogisch-therapeutische Situation (Klasse, Therapiestunde, Fördersituation): Ist es gut, behinderte Kinder in separaten Sonderklassen und Sonderschulen zu fördern, oder ist es besser, sie gemeinsam mit nichtbehinderten Kindern zu schulen? Ist es richtig, zwölf oder sieben oder fünf Behinderungskategorien zu unterscheiden, oder sollten am besten alle Behinderungskategorien abgeschafft werden? - Ist in diesem Heim der Personalschlüssel 1:2 richtig, oder ginge es nicht auch mit 1:4? - Soll diese Beratungsstelle organisatorisch-finanziell mit der Sonderschule verbunden werden oder bleibt sie besser unabhängig? - Soll der Legastheniker mit diesem Kind zielgerichtet Lesetraining betreiben oder mit ihm in entspannter Atmosphäre malen? - Ist es gut, die Eltern als Co-Therapeuten beizuziehen?

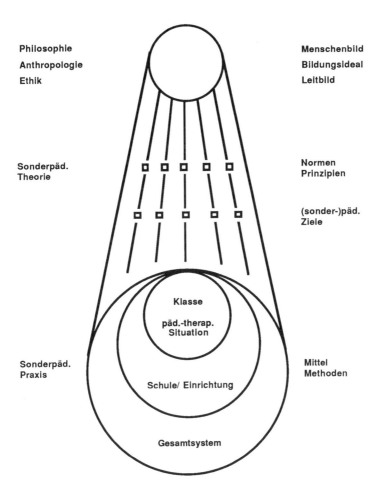

2. Das mühsame Suchen nach Antworten

Eine erste Teilantwort auf all diese Fragen könnte sein: Es kommt darauf an, was wir wollen! Oder etwas wissenschaftlicher ausgedrückt: Die Wahl der (sonder-) pädagogischen Mittel und Methoden hängt von unseren Zielsetzungen ab. Und ob (sonder-)pädagogisches Tun richtig ist, hängt davon ab, ob es auf das gesteckte Ziel hin ausgerichtet ist.

Jedes sonderpädagogische Handeln ist von bestimmten Zielvorstellungen geprägt. Jeder, der (sonder-)pädagogisch tätig ist, orientiert sich dauernd und mehr oder weniger bewusst an Zielen und Normen.

Selbstverständlich sollte unser sonderpädagogisches Handeln nicht nur auf Ziele ausgerichtet, sondern es sollte auch geeignet sein, im Idealfall sich sogar als geeignet erwiesen haben, das als richtig erachtete Ziel zu erreichen. Leider können wir in der (Sonder-)Pädagogik die Wirkung eines Handelns selten oder nur sehr schwer stringent beweisen; dies gilt erst recht für die spezifische, einzigartige Wirkweise einer Methode. Es kommt hinzu, dass uns oft der Massstab und schon gar der Einheitsmassstab für alle Fälle bzw. für alle Kinder fehlt, um beurteilen zu können, ob und in welchem Ausmass ein Ziel erreicht ist.

In der Pädagogik wie in der Sonderpädagogik sind sowohl bewusste, ausdrücklich formulierte wie auch unbewusste und unreflektierte Normen und Erziehungsziele wirksam.

Einige Beispiele heute gängiger sonderpädagogischer Zielsetzungen: Das behinderte Kind soll ganzheitlich, es soll optimal gefördert werden; seine Störung soll wenn möglich behoben, eventuell vermindert werden; es soll zur Selbständigkeit erzogen werden; es soll lernen, zusammen mit nichtbehinderten Kindern zu leben und sich unter ihnen zu behaupten; oder schlicht und einfach: es soll lesen lernen.

(Sonder-)Pädagogische Ziele ihrerseits werden mehr oder weniger konsequent abgeleitet von einem philosophisch oder theologisch begründeten ethischen System, von einem zusammenhängenden Gefüge von Sollvorstellungen, Werten und Tugenden.

Analog zu den bereits genannten Beispielen könnten solche Sollvorstellungen etwa lauten: Der Mensch hat entfaltet, gebildet, gefördert, störungsfrei, selbständig, solidarisch zu sein. - Hierher gehören auch die bekannten Leitideen wie: Normalisierung, Integration, Emanzipation, Akzeptanz und Toleranz, Selbst- und Mitbestimmung.

Verbinden wir auf der Ebene der Philosophischen Anthropologie die Wesens- und Zielvorstellungen vom Menschen zu einem komplexen Bild menschlichen Handelns und menschlicher Haltung, so wird von Menschenbild gesprochen.

Im sonderpädagogischen Zusammenhang gehören hierher bspw. Aussagen über den behinderten Menschen, der kein Sondermensch ist, sondern lediglich besondere erzieherische Bedürfnisse hat, welchen ein gutes sonderpädagogisches System Rechnung tragen muss. Hierher gehören auch die paradigmatischen Auffassungen über Behinderung, ihre Deutung als gottgewollt, personverhaftet, in der Interaktion erzeugt oder system- bzw. gesellschaftsbedingt. Selbstverständlich liegt auch der Diagnose «Teilleistungsstörung» eine ganz spezifische Auffassung vom Menschen und von Behinderung zugrunde.

Wie steht es mit der Gültigkeit und Richtigkeit von Menschenbildern, Leitideen und (sonder-)pädagogischen Zielsetzungen? - Es herrscht weitgehend die Auffassung, dass diese nicht zeitlos, sondern dem geschichtlichen Wandel unterworfen sind. Ferner sind sie an bestimmte gesellschaftlich-kulturelle Gruppen und Schichten gebunden. Eine allgemeingültige Anthropologie und Ethik für alle Menschen aller Zeiten zu formulieren ist unmöglich. Was gute Sonderpädagogik ist, wird vom Schüler, vom Lehrer, von den Eltern, von der Verwaltung, vom Bildungspolitiker vermutlich etwas unterschiedlich beantwortet.

Menschenbilder und Leitideen in der Sonderpädagogik sind zwar wichtig, aber aus diesen philosophisch-ethischen Aussagen, aus diesen relativ abstrakten Darstellungen menschlicher Wesenszüge lassen sich konkrete pädagogische Zielvorstellungen und Handlungsweisen nur schwer und nicht widerspruchslos ableiten. Ein typisches Beispiel in der Sonderpädagogik ist die Leitidee der Integration, welche als Ziel unbestritten ist, aber doch zu unterschiedlichen Schulungsformen führt.

Zudem sind Menschenbilder und Leitideen Ausdruck des Interesses bestimmter gesellschaftlicher, politischer und kultureller Gruppen. (Sonder-) Pädagogische Zielvorstellungen und Leitbilder entspringen nicht (nur) dem «reinen» Denken, sondern sie hängen mit kulturellen, wirtschaftlichen und gesellschaftlichen Gruppierungen und Vorgängen zusammen. Es ist also keineswegs immer so, dass die Theoretiker und Praktiker der (Sonder-) Pädagogik bestimmte Zielvorstellungen und Leitbilder als verbindlich erklären und sie durchsetzen, sondern es sind vielfach diejenigen Personen und Gruppen, die in dem betreffenden System tatsächlich den grössten Einfluss auf die Erziehungsinstitutionen haben; meistens wird ihnen dieser Einfluss auch zugestanden, zugedacht oder durch Recht zugesprochen. Es ist also durchaus anzunehmen und hinzunehmen, dass neben philosophisch-pädagogischen Vorstellungen auch andere (z.B. ökonomische) Leitideen unser sonderpädagogisches Versorgungssystem beeinflussen und dass sie gegebenenfalls bestimmen, was «richtig» ist.

3. Zwischenbilanz

Die Frage nach der Qualität der Sonderpädagogik ist abhängig von Zielvorstellungen und Leitbildern. Diese sind kultur-, gesellschafts- und geschichtsabhängig und werden von bestimmten Personen und Gruppen als richtig betrachtet und als verbindlich festgelegt.

In unserer pluralistischen Gesellschaft hat die Vielfalt der Auffassungen und Standpunkte zugenommen; dies gilt auch für die Sonderpädagogik. Dieser Pluralismus geht teilweise so weit, dass der Konsens darüber, was als gute Sonderpädagogik betrachtet werden kann und was als Ziel und Sinn der (Behinderten-)Erziehung zu gelten hat, erschwert ist. Externe Gütekriterien der Sonderpädagogik sind schwer auszumachen. Man ist versucht zu sagen: Gute Sonderpädagogik ist, was zu einem bestimmten Zeitpunkt von einer bestimmten Gruppe für eine bestimmte Situation als richtig betrachtet wird.

Hinweise auf eine gute bzw. weniger gute Sonderpädagogik sind m.E. in der Relation von Mittel und Ziel zu suchen. Gute Sonderpädagogik zeichnet sich dadurch aus, dass ihre Konzeptionen, Mittel und Wege den geltenden Leitbildern entsprechen und geeignet scheinen bzw. sind, im Idealfall sich sogar als geeignet erwiesen haben, die als wichtig erachteten sonderpädagogischen Ziele zu erreichen.

Trotz der vielfachen Relativität sonderpädagogischer Zielsetzungen und Leitideen sowie ihrer relativen Unverbindlichkeit für das sonderpädagogische Handeln ist es dennoch wichtig, dass jeder Staat, jede Schule, jeder Sonderpädagoge seine Menschenbilder darlegt, seine Leitideen ausformuliert und über die (sonder-)pädagogischen Zielsetzungen nachdenkt, sie untereinander, vor allem aber auch mit dem pädagogischen Handeln in Beziehung setzt. Dies trägt zur Transparenz, Offenheit, Rationalität, Kohärenz und damit auch zur Effizienz und Qualität der Sonderpädagogik ganz entscheidend bei.

4. Zuflucht zur Schulwirksamkeitsforschung

Angesichts der Schwierigkeit, Qualitätskriterien guter Sonderpädagogik vorzulegen, liegt es nahe, konkrete Hinweise bei der Schulwirksamkeitsforschung zu suchen und ihre international erhärteten Ergebnisse der Sonderpädagogik nutzbar zu machen. Seit einigen Jahren ist nämlich die einzelne Schule und ihre Wirkung immer mehr in den Mittelpunkt des Interesses gerückt, und die entsprechende Forschung hat ihr durchwegs eine grössere Wirkung als dem

Faktor «Schulsystem» zugewiesen. Die frühere Erforschung des Schulsystems, also der Grossorganisation Schule und ihrer Aus- und Umgestaltung, ging vor allem den formalen Rahmenbedingungen (z.b. Gliederung des Schulwesens) nach, in der Hoffnung, durch schulorganisatorische Änderungen die pädagogische Wirksamkeit zu verbessern. Nach mehr als 20 Jahren derartiger Schulreform ist man sich der Komplexität des Unternehmens Schule bewusst geworden und zur Einsicht gelangt, dass es nicht nur einen Zugang gibt, um die Schule zu verbessern, sondern verschiedene, aufeinander abgestimmte Ansätze. Zudem hat sich gezeigt, dass einerseits viele bedeutende Faktoren (z.b. familiärer Hintergrund) durch schulorganisatorische Massnahmen (z.b. Förderprogramme) wenig verändert und beeinflusst werden können; auf der anderen Seite konnte der Effekt anderer, leicht veränderbarer Variablen schulorganisatorisch-struktureller Natur nicht oder nicht eindeutig nachgewiesen werden (z.b. Grösse der Klasse, Gehälter der Lehrer, Art der Lehrerausbildung, Einsatz von Lesematerial, Bau neuer Schulgebäude, Einbezug kompensatorischer Programme).

Die Schulwirksamkeitsforschung stellt das Educatop Schule ins Zentrum und geht davon aus, dass Schulstrukturen und Systembedingungen nicht letztentscheidend sind, sondern dass diese von den Handlungsträgern (Lehrer, Schulleiter, etc.) einer konkreten Schule gestaltet und umgesetzt werden müssen. Die Art und Weise, wie eine Schule pädagogisches Handeln und Verhalten realisiert und ihre interpersonellen Beziehungen gestaltet, bestimmt in hohem Masse ihre Qualität. Wiederentdeckt wird hier die hohe Bedeutung prozessualer, innerschulischer Faktoren wie: das Lehrerkollegium und sein Berufsethos, die innerschulische Kooperation, die Leitung der Schule, die pädagogische Ausrichtung und das Klima einer Schule.

Mit der Konzentration auf die Organisations- und Handlungseinheit «Schule» sollen nicht neue Einseitigkeiten eingehandelt werden; vielmehr darf dabei nicht vergessen werden, dass alle Ebenen und Elemente (Schulsystem, Schule, Klassenzimmer) sich gegenseitig beeinflussen und bedingen. Die Auswirkungen schulorganisatorischer Rahmenbedingungen dürfen weder unter- noch überschätzt werden, denn es gibt offensichtlich auch unter ungünstigen Bedingungen gute Schulen. Anderseits beeinflusst das Klima einer Schule den Erfolg didaktischer Massnahmen und umgekehrt. Indirekt ergeben sich aus der Porträtierung der guten Schule auch Aussagen über die Qualität des Lehrers und seines Unterrichts.

Zu den methodologischen Aspekten und Problemen der Schulwirksamkeitsforschung sei lediglich erwähnt, dass anhand eines Kriteriums (meistens Schulleistungen) extrem wirksame mit extrem unwirksamen Schulen statistisch miteinander verglichen werden (Outlier-Studien), oder es wird anhand einzelner Schulen den Gründen der Schulwirksamkeit nachgegangen (Fallstudien), oder es werden verschiedene Unterrichtsansätze (z.B. Leselernprogramme) auf ihre Ergebnisse hin untersucht (Programm-Evaluation).

Als Kriterien für die Wirksamkeit von Schulen dienten in den meisten Studien gewisse Lern- und Leistungserfolge, zum Teil auch Kennwerte im emotional-affektiven Bereich. Es muss zugegeben werden, dass dies eingeschränkte und subjektiv gewählte Kriterien von Schulwirksamkeit sind; dennoch kann nicht bezweifelt werden, dass es sich dabei um wichtige Kriterien der Schulqualität mit grosser generalisierender Wirkung auf Bildungs- und Persönlichkeitsentfaltung handelt.

Wenn nachfolgend die wichtigsten Ergebnisse der Schulwirksamkeitsforschung aus dem allgemein-pädagogischen Bereich zusammengefasst werden und das Porträt einer guten wirksamen Schule gezeichnet und sie in Beziehung zur Sonderpädagogik gebracht wird, so geschieht dies aus zwei Gründen: Einmal ist anzunehmen, dass gute, wirksame Schulen Lernstörungen verhindern bzw. reduzieren. Zum anderen lassen sich vermutlich die Charakteristika guter Schulen auch auf die Sonderschulung übertragen. Es ist also jedem selber überlassen, bei Aussagen zur «Schule» auch sonderpädagogische und therapeutische Institutionen hinzuzudenken.

Auch wenn solche Verallgemeinerungen und Übertragungen streng wissenschaftlich gesehen unzulässig sein mögen, so dürften diese Ausführungen zumindest als Anregungen, Postulate und Wünsche doch ihre Berechtigung haben. Wichtig ist, dass solche empirisch ziemlich abgesicherten Qualitätsfaktoren guter Pädagogik auch von der Sonderpädagogik zur Kenntnis genommen und für die praktische Arbeit in Erwägung gezogen werden.

Ausgangspunkt dieser Recherchen bildeten verschiedene Schriften von FEND (1977; 1986). Eine gute Zusammenfassung der internationalen Forschung ist im Buch von AURIN (1990) enthalten. Ferner hat die OECD verschiedene Publikationen zu dieser Thematik herausgegeben (siehe Literaturverzeichnis).

5. Porträt einer guten (Sonder-)Schule

Die hauptsächlichen Charakteristika guter Schulen, die nachfolgend beschrieben werden, lassen sich einteilen in Strukturmerkmale einerseits (a - f) und Prozessmerkmale anderseits (g - i). Strukturmerkmale sind organisatorisch-strukturelle Variablen der Schulen und der beteiligten Personen. Bei den Prozessmerkmalen handelt es sich um die Art und Weise der Arbeit sowie um die Interaktion der Beteiligten bei der Zielfestlegung, der Alltagsarbeit und der Konfliktlösung. Auch wenn die Charakteristika einzeln beschrieben werden, darf nicht vergessen werden, dass sie wechselseitig wirksam sind. Struktur- und Prozessmerkmale zusammen machen das Klima und die Kultur einer Schule aus.

a) Lehrerkollegium

Gute Schulen zeichnen sich dadurch aus, dass ihre Lehrer in Schulangelegenheiten einbezogen werden, dass sie ernst genommen werden, dass ihre relative Selbständigkeit beachtet wird und sie die Chance erhalten, Verantwortung zu übernehmen. Sie erhalten ferner Gelegenheit, in ziel- und unterrichtsbezogener Lehrerfortbildung ihre Fähigkeiten und Kenntnisse zu ergänzen und zu vertiefen und sich dadurch zu entfalten. Dies führt zu einer Stabilität des Kollegiums und damit zu einer konstanten Unterrichtsorientierung der Schule, was für den Schulerfolg wichtig ist. Umgekehrt hemmt, verzögert und verhindert häufiger Lehrerwechsel die Entwicklungen eines Schulklimas und eines kohärenten Schulcharakters.

b) Schulleitung

Gute Schulen haben eine starke Schulleitung, die sich durch folgende Merkmale auszeichnet:

Der Schulleiter erkennt und kennt die Bedürfnisse der Schule, engagiert sich für Lehrer und Schüler, ist interessiert an mitmenschlichen Beziehungen.

Er stellt hohe Erwartungen an sich selbst, an die Lehrer und an die Schüler; er diktiert und kontrolliert dabei aber nicht, sondern bietet vielmehr Hilfeleistungen an. Er möchte jedem Kind zu seinem Lernerfolg verhelfen, aber auch jeden Lehrer in seiner Aufgabe weiterbringen.

Er übt keine totale Kontrolle über die Lehrerschaft aus, sondern er gewährt dem Kollegium eine beachtliche Autonomie und Mitsprache bei der Frage, wie es die Schulleistungen anheben will.

Ein guter Schulleiter ist erst in zweiter Linie ein guter Administrator; in erster Linie ist er ein Führer, ein Animator im Unterrichtsbereich. Eine solche Leitung ist notwendig, um Lern- und Verbesserungsprozesse in Gang zu setzen und aufrecht zu erhalten.

c) Eltern

Der Erfolg und die Wirksamkeit der Schule werden grösser, wenn Eltern sich am Unterrichtsverlauf und bei Hausaufgaben beteiligen, zumindest aber über Schulziele und Pflichten der Schüler informiert sind, was z.B. durch Elternzusammenkünfte erreicht werden kann.

Die positiven Auswirkungen der elterlichen Mitarbeit lassen sich zwar durch die Schulwirksamkeitsforschung nicht ganz eindeutig beweisen, jedoch scheint ihre Annahme vertretbar.

d) Curriculum und Unterrichtsangebot

Ein geplantes Unterrichtsangebot und ein zielorientiertes Curriculum verbessern die Schulung. Wenn man von den Schülern erwartet, dass sie bspw. grundlegende Fähigkeiten im Lesen und Schreiben erlernen, dann muss das Curriculum diese Bereiche entsprechend betonen, ferner muss für deren Erwerb genügend Zeit zur Verfügung gestellt werden. Ein strukturiertes Schulangebot, innerhalb dessen frei gearbeitet werden kann, führt eher zum Ziel als ein Supermarket-Auswahlprogramm mit vielen unbegrenzten Wahlmöglichkeiten.

e) Unterrichtszeit

Die Schule wird besser, wenn die Unterrichtszeit wirksam genutzt wird, d.h. der Lehrer muss nicht nur die methodisch-didaktischen Kenntnisse besitzen, wie man gut unterrichtet; er muss auch einen Grossteil des Schulalltags und der Unterrichtszeit dafür einsetzen, was er sich zu lehren vorgenommen hat. Er muss sich also die entsprechende Zeit nehmen und den Schülern für die betreffenden Fächer Zeit geben.

f) Leistungskontrolle

Die Schulleistungen und Lernerfolge steigen, wenn sie konsequent und kontinuierlich beobachtet werden und darüber eine Rückmeldung erfolgt. Die Leistungserfolge einzelner Schüler oder Klassen werden noch verstärkt, wenn sie innerhalb der ganzen Schule bekannt gegeben werden und Anerkennung finden.

Soweit die mehr statischen Merkmale guter, wirkungsvoller Schulen. Bei den nachfolgenden Prozessvariablen geht es nicht allein um die Beeinflussung von

Fächern und um die Verbesserung von Schulleistungen, sondern es geht direkt oder indirekt auch um den Aufbau interpersoneller Beziehungen sowie das Lernen sozialer Kompetenzen.

g) Schulplanung und Konsensbildung

Die Schule wird effizienter, wenn das Schulgeschehen gemeinsam geplant und bedacht wird, wenn also versucht wird, über die Zielorientierung einer Schule gemeinsam pädagogischen Konsens herzustellen.

Die Qualität der Schule nimmt zu, wenn Lehrer unter sich, aber auch mit der Schulverwaltung zusammenarbeiten, wenn sie gemeinsam und immer wieder nach Lösungen, Mitteln und Wegen suchen, um ihre Schule zu gestalten und zu verbessern. Dieses Suchen nach pädagogischem Konsens führt zu einer Stimmigkeit des Schulgeschehens, einer relativ einheitlichen Ausrichtung aller Aktivitäten einer Schule. Dadurch entsteht ein zentrales Element der Handlungseinheit Schule. Gemeinsame Zielausrichtung schränkt die Freiheit und Kreativität der Lehrer nicht ein, sondern lässt auch unterschiedlichen Positionen und Orientierungen Raum.

Konsens im Grundsätzlichen bietet einen Orientierungsrahmen, in welchem Erziehung und Schulung mit Initiative und Freiheit geschehen und gestaltet werden können. Sinnvolle Ordnungen, die nicht Selbstzweck sind, müssen nicht durchgesetzt werden, sondern werden spontan eingehalten. Keine oder unzureichende Spielregeln hingegen beeinträchtigen und stören das schulische Zusammenleben; es können Spannungen auftreten, welche den Unterricht erschweren und die Lernbereitschaft reduzieren.

h) Kollegialität und Zusammengehörigkeit

Bei der Suche nach pädagogischem Konsens werden nicht nur gemeinsame Lösungen erarbeitet und konkrete Probleme bewusst gemacht, sondern es werden auch Formen der Zusammenarbeit entwickelt, die zu Gefühlen der Kollegialität und der Zusammengehörigkeit führen. Kollegialität baut Barrieren ab, begünstigt intellektuelle Kooperation und fördert das Gefühl der Einheit und des Gemeinsamen.

Es gibt überzeugende Belege dafür, dass das Zusammengehörigkeitsgefühl, das Gefühl also, ein erkennbares Mitglied einer Gemeinschaft zu sein, nicht nur den Gemeinschaftssinn fördert und Isolation vermindert, sondern auch die Leistungen erhöht. Diese sozial-integrative Funktion einer Schule als grosse Gemeinschaft kann durch äussere Symbole, Zeremonien und Regeln noch verstärkt werden. Dieses Prinzip ist in der Industrie unter dem Namen «incorporate identity» (Unternehmensklima, Betriebsgeist) längst bekannt.

i) Erwartungen und Ziele

Schon der gesunde Menschenverstand sagt, dass klar definierte Ziele für den Erfolg eines Unternehmens notwendig und hilfreich sind. Untersuchungen haben gezeigt, dass Schulen mit klaren gemeinsamen Zielen ihre Mittel so einsetzen, dass sie ihre Aufgaben mit mehr Erfolg erfüllen. Demzufolge behalten sie den Fortschritt kontinuierlich im Auge, was die Tatkraft und die Aufmerksamkeit der Lehrkräfte lenkt und stimuliert.

Schulen mit hohen Erwartungen erzielen eindeutig bessere Leistungen. Kinder lernen nämlich, sich so zu verhalten, wie es von den Menschen, die mit ihnen interagieren und die ihnen wichtig sind, als korrekt und angemessen erwartet wird. Werden diese Erwartungen zudem klar und mit Ermunterung ausgesprochen und werden sie sogar vom Kollegium gemeinsam getragen, nimmt ihre Wirksamkeit zu.

Werden hingegen die Erwartungen der Lehrer durch unbewusste Annahmen (z.b. bezüglich sozio-ökonomischer, ethnischer Einflüsse) gesenkt, sinken die Schulleistungen und das Selbstwertgefühl der Schüler, da der Lehrer automatisch weniger und weniger aufmerksam unterrichtet. Durch die hohen Erwartungen der Schule haben die Schüler die Gelegenheit, sich durch eigene Anstrengung selbst zu verwirklichen. Nicht nur ihre intellektuelle Leistungsbereitschaft ist angesprochen, sondern auch ihre Persönlichkeitsbildung. Fordern und Fördern sind zwei sich polar ergänzende Formen pädagogischen Handelns.

Leistungsanforderungen, Lernmotivation und Schulfreude sind wichtig, aber eine gute Schule ist auch eine redliche Schule, die nicht verschweigt, dass Lernen nicht nur Spass macht, sondern auch Mühe und Anstrengung kostet.

k) Lernatmosphäre und Disziplin

Eine gute Schule ist schliesslich gekennzeichnet durch eine geordnete, lernfördernde Atmosphäre. Die Ernsthaftigkeit und Zielstrebigkeit einer Schule, mit welcher sie ihre Aufgabe angeht, lässt sich an ihrer Ordnung und Disziplin erkennen.

Es entspricht wiederum dem gesunden Menschenverstand, dass Schüler in einem lauten, ablenkenden und unsicheren Umfeld weniger lernen. Bei eindeutigen und vernünftigen Regeln, die fair und konsequent eingehalten werden, entstehen weniger Verhaltensprobleme, das Verantwortungsgefühl wird gefördert und die Schulleistungen werden angehoben.

Bedeutet dies alles eine partielle nostalgische Rückkehr zur Schule von gestern? Nicht unbedingt! Immerhin laufen aber die in Langzeitstudien festgestellten Verschlechterungen nationaler Test- und Schulergebnisse mit dem Verlust schulischer Formen parallel. Tatsächlich besteht eine bemerkenswerte, für viele etwas beunruhigende Ähnlichkeit zwischen der traditionellen Vorstellung der Schule als ernsthafter, arbeitsorientierter, geordneter Institution, wo Schüler lesen, schreiben und rechnen zu lernen hatten und den sich in diesen Untersuchungen abzeichnenden Vorstellungen einer modernen, effektiven Schule. Mit aller Vorsicht müsste vielleicht dennoch die Frage gestellt werden, was wir aus der Vergangenheit lernen können, ohne die weniger wünschenswerten Züge von damals zu übernehmen.

6. Schulklima

Die genannten Variablen sind die wichtigsten Faktoren, welche die Kultur einer Schule ausmachen. Dieses Schulklima , das sich eigentlich schlecht erfassen und definieren lässt, hat einen sehr grossen Einfluss auf den Erfolg einer Schule und der Schüler. Es ist jenes informelle Verständnis einer Schule, «wie *wir* die Dinge anpacken wollen». Es sind die gemeinsamen Wertvorstellungen, das Zusammengehörigkeitsgefühl, das «Sendungsbewusstsein» einer Schule, welche jedem das Gefühl vermitteln, ein wichtiger Teil, ja sogar Miteigentümer der Schule zu sein.

Zu einem positiven Schulklima gehört jene angenehme und freundliche Atmosphäre, in welcher die Lehrer Freude am Unterricht bekommen, sich für ihre Schüler als Individuen interessieren und wo es zur selbstverständlichen Aufgabe wird, für alle Schüler wirksamen Unterricht zu erteilen. Es geht um jene Atmosphäre, die sich auf die Wissbegier und den Lernerfolg der Schüler positiv auswirkt.

Eine gute Schule basiert auf dem humanen, mitmenschlichen Umgang, gründet auf gegenseitigem Vertrauen und gegenseitiger Achtung von Schülern und Lehrern als sich entwickelnden Persönlichkeiten.

Eine gute Schule muss keine perfekte Schule sein, aber sie muss sich ihrer Schwachstellen bewusst sein.

Gute Schulen müssen auch nicht alle gleich sein, sondern sie haben ihr individuelles Erscheinungsbild und ihren unverwechselbaren Eigencharakter.

Dass eine gute Schule nicht von heute auf morgen machbar ist, und ein günstiges Schulklima nicht durch ein Machtwort oder ein Dekret eingepflanzt werden kann, versteht sich von selbst. Wie die Schulinnovationsforschung zeigt, geschieht dies vor allem durch den Prozess des gemeinsamen Suchens nach einem pädagogischen Konsens, durch kooperative Planung und einen partizipativen Führungsstil sowie durch kollegiale Zusammenarbeit. Wenn man bedenkt, dass dies nicht ohne Veränderungen im Verhalten und in der Einstellung der beteiligten Menschen, aber auch nicht ohne Veränderungen der Organisationsstruktur einer Schule und ihrer Normen möglich ist, so wird begreiflich, dass dies kein leichter und schneller Prozess sein kann.

Ohne günstiges Schulklima, ohne das Erfahren positiver Beziehungen, ohne das Sichwohlfühlen der Lehrer und Schüler in der Schulgemeinschaft sind die Wirksamkeit einer Schule und der Lernerfolg der Schüler auf die Dauer nicht zu erreichen. Nur in einem vernünftigen Klima überwinden Schüler und Lehrer Gefühle der Ohnmacht und erlangen die sichere Überzeugung, ihre Umwelt meistern und etwas lernen zu können.

Ob ein Schüler in der Schule etwas lernt oder ob er zum Schulversager wird, hängt stark vom Schulklima ab. In einem guten Schulklima können die Schüler eine ganze Menge mehr lernen.

7. Zum Schluss

Abschliessend seien, mit Blick auf die Teilleistungsstörungen, jene Einflussfaktoren genannt, welche bei vielen amerikanischen Programmevaluationen im Vergleich von Schulen mit steigenden bzw. sinkenden Leseleistungen herauskristallisiert werden konnten. Diese sind den bereits genannten Merkmalen guter Schulen sehr ähnlich.

Bessere Leseleistungen werden in jenen Schulen erreicht, die

- sich klar und gemeinsam auf die Zielsetzung geeinigt haben, Kenntnisse des Lesens zu vermitteln und auch die entsprechende Unterrichtszeit und das entsprechende Unterrichtsprogramm dafür einsetzen;

- Schulen, die Vertrauen in die Fähigkeiten der Schüler haben und hohe Leistungserwartungen hegen, erbringen bessere Leseleistungen;

- Wichtig sind ferner eine gute, sichere und unterstützende Schulatmosphäre sowie Zielstrebigkeit, Ordnung und Disziplin;

- werden die Fortschritte der Schüler sorgfältig evaluiert, steigen die Leseleistungen;

- Schulen, die zusätzliche Lehrkräfte für das Fach Lesen, eventuell auch für weitere kompensatorische Programme einsetzen, erzielen bessere Resultate in diesem Fach;

- Schulen mit besseren Leseleistungen haben eine hervorragende unterrichtsbezogene Schulleitung;

- Ferner haben sie eine Lehrerschaft, die mit viel Mitverantwortung, Engagement, guter Arbeitsmoral, Zusammenarbeitsgeist und Autonomie an das Lesen herangeht.

Literatur

ANSTÖTZ, Ch.: Ausbildung zum «guten» Sonderpädagogen? Entgegnung auf das Einführungsreferat von Urs Haeberlin zur 23. Arbeitstagung der Dozenten für Sonderpädagogik in deutschsprachigen Ländern 1986 in Freiburg/Schweiz. VHN 1987 (4), S. 630-634

AURIN, K. (Hrsg.): Gute Schulen - worauf beruht ihre Wirksamkeit? Bad Heilbronn: Klinkhardt, 1990

FEND, H.: Schulklima: Soziale Einflussprozesse in der Schule. Weinheim: Beltz, 1977

FEND, H.: Was ist eine gute Schule? Westermanns Pädagogische Beiträge 1986 (7/8), S. 8-12

FEND, H.: «Gute Schulen - schlechte Schulen». Die einzelne Schule als pädagogische Handlungseinheit. Deutsche Schule 1986 (3), S. 275-293

HAEBERLIN, U.: Ausbildung zum «guten» Sonderpädagogen? - Eine Einführung in das Tagungsthema. VHN 1987 (2), S. 120-124

OECD: Les écoles et la qualité. Un rapport international. Paris: OECD,1989 (auch in Englisch: Schools and quality)

OECD/ISIP: Parvenir à une amélioration effective du fonctionnement de l'école. Principes et guide pratique. Paris: Economica, 1988 (auch in Englisch: Making school improvement work. A conceptual guide to practice. Leuven: ACCO 1988)

Anschrift des Verfassers:

Dr. Alois Bürli
Schweizerische Zentralstelle für Heilpädagogik
Obergrundstr. 61
6003 Luzern

Urs Coradi

Lernstörungen sind normal

Präventives Denken in der Regelschule

Liebe ist die Fähigkeit, Ähnliches an
Unähnlichem wahrzunehmen.

Theodor Adorno

1. Einleitung

Wir verlassen für einmal das individuumorientierte Paradigma und beleuchten das Thema Lernstörungen von einem systemkritischen Ansatz her. Dabei wenden wir die Dialektik des Verschiedenen und des Gleichen auf die Pädagogik und auf die Sonderpädagogik an.

Lernstörungen sind normal.

Es darf als unbestritten gelten, dass Störungen im Lernen zu einer Schullaufbahn gehören und viele Erwachsene werden sich an solche Zustände selbst erinnern können. Probleme mit Lernen hat jeder einmal. Lehrerinnen und Lehrer betrachten es als ihre Aufgabe, in solchen Fällen hilfreich zur Seite zu stehen. Allerdings kennt die Toleranz für solche normalen Störungen in unserem System und in unserem Denken recht enge Grenzen. Das führt dazu, dass mindestens ein Drittel aller Volksschüler einer besonderen sonderpädagogischen Betreuung zugeführt werden.

Diese Entwicklung und das Aufblühen des integrativen Paradigmas haben dazu geführt, dass im sonderpädagogischen Bereich nach neueren Organisationsformen in der Schulung von Kindern mit Schulschwierigkeiten gesucht wird und dass z.B. Heilpädagogen Perspektiven zur Ausweitung und zur Veränderung ihres Tätigkeitsfeldes skizzieren. Es sind Zeichen dafür, dass nach

25

einem neuen Verständnis von Schulversagen und von Lernstörung gesucht wird. Die traditionelle Sicht war und ist individuumzentriert. Das Kind hat das Problem. Auf das Kind konzentriert sich die Hilfe. Der Familie wird zwar häufig die Schuld zugewiesen, doch erscheint es der Schule recht schwierig, sie zu beeinflussen. Also richten sich Entscheide und Handlungen auf das Kind.

«Die praktische Pädagogik ist traditionell auf die Ebene von Mikrosystemen beschränkt. Sie leistet dort - wenn auch im Einzelfall Wertvolles - insgesamt nur Sisyphusarbeit» (SANDER 1988). Das herkömmliche sonderpädagogische Angebot im Schulbereich schafft sich Schonräume und kapselt sich dafür in bestimmten Systemgefässen ab. Es findet quasi unter Ausschluss der Öffentlichkeit statt und orientiert sich vorwiegend an den Kinderfehlern.

Die aktuelle erziehungswissenschaftliche Diskussion distanziert sich nun etwas von diesem individuumorientierten Paradigma. Sie bezieht das Schulsystem mit ein und macht es zum Gegenstand ihrer Diagnose und Planung. Auf einem solchen sozio-ökologischen Hintergrund gelangt WEIGERT 1987 zur Schlussfolgerung, dass das einzige Phänomen, das für alle sogenannten lernbehinderten Kinder durchgehend gilt, der Besuch der Lernbehindertenschule darstellt. So lautet seine tautologische Definition: Lernbehindert sind Kinder, welche die Schule für Lernbehinderte besuchen. Lernbehinderung ist somit keine rein konstitutionelle Persönlichkeitsdimension mehr, die durch klar definierte Merkmale am Kind festgemacht werden kann, sondern das Resultat beeinträchtigter Lehr- und Lernorganisation und der Etikettier- und Stigmatisierungseffekte, die ihrerseits Rückwirkungen auf das Kind zeigen, weitgehend aber vom System ausgelöst werden. Wir müssen davon ausgehen, dass auch bei Kindern mit Teilleistungsschwächen systemische - oder besser schulsystemische - Kräfte wirken.

2. Gleichheit und Verschiedenheit

Gleichheit und Verschiedenheit sind Dimensionen des Seins, die nur in Abhängigkeit voneinander definiert werden können. Individuen sind nicht weiter teilbare, eigentümliche Verschiedene. In der menschlichen Gesellschaft dienen die Unterschiede der Individuen dazu, Hierarchien aufzubauen, Über- und Unterordnungen zu legitimieren. Seit der Antike wurden so bestimmte Randgruppen der Gesellschaft wie Frauen, besitzlose Männer, Behinderte und Kranke von Macht, Besitz und Bildung ausgeschlossen (PRENGEL 1988, S. 70). Gleichheit mit anderen Menschen wird angestrebt, wenn die Zugehörigkeit zu einer bestimmten Gruppe erwünscht ist. Angleichung der Wertsetzungen, des Denkens und Handelns dienen der Erreichung und der Erhaltung dieses Zieles. Gleichheit in diesem Kontext ist nicht generell und nicht vollständig. Sie bezieht sich auf einzelne, meist auf wenige Merkmale. Nur durch Verschiedenheit in anderen Merkmalen kann Gleichheit überhaupt erkannt werden. So bemühen sich Gruppen um Gleichheit, um gegenüber anderen Gruppen Verschiedenheit zum Ausdruck zu bringen. Je mehr sich Gruppenmitglieder annähern, umso stärker ist die Gruppenidentität und umso klarer wird damit der Unterschied zu anderen Gruppen und deren Mitgliedern. Diese Ordnung der einheitlichen Gruppen treffen wir sowohl im pädagogischen wie auch im heilpädagogischen Bereich an: Nach Alter geordnete Regelklassen, nach Schwäche geordnete Sonderklassen, nach Behinderungsart geordnete Sonderschulen, nach dem Abgangszeugnis der sechsten Klasse geordnete Oberstufenabteilungen. Zur Selbsterhaltung streben die einzelnen Institutionen nach Eigenständigkeit und weisen dafür ihren Schülergruppen gemeinsame Merkmale zu. So gibt es den typischen Sonder-D-Schüler (er ist intelligent, in seiner Entwicklung retardiert oder akzeleriert, undiszipliniert, kann sich nicht konzentrieren und meistens bestehen Milieuprobleme), und es gibt den typischen Sonder-B-Schüler (er ist willig, aber dumm). In den nach Defekten eingeteilten Behinderungsbereichen entwickeln sich behinderungsspezifische Psychologien und Didaktiken, die zur gegenseitigen Abgrenzung nach Unterschieden suchen und sich verselbständigen.

In unserer Gesellschaft werden Behinderung und Schwäche als Kulturverletzung erlebt, als Angriff auf die Omnipotenz des Normalen, des Guten, des Starken und des Schönen. Die Reaktion ist Separation. Jeder Ausgliederungsakt ist ein Homogenisierungsakt, eine Massnahme zum Abbau der Unterschiede und zur Bekräftigung des bestehenden Systems und der vorherrschenden Wertordnung.

3. Verschiedenheit und die Organisation Schule

Unsere Volksschule ist nach dem Prinzip der homogenen Gruppen organisiert. Für die Zugehörigkeit zu einer Klasse steht ein einziges Merkmal: der Jahrgang. Das ist seit COMENIUS (1592 - 1670) so.

Unsere Jahrgangsklassen haben somit eine 300jährige Tradition. Die Entwicklung der Lehrziele, der Lehrpläne und der Lehrmittel basiert auf diesem Konzept: Alle Schüler sollen zur gleichen Zeit mittels der gleichen Methode dasselbe Ziel erreichen. Inhalte und Leistungsnormen sind mittelstandsorien-

Lehrer wollen

tiert. Aus dieser Schicht stammen auch die meisten Lehrkräfte. Sie waren selbst vorwiegend gute Schüler (SPG Zürich, Jahresberichte 86/87, S. 96-99, statistische Angaben) und ihre Schülerbeurteilungen sind geprägt durch die entsprechenden Normvorstellungen. Die Mechanismen, durch welche die angestrebte Gleichheit sichergestellt werden, heissen Klassifikation, Etikettierung, Selektion. Es werden scheinbar eindeutig beschreibbare Schülergruppen gebildet, die in differenzierten Gefässen des Schulsystems unterrichtet werden. Selektion weist die Effizienz der Schule nach und erfüllt ihre Zuordnungsfunktion. «Das Schulsystem wird als grosses "Rüttelsieb" konzipiert, das zwischen den Generationen eingebaut ist und zu einer Neuverteilung der Lebenschancen führt, indem es den Zugang zu hohen oder niedrigen beruflichen Positionen und damit zu Prestige, Macht und Einkommen reguliert» (FEND 1981, 29).

Neben Selektion soll die Senkung der Schülerbestände die Homogenität der Gruppe erhöhen. Jede Bestandesverringerung jedoch bringt ein neues Mass von Heterogenität zum Vorschein, was nächste Unternehmungen zur weiteren Homogenisierung nach sich zieht. Kleinere Klassen bringen eine Verdichtung der Interaktion zwischen Lehrern und Schülern mit sich. Eigenarten der Kinder werden vermehrt wahrgenommen und beeinflussen die Zielsetzungen des Unterrichts. Kleinere Klassen bringen nicht höhere Homogenität, sondern in der Wahrnehmung des Lehrers höhere Heterogenität zum Ausdruck. Als Mitglied der auf homogenen Schülergruppen basierenden Organisation Schule wird er somit besonders bei geringen Klassenbeständen unter der Verschiedenheit seiner Schüler leiden. Er nimmt sie intensiver wahr. Kleinere Klassen stellen somit nicht unbedingt eine Entlastung der Lehrkräfte dar. Dies mag eine Erklärung der Tendenz der Regelschullehrer sein, Schwierigkeiten zu delegieren, Verantwortung abzugeben an andere Systeme: Sonderklassen, Therapien.

Die Senkung der Schülerbestände hat nicht dazu beigetragen, dass Schüler mit Schulschwierigkeiten in der Klasse besser gefördert werden. Denn der Index an Stütz- und Fördermassnahmen ist gemäss einer Untersuchung im Kanton Zürich (BÜHLER 1988) bis heute leicht ansteigend, und dies trotz Rückgang der Klassengrössen. Das Vorhandensein von Schülern mit Schwierigkeiten stellt die Organisation in Frage (SORRENTINO 1988, S. 15), und dies ist unabhängig von der Klassengrösse. Schulversager werden gebraucht, um die Grenzen zwischen den sogenannt homogenen Gruppen nachzuziehen. Jeder Versuch, diese Grenzen zu verwischen, gefährdet den Status der Hierarchien und deren Vertreter. Die Regelschule braucht die Sonderklasse/ Sonderschule und das Subsystem der Stütz- und Fördermassnahmen, um bestehen zu können. «Sie wertet das Prinzip der homogenen Leistungsgruppe als Leitprinzip und empfindet binnendifferenzierende Fördermassnahmen als Belastung. Regelschule und Sonderschule sind voneinander abhängig. Die Lehrer und Lehrerinnen entscheiden auf beiden Seiten im Interesse ihres Schulsystems» (SPECK 1987, S. 261). Das sehen wir auch daraus, dass für die Ausgliederung von Schülern, d.h. für die Zuweisung zu Sonderklassen, Sonderschulen und Stütz- und Fördermassnahmen, weit mehr diagnostische und beraterische Aufwendungen betrieben werden als für die Rückgliederung oder für den Abbruch einer Behandlung.

Stütz- und Fördermassnahmen, Sonderklassen- und Sonderschulen und ihre Vertreter sind die Trouble-shooter des Systems. Sie übernehmen es, die Denkfehler der Organisation Schule auszubügeln, ohne diese damit selbst zu belasten.

4. Die Aufgabe der Sonderpädagogik

Hat die Sonderpädagogik bislang recht viel dazu beigetragen, Grenzen zu ziehen, sollte sie sich vermehrt dafür einsetzen, diese wieder zu verwischen. Sozusagen als Anwältin des Verschiedenen hat sie einzustehen für das Recht auf Verschiedensein. Sonderpädagogik muss lernen, Verschiedenheit anzuerkennen und Heterogenität in jedem organisierten pädagogischen und sonderpädagogischen Raum zu fördern. Sie wird sich somit auch für das Recht auf Verschiedenheit in der Regelschule einsetzen. Sie kann sich der Integrationsdiskussion nicht entziehen, auch wenn sie sich dabei selbst grundsätzlich in Frage stellt.

Sie kann ihr Wirken nicht einseitig an ihrer eigenen Geschichte und an bestehenden Systemen orientieren.

Jede Bewegung ist ein Chance zur Neubestimmung. Wir können deshalb nach neuen Aufgaben suchen. KOBI (1988) meint z.B., dass «gerade eine dezidiert integrative Heilpädagogik eine neue ideelle Eigenständigkeit zu begründen habe und dass der Heilpädagoge der Zukunft weder der systemkonformen sanitären, noch der scholastischen Rolle entsprechen könne, sondern am ehesten einem Dolmetscher vergleichbar sein werde, dessen Existenz und Bedeutung man erst inne werde, wenn er ausfällt» (KOBI 1988, S. 21). Eine solche Dolmetscherfunktion ist «Vermittlung von Zusammenarbeit» auf diversen Ebenen.

5. Heterogenität und Zusammenarbeit in der Regelschule

Will sie ihren Auftrag als Volksschule erfüllen, muss die Regelschule vermehrt in der Lage sein, Schüler mit Lern- und Verhaltensstörungen in ihren angestammten Klassen angemessen zu erziehen und zu unterrichten. Pädagogen und Heilpädagogen sind somit gerufen, zusammenzuarbeiten. Sie werden weniger ihre je eigene Domäne abgrenzen, sondern miteinander das Gemeinsame ihrer Tätigkeitsfelder - oder mit ADORNO: das Ähnliche am Unähnlichen - aufspüren und nach Möglichkeiten gegenseitiger Unterstützung suchen. Sie werden die Hilfe zum Schüler in seine Klasse bringen und nicht den Schüler zur Hilfe laufen oder reisen lassen.

Die modellweise integrierte Schulung von Kindern mit Schulschwierigkeiten im Kanton Zürich zeigt deutlich, dass die Qualität der Kooperation von Regelschullehrern und Sonderklassenlehrern den Erfolg dieser Schulungsform wesentlich beeinflusst. Es werden Mittel und Wege gefunden, mit heterogenen Lerngruppen umzugehen und die Förder- und Erziehungsplanung in einem kooperativen Prozess gemeinsam zu entwickeln. Beispielsweise wird so leistungsschwächeren Kindern zugestanden, sich auf einem einfacheren Niveau und allenfalls mit zusätzlicher Hilfe um die zu lösenden Aufgaben zu bemühen, aber sie werden immer wieder in die gemeinsame Bearbeitung dieser Aufgaben eingebunden. Die Lehrer akzeptieren also einerseits, dass einige Schüler den idealen Anforderungen nicht voll entsprechen, sie signalisieren ihnen zugleich immer wieder, dass sie ihnen viel zutrauen und sie nicht aufgeben. Angestrebt wird gegenseitige Anerkennung und möglichst hohe Unabhängigkeit der sozialen Beziehungen vom Leistungsstatus (SCHLÖMPERKEMPER 1988, S. 323 - 324).

In der alten Mehrklassenschule zum Beispiel ist Heterogenität ein Prinzip. Die Verschiedenheit der Altersstufen impliziert auch unterschiedliche Ziele, Inhalte und Methoden. Sie erhöht den internen Freiraum für die Förderung von Kindern mit Lernschwierigkeiten beträchtlich. Eine wesentliche Antwort auf die Verschiedenheit der Kinder und damit Ausdruck präventiven Denkens ist also auch eine plurale Didaktik , welche die Beschränkung auf inhaltsorientierten Frontalunterricht überwindet. Dazu gehört ein breites Repertoire an didaktischen Formen, an offenen Unterrichtsformen. Diese haben individualisierenden, emanzipierenden und motivierenden Charakter. Sie beziehen den Schüler in Planung und Gestaltung ein. Voraussetzung dafür ist, dass besonders für Schüler mit Schulschwierigkeiten eigene Ziele definiert und eigene Methoden angewandt werden können. Solche individualisierende und differenzierende Formen können sowohl im lehrergesteuerten wie auch im schülerzentrierten Unterricht realisiert werden. Beispiele für Individualisierung im lehrergesteuerten Unterricht sind individueller Arbeitsplan, Bildung flexibler Lerngruppen, differenzierende Lehrerhilfe, Individualisierung der Arbeitsmaterialien und der Hilfsmittel (Medien/ Anforderungen/ Methoden). Im schülerzentrierten Unterricht sind es freie Arbeit, Werkstattunterricht, Projektunterricht. Die Prinzipien des Lernenlernens, des handlungsorientierten und des exemplarischen Lernens, die Emanzipation der Lehrenden von vielen selbstauferlegten Zwängen wie z.b. Lehrmittel, Lehrmethoden oder eben Homogenitätsphilosophien sind weitere wesentliche Pfeiler einer Schule für Verschiedene.

Zurück zur Zusammenarbeit. Damit Kinder mit Schwierigkeiten vermehrt in der Klasse gefördert werden können, braucht es eine geplante und inhaltlich strukturierte Zusammenarbeit der pädagogischen Fachleute. Man trifft sich regelmässig zu Besprechungen über die Schüler mit Schulschwierigkeiten. Über einen Beobachtungs- und Gesprächsleitfaden geht man auf bestimmte Probleme ein. Die nächsten Ziele in der Förderung in Unterrichtsfächern und in der emotional-sozialen Erziehung werden vereinbart, und man stellt die entsprechenden Hilfsmittel zusammen. So erweitert der Regelschullehrer seine Kompetenzen und wird gleichzeitig dadurch entlastet, dass er sich durch andere Bezugspersonen unterstützt sieht. Der Heilpädagoge seinerseits kann so seine Erfahrungen im Umgang mit behinderten und schulschwierigen Kindern effizienter umsetzen und verliert durch die enge Kooperation mit dem Regelschullehrer den Bezug zur Norm weniger.

Transparenz der Arbeitsweisen führt dazu, dass Entscheidungen gemeinsam getragen werden. Dies bewirkt gegenseitige Entlastung. Solche Kooperation begünstigt auch das Klima, was sich schliesslich auf die Befindlichkeit der Kinder auswirkt, besonders der Kinder mit Schulschwierigkeiten.

Präventives Denken in der Schule beginnt beim Grundsatz, dass Lernstörungen normal sind und dass Verschiedenheit nicht zu vermeiden, sondern anzustreben ist.

Literatur

BLEIDICK, U.: Historische Theorien: Heilpädagogik, SonderPädagogik - Pädagogik der Behinderten. In: BLEIDICK, U.(Hrsg): Theorie der Behindertenpädagogik. Handbuch der Sonderpädagogik.Bd.l. Berlin, 1985

BÜHLER-NIEDERBERGER, D.: Stütz- und Fördermassnahmen, Schlussbericht über verschiedene Erhebungen. Erziehungsdirektion des Kantons Zürich, 1988

DANN,O.: Gleichheit. In: BRUNNER,O.; CONZE,W. und KOSELLECK, R. (Hrsg): Geschichtliche Grundbegriffe. Historisches Lexikon zur politisch-sozialen Sprache in Deutschland, Bd.2. Stuttgart, 1975.

EBERWEIN,H.: Zur dialektischen Aufhebung der Sonderpädagogik. In: EBERWEIN H.(Hrsg): Behinderte und Nichtbehinderte lernen gemeinsam. Weinheim/ Basel: Beltz, 1988

FEND,H.: Theorie der Schule. München/ Wien/ Baltimore: Urban und Schwarzenberg, 1981

GRISSEMANN, H.: Lernbehinderung heute. Bern: Huber, 1989

HENTIG,H.v.: Humanisierung. Eine verschämte Rückkehr zur Pädagogik? Stuttgart: Klett-Cotta, 1987

KOBI, E.E.: Heilpädagogische Daseinsgestaltung. Luzern: Verlag SZH, 1988

NIEDERBERGER, J.M.: Organisationssoziologie der Schule. Stuttgart: Enke, 1984

PRENGEL, A.: Zur Dialektik von Gleichheit und Differenz in der Integrationspädagogik. In: EBERWEIN,H.(Hrsg): Behinderte und Nichtbehinderte lernen gemeinsam. Weinheim/ Basel: Beltz, 1988.

SANDER, A: Schulversagen aus ökosystemischer Sicht. In: Vierteljahresschrift für Heilpädagogik und ihre Nachbargebiete (VHN). Freiburg/ Schweiz 57 (4) 1988

SCHLÖMERKEMPER, J.: Integration der Versager.In: Vierteljahresschrift für Heilpädagogik und ihre Nachbargebiete (VHN). Freiburg/ Schweiz 57 (4) 1988

SEMINAR FÜR PÄDAGOGISCHE GRUNDAUSBILDUNG DES KANTONS ZÜRICH, Jahresberichte 1985/86 und 1986/87.

SPECK, O.: System Heilpädagogik. München/Basel: Reinhardt, 1987

SORRENTINO, A.M.: Behinderung und Rehabilitation, Dortmund, 1988

Anschrift des Verfassers:

Urs Coradi
Heilpädagogisches Seminar Zürich
Kantonsschulstr. 1
8001 Zürich

Urs Strasser

Heil- und Sonderpädagogik in der allgemeinen Schule

Prävention oder Aussonderungshilfe ?

0. Einführung

Sonder- und Heilpädagogik stehen als Theorie und auch als Praxis in einer Entwicklungsphase, die sie um ihre mühsam erkämpfte Identität fürchten lässt. Widerstände der Eltern und auch Lehrer gegen eine besondere Schulung in Kleinklassen oder Sonderschulen, Schülerschwund und Klassenzusammenlegungen sowie Fragezeichen aus der Forschung an die Effizienz besonderer Klassen sind Anlass für diese Krise.

Auch der pädagogisch-therapeutische Sektor als Ergänzung und Unterstützung zur Schulung in Regel- und Sonderklassen oder auch in Sonderschulen sieht sich heute mancherlei Kritik ausgesetzt. Lange Zeit wurde die Wirksamkeit therapeutischer Interventionen in Theorie und Praxis unterstützt und deren Verordnung grosszügig gehandhabt. Dies hat manchenorts dazu geführt, dass jeder dritte Schüler im Laufe seiner Schullaufbahn in eine solche Einzelmassnahme einbezogen wurde (vgl. BÜHLER-NIEDERBERGER 1988). Der Nachweis, dass ein solches Vorgehen pädagogisch sinnvoll sein könnte, wurde kaum erbracht. Als Folge schlägt nun das Pendel in die Gegenrichtung aus, indem nur noch restriktiv solche Massnahmen angeordnet werden. Die eigentlich notwendige Wurzelbehandlung für die zugrundeliegenden Probleme unterbleibt jedoch fast immer. Diese haben eben weniger mit den beteiligten Schülern als vielmehr mit bestimmten Effekten eines uns eigenen Schulsystems zu tun (vgl. FÜRSTENAU 1969, FEND 1976, ULICH 1983).

Einige Schulen, Volksschullehrer, Heil- und Sonderpädagogen haben es aus dem durch diese Probleme entstandenem Spannungsfeld heraus unternommen, gemeinsam praktische Versuche zu realisieren, um neue Wege der Förderung von Schülern mit Schulschwierigkeiten an der allgemeinen Schule zu beschreiten (SPECK et al. 1978, REISER et al. 1984, STRASSER 1984, SANDER et al. 1988 etc.). Eines der Hauptmerkmale dieser neuen Wege besteht in der Umdefinition der Rolle des Heil- oder Sonderpädagogen oder generell des Spezialisten.

Bereits werden auch Begriffe für die neue Rolle des Sonder- oder Heilpädagogen mit Tätigkeitsfeld an der allgemeinen Schule geprägt (BÜCH u. BÜCH 1979, WYRSCH 1987, REISER et al. 1984): Schulischer Heilpädagoge, heilpädagogische Schülerhilfe, Stützlehrer, Förderlehrer, Fachlehrer für Unterstützung und Beratung, Wanderlehrer, Ambulanzlehrer, Sonderpädagoge an der allgemeinen Schule, Schultherapeut oder auch vom Rucksack- bis zum Bauchladenpädagogen sind die zuletzt vorzufindenden Begriffe. Die Rollenbeschreibungen dieser neuen Exemplare der heil- und sonderpädagogischen Berufsgattung sind häufig unklar. Die Gefahr besteht, das Schwierigkeiten im Umgang mit den Problemen von Schülern und Kollegen noch vergrössert, denn abgebaut werden. In der Begriffsvielfalt spiegelt sich einmal mehr auch die Identitätskrise der Heil- und Sonderpädagogik allgemein und an der allgemeinen Schule.

Krisen bedeuten aber auch immer Chancen, wenn sie neue und alte Kräfte freisetzen, um diese zu bewältigen. Es soll darum in den folgenden Überlegungen versucht werden, aus verschiedenen Modellen Konzeptelemente für die heil- und sonderpädagogische Tätigkeit an der allgemeinen Schule im Dienst einer möglichst günstigen Entwicklung und Förderung der beteiligten Schüler mit Schulschwierigkeiten herauszuschälen. Dabei steht die Leitidee im Vordergrund, die Interaktion des Spezialisten mit dem Generalisten so zu konzipieren, dass der Spezialist und seine Dienste präventive und integrative Wirkung erhalten sollen, anstatt als Aussonderungsdienst genutzt zu werden. Solche Überlegungen können nie nur rein kindzentriert sein, wie dies der älteren Heil- und Sonderpädagogik manchmal vorgeworfen wird, sondern müssen auch im Auge behalten, was durch die Einrichtung bestimmter Organisationsformen und die Kreation von Berufsrollen im Umfeld des Kindes, in der Familie, in der Schulklasse, im Lehrerzimmer und im Bildungswesen überhaupt ausgelöst wird.

1. Das Experten- und Dienstleistungs-Modell

Der Heil- und Sonderpädagoge wird gerne als Experte in Sachen Pädagogik unter besonders schwierigen Verhältnissen um Rat oder tatkräftige Hilfe angegangen. Bereits GOFFMANN (1961) hat in eindrücklicher Weise die Entwicklung der Experten- und Dienstleistungsbeziehung in unserer Gesellschaft aufgezeigt. Im Experten-Paradigma tritt der Kunde zum Experten in eine Beziehung, indem er ihn über seine Probleme informiert und um Beratung oder aktive Hilfe bezüglich eines Objektes bittet (vgl. GOFFMANN 1961). Dieser hat aufgrund seiner besonderen Qualifikation eine Diagnose zu stellen und eine Behandlung zu verschreiben oder selber vorzunehmen. Während früher die Helfer oft in die Lebenswelt der Klienten kamen, haben sie sich heute in grössere Werkstattkomplexe wie Schulen, Spitäler oder Behandlungszentren zurückgezogen. Diese bieten zwar für die Helfer u.a. die Möglichkeit zur Arbeitsteilung und zur eigenen Statusverbesserung, bedeuten aber für die Klienten vermehrt Angst und Intransparenz, indem das reparaturbedürftige Objekt dort abgegeben werden muss.

Vergleicht man dieses Konzept und dessen Entwicklung mit derjenigen der heil- und sonderpädagogischen Praxis, so erkennt man Parallelen: Die sonderpädagogischen Einrichtungen entwickelten sich zur Dienstleistung und Entlastung der scheinbar überforderten Volksschule und Familie. Analog zu den Institutionen der Verwaltung und Industrie entstanden einzelne Organisationselemente, die immer differenzierter versuchten, Probleme und Problemträger auszusuchen. Diese Ausdifferenzierung geschah nicht zuletzt in der Hoffnung, für spezielle Schwierigkeiten eine effiziente Behandlung zu garantieren.

Die besondere Behandlung von Schulschwierigkeiten mag unter bestimmten Bedingungen durchaus erfolgreich sein, hat aber aus der Sicht der einbezogenen Schüler und ihrer Eltern immer mehr den Charakter einer Zwangsmassnahme erhalten, insbesondere wenn damit der Besuch einer Vollzeiteinrichtung verbunden ist. Widerstände, oder aber Rückzug und Distanz von der Schule sind darum häufig anzutreffende Verhaltensweisen von Schülern mit Schulschwierigkeiten (vgl. ULICH 1985) und deren Eltern.

Das Experten- und Dienstleistungs-Modell wird für den Einsatz sonderpädagogischen Wissens und Handelns an der allgemeinen Schule zweifellos nach wie vor eine Rolle spielen. Es kann nicht von jedem Regelklassenlehrer erwartet werden, dass er neben seiner allgemeinen pädagogischen Kompetenz gleichzeitig das notwendige Wissen und die richtigen Mittel zur Hand hat, um Schüler mit Schwierigkeiten in der Schule optimal zu unterrichten und zu erziehen. Angesichts der Heterogenität jeder Schulklasse, der scheinbar bedrohlichen Lehrpläne und Promotionsbestimmungen und der manchmal beklagenswerten Skepsis auch bei Eltern und Schulträgern vor flexibleren Unterrichtsformen werden zudem viele Regelklassenlehrer besondere Dienste in Anspruch nehmen wollen, weil sie subjektiv mit dem Gefühl leben, zu wenig Zeit und Möglichkeiten für besondere Zuwendung und Lernbegleitung zu haben.

Um sich nun nicht eifrig in die Probleme zu verstricken, die die Rolle als Spezialist für Reparaturdienste im Rahmen der Volks- oder Sonderschule mit sich bringen kann, müsste der Spezialist selber eigentlich sehr besorgt sein, dass er über Kompetenzen und Fähigkeiten verfügt, um die folgenden Aufgaben wahrnehmen zu können:

-   Unterricht und Beratung bezüglich der Erziehung und Förderung von Schülern ohne oder mit besonderen Schwierigkeiten und Behinderungen, insbesondere förderdiagnostischer Vorgehensweisen, wobei unter Förderdiagnostik immer auch eine ständige Überprüfung der eigenen Praxis und der Einbezug der Möglichkeiten des Umfeldes verstanden werden muss.
-   Erkennen fremder und eigener Bindungen oder Entlastungs- und Delegationstendenzen, anstelle der engagierten und unhinterfragten Annahme, Dauerbehandlung oder aber Rückweisung besonderer Hilfen.
-   Flexible Unterstützungsangebote, in denen die Möglichkeiten des Kindes, des Umfeldes und eines Lehrkörpers genutzt werden, anstelle von starren Organisationsformen, die die individuellen Kräfte des einzelnen wenig berücksichtigen.

2. Das therapeutische Modell

Das therapeutische Modell ist an das Expertenmodell angelehnt. Es hat im Zusammenhang mit dem Aufkommen korrektiver und kompensatorischer Ansätze Sonder- und Heilpädagogik als Wissenschaft und Praxis stark beeinflusst.

Therapie geht laut THIERSCH (1986) davon aus, dass bei einem Klienten näher definierte Probleme oder Defekte bestehen. Diese werden in der Regel mit umschriebenen und erfolgsversprechenden Methoden innerhalb eines ausgegrenzten Arrangements angegangen. In der Therapie selber geht es darum, ausgehend von neuralgischen Knoten die Schwierigkeiten des Klienten aufzuarbeiten.

Da im therapeutischen Modell Probleme isoliert und Symptome identifiziert werden müssen, ist Therapie immer personorientiert und mit einem entmündigenden Krankheitskonzept verbunden. Therapie, die therapeutische Tätigkeit und die berufliche Rolle als Therapeut ist aber auch - im Gegensatz zur pädagogischen Tätigkeit - in mancherlei Hinsicht verführerisch:

- Der therapeutische Ansatz ermöglicht scheinbar eine klare Strukturierung der Problemlagen.
- Hinter dem jeweiligen Therapiekonzept werden verlässliche Methoden vermutet.
- Die Rolle als Therapeut ist in der Regel verbunden mit hohem sozialen Prestige.
- Der Einsatz ist organisatorisch einfach zu leisten.
- Die Therapiekonzepte gehen jeweils davon aus, dass die Klienten unter Leidensdruck stehen und sich mit Motivation zur Behandlung an den Therapeuten wenden.

Verständlich ist daher die Sehnsucht nach therapeutischen Berufskonzepten auch in der modernen Heil- und Sonderpädagogik und unter ihren Praktikern. Dies lässt sich bereits in der Begrifflichkeit für das erzieherische Handeln erkennen. In zunehmendem Masse werden lebenszugehörige Aktivitäten als Therapie bezeichnet, auch wenn es sich dabei um eigentlich pädagogische Tätigkeiten handelt. Man spricht von Mal-, Arbeits-, Milieu-, Körper-, Moto-, Spiel-, Verhaltens-, Sprachheil-, Legasthenie-, Dyskalkulietherapie und anderem mehr. «Während die einen Begriffe wohl lediglich Umetikettierungen bisheriger Erlebnisformen sind, verweisen andere auf neue Ausrichtungen im Verständnis der Heil- und Sonderpädagogik, einer Disziplin, welche versucht, in Abgrenzung vom und Teilhabe am Medizinalsystem sich als Bildungs- und Erziehungssystem durchzusetzen.» (BURGENER 1987, S. 13).

Verständlich aber ist auch der weitverbreitete Glaube, dass Therapie wie die klassische Dienstleistung eines Handwerkers benutzt werden kann, um Probleme zu lösen. Für die heil- oder sonderpädagogische Tätigkeit an der allgemeinen Schule dürfte aber die Bezeichnung «Schultherapeut» keine glücklich Lösung sein. Die folgenden Schwierigkeiten können sich nämlich einstellen:

- Therapie ist immer verbunden mit Etikettierungs- und Stigmatisierungstendenzen.
- Die Mystifizierung des Therapeuten als «Medizinmann» und der Glaube daran, dass sich die Schwierigkeiten einzelner Schüler in und mit der Schule beheben liessen, wird gefördert.
- Die Schule selber muss weiter keinerlei Veränderung in ihrer Praxis vornehmen. Kognitive, emotionale oder soziale Kompensationsleistungen werden ja in der Therapie erbracht.
- Das Selbstverständnis als Therapeut suggeriert ein Rollenverhalten, das zu keiner Zusammenarbeit mit Schule oder Familie verpflichtet, ja zuweilen sogar mit Hinweis auf den «therapeutischen Schonraum» die betonte Abgrenzung zur Ideologie erhebt.

Selbstverständlich können traditionelle therapeutische Ansätze und Arbeitsweisen in der Arbeit mit Schülern mit Schulschwierigkeiten nicht einfach schlecht gemacht werden. Häufig wird schliesslich auch in der Therapie professionell, fachlich einwandfrei, kooperativ und auch erfolgreich gearbeitet. Es wäre aber wünschenswert, wenn seitens der Heil- und Sonderpädagogik an der allgemeinen Schule die folgenden Anliegen deutlich geäussert würden:

- Therapeutische Ansätze und deren Rollenträger sollten vermehrt in den schulischen Alltag und in einen Gruppenunterricht einbezogen werden.
- Anstelle von Zuweisungen zur Therapie sollte vermehrt eine innere Schulreform mit präventiven Unterrichtsformen treten, die mit Schwierigkeiten umgehen lernen, anstatt sie im schlechten Schüler oder Lehrer zu personalisieren.
- Emotionales und soziales Lernen sollte nicht einfach ausser acht gelassen werden und durch permanenten Selektionsdruck unterdrückt werden.
- Präventive und kompensatorische Massnahmen sind am erfolgreichsten, wenn sie ökologische Bedingungen einbeziehen und möglichst in der Stammklasse oder in Zusammenarbeit mit der Familie erfolgen (vgl. BRONFENBRENNER 1974 / 1980).
- Einzel- und Gruppentherapie sollte nur bei wirklich therapiebedürftigen Schülern angesetzt werden.

3. Das pädagogisch-separative Modell

Aus der Sicht der älteren Hilfsschul- und Heilpädagogik wurden besondere Klassen oder Gruppen mit etwa ähnlichen Schwierigkeiten als notwendig betrachtet, um den Schülern zu einer optimalen Entwicklung zu verhelfen (vgl. die Darstellung der Hilfsschulpädagogik bei KOBI 1975). Dem Schüler sollten dadurch verschiedene, Möglichkeiten eröffnet werden, so u.a.

- individuelle Förderung auf dem jeweiligen Leistungsniveau,
- Ermöglichung einer Gruppenidentität (Wir als Lern-, Geistig-, Seh-, Hörbehinderte etc.),
- Aufbau eines positiven Selbstkonzeptes,
- Anpassung des Curriculums an die besonderen, erzieherischen Bedürfnissen, die sich aus den Schwierigkeiten der Schüler ergeben (u.a. mehr Projektunterricht, kreative Fächer, Handarbeit und Werken etc.),
- Ermöglichung eines konstanten pädagogischen Bezuges zu einer Lehrperson und einer konstanten Schulklasse.

Dieses Konzept wurde in den letzten Jahrzehnten verschiedentlich in Frage gestellt. Es scheint für einzelne Schüler durchaus sinnvoll zu sein. Für andere Schüler bestehen aber Belege auch aus der Forschung, dass die notwendige Separation vor allem im Leistungsbereich nivellierende Effekte bewirkt (KNIEL 1979, MERZ 1982).

Auf der anderen Seite wird seitens der Hilfsschulpädagogik argumentiert, dass mittels ganzheitlichem Unterricht auf angepasstem Leistungsniveau das Selbstbewusstsein der Schüler gefördert werde. Zudem werde ein sozialer Ausschluss der Schüler verhindert. Da dies teilweise seine Richtigkeit hat, müsste Heil- und Sonderpädagogik an der allgemeinen Schule konsequent die folgenden Forderungen an einen integrativen Unterricht artikulieren:

- Der Unterricht sollte an der allgemeinen Schule vermehrt gezielt individualisierend sein.
- Lernen sollte sinnhaft und sinnvoll, weniger rational und abstrakt sein.
- Unterrichtsformen wie Projekt- und Werkstattunterricht sollten Lernen auf unterschiedlichem Niveau aber dennoch in Zusammenarbeit und am gleichen Gegenstand möglich machen.
- Wichtig ist die Schaffung eines Schulklimas, das Leistungs- und Selektionsdruck durch unterstützendes Lehrerverhalten ersetzt.

4. Das alltags- und lebensweltorientierte Konzept der Sozialpädagogik

Die neuere Sozialarbeit, wie auch die Theorie der Heimerziehung nehmen seit einiger Zeit Abstand vom therapeutischen Modell der Einzelfallhilfe und verlangen eine vermehrte Orientierung am Alltag und an der Lebenswelt ihrer Klienten.

Pädagogische Tätigkeit - so THIERSCH (1985, S. 211) - besteht hauptsächlich in der Strukturierung von Problemen der Klienten in individuellen Lebenslagen, angeschmiegt den Erfahrungen, die diese machen. So können diese Probleme der Bearbeitung zugänglich gemacht werden. Die Entwicklung der Klienten soll soweit unterstützt werden, dass sie ihre Schwierigkeiten selber lösen können. Dies kann aber nur alltagsorientiert, solidarisch und mit einem hohen subjektiven Bezug zu den Betroffenen geschehen. «Hilfe ist Hilfe zur Selbsthilfe; sie muss sich auf jenes Minimalprinzip verpflichten, nach dem Hilfe immer nur insoweit angeboten werden darf, wie sie unverzichtbar ist dazu, dass jemand in seinen Verhältnissen sich zurechtfindet - Verhältnisse allerdings verstanden als Arrangement in seinen Möglichkeiten, nicht in resignativ verkürzter Anpassung.» (THIERSCH 1986, S. 218)

Auch in der Sozialarbeit wurde die ursprüngliche Dienstleistung immer differenzierter, spezialisierter, professioneller und damit auch rational kontrollierter ausgeführt (vgl. JAPP 1986). Die einzelnen Beratungsstellen sahen sich in der Folge in Versuchung, die einfachen Fälle «abzurahmen» (creaming off), die schwierigeren an besser geeignete Stellen weiterzureichen oder für diese neue Stellen zu gründen. Dadurch werden aber kaum Probleme gelöst, einige dafür umso intensiver und aufwendiger bearbeitet. Mangels der Möglichkeit in diesem Bereich, eine scharfe Diagnose stellen zu können, werden immer mehr Probleme und Problemfelder durch beteiligte Mitarbeiter selber definiert und mit pathologisierenden Etiketten belegt. Dieses Vorgehen wiederum ist notwendig, um die besondere Zuwendung zu legitimieren. In der amerikanischen Literatur wird dieser Effekt «coming out all over» genannt: Überall kommen neue Probleme hervor. Gleichzeitig werden aber auch alle Ressourcen der informellen Selbsthilfe durch die professionellen und spezialisierten Helfer und die Sozialadministration untergraben und als unqualifiziert entwertet.

Um solche unerwünschte Effekte zu verhindern, wurde in jüngster Zeit in der Sozialarbeit vermehrt die Schaffung neuer Verantwortung durch vermehrte Selbsthilfe, Entdifferenzierung, Flexibilisierung und quartiernahen Unterstützung diskutiert (JAPP 1986).

Ähnlich wird auch in der Sonderpädagogik eine vermehrte Lebensweltorientierung im Gegensatz zur zunehmenden Entsinnlichung, zur Bürokratisierung und Rationalisierung des Handelns in der Schule vertreten (vgl. ANTOR 1989). Überträgt man die Folgerungen auf die Heil- und Sonderpädagogik an der allgemeinen Schule, dann ergeben sich die folgenden Konsequenzen:

-   Hilfe und Schutz kann entmündigen und soll nur in dem Mass erfolgen, wie die Kräfte des Kindes und seines Umfelds nicht ausreichen, um die bestehenden Schwierigkeiten selber zu lösen.
-   Eine hohe Spezialisierung der Dienstleistungen und die damit verbundene bürokratische Verwaltung der Hilfe sind möglichst zu vermeiden.
-   Selbsthilfe, die Pflege des Kontakts zur Lebenswelt und des Schulklimas durch das Lehrerkollegium sind ein wichtiges Mittel für die sozial-emotionale Integration der Lehrer und Schüler. Diese kann aber nur von beteiligten Mitgliedern wahrgenommen und nicht verordnet werden. Es ist daher wichtig, dass der Sonder- oder Heilpädagoge ein Mitglied der beteiligten Gruppe von Lehrern an der allgemeinen Schule ist. Nur so kann

er diese beeinflussen. Keinesfalls darf er sich als Spezialist völlig abgrenzen und sich selber marginalisieren.

4. Das systemische Konzept

Das systemische Konzept fasst die Schule als offenes soziales System mit verschiedenen Subsystemen, bestimmten Mitgliedergruppen, Rollen, Strukturen und Regeln auf (KÜNDIG 1979, FEND 1982, NIEDERBERGER 1984, HAGMANN 1982, SIMMEN 1988, SELVINI-PALAZZOLI et al. 1985 , SORRENTINO 1988) . Dabei zeigt es sich, dass diese geregelten oder auch ungeregelten Merkmale des Systems mitbestimmend sind, für den Umgang mit dem Umstand, dass sich einige Schüler immer wieder als «bunte Kühe» (SORRENTINO 1988) erweisen. So wird oft beklagt, dass die Strukturen der herkömmlichen Volksschule in manchen Ländern Selektion und Ausschluss von Schülern mit Schwierigkeiten eher fördert, denn verhindert. Bürokratische Entscheidungsstrukturen, unsicherer Status und Vereinzelung des Klassenlehrers oder der Spezialisten, fehlende Pflicht, aber auch fehlende Möglichkeiten zur verbindlichen Zusammenarbeit sind einige Merkmale, die als Gründe dafür angeführt werden (vgl. KÜNDIG 1979).

Löst man den Heilpädagogen aus seiner Funktion als Kleinklassenlehrer oder aber als Einzeltherapeut heraus, genügt es kaum, nur die Rolle des Heil- oder Sonderpädagogen an der allgemeinen Schule neu zu definieren und ihn im alten System additiv irgendwo anzugliedern. Ein Dasein in einer Besenkammer dürfte wohl eine sichere Folge eines solchen Vorgehens sein. Eher müsste die Schulung von Schülern mit und ohne Schwierigkeiten vermehrt in fest verankerten Teams von Klassenlehrern und Spezialisten verwirklicht werden. Strukturelle Entwicklungsarbeit muss dazu geleistet werden, um die neuen Rollen der Regelklassenlehrer, der Heil- und Sonderklassenlehrer, der Therapeuten, Schulpsychologen und deren Zusammenarbeit in einem ziel- und aufgabenorientierten Team einzuführen und abzusichern. So müsste unter anderem gesorgt werden für:

- Klarheit und Konsens bezüglich dem Sinn und Stellenwert gemeinsamer Unterrichtung von Schülern mit und ohne Schulschwierigkeiten
- Klare Rollendefinitionen und Teamstrukturen (Pflichtenhefte auch für Regelklassenlehrer, Zusammenarbeit aller Generalisten und Spezialisten)
- Garantie für Gefässe, aber auch Pflicht zur Zusammenarbeit und Weiterentwicklung der Arbeit im Team.

- Zugang zu externer Beratung, Möglichkeiten, um Abstand zu nehmen, um das lokale System und die eigene Rolle darin zu reflektieren.

Können diese organisatorischen Elemente und ihre Weiterentwicklung durch die Beteiligten einer lokalen Schule abgesichert werden, dürfte einiges dazu beigetragen sein, dass die laufenden Schwierigkeiten, die sich bei einem integrativen Unternehmen ergeben können, auch wirklich gelöst werden.

5. Das integrative Modell

Das integrative Modell möchte eine gemeinsame Schulung von Schülern mit und solchen ohne Schulschwierigkeiten verwirklichen. Von der Leitidee, dass die beteiligten Schüler eine möglichst optimale Förderung hinsichtlich ihrer Leistungsfähigkeit und dem Aufbau eines positiven Selbstkonzepts erhalten sollen, wird dabei nicht abgewichen. Es sollen aber alle Schüler Gelegenheit erhalten, soziale Kontakte und Prozesse in einem individuell weitgehend ausgebauten gemeinsamen Unterricht zu erleben.

Wie bereits der Begriff «integratives Modell» nahelegt, muss ein derartiges Konzept auch theoretische Integrationsarbeit der bisher geschilderten Ansätze leisten, wenn es seine Ziele erreichen will. Es muss Formen der Integration des Lehrkörpers und der gesamten lokalen Schulstruktur finden, wenn Integration und Zusammenarbeit auf der Ebene der Schüler in die Tat umgesetzt werden sollen.

Die nebenstehende Abbildung zeigt, wie die wissenschaftliche Begleitung die Ergebnisse des Schulversuches «Versuchsmodelle im Sonderklassenwesen im Kanton Zürich» zusammengefasst hat, wenn die bisher genannten Bedingungen für eine geglückte Integration aller Schüler in einem Integrationsmodell auch in eine hierarchische Ordnung gebracht werden (vgl. BÄCHTOLD 1988, REISER et al. 1984, SANDER 1987, SELVINI-PALAZZOLI 1985, SPECK et al. 1978 etc.)

Aus dieser Zusammenstellung geht hervor, dass spezielles Wissen und Behandlung sowie Integration von Schülern mit Schulschwierigkeiten nicht einfach organisiert werden können, indem ein Sonder- oder Heilpädagoge an die allgemeine Schule oder an eine Sonderschule quasi als Reparaturdienst entsandt wird, um dort ein wenig Einzelunterricht zu erteilen. Ziel des integrativen Modells ist es, soweit wie möglich einen gemeinsamen Unterricht zu ermöglichen, indem jeder Schüler auf seinem Lernniveau lernen kann. Einzelunterricht soll möglichst vermieden werden. Gruppenunterricht, Projekte, gemeinsame Unternehmen oder Teamteaching in der Regelklasse sind bevorzugte Unterrichtsformen. Bei der Integration handelt es sich um einen Prozess, der sich unter allen Beteiligten eines lokalen Schulsystems abzuspielen hat und den es auch durch strukturelle Hilfen zu unterstützen gilt.

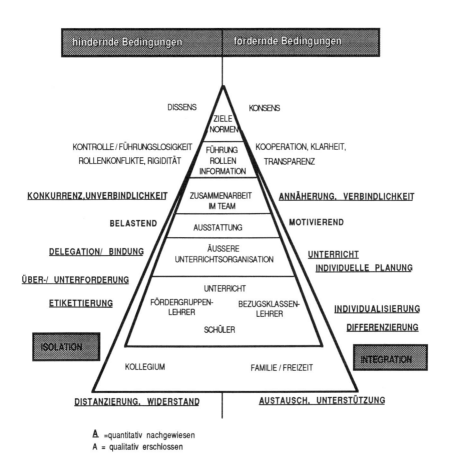

ᴅᴇ.   ᴵ- oder Sonderpädagoge ist in einem integrativen Modell weder Therapeut noch alleine Hauptverantwortlicher für das Gelingen oder Misslingen
dieses Prozesses. Er ist in erster Linie Mitglied in einem Team, das sich aus
Klassenlehrer, dem Heil- und Sonderpädagogen sowie dem Schulpsychologen
zusammensetzt. Dieses Team ist es, das die Funktionen der einzelnen Mitgliedern jeweils ziel- und bedürfnisbezogen definiert und verbindlich abspricht.
Als Mitglied dieses Teams übernimmt er eine besondere Verantwortung, die
vorwiegend jenen Schülern gilt, die Schwierigkeiten in der Erfüllung schulischer Erwartungsnormen haben. Er hat neu neben einzelnen Schülern auch
die Schule als ein Ganzes im Auge zu behalten. Immer müssten auch die unterschiedlichen Wahrnehmungen der Problemlage, deren Bearbeitung und die
Ausschöpfung der Möglichkeiten der Familie, der Regelklassenlehrer und allfälliger Spezialisten eingeschlossen werden.

Der Heil- und Sonderpädagoge in einem integrativen Konzept bleibt in erster
Linie Pädagoge. Im Zentrum steht immer noch die Aufgabe mit dem Kind,
Unterricht in der Gruppensituation, im besten Fall auch in Zusammenarbeit
mit dem Regelklassenlehrer. Neu dürfte sein, dass zu den üblichen pädagogischen und spezifisch sonder- und heilpädagogischen Tätigkeitsformen ein gerütteltes Mass an Prozessdiagnostik, Teamarbeit, Sozialpädagogik oder ganz
allgemeiner Agogik kommen dürfte.

Die Aufgaben eines Heil- oder Sonderpädagogen in einer integrativen Schulungsform sind vermutlich nicht immer konfliktfrei zu lösen. Sie bedeuten
eine Herausforderung und verlangen nach einer ständigen Weiterentwicklung.
Sie verhindern das, was man der älteren Hilfsschulpädagogik häufig vorwirft:
Erstarrung in Routine, Fixierung von Behinderung anstelle der notwendigen
Dynamik in der Schulung und Integration des Kindes.

Gleichzeitig besteht die offen gestandene Hoffnung und Absicht, dass mit
einem solchen Konzept verbunden mit strukturellen Hilfen eine innere Schulreform möglich werden könnte. Integrative Konzepte leben von der Überzeugung, dass in einer Klasse und in einem Team Kräfte freigesetzt werden,
die letztlich auch für den Regelklassenlehrer, für den unauffälligen, den hochbegabten, aber auch für den «schwierigen» Schüler eine bessere, humanere
Schule (HENTIG 1987) durch vermehrte Zusammenarbeit ermöglichen könnten. Eine Schule, die unsere Kinder durch echte Menschenbildung, durch gemeinsames Lernen und Arbeiten auf all die ökologischen, wirtschaftlichen
und sozialen Probleme vorbereitet, die sie in der nächsten Zukunft einmal
gemeinsam zu bewältigen haben.

Literatur

ANTOR, G.: Lebenwelt - Ein neuer Begriff und seine Bedeutung in der Sonderpädagogik. In: Vierteljahresschrift für Heilpädagogik und ihre Nachbargebiete VHN, 58. Jg. 1989, Heft 3, S. 243-354

BRONFENBRENNER , U.: Die Ökologie der menschlichen Entwicklung. Stuttgart 1980

BRONFENBRENNER, U.: Wie wirksam ist kompensatorische Erziehung? Frankfurt 1974

BÜCH, F./ BÜCH, R.: Therapeutische Schülerhilfe. Weinheim und Basel 1979

BÜHLER-NIEDERBERGER, D.: Stütz- und Fördermassnahmen. Schlussbericht über verschiedene Erhebungen. Erziehungsdirektion des Kantons Zürich 1988

BURGENER, A.: Therapie zum Autismus. In: Pro Infirmis. Fachzeitschrift für Rehabilitation. 46. Jg. 1987, Heft 4, S. 12-21

EBERWEIN, H.: Zum Stand der Integrationsentwicklung und -forschung in der Bundesrepublik Deutschland. In: Z.f. Heilpädagogik 35, 1984, S. 677-691

FEND, H.: Sozialisationseffekte der Schule. Weinheim 1976

FEND, H.: Gesamtschule im Vergleich. Weinheim und Basel 1982

FÜRSTENAU, P.: Zur Psychoanalyse der Schule als Institution. In: FURCK, C. L. (Hrsg.): Zur Theorie der Schule. Weinheim 1969, S. 9-27

GOFFMANN, E.: Asyle. Frankfurt a. M. 1975

HABERMAS, J.: Theorie des kommunikativen Handelns. Frankfurt a. M.1981

HAGMANN, T.: Personalprobleme und Organisationsentwicklung im Heim. In: HERZOG, F.: Entwicklungstendenzen in der Heimerziehung. Luzern 1982, S. 81-120

HENTIG, H. v.: «Humanisierung» - Eine verschämte Rückkehr zur Pädagogik? Stuttgart 1987

JAPP, K. P.: Wie psychosoziale Dienste organisiert werden. Widersprüche und Auswege. Frankfurt 1986

KNIEL, A.: Die Schule für Lernbehinderte und ihre Alternativen. Rheinstetten 1979

KNIEL, A.: Hat sich die Schule für Lernbehinderte als Sammelbecken für Schulversager bewährt ? In: Z.f. Sonderpädagogik 11 1981, S. 58-67

KOBI, E.E.: Die Rehabilitation der Lernbehinderten. München 1975

KREIE, G.: Integrative Kooperation. Über die Zusammenarbeit von Sonderschullehrer und Grundschullehrer. Weinheim 1985

KÜNDIG, H.: Kommunikation und Kooperation in der Schule. Zürich 1979

MERZ, K.: Kinder mit Schulschwierigkeiten - Empirische Untersuchungen an Grund- und Sonderschulen. Weinheim und Basel 1982

NANCHEN, M. et al. (Hrsg.): Die Freiheit zur Zusammenarbeit. Sitten 1988

REINARTZ, A./ SANDER, A. (Hrsg.): Schulschwache Kinder in der Grundschule. Weinheim u. Basel 1982

REISER, H. et al.: Sonderschullehrer in Grundschulen. Weinheim und Basel 1984

SANDER, A. et al. (Hrsg.): Behinderte Kinder und Jugendliche in Regelschulen. Jahresbericht 1987 über schulische Integration im Saarland. Köln 1988

SELVINI-PALAZZOLI, M. et al.: Der entzauberte Magier. Zur paradoxen Situation des Schulpsychologen. Stuttgart 1985

SELVINI-PALAZZOLI, M. et al.: Hinter den Kulissen der Organisation. Stuttgart 1985

SIMMEN, R.: Heimerziehung im Aufbruch. Altenativen zur Bürokratie und Spezialisierung im Heim. Bern 1988

SPECK, O./ GOTTWALD, P./ HAVERS, N./ INNERHOFER, P. (Hrsg.): Schulische Integration lern- und verhaltensgestörter Kinder. München 1978

STRASSER, U.: Sehbehinderte Schüler an der Volksschule. Ein Schulversuch. St. Gallen 1984

THIERSCH, H.: Zum Verhältnis von Pädagogik und Therapie in der Behindertenarbeit. In: WACKER, E. / NEUMANN, J. (Hrsg.): Geistige Behinderung und soziales Leben. Frankfurt 1985 Campus, S. 207-220

ULICH, K.: Schüler und Lehrer im Schulalltag. Eine Sozialpsychologie der Schule. Weinheim und Basel 1983

ULICH, K.: Erziehungsschwierigkeiten. In: betrifft: erziehung, 1985, Heft 6, S. 35-42

ULICH, A. et al.: Heilpädagogische Schülerhilfe. Luzern 1987

Anschrift des Verfassers:

Dr. phil. Urs Strasser
Heilpädagogisches Seminar
Kantonsschulstr. 1
8001 Zürich

Heinz Stefan Herzka

Elemente ganzheitlicher Behandlung

Eine ganzheitliche Behandlung, wie sie sich aufgrund meiner konkreten Erfahrungen als Kinder- und Jugendpsychiater einerseits und der dialogischen Anthropologie, von welcher ich theoretisch ausgehe, andererseits darstellt, umfasst einen pädagogischen und einen therapeutischen Ansatz. Dabei werden Therapie und Pädagogik als gleichwertige und gleichzeitig notwendige Fachgebiete mit je eigenen Theorien, Methoden und Spezialisten aufgefasst, die im Interesse des Kindes, welches in seiner Entwicklung beeinträchtigt, behindert oder psychisch krank ist, zusammenfinden. Therapeutisch oder pädagogisch bedeutet dabei aber kein Privileg der jeweiligen Berufsgruppe, da auch Pädagogen, in Ergänzung zu ihrem angestammten Zugang, therapeutisches Denken und Handeln benötigen und Therapeuten auch in ihrer Therapie immer pädagogisch wirksam werden. Dennoch handelt es sich, nach meiner Auffassung, um zwei abgegrenzte, unterschiedliche, aber auch gleichermassen notwendige und gleichwertige Strategien, die gemeinsam eine Zwei-Einheit bilden, wobei - zwischen Therapie und Pädagogik - der therapeutisch-pädagogische Prozess in der Begegnung von Kind und Helfer zustande kommt. Die Gegenüberstellung von Therapie und Pädagogik ist aus Übersicht 1 ersichtlich, ohne dass im hier gegebenen Rahmen auf die einzelnen Kriterien näher eingegangen werden kann.

Sowohl in der Pädagogik wie in der Therapie geht es darum, Einseitigkeiten, bestimmte partielle Rückstände oder Abspaltungen von Teilbereichen in der Entwicklung einerseits als solche wahrzunehmen und zu behandeln, beziehungsweise zu fördern, und andererseits dem Kind zu einer neuen Ganzheit zu verhelfen. Probleme wie Teilleistungsstörungen oder sogenannt psycho- oder soziogene Verhaltensstörungen sind in unserer Zeit kein isoliertes Faktum, sondern die entwicklungspsychologischen Manifestationen der allgemeinen Spaltungstendenz unserer Kultur, unserer Lebenswelt, der das Kind ausgesetzt wird und unseres Erziehungs- und Bildungssystemes. Die Spaltungstendenz ist in diesem Jahrhundert vielfach erkennbar geworden, gerade in der Separierung beispielsweise von Pädagogik und Psychotherapie (ein Spezial-

47

Pädagogik - Psychotherapie*

Theoretische Gegenüberstellung

	Pädagogik	Psychotherapie
ZIELVORSTELLUNG	Erziehungsziel	Therapieziel
ZIELRICHTUNG	prospektiv	retrospektiv
MITTEL	Vorbild, Führung, Korrektur	Therapeutische Situation; Assoziation und Interpretation
«MATERIAL»	Realität > Phantasie	Phantasie > Realität
BEZIEHUNG	Nähe > Distanz	Distanz > Nähe
BEZIEHUNGSDAUER	grundsätzlich immer mit Beziehungswandel	vorübergehend, Therapiestunde
ERLEBNISGESTALTUNG	zentral	evtl. als Therapiemittel
UMWELT	Sozialisation > Introspektion	Introspektion > Sozialisation
WERTUNG	vorgegeben	relativiert (nicht aufgehoben!)
LEBENSTECHNIKEN VERMITTELN	wichtig	peripher
SPRACHE	realitätsbezogen	oft Symbolcharakter, Metakommunikation!
KREATIVITÄT	Ergebnis wichtig	Prozess wichtig
PSYCHISCHE WIDERSTÄNDE	oft notwendig	meist aufzulösen
EMOTIONEN	integriert	oft im Vordergrund
AUTONOMIE	oft primär äussere Autonomie	primär innere Autonomie

---

* gemeint ist hier eine vorwiegend tiefenpsychologisch, analytisch orientierte Psychotherapie.
Aus: HERZKA H.S.: Kinderpsychopathologie, Basel: Schwabe, 1986, 2. Aufl.

fall der Spaltungsprozesse in den Wissenschaften, die zu einer Multiversitas anstatt zu einer Universitas geführt haben), aber auch innerhalb der verschiedenen Fachgebiete, beispielsweise in der Entstehung einer somatisch orientierten und einer psychisch orientierten Medizin oder aber in der isolierten Art und Weise, mit der bestimmte Entwicklungsprobleme, heissen sie nun neurotische Entwicklung oder Teilleistungsstörungen oder hirnorganische Störung, theoretisch und therapeutisch angegangen und diskutiert wurden. Neben den besonders beachteten Spaltungen, wie den sogenannt schizophrenen Psychosen oder der Atomspaltung, kann man auch die Teilleistungsstörungen als Symptom dafür anführen, dass wir uns in einem Jahrhundert der Spaltungen befinden, das vermutlich in den nächsten Jahrzehnten seinem Ende entgegen geht.

Spaltung lässt sich nur dadurch überwinden, dass zusammengehörige Bereiche miteinander berücksichtigt werden, wobei die einmal erfolgte Differenzierung nicht rückgängig gemacht werden kann oder soll. Vielmehr sind die jeweils zusammengehörigen Bereiche gleichwertig und gleichzeitig, aber ohne Verschmelzungstendenz zu berücksichtigen, wie dies im dialogischen Prinzip formuliert wurde (H.L. GOLDSCHMIDT, Martin BUBER). In der Physik spielt die Komplementarität (Niels BOHR) eine ähnliche Rolle. Weitere verwandte und zum Teil schon historisch sehr alte Strukturprinzipien finden sich - wenn auch mit wichtigen Unterschieden, auf die hier nicht eingegangen werden kann - in den fernöstlichen Philosophien, beispielsweise in manchen Auffassungen des Taoismus über das Prinzip von Yin und Yang. Für das in unserer Kultur und in unserer Neuzeit notwendige Verständnis ist hervorzuheben, dass Spannung und Widerspruch innerhalb der Zwei-Einheiten nicht aufzuheben, sondern anzuerkennen sind und als Zeichen von Vitalität bejaht werden müssen. Übersicht 2 zeigt einige, für die therapeutische Arbeit relevante, dialogische Begriffspaare und Bereiche.

Übersicht 2

Einige Zwei-Einheit der Therapie

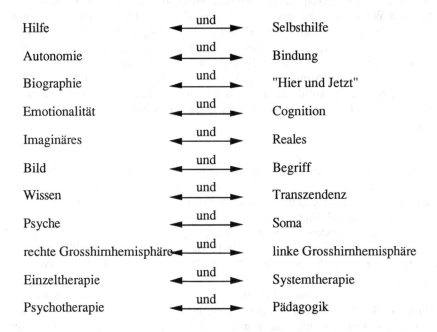

Hilfe	und	Selbsthilfe
Autonomie	und	Bindung
Biographie	und	"Hier und Jetzt"
Emotionalität	und	Cognition
Imaginäres	und	Reales
Bild	und	Begriff
Wissen	und	Transzendenz
Psyche	und	Soma
rechte Grosshirnhemisphäre	und	linke Grosshirnhemisphäre
Einzeltherapie	und	Systemtherapie
Psychotherapie	und	Pädagogik

Ein weiteres Anwendungsbeispiel dialogischen Verständnisses ist die Berücksichtigung individueller Persönlichkeitsaspekte und sozialer, systemischer Regelprozesse. Dies gilt sowohl für die therapeutische Institution und ihre Mitarbeiter wie für das Kind und seine Familie. Sowohl im Helfersystem wie in der Familie besteht ein ständiger Kreisprozess zwischen individuellen und gemeinschaftlichen Aspekten, wobei vom Helfersystem erwartet werden darf, dass die dabei nicht nur unausweichlichen, sondern auch notwendigen Probleme und Krisen wahrgenommen und fruchtbar gemacht werden - das heisst weder unterdrückt, noch oberflächlich idealisiert werden. Die Institution hat sich somit zu fragen, wodurch sie einerseits den individuellen Persönlichkeiten und wodurch sie andererseits den sozialen Prozessen gerecht wird. In meinem Zuständigkeitsbereich - der Zürcher Tagesklinik für Kinder- und Jugendpsychiatrie - gibt es beispielsweise deutlich sowohl team- wie patientenbezogene Aspekte, die sich wiederum in individuums- und systembezogene Vorgänge und Strukturen gliedern lassen, wie dies Übersicht 3 zusammenfasst.

Strukturell-organisatorisch und individuell-persönliche Aspekte des Modelles Tagesklinik

Individual- und Persönlichkeitsaspekte   *Struktur- und Organisationsaspekte*

«Patienten»-bezogen:

Extern:	Intern:	Extern:	Intern:
Individuelle Eintrittsbefunde	Individuelles Programm	Familienerstgespräch	Wohngruppe
Zuweiserkontakte	Einzeltherapie	Systemtherapie	Klasse
	Patientenauswahl		
	Päd. Einzelstunden	Familienferien	Lagerwochen
Lehrerwahl nach Austritt	Persönliche Werkstücke und Leistungen	Freizeitgestaltung	Themenwochen
	Ausnahmeregelungen	Familienfeiern	Hausfeste
	Milieuwahl nach Austritt		

Teambezogen:

Persönliche Anteilnahme und Interesse	Organisationsmodell (z.B. Hauskommission, Mitbestimmung, Unterteams)
Private Freundschaften	Berufsgruppen
Individuelle Therapiekontrollen	Teamsitzungen
Persönliche Weiterbildung	Supervisionsgruppen
Urlaubs- und Besoldungsfragen	Mitarbeiterfeste

Auch die Psychotherapie im weiteren Sinn - wird in der Tagesklinik sowohl als Familientherapie, wie als Einzeltherapie geführt, wobei sich methodische

Schwerpunkte, gemäss Übersicht 4 für beide Therapiemethoden erkennen lassen. Aber auch im Bereiche der pädagogischen Massnahmen geht es ja sowohl um die Pädagogik mit dem Kind, wie um die Erziehung des Erwachsenen, und dabei sowohl um die Selbsterziehung des Pädagogen, wie um die Andragogik der Eltern.

Übersicht 4a

Einzeltherapie

Schwerpunkte tiefenpsychologischer Bearbeitung:

- Chronische emotionale «Stauungen» (z.b. Trauer, Wut, Aggression)
- dominierende innerseelische Konflikte - Phantasien und Realitätsbezug
- persönliche Biografie und Beziehungskonflikte
- Sinn-, Ziel- und Zukunftsfragen (z.b. Ängste, Wunschvorstellungen)
- Möglichkeiten und Grenzen

Übersicht 4b

Familientherapie

Schwerpunkte systemischer Bearbeitung

- Kommunikation und Metakommunikation
- Differente Erwartungen, Werthaltungen, Zielsetzungen
- Individualentwicklung gegenüber Familiengemeinschaft
- Soziose-Aspekte (z.b. Migration, mehrkulturelle Identität)

Erlebnisgestaltung in der «Freizeitfamilie»

Als letztes Beispiel dialogisch-ganzheitlichen Zuganges sei an die Bedeutung der aus der Psychotherapie-Forschung bekannten Persönlichkeitsfaktoren erinnert, von denen Übersicht 5 einige aufführt. Sie werden oft über den organisatorischen und methodischen Aspekten entweder vergessen oder man hält sie für selbstverständlich und übergeht sie dadurch, oder sie werden schliesslich als sekundär und damit ungenügend gewertet. Das kann dazu führen, dass methodische und organisatorische Probleme und Diskussionen - so wichtig diese auch zweifellos sind - unangemessen einseitig überwiegen, sowohl bei der Indikationsstellung, wie beim Erstellen eines Therapie- bzw. Erziehungsplanes oder bei der Evaluation.

Übersicht 5:

Persönlichkeitsfaktoren**

Allgemeine Einstellungen:
- Interesse, Mitgefühl
- Geduld, Wissenserweiterung
- Zugang zu «Realem» und «Imaginärem»

Fachliche Grundfähigkeiten:
- Empathie für Konflikte und Emotionen
- Handhabung von Nähe und Distanz
- begriffliche und bildhafte Sprache

Für die Arbeit mit Kindern («Wissen» und Handhaben):
- entwicklungs- und phasenbedingte Eigenheiten (Ausdrucksverhalten, Sprache, Bedürfnisse und Konflikte
- eigene Stellung im Beziehungsdreieck mit Kind und Eltern (z.b. keine Expertenautorität, kein Konkurrenzverhältnis, keine einseitigen Bündnisse)
- Reflexion und Bearbeitung eigener Kindheitserfahrungen
- Umgang mit Erwartungs- und Werthaltungen
- Umgehen mit Übertragung/ Gegenübertragung (bezüglich Kinder, Eltern, Kollegen)

Die hier angeführten Beispiele, die im zur Verfügung stehenden Rahmen nur angedeutet werden konnten, mögen illustrieren, was mit einem dialogisch-ganzheitlichen Zugang in der sogenannten Behandlung von Kindern gemeint sein könnte.

Anschrift des Verfassers:

Prof. Dr. H. S. Herzka
Schönbühlstr. 4
8032 Zürich

** Aufgrund einer Literaturübersicht von W. REUKAUF

Gerhard Heese

Die visuelle Erfassung der Lautsprache durch Hörbehinderte als Lesevorgang

1. Das Sprechen hat über die Sprechmotorik eine optische Komponente, die visuell erfasst und zur Deutung des semantischen Inhalts genutzt werden kann

Dass prälingual gehörlose Kinder die Lautsprache erlernen und in ihr kommunizieren können, hängt mit einer eigentümlichen Erscheinung zusammen. Gemeint ist damit, dass ein Mensch, der spricht, Bewegungen produziert. Diese Bewegungen, die an den Lippen, an den Wangen, am Hals usw. sichtbar werden, erfolgen in einer gewissen Gesetzmässigkeit, so dass man aus ihnen erschliessen kann, was der Sprecher gesagt hat, falls man ihn nicht hören kann. Freilich ist das an die Kenntnis der Sprechbewegungszüge gebunden, die beim Sprechen entstehen.

Das Erschliessenkönnen über das Auge hat Grenzen. Dafür seien Beispiele gegeben. Neben Lauten, die visuell gut identifiziert werden können (z.b. /ʃ/ im Wort «schon»), gibt es andere, die zwar für sich selbst ganz gut visuell erkannt werden (z. B. /b/ in «Baum»), aber doch leicht mit anderen verwechselt werden können (z. B. /b/ und das in Anlautposition stehende /m/: kein visueller Unterschied bei «Bein» und «mein»[1]). Ja, und dann gibt es eben auch Laute, die so gut wie keine optische Repräsentanz haben, visuell also nicht erkannt werden können (z.B. /ŋ/ in «lang»).

Von Lauten war die Rede, aber es geht nicht um Laute, sondern um *Komplexe des Bewegungsablaufes,* die ALICH Kineme genannt hat. Die Übersicht macht die Vagheit klar, welche die Kineme kennzeichnen: Da treten die Laut-

---

[1] Wenn der hörbehinderte Ableser den Kontext entschlüsselt hat, wird die Sache für ihn einfacher. Die Begriffe «mein» und «Bein» sind so weit voneinander entfernt, dass immer nur eine Lösung in Betracht kommt. Das zeigt, wie wichtig es für einen Hörbehinderten ist, von Anfang an zu wissen, worum es in einem Gespräch geht.

komplexe /t/d/ und /n/ in zwei verschiedenen Kinembereichen auf, und einem Kinem wird das Etikett Leerstellenkinem angehängt, was nichts anderes als So-gut-wie-Nichtkinem bedeutet.

Kineme der deutschen Hochsprache:

bilabiales Kinem	<m p/b>
labiodentales Kinem	<f v>
dentales Kinem	<s z t/d n>
lingual-coronales Kinem	<t/d n l r>
lingual-dorsales Kinem	<ç j>
gutturales Kinem (Leerstellenkinem)	<k/g x ŋ>
gerundetes Dentalkinem	<ʃ>
weites Palatalkinem	<a/α e/ɛ>
enges Palatalkinem	<e/ɛ/ə i/ɪ>
weites Velarkinem	<o/ ɔ / œ>
enges Velarkinem	<u/U y/Y>

(ALICH 1960, S. 128f., S. 132)

Damit wäre der visuelle Auffassungsweg für Lautsprache bereits als Holzweg abqualifiziert, hätte der Mensch nicht die Fähigkeit, aus Fragmenten gesprochener Sprache *per Kombination das Ganze zu erschliessen.* Wir verstehen mehr als wir hören; das klingt paradox und stimmt doch. Hierzu ein Beispiel:

> Wenn ich beim Pilzesuchen im Wald meinem Partner ein stolzes /Iç hɑbn ʃtaɛnpIlts gəfUndn/ zurufe, so hat er im knackenden Gehölz auf dreissig Meter Entfernung bestimmt nicht Laut für Laut gehört. Gleichwohl hat er richtig verstanden, weil der Handlungskontext «Pilzesuchen» die thematischen Möglichkeiten auszutauschender Botschaften sehr einengt.

Nicht anders, d.h. nur mit Hilfe von Kombinationen, schlägt sich der oral kommunizierende Gehörlose durchs lautsprachliche Dickicht. Aus den visuell aufgenommenen Bruchstücken «leimt» er sich blitzschnell unter Einfügung passender Ergänzungen das aus dem Situationszusammenhang Wahrscheinliche zu einer Auffassungseinheit zusammen. Das gelingt zumal dann, wenn er die zum Verständnis wichtigen *Schlüsselwörter dekodieren* konnte. Während aber normal Hörende nur ausnahmsweise ihre Kombinationsfähigkeit auf die Probe stellen müssen, sind Hörbehinderte in der ungünstigen Lage, ihre hörenden Gesprächspartner nur über kombinatorische Ergänzung verstehen zu können. Das können Hörbehinderte nicht von sich aus, sie müssen es vielmehr lernen.

Wer hörbehinderten, insbesondere gehörlosen Kindern Lautsprachkompetenz verschaffen will, muss der visuellen Lautspracherfassung grosse Beachtung widmen, ist diese Fähigkeit doch einer der seidenen Fäden, an denen das orale System hängt. Der Lautsprachunterricht für die verschiedenen Gruppen von Hörbehinderten ist also immer auch Unterricht im visuellen Erfassen gesprochener Sprache.

2. Soll man von absehen, ablesen, von den Lippen lesen oder was immer reden?

Die professionellen Lautspracherzieher, die Gehörlosenlehrer, haben nie einen festen Konsens darüber erreicht, wie man die Tätigkeit, um die es hier geht, das visuelle Erfassen des Gesprochenen, nennen solle. Im Bestreben, das *passende Wort* dafür zu finden, musste man versuchen, die Sache selbst auf den Begriff zu bringen. So gesehen, war die immer wieder neu aufgenommene Suche nach dem richtigen Wort nicht unnützer Zeitvertreib; vielmehr zwang diese Suche zur Besinnung auf das, was bei diesem Vorgang wirklich geschieht.

Der erste professionelle Gehörlosenlehrer deutscher Zunge, Samuel HEINICKE, sprach von absehen: «Da der Taubgebohrne ... sich an seine Articulationen hält, so ist es kein Wunder, dass er bey andern, die mit ihm sprechen, die Wörter am Munde und an der Kinnlade absieht» (HEINICKE 1778, Ausgabe 1912, S. 73). In der Frühzeit des institutionalisierten Gehörlosenunterrichts griffen die Fachleute auch zu anderen Bezeichnungen wie
-   Lippensprache, aus den Lippen lesen - Heinrich KELLER (1786, S. 23) Schlieren und Zürich
-   Lippensprache - Michael VENUS (1826, S. 55 ff.), Wien
-   sprechen sehen - Johann Baptist GRASER (1828, S. 15 ff.), Bayreuth

Später schwenkte das Gros der Fachleute auf die Verwendung der Begriffe Absehen (so etwa HILL 1839, S. 10; SCHUMANN 1920) und Ablesen (CUTZMANN 1905; RUFFIEUX 1926) ein. Manche Autoren gebrauchten sie promiscue, so WALTHER in einem Handbuch auf ein und derselben Seite (1895, S. 261), und JORICH versuchte Ordnung in den Gebrauch beider Bezeichnungen zu bringen (1926, S. 161 ff.[2]).

---

[2] C. JORICH verstand unter Absehen «die Bezeichnung ... für das optische Wahrnehmen des Gesamtausdruckes» (also das, was wir heute unter Körpersprache und Gestik verstehen),

Es ist in diesem Zusammenhang von Interesse, wie die Fachleute in anderen indoeuropäischen Sprachen ihre Termini zu Lautspracherfassung gewählt haben. Hierzu eine Auswahl:

Sprache	Terminus	Übersetzung
Dänisch	aflaesning	Ablesen
Englisch	lipreading	Lippenlesen
Französisch	lire sur les lèvres	von den Lippen lesen
Italienisch	labioleggere	Lippenlesen
Niederländisch	afzien, liplezen	Absehen, Lippenlesen
Norwegisch	munnavlesning	Mundablesen
Tschechisch	odezirani	Absehen

Wie man sieht, werden «lesen» oder Wortverbindungen mit diesem Verbum häufig verwendet, und zwar sowohl historisch gesehen als auch im gegenwärtigen Sprachgebrauch europäischer Nachbarländer. In der Fachsprache deutschsprachiger Autoren dominiert allerdings das Synonym Absehen, wenn man die Autoren des derzeit meistverwendeten Handbuches (hrsg. v. H. JUSSEN/ O. KRÖHNERT 1982) zum Massstab nimmt; aber auch in diesem Sammelwerk findet man den Terminus Ablesen.

Es fragt sich, ob es sich beim Ablesen der Hörbehinderten (seien sie prä- oder postlingual gehörlos, oder seien sie schwerhörig) tatsächlich um eine Art von Lesen handelt. Anders ausgedrückt, geht es darum, ob das, was bei der visuellen Erfassung des Gesprochenen durch Hörbehinderte geschieht, jenen Prozesskriterien entspricht, welche für den Lesevorgang als gegeben angenommen werden.

---

unter Ablesen «das optische Auffassen der Sprechbewegungen des Mundes» (1926, S. 161-162).

3. Prozess-Schemata für Spracherfassung im allgemeinen und für das Lesen im besonderen

Bevor der Lesevorgang analysiert wird, sei ein Blick geworfen auf eine von G. LINDNER entworfene Modellbildung für jede Art von Sprachauffassung, gleichgültig ob über auditive oder visuelle Auffassungskanäle. Der Autor hebt die Bedeutung des *Sprachbesitzes* (inner language) für die Entschlüsselungsleistung besonders hervor, ein Faktum, dessen Bedeutung auch für das Ablesen ausser Frage steht [3]. LINDNER gliedert den Gesamtvorgang in eine Reihe von Partialprozessen auf (wobei das Schema von unten nach oben zu lesen ist):

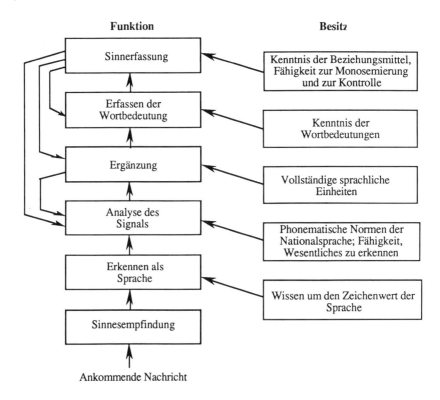

Abb. 1: Modell der Dekodierungsprozesse für Sprache nach G. LINDNER 1969, S. 122

---

[3] GOETHE hat diesen Sachverhalt für die auditive Apperzeption in diese Worte gefasst: «Es hört doch jeder nur, was er versteht.»

Die häufigste Form von Sprachauffassung unter Menschen, die auditive, hat F. KAINZ auf ihre Partialprozesse hin untersucht und ist dabei zu einem Vier-Teileschema gekommen, welches hier auch noch betrachtet wird, ehe der Schritt zum Lesen und seinen Partialprozessen gemacht werden soll.

Hörphase

- Perzeption der akustischen Reize durch das Hörorgan
- Zuleitung über den Hörnerv an die kortikale Hörsphäre

Ergänzungsphase

- liegt zwischen dem Hören und dem verstehendem Auffassen
- ein assimilativ-reproduktiver Prozess, in dem der mnestisch-gnostische Besitz die Hörauffassung beeinflusst
- bei mangelhafter akustischer Reizversorgung werden die Hörempfindungen aus dem mnestisch-gnostischen Speicher im Sinne vorweggenommener Deutungen ergänzt
- es werden Lücken ausgefüllt, unwahrscheinliche Auffassungsleistungen werden "reklamiert"

Verstehensphase

- Die Lautkomplexe - evt. in Phase zwei zurechtgeformt - werden jetzt als identisch erlebt mit wohleingeprägten Lautgebilden, mit denen ein Wortbegriff verknüpft ist.
- An das Wortlaut- schliesst das Wortsinnverständnis an.

Phase der gedanklichen Beziehungserfassung

Das Sprachverstehen wird durch einen Denkakt beendet, der sich in zwei Leistungsschichten vollzieht,
- dem Erfassen des Sinnes von Sätzen,
- der denkenden Auswertung dessen, was verstehend erfasst wurde.

Abb. 2: Prozess-Schema der auditiven Sprachauffassung nach F. KAINZ III 1954, S. 353ff.

In seiner kontinuierlich weiterverfolgten Entwicklung eines elementaren sowie eines erweiterten Lesemodells hat GRISSEMANN (1980, S. 38ff.; 1984, S. 15ff.; 1986, S. 38ff.) von mehreren Aspekten aus Lesen als einen *Prozess* beschrieben, dessen einzelne Etappen analysiert werden können. Im erweiterten Lesemodell stellen sich die Etappen wie folgt dar (siehe Abb. 3)

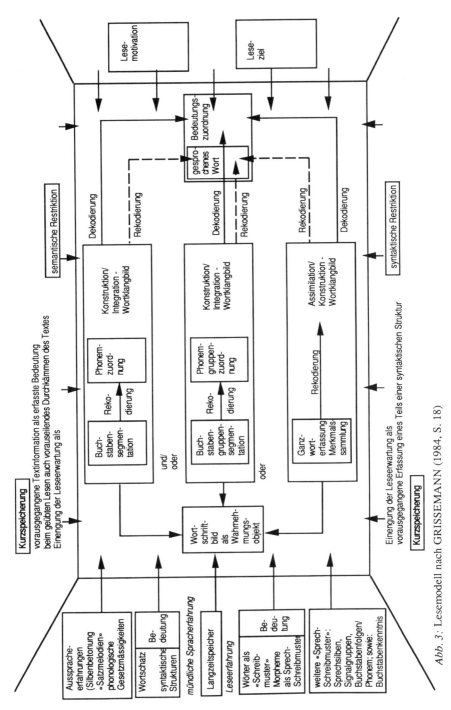

Abb. 3: Lesemodell nach GRISSEMANN (1984, S. 18)

61

Für das Anliegen, um das es hier geht noch ergiebiger ist das vom gleichen Autor in Anlehnung an NEISSERs kognitive Wahrnehmung (1974, S. 149) entworfene *Hypothesenprüfungsmodell* (GRISSEMANN 1984, S. 16), welches jenen Teil des Lesevorgangs, der hier besonders interessiert, einer fokussierten Betrachtung unterzieht:

«Das Hypothesenprüfungsmodell ergibt sich aus der Erforschung der Sprachwahrnehmung ... Dabei wird Lesen als analytisch-synthetisches Suchverhalten verstanden, bei welchem die Gestalterfassung und die Bedeutungszuordnungen im Zusammenhang mit dem gedruckten Text und mit der Spracherfahrung erfolgt.

Lesen ist nach dieser Auffassung ein selektiver Prozess, in dem je nach Hinweisen der speziellen Leseerwartung (in semantischer und syntaktischer Hinsicht) und der allgemeinen sprachlichen Erwartung (Wortschatz, erfahrene Lautkombinationen der deutschen Sprache) aus dem gesamten graphemischen Reizangebot die jeweils notwendigen Teilinformationen ausgewählt werden. Diese werden verarbeitet und das Verarbeitungsprodukt (erschlossener Wortteil, erschlossenes Wort, erschlossener Sinnschritt) dann der Hypothesentestung unterzogen... Dabei werden Strategien der Aufstellung vorläufiger Hypothesen und deren rückläufiger Verifizierung verwendet.

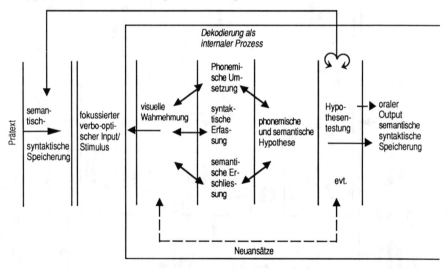

Abb. 4: «Hypothesenprüfung» im Leseprozess-Modell von GRISSEMANN (1984, S. 16)

Das Gemeinsame an den beiden genannten Modellmerkmalen (strategische Variation, Hypothesentestung) ist die Tatsache, dass Lesen kein sukzessives von links nach rechts fortschreitendes mechanisches Umsetzen von Buchstaben oder Buchstabengruppen in Laute oder Lautgruppen und anschliessende Bedeutungszuordnung ist, und kein Aneinanderreihen der erfassten Wörter zu Sätzen, sondern Such- und Erkundungsverhalten, ein Inbeziehungsetzen, oft ein Verwerfen und Neuansetzen - kurzum ein denkendes Erfassen» (GRISSEMANN 1984, S. 16f.).

Der Autor beschreibt den Leseprozess im Partialbereich Hypothesentestung in Übereinstimmung damit, wie LINDNER und vor ihm KAINZ den Verlauf der Sprachauffassung gesehen haben. Die Vorgänge in LINDNERs «Ergänzungsphase» - identisch mit der zweiten Auffassungsphase bei KAINZ - weisen Merkmale auf, die in Analogie zur «Hypothesentestung» bei GRISSEMANN zu sehen sind («Such- und Erkundungsverhalten, ... Verwerfen und Neuansetzen»).

Wie weit die Ergänzungsvorgänge in den verschiedenen Erscheinungsformen von Lesen, so auch beim Ablesen, im Lichte handlungstheoretischer Überlegungen (Zusammenwirken perzeptiver, motivationaler und kognitiver Regulationsprozesse) zu sehen sind, darf hier ausser Betracht bleiben. Doch wird die sonderpädagogische Psychologie sich künftig vermehrt mit ihnen auseinanderzusetzen haben.

4. Prozess-Schemata für die Sprachauffassung durch Ablesen

Die Frage ist nun, wie weit sich die Vorgänge bei der visuellen Sprachauffassung über das Ablesen von den eben nachgezeichneten Prozess-Strukturen unterscheiden oder ihnen gleichen: Besteht zwischen diesen Strukturen und dem Ablesen mehr Analogie als Differenz, könnte das Ablesen als eine Art von Lesen gesehen werden. Was beim Ablesen geschieht, lässt sich am ehesten wohl so beschreiben (wobei das LINDNERsche Schema zugrundegelegt sei):

Sinnesempfindung

sensorische Perzeptionsleistung des Auges (Sehvorgang);
Zuleitung zur Sehempfindungssphäre

$\downarrow$

Erkennen von Zeichen

Seheindrücke werden als sprachliche Zeichen erkannt (d.h. es wird erkannt,
dass der Sprecher nicht nur einfach den Mund bewegt, sondern dass diese
Bewegungen Zeichenträger sind

$\downarrow$

Analyse von Zeichen

Einordnung aller Teile der Zeichen bzw. Zeichenkomplexe in "Ablese-Normen"
(Kineme), die dem Ableser durch häufigen Gebrauch geläufig wurden

$\downarrow$

Ergänzung

Die Analyse der Zeichen bzw. Zeichenkomplexe stösst an ihre Grenze, weil den
aufgenommenen Zeichen die weitgehende Eindeutigkeit fehlt
Der Anteil an Redundanz in den zugesprochenen Zeichen ermöglicht trotzdem
eine weitgehende Rekonstruktion der Botschaft durch "eklektische Kombination" [4]

$\downarrow$

Erfassen der Wortbedeutung

Das durch Kombination ergänzte Zeichenmaterial wird als gleichartig mit bekannten (gespeicherten) Mundbewegungszügen erlebt
Die Wortbedeutung wird verstanden

$\downarrow$

Sinnerfassung

Den Ablesevorgang beschliesst ein Denkakt:
Der Sinn der Sätze wird verstanden und noch einmal einer Schlusskontrolle
unterworfen: der Ablesende entscheidet, er habe verstanden / nicht verstanden /
nicht alles verstanden

---

[4] Die Bezeichnung «eklektische Kombination» stammt von H. GUTZMANN (1905) und sagt
das Gemeinte in trefflicher Kürze.

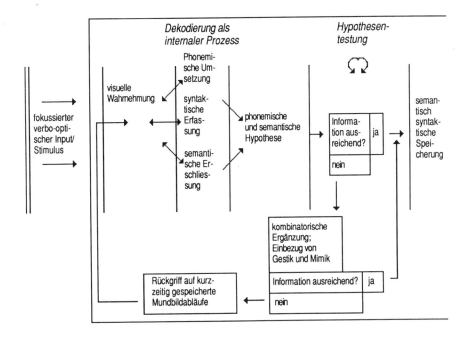

Abb. 5: «Hypothesenprüfung» nach GRISSEMANN, angewendet auf das Ablesen der Hörbehinderten (LIENHARD, persönliche Mitteilung 1989)

Die Vorgänge beim Ablesen in die LINDNERschen Teilgefässe der Sprachauffassung zu giessen (1975, S. 122), fiel um so leichter, als dieser Autor selbst eine Analyse dieser Vorgänge geleistet hat (1981, S. 78-80). Wieder war es die *Ergänzungsphase*, die sich als *kritischer Punkt des Auffassungsvorganges* erwies. Andersherum gesehen ist diese Phase doch auch häufig die *Bedingung* für den Ableseerfolg; herrschte hier eine Art von Alles-oder-nichts-Gesetz, wäre der optisch-visuelle Auffassungskanal für gesprochene Sprache nicht verwendbar.

Auch das GRISSEMANNsche Modell der Hypothesenprüfung beim Schriftlesen lässt sich aufs Ablesen anwenden. P. LIENHARD hat das, was der Autor «Neuansätze» nennt, näher ausgeführt, indem er die eklektischen Kombinationen sowie die Einbettung der verbalen Botschaft in para-verbale Signale als Ver-

65

stehenshilfen (Gestik, Mimik) berücksichtigt hat. Für das Tast-Lesen gilt, ohne dass hier näher darauf eingegangen werden soll, ähnliches.[5]

Der Versuchung, an diesem Punkt der Überlegungen bereits Ablesen klar als eine Form des Lesens zu bezeichnen, sei widerstanden. Es steht noch eine Auseinandersetzung mit dem Argument aus, zwischen dem Schriftlesen und dem Ablesen bestehe von der Darbietungsbasis her eben doch ein prinzipieller Unterschied.

Schon vor etlichen Jahrzehnten wurde - z.B. von G. RIEMANN (1893, S. 181) und von H. GOEPFERT (1923, S. 315 ff.) - behauptet, beim Ablesen könne man nicht von Lesen sprechen. Eine wichtige Voraussetzung des Lesens, die jederzeit bestehende Möglichkeit des Rückgriffs auf die *ruhende Darbietungsgrundlage*, sei beim Ablesen nicht gegeben. Dass die Ablese-Bewegungszüge flüchtig sind, sei unbestritten, aber es ist unrichtig, dass Lesen immer nur bei ruhendem Text erfolge oder möglich sei. Was bei der Textaufnahme von den Leuchtschriftzeilen (Reklame, Nachrichten und andere Informationen) in Grossstädten vor sich geht, ist zweifellos Lesen. Wer solche Leuchtschrift liest, bekommt eine kleine Vorahnung davon, wie es Hörbehinderten beim Absehen geht. Denn auch hier wird das Kurzzeitgedächtnis während der Ergänzungsphase stark belastet (LINDNER 1981, S. 80; GRISSEMANN 1984, S. 18).

Die Zweifel daran, dass Ablesen Lesen sei, Lesen freilich unter ganz erschwerten Bedingungen, konnten wohl verringert, wenn nicht ausgeräumt werden, zumindest dann, wenn ein umfassender Begriff von Lesen zugrundegelegt wird. So gesehen, verlieren die alten terminologischen Auseinandersetzungen darüber, wann man von Absehen und wann man von Ablesen sprechen könne oder ob einer der Termini ganz auszuscheiden sei, ihre Substanz. Man kann so und so sagen, ohne dem Begriff Lesen zu nahe zu treten, falls man sich für den Begriff Ablesen entscheidet.

---

[5] Zwei frühere Mitarbeiterinnen des Instituts für Sonderpädagogik haben dies überzeugend dartun können. Es handelt sich um eine Arbeit von Annette K. BIRCHMEIER über integrative Prozesse beim Lesevorgang mit Braille-Kurzschrift, beobachtet an einem blinden Aphasiker (1984, S. 42), sowie um eine Arbeit von Jana LEHOTSKY-WALDEK, in der die Autorin zeigen konnte, dass bei der Informationsaufnahme mit dem Optacon-(Tast-)Lesegeräte Vorgänge ablaufen, die als Hypothesentestung zu beschreiben sind (1987, S. 38-40).

Zusammenfassung

Bei der umgangsüblichen Bezeichnung für die visuelle Sprachauffassung durch Hörbehinderte werden die Begriffe Absehen und Ablesen verwendet. Der alte Streit um die bessere Bezeichnung führte bisher zu keinem überzeugenden Ergebnis. Insbesondere lebt die jahrzehntealte Behauptung fort, Ablesen sei «eigentlich» kein Lesen.

Der Verfasser geht der Frage, ob Ablesen (oder Absehen) nicht doch Lesen sei, nach. Er vergleicht die beim Ablesen beobachtbaren Abläufe (in Anlehnung an LINDNER [1969 / 1981]) mit den Partialprozessen in GRISSEMANNs Lesemodell (1984). Die Prozessinhalte stehen in Analogie zu-einander: Ablesen kann als eine Form von Lesen beschrieben werden, und die Verwendung dieses Begriffs ist von lesetheoretischer Seite zu rechtfertigen.

Literatur

ALICH, G. : Zur Erkennbarkeit von Sprachgestalten beim Ablesen vom Munde. Diss. phil. Fak. I, Univ. Bonn, 1960

BIRCHMEIER, Annette K.: Ein Beitrag zur Lesemodelltheorie aus der Aphasieforschung. In: H. GRISSEMANN: Spätlegasthenie und funktioneller Analphabetismus. Bern: Huber, 1984, S. 29-43

GRISSEMANN, H.: Klinische Sonderpädagogik am Beispiel der psycholinguistischen Legsthenietherapie. Bern: Huber, 1980

GRISSEMANN, H. : Spätlegasthenie und funktioneller Analphabetismus. Bern: Huber, 1984

GRISSEMANN, H. : Pädagogische Psychologie des Lesens und Schreibens. Bern: Huber, 1986.

JUSSEN, H./ KRÖHNERT, O.: Handbuch der Sonderpädagogik, Bd. 3: Pädagogik der Gehörlosen und Schwerhörigen. Berlin: Marhold, 1982

KAINZ, F.: Psychologie der Sprache. Bd. III. Stuttgart: Enke, 1965, 2. Aufl.

LEHOTSKY-WALDEK, Jana: Zur Reduzierung sozialer Abhängigkeit durch die Anwendung behindertenspezifischer technischer Medien am Beispiel des Optacon-Lesesystems für Blinde. Diss. phil. Fak. I, Universität Zürich: Zentralstelle der Studentenschaft, 1987

LINDNER, G.: Einführung in die experimentelle Phonetik. Berlin: Akademie, 1969

LINDNER, G.: Grundlagen der pädagogischen Audiologie. Berlin: Volk und Gesundheit, 1981, 3. Aufl.

NEISSER, U.: Kognitive Psychologie (Übers. a. d. Engl.). Stuttgart: Klett, 1974

Alle historischen Belege sind nachzulesen bei
SCHUMANN, P.: Geschichte des Taubstummenwesens. Frankfurt am Main: Diesterweg, 1940

Anschrift des Verfassers:

Prof. Dr. paed. Gerhard Heese
Freie-Str. 43
8032 Zürich

Heinz Ochsner

Legasthenie - Phantom oder Wirklichkeit?

Zur Therapie und Prävention einer umstrittenen Lernstörung

Die Arbeitsstelle für Präventive Unterrichtsdidaktik an der Pädagogischen Abteilung der Erziehungsdirektion des Kantons Zürich ist vom Erziehungsrat beauftragt, Legasthenieprävention an der Volksschule zu verbreiten. Damit steht sie in einem eigenartigen Konflikt: Einerseits, was Prävention betrifft, hat sie es zu tun mit weltweit aktuellen Trends zur Gesundheitsvorsorge in allen Lebensbereichen: im Gesundheitswesen, im Umweltschutz, in Betrieben, in der Familienberatung und nun auch in der Schule. - Andererseits, was Legasthenie betrifft, hat die Arbeitsstelle es immer noch - oder noch einmal neu - zu tun mit einem schon recht abgegriffenen Konstrukt, dem man nach einer bewegten Forschungs- und Diskussionsgeschichte heute vielerorts jegliche Berechtigung abspricht. Da von Legasthenieprävention nicht geredet werden kann, ohne zuvor das gängige Verständnis von Legasthenie und Legasthenietherapie zu überprüfen, geht dieser Artikel in Kürze auch auf diese beiden Themen ein, um die Positionen aufzuzeigen, von denen die Arbeitsstelle bei der Erarbeitung ihrer Präventionskonzepte ausgeht.

1. Zum Legasthenieverständnis

Entgegen einem spürbaren Trend, den umstrittenen Begriff Legasthenie zu meiden und lieber allgemein von Lernstörung, Teilleistungsschwäche oder Schriftsprachschwäche zu reden, neigen wir an der Arbeitsstelle für Präventive Unterrichtsdidaktik dazu, den Legastheniebegriff beizubehalten, ihn aber schärfer abzugrenzen, statt auszuweiten. Die Probleme mit der Legasthenie werden nicht dadurch gelöst, dass wir andere Wörter benutzen, das bringt nur neue Verwirrung. Zum Beispiel werden die heute gängigen Termini Teilleistungsschwäche und Teilleistungsstörung sehr uneinheitlich verwendet.

Verstehen wir unter Teilleistungsschwäche eine Schulleistungsschwäche, also Lese-Rechtschreib- und Rechenschwäche? Und setzen wir dann synonym dafür auch Teilleistungsstörung? Oder meinen wir mit Teilleistungsstörung nicht vielmehr Störungen von Teilfunktionen, also etwa visuelle Wahrnehmungsstörungen, von denen wir annehmen, dass sie schulischen Lernschwierigkeiten zugrundeliegen? Was ist dann aber der Unterschied zwischen einer Störung und einer Schwäche? Und gibt es nicht auch Schädigungen von Funktionssystemen oder blosse Reifeverzögerungen? Beziehen wir schliesslich psychische Störungen, als unbestrittene Verursachungsfaktoren von Leistungsschwierigkeiten, ebenfalls ins Konzept der Teilleistungsstörungen mit ein? Oder reservieren wir die Bezeichnung Teilleistungsstörung für kognitive Informationsverarbeitungsprobleme, die wir von den emotionalen Vorgängen abheben, und räumen wir dadurch ein, dass wir neuropsychologische Denkmodelle benutzen? - Die folgende Darstellung (Abb. 1) zeigt die an der Arbeitsstelle verwendete Terminologie.

Die Bezeichnung «Lernstörung» verwenden wir auf der symptomatischen Ebene. Im Unterschied zu blossen Lernschwierigkeiten, die der Beobachtung zugänglich sind, bedarf die Diagnose Legasthenie, als spezifische schulische Lernstörung, der differentialdiagnostischen Abgrenzung. Die Bezeichnungen Teilleistungsschwäche resp. Teilleistungsstörung gebrauchen wir auf dieser Ebene nicht.

Von Teilleistungsstörung oder genauer Teilfunktionsstörung sprechen wir auf der syndromatischen Ebene. Wir verwenden hier auch gern den leider ausser Gebrauch gekommenen Begriff der Werkzeugstörungen. Differentialdiagnostisch geht es hier darum, cerebrale Syndrome zu beschreiben, die klinisch abgrenzbare Formen von Lese-Rechtschreibschwäche zur Folge haben. Schon 1970 hat unter anderen der englische Neurologe CRITCHLEY davor gewarnt, durch Vermengung mit allgemeineren Formen von Lese-Rechtschreibschwierigkeiten und Lernschwierigkeiten überhaupt das Verständnis der Legasthenie zu verwässern[1]. Autoren wie BAKKER[2] und KLICPERA[3] suchen heute wieder schärfer Haupttypen und Subtypen von Legasthenie auf der Basis cerebraler Funktionssyndrome herauszuarbeiten.

---

[1] CRITCHLEY, M.: The Dyslexic Child. London 1970; 2 (z.B. S. 13 u.a.).

[2] BAKKER, D.J., LEEUWEN, H.M.P. van, SPYER, G.: Neuropsychological Aspects of Dyslexia. In: BAKKER, D.J. u.a. (Hrsg.). Developmental Dyslexia and Learning Disorders; Diagnosis and Treatment. Basel 1987.

[3] KLICPERA, C.: Ansätze zu einer diagnostischen Differenzierung von Kindern mit Lese- und Rechtschreibschwierigkeiten. In: Heilpädagogische Forschung, 1983, S. 49 - 69.

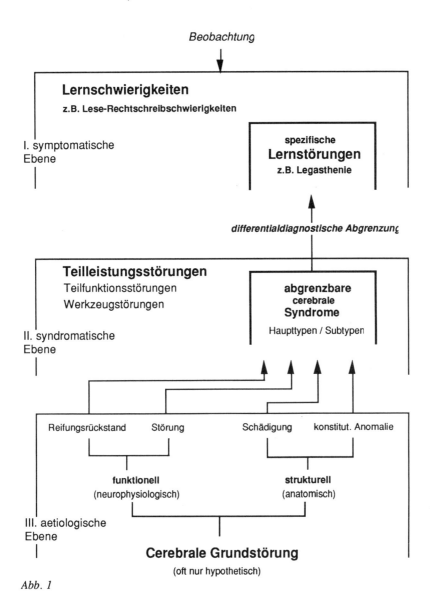

Beobachtung

Lernschwierigkeiten
z.B. Lese-Rechtschreibschwierigkeiten

I. symptomatische
Ebene

spezifische
Lernstörungen
z.b. Legasthenie

differentialdiagnostische Abgrenzung

Teilleistungsstörungen
Teilfunktionsstörungen
Werkzeugstörungen

abgrenzbare
cerebrale
Syndrome
Haupttypen / Subtypen

II. syndromatische
Ebene

Reifungsrückstand   Störung   Schädigung   konstitut. Anomalie

funktionell   **strukturell**
(neurophysiologisch)   (anatomisch)

III. aetiologische
Ebene

Cerebrale Grundstörung
(oft nur hypothetisch)

Abb. 1

Auf der dritten, ätiologischen Ebene schliesslich wären die cerebralen Grundstörungen zu finden, die allerdings nicht immer erfassbar sind. Dennoch ist es nützlich, sich die möglichen Störursachen klar zu machen und sie von den vielfältigen Störbedingungen der zweiten, syndromatischen Ebene zu unterscheiden. Die Zusammenhänge sind hochkomplex: Gleiche Grundstö-

71

rungen können zu unterschiedlichen Funktionsstrukturen (Syndromen) und Erscheinungsbildern führen, und gleiche Erscheinungsbilder können durch verschiedene Syndrome und Grundstörungen bedingt sein. Besonders im Kindesalter beobachten wir weniger eindeutige Störsyndrome in Abhängigkeit von der Verursachung. Nicht nur Ausmass und Ort einer Schädigung oder Störung sind massgebend, sondern wesentlich auch das Alter des Kindes zur Zeit der Schädigung und die weiteren psychosozialen Entwicklungsbedingungen. Es spielen im Verlauf der kindlichen Entwicklung cerebrale und psychosoziale Ausgleichs- und Integrationsprozesse mit, die wir erst zu einem kleinen Teil durchschauen.

Fortschreitende Klärung wird hier von grossem praktischen Nutzen sein, denn es gibt Anzeichen dafür, dass bei verschiedenen Grundstörungen, also wenn Reifeverzögerungen vorliegen (im Sinne der sogenannten «Entwicklungslegasthenie») oder Hirnschädigungen oder konstitutionelle Anomalien der Hirnstruktur (vielleicht im Sinne von Weinschenks «kongenitaler Legasthenie»), je andere legasthenietherapeutische Programme angezeigt wären.

Eine lineare Zuordnung von Ursache und Wirkung und die Vorstellung der Legasthenie als einheitliches «Krankheitsbild» haben wir zwar auch im pädagogisch-psychologischen Arbeitsbereich längst aufgegeben. Aber vielleicht haben wir es uns mit der gängigen Formel der multifaktoriellen Verursachung doch etwas zu einfach gemacht. Denn das, was heute in unserer schulpsychologischen Praxis als Legastheniker definiert wird, ist nicht mehr als ein relativ undifferenzierter, statistischer Durchschnitts- oder Häufigkeitstyp, den wir aufgrund einer dilatierten theoretischen Voreinstellung und einer auf quantitative Leistungsdiskrepanzen ausgerichteten Erfassungsmethode aus der überaus heterogenen Gruppe der lese-rechtschreibschwachen Kinder herausfiltern. Die Feststellung auffällig häufiger und hartnäckiger Lese- und/oder Rechtschreibefehler bei relativ unauffälligen übrigen Schulleistungen und der Nachweis diverser Teilleistungsstörungen und psychischer und psychosozialer Auffälligkeiten genügt nicht zur Diagnose der Legasthenie.

Es ist unbestritten, dass sozio-kulturelle und sozio-ökonomische, vor allem auch emotionale Faktoren die Lese-Schreibleistungen von Kindern mitbestimmen. Aber an unserer Arbeitsstelle möchten wir diese, wie ja auch die intellektuellen und methodisch-didaktischen Faktoren, *nicht* in eine restriktive Bestimmung von Legasthenie miteinbeziehen. Sie machen das qualitativ Besondere legasthenischer Schwierigkeiten nicht aus, sondern lassen sich als Bedingungsfaktoren auch in anderen Schulleistungsschwierigkeiten finden.

Sogar senso-motorische Defizite, also vor allem auditiv-sprechmotorische und visuell-schreibmotorische, aber auch andere cerebrale Dysfunktionen, wie z.B. Konzentrationsstörungen oder Lateralisations- und Seriationsprobleme, sind keine Legasthenie-Indikatoren. Aus der klinischen Erfahrung wissen wir, dass es Kinder gibt, die trotz deutlich nachweisbaren senso-motorischen Teilfunktionsschwächen keine Legasthenie entwickeln und dass es umgekehrt legasthenische Kinder gibt, bei denen sich keine nennenswerten senso-motorischen Werkzeugstörungen nachweisen lassen. Solche Erfahrungen werden heute durch neuere Untersuchungen gestützt. VELLUTINO[4] z.B. weist nach, dass die Wahrnehmungsleistungen lese-rechtschreibschwacher Kinder oft nicht schwächer, gelegentlich sogar besser sind als bei ungestört lesenden und schreibenden Kindern, solange es sich um die Verarbeitung von nichtsprachlichem Material handelt. Erst bei der Verarbeitung von schriftsprachlichen Informationen fallen dieselben Kinder deutlich zurück.

Das heisst, dass das Spezifische der eigentlichen Legasthenien primär als ein Problem der kognitiven Verarbeitung von Sprache und Schrift zu verstehen ist. In der Unterscheidung von primären Sprachverarbeitungsproblemen einerseits und allgemeinen sensomotorischen Informationsverarbeitungsschwierigkeiten, die sich sekundär im Bereich des Lesens und Schreibens manifestieren andererseits, sehen wir eine Möglichkeit, vorerst zwei Haupttypen von Legasthenien zu unterscheiden und sie von anderweitig, z.B. emotional bedingten Lese-Rechtschreibschwierigkeiten abzugrenzen. Wir sprechen von primären und sekundären Legasthenien. Dass zwischen Sprachverarbeitungsstörungen und Legasthenie enge Zusammenhänge bestehen, ist natürlich schon lange bekannt. Zum Beispiel hat GRISSEMANN als einer der ersten auf die Bedeutung der linguistischen Strukturen beim Erwerb der Schriftsprache aufmerksam gemacht und auch konkrete Schlussfolgerungen für den sonderpädagogischen und regelpädagogischen Unterricht gezogen[5] Uns geht es jedoch auf der theoretisch-begrifflichen Ebene darum, Störungen der schriftsprachlich-symbolischen Informationsverarbeitung zum Kriterium für primäre Legasthenie zu erheben und sie nicht in die gleiche Reihe zu stellen mit psychosozialen, emotionalen und rein senso-motorischen Störungen. Am liebsten würden wir nur bei den primären Legasthenien den Begriff Legasthenie verwenden und die sekundären, die auf senso-motorischen Werkzeugstörungen beruhen, der allgemeinen Gruppe der Lese-Rechtschreibschwächen (LRS) zuweisen. Die Rede von sekundären Legasthenien ist eine Konzession an das häufige Vorkommen dieser Form von Lese-Rechtschreibschwierigkeiten und an den eingebürgerten Sprachgebrauch.

An unserer Arbeitsstelle favorisieren wir also Modelle, die auf neuropsychologischer Ebene die Verarbeitungsstrukturen und Verarbeitungsprozesse von Schriftsprache im kindlichen Gehirn beschreiben. Das bedeutet keine Patholo-

---

[4] VELLUTINO, F.R.: Verbal Processes in Children. New York 1982.
[5] GRISSEMANN, H.: Pädagogische Psychologie des Lesens und Schreibens. Bern 1986.

gisierung nach medizinischem Denkmuster, so als ob alle Legastheniker zu Hirnorganikern gemacht und die psychosozialen und emotionalen Schwierigkeiten lerngestörter Kinder übersehen würden. Neuropsychologische Konzepte besagen nichts anderes, als dass den menschlichen Leistungen funktionelle und anatomische cerebrale Korrelate zugrundeliegen und dass kognitive Leistungen und Leistungsstörungen besser verstanden werden können, wenn die zugrundeliegenden Verarbeitungswege bekannt sind.

KLICPERA gibt in einer kürzlich erschienenen Veröffentlichung eine aktuelle Übersicht über die wichtigsten Erklärungsmodelle der neuropsychologischen Legasthenieforschung[6]. Es ist anzunehmen, dass sich im Laufe der Zeit mehr und mehr Übereinstimmungen zwischen diesen Forschungen und unseren pädagogisch-psychologischen Erfahrungen abzeichnen werden, wie dies z.B. bei BAKKERS L- und P-Typen bereits heute schon der Fall ist.

Die differentialdiagnostischen Probleme werden durch die vorgeschlagene Kategorisierung der Legasthenie nicht einfacher. Es überrascht nicht, dass cerebrale Funktions- und Leistungsdefizite bei lese-rechtschreibschwachen Kindern unterschiedlich häufig vorkommen und dass kein Funktionsdefizit ausnahmslos bei allen lese-rechtschreibschwachen Kindern anzutreffen ist. Das heisst nicht, dass sich verschiedene Erklärungsansätze gegenseitig widersprechen, sondern es ist wahrscheinlich, dass einige der heute beschriebenen Syndrome für die eine oder andere grössere Gruppe von legasthenischen Kindern Erklärungswert besitzen, andere hingegen für kleinere Subgruppen.

Der dringend nötige Fortschritt in der Differentialdiagnose von Legasthenie wird also unseres Erachtens von der Vereinheitlichung der Terminologie, von der Ausrichtung der Abklärung auf mögliche Haupttypen von Legasthenien und von der Entwicklung präziserer schulpsychologischer Erfassungsmethoden abhängen. Ohne Zweifel wird einer solchen Präzisierung grosse praktische Bedeutung für die Therapie und Prävention von legasthenischen Lernstörungen zukommen. An unserer Arbeitsstelle, die ja keine Forschungsstelle ist, verfolgen wir die wissenschaftliche Diskussion in dieser Richtung.

---

[6] KLICPERA, C.: Der neuropsychologische Beitrag zur Legasthenieforschung. Eine Übersicht über wichtige Erklärungsmodelle und Befunde. In: OTTO, J.: Neurologische, ophthalmologische und psychologische Aspekte der Diagnostik und Therapie der Legasthenie. St. Gallen 1989.

2. Zur Legastenietherapie

An der Arbeitsstelle für Präventive Unterrichtsdidaktik befassen wir uns auch mit methodischen Fragen der Legastenietherapie als Alternative zu einer allgemeinen präventiven Lese-Rechtschreib-Didaktik im Klassenverband. Darüber soll aber hier nicht referiert werden. Vielmehr möchten wir ein grundsätzlicheres Problem, das professionelle Ausbildungs- und Einsatzproblem der Legastenietherapie, aufgreifen, das jetzt im Zusammenhang mit Präventionsüberlegungen in manchen Kantonen aktuell ist.

Die traditionelle Legastenietherapie ist ja heute unter fachlichen Beschuss geraten. Das Grundlagenpapier des Verbandes Heilpädagogischer Ausbildungsinstitute der Schweiz (VHpA)[7] gibt unmissverständlich zum Ausdruck, dass die Ausbildung von Legastenietherapeutinnen in Kurzlehrgängen, also ausserhalb einer vollberuflichen heilpädagogischen Ausbildung, im Hinblick auf die Komplexität von Lernstörungen überhaupt und von Schriftsprachstörungen im besonderen nicht mehr zu verantworten sei.

Das künftige Konzept sieht die Durchführung schultherapeutischer Massnahmen durch einen vollausgebildeten, sogenannt klinischen oder schulischen Heilpädagogen im kooperativen und komplementären Verbund mit Logopäden, Schulpsychologen, Erziehungsberatern vor und - wie anzunehmen ist - auch mit Psychotherapeuten, obwohl letztere im Grundlagenpapier nicht aufgeführt sind.

Trotzdem setzen wir uns an der Arbeitsstelle für Präventive Unterrichtsdidaktik für den Fortbestand der spezialisierten Legastenietherapie im Kanton Zürich ein, wenn auch unter gestrafften Bedingungen. Es gibt dafür zwei Begründungen: eine fachlich-methodische und eine organisatorisch-ausbildungsbezogene. Die fachlich-methodischen Probleme der Legastenietherapie können am besten anhand eines Entwicklungsmodells von Lernstörungen veranschaulicht werden, das wir an der Arbeitsstelle in Anlehnung an PIAGET und AYRES[8] ausgearbeitet haben (Abb. 2 folgende Seite):

---

[7] Verband der Heilpädagogischen Ausbildungsstätten der Schweiz (VHpA). Grundlagenpapier zum Problemkreis Legasthenie. Luzern, Mai 1988.

[8] AYRES, J.: Bausteine der kindlichen Entwicklung. Berlin 1986.

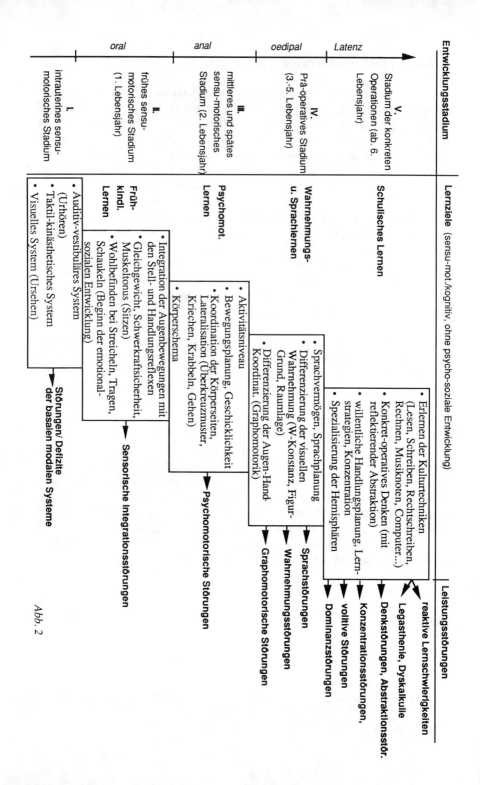

Abb. 2

Das Modell führt uns vor Augen, was wir schon wissen, dass nämlich kindliches Lernen nicht erst auf der Stufe des schulischen Lernens einsetzt. Wenn wir die gestuften Lernziele von unten nach oben überblicken, so sehen wir, dass schon intrauterin basale modale Funktionssysteme ausgebildet werden, die dann nach der Geburt über mehrere Stufen immer vielfältiger intermodal verknüpft und serial organisiert werden. Mit der Sprachentwicklung setzt dann in einem zweiten, dem symbolischen Signalsystem, das Stadium des konkret-operativen Denkens ein, das zusammen mit neuen Möglichkeiten willentlicher Handlungsplanung unser kulturgebundenes Lernen ermöglicht. Lernstörungen können auf allen Stufen auftreten, nicht erst in der Schule. Je nach Bedarf und Vorliebe mag man mehr die medizinischen, die psychischen oder die sozialen Störquellen ins Auge fassen. Entwicklungsstörungen, ob sie nun durch Reifeverzögerung, Krankheit oder traumatische Schädigung entstanden sind, äussern sich auf jeder Stufe durch alterstypische Leistungsstörungen.

Man kann nun, wie die nächste Übersicht (Abb. 3) zeigt, diesen Leistungsstörungen die speziellen, in der heutigen Therapieszene gebräuchlichen therapeutischen Verfahren ungefähr zuordnen.

Dabei wird sichtbar (siehe Pfeile in der Rubrik «Niveau»), dass die verschiedenen Therapieformen verschieden tief auf die unterschiedlichen Entwicklungsniveaus zurückgreifen. Während die konventionelle Legastchenietherapie die Lese-Rechtschreibschwierigkeiten auf der Ebene des schulischen Lernens angeht, zielt z.B. die Sensorische Integrationstherapie weit hinunter in die Reorganisation der frühen Reflexe auf Hirnstammebene.

Ein eindrückliches Beispiel für eine tief ansetzende Ursachentherapie referierte kürzlich eine nach Jean Ayres arbeitende Sensorische Integrationstherapeutin im Bezirk Hinwil[9]:

Die Mutter eines legasthenischen Kindes musste während der Schwangerschaft sechs Monate liegen. Dies hatte eine ungenügende vestibuläre Stimulierung des Fötus zur Folge. Nach der Geburt erschwerte zudem ein übermässig grosser Kopf die Ausbildung der Halsstellreflexe, was durch die besondere Schonungsbedürftigkeit der Kopfbewegungen des Neugeborenen noch verstärkt wurde. Dadurch ergab sich (auf der II. Stufe unseres Entwicklungsmodells) ein Rückstand in der Augenfolgebewegung, was auf der III. Entwicklungsstufe zu Störungen der Bewegungsplanung, auf der IV. zu Wahrnehmungsstörungen und auf der V. Stufe schliesslich, in der Schule, zu Leseschwierigkeiten führte. Nach Ayres ist es Ziel dieser Lesetherapie, den Weg hinunterzu-

---

9 KISSLING, Renate, dipl. Ergotherapeutin, 8625 Gossau: Mündliche Mitteilung. 1989.

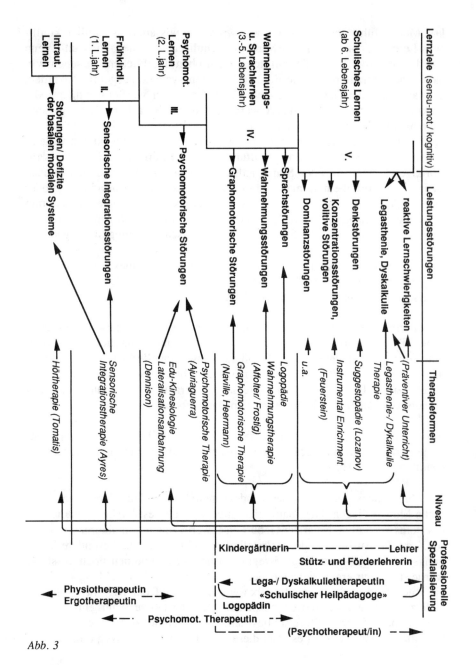

Abb. 3

finden zu diesen basalen Störungen, um dann alle Entwicklungsstufen mit dem Kind von unten nach oben noch einmal durchzuarbeiten.

Die entscheidende Frage, die solche Fälle aufwerfen, ist nun die: Ist zur Förderung legasthenischer Kinder in jedem Fall eine tiefansetzende Ursachentherapie erforderlich oder kann man auch sinnvoll schulleistungsbezogen, d.h. an den Symptomen arbeiten?

Aus unserer klinischen Erfahrung wissen wir, dass beides möglich ist. Wohl gibt es legasthenische Kinder, mit denen man mit aufgabenbezogener Arbeit nicht weiter kommt. Wir kennen die jahrelang erfolgsarmen Legasthenietherapien. Da sind wohl tieferliegende Teilleistungsstörungen unberücksichtigt geblieben, die hätten erkannt und aufgearbeitet werden müssen. (Natürlich sind auch die emotionalen Störungen eines Kindes wichtig, von denen jetzt hier nicht ausdrücklich die Rede ist.) - Daneben gibt es aber zahlreiche Therapien, bei denen man durch aufgabenbezogenes Arbeiten an den Symptomen recht erfreulich vorankommt. Vielen legasthenischen Kindern können wir tatsächlich ohne in die Tiefe reichende Massnahmen dazu verhelfen, mitsamt und trotz zugrundeliegenden Teilfunktionsstörungen einen besseren Zugang zur Schriftsprache zu finden.

Unser Problem ist in erster Linie ein differentialdiagnostisches. Wir können nicht oder noch nicht mit genügender Sicherheit vorhersagen, welches leserechtschreibschwache Kind eine basale Funktionstherapie braucht und welches mit schulleistungsbezogener Nachhilfe vorankommen wird. In der Praxis behelfen wir uns meistens so, dass wir ohne genügende Therapie-Indikation den Schwarzen Peter der Legasthenietherapeutin zuschieben; sie soll am einzelnen Fall die gangbaren Wege ausprobieren. Dies kommt in all den Fällen einer Überforderung gleich, in denen basale Funktionsstörungen erkannt und aufgearbeitet werden müssten.

Für die vielen lese-rechtschreibschwachen Kinder aber, die anhand von sachgemäss arrangierten Lese- und Rechtschreibaufgaben allfällige basale Funktionsstörungen selber zu reorganisieren oder zu kompensieren vermögen - angenommen, wir könnten sie in der Abklärung zum vornherein besser erkennen - wäre wohl keine heilpädagogische Vollausbildung vonnöten. Hier sollte gar nicht von «Therapie» gesprochen werden, sondern von gezielter, spezialisierter Lese-Rechtschreibnachhilfe. Eine solche unterscheidet sich von der unterrichtsdidaktischen Arbeit des Klassenlehrers nur darin, dass sie im besonders «temperierten» Klima des Einzelunterrichts oder der Kleingruppe stattfindet und besser auf die Bedürfnisse des Kindes eingehen kann.

Eine heilpädagogische Vollausbildung ist für diese spezialisierte Lese-Rechtschreibnachhilfe auch deshalb nicht nötig, da praktisch alle Legasthenietherapeutinnen vom Lehrerberuf herkommen. Natürlich sind trotzdem Anforderungen an ihre Qualifikation gestellt. Nebst interaktiven Kompetenzen zur

Optimierung der sozial-emotionalen Lernbedingungen sind mit Schwerpunkt Kompetenzen zur Förderung schriftsprachlicher Lernprozesse nötig, wie sie im Grundlagenpapier VHpA beschrieben sind. Ausbildungsprogramme dieser Art sind aber überblickbar. Die frühere Legasthenietherapeutenausbildung war nicht deshalb unzureichend, weil sie kurz war, sondern weil sie unzulängliche Arbeitskonzepte vermittelte. Wir sind heute in der Lage, bessere Ausbildungsprogramme anzubieten. - Des weiteren muss die Qualität der Lese-Rechtschreibnachhilfe durch gestraffte Anstellungsbedingungen gewährleistet werden. Ich werde darauf noch zurückkommen.

Eine Frage ganz anderer Art ist allerdings die Kontroverse Spezialisierung contra Verganzheitlichung. Betrachtet man die aufgesplittete Therapieszene (Abb. 3) und die Tatsache, dass manche Kinder gewissermassen zur «Reparatur» einzelner Teilfunktionsstörungen und zur «Sanierung» psychischer Verstimmungen in zwei, drei verschiedene Therapien gleichzeitig geschickt werden, so drängt sich tatsächlich die im Grundlagenpapier VHpA geforderte Verganzheitlichung der Ansätze auf. Betrachtet man aber die Vielfalt des in den verschiedenen Therapieformen enthaltenen Wissens und Könnens, so fragt man sich, wie dies alles in einem einzigen heilpädagogischen Ausbildungsprogramm - oder noch schwieriger: in einem einzigen «Superheilpädagogen» unterzubringen ist. Die Verganzheitlichung der Ansätze wird zur Leerformel, wenn die differentialdiagnostische Analyse verlorengeht, so wie die spezialisierten Ansätze zur Zerstückelung führen, wenn ganzheitliche Behandlungs-Perspektiven fehlen[10]. Die heutige Legasthenietherapie leidet an beidem, aber ganz besonders an methodischer Klarheit, die aus falsch verstandener «Ganzheitlichkeit» vernachlässigt wird.

3. Zur Legasthenieprävention

Legasthenietherapie ist im Kanton Zürich auch schulpolitisch unter Druck geraten. Eine Studie über die Stütz- und Fördermassnahmen, die an der Pädagogischen Abteilung der Erziehungsdirektion ausgearbeitet wurde[11], hat gezeigt, dass an einem bestimmten Stichtag des Jahres 1987 rund 15 % aller Primarschüler eine ausserschulische Therapie- und Nachhilfemassnahme in Anspruch nahmen. Dieser Index war in vier Jahren um etwa 3 % auf diese Zahl angestiegen, so dass anzunehmen ist, dass er heute bereits wieder höher liegt. Rechnen wir mit einer mittleren Therapiedauer von ein bis zwei Jahren, so heisst das, dass mindestens 20 - 30 % aller Schüler im Laufe ihrer Primar-

---

[10] Siehe H.S. HERZKA in diesem Band.

schulzeit irgend eine Therapie- oder Nachhilfemassnahme zugeteilt erhalten. Dabei machen Legasthenietherapien rund ein Drittel aller therapeutischen Massnahmen aus.

Aufgrund solcher Zahlen ist heute im Kanton Zürich eine schulpolitische Tendenz spürbar, den Therapieindex zu senken, insbesondere Legasthenietherapien einzuschränken und stattdessen vermehrt Präventionsprogramme zu fordern.

Wie ist diese Tendenz zu werten? Ist der hohe Therapie-Index die stolze Frucht jahrzehntelanger Bemühungen um eine wirksame therapeutische Infrastruktur für lernschwache Kinder? Ist er ein Anzeichen dafür, dass unter den herrschenden Lebensbedingungen Lernstörungen bei Kindern zunehmen? Oder weiten wir die Diagnose Lernstörungen und insbesondere das Legasthenie-Etikett ungebührlich aus, indem wir jedes zehnte Kind pathalogisieren? Oder ist der Index symptomatisch für Überforderung und Ungenügen unserer Schule, die trotz kleineren Klassen mit einer Schar aufgeweckter, anspruchsvoller, vielleicht auch störbarer gewordener Kinder der postmodernen Medien- und Computergeneration nicht mehr zurechtkommt?

Vermutlich sind alle die genannten Gründe irgendwie zutreffend. Wer will beurteilen, ob 10 oder 20 % sonderbetreuter Kinder viel oder wenig sind? Es gibt ja doch den berechtigten Standpunkt, dass jedes Kind, das Hilfe braucht, diese auch erhalten soll, unabhängig von den Gründen. Aber wenn die Zahl der benötigten Therapien von Jahr zu Jahr steigt, bis schliesslich die sonderbetreuten Kinder zur Regel und unbetreute Regelschüler zur Ausnahme werden, so ist das ein Hinweis, dass *Umdenken* nottut. Gerade durch ihre fortschreitende Zunahme wird uns deutlicher bewusst als noch vor 10, 15 Jahren, dass unterrichtsbegleitende Stütz-, Förder- und Therapiemassnahmen Symptome einer überforderten Schule sind. Wir sahen früher mehr den Hilfscharakter dieser Massnahmen zum Vorteil der lernbehinderten Kinder und weniger den Ersatzcharakter, den Entlastungs- und Ausweichcharakter, den delegierte Massnahmen zugunsten der Regelschule und der Lehrer haben.

Heute wird sichtbar: Unsere Schule muss präventiver werden! Aber es muss konkret gesagt werden, was das heisst und was für Konsequenzen für alle Beteiligten damit verbunden sind.

Grundsätzlich bedeutet Prävention, dass Vorbeugen besser ist als Heilen und dass Vorbeugemassnahmen weniger das Kranke und Störende bekämpfen, als

---

[11] Siehe A. BÜRLI in diesem Band.

vielmehr die gesunden Ressourcen der Einzelnen und der Systeme, in denen sie leben, unterstützen und stärken sollen[12].

Genauer betrachtet hat Prävention zwei Aspekte: Ein erster Aspekt betrifft die Lern- und Lebensbedingungen, die die Schule den Kindern zur Verfügung stellt. Diese sollten optimiert werden - besonders in der Volksschule -, das heisst für möglichst viele Kinder günstig und förderlich sein. Welches wirksame Merkmale einer guten Schule sind, kann heute, gestützt auf neueste Ergebnisse der Schulforschung, mit einer gewissen Allgemeingültigkeit gesagt werden[13]. An der Qualität von Schule entscheiden sich die Fragen, ob die Schule durch ihre Einstellungen und Haltungen, durch ihre Methoden, organisatorischen und didaktischen Arrangements, durch ihre Führungsstruktur und Verwaltung allenfalls Lernschwierigkeiten bei einzelnen Kindern selber erzeugt, die hätten vermieden werden können. - Dieser Aspekt der Prävention wird, in internationaler Terminologie, als primäre Prävention (Vermeiden von Störungen an der Wurzel) bezeichnet.

Zweitens muss die Schule ihre Toleranzgrenzen gegenüber allen Arten von Heterogenität im Klassenzimmer erweitern. Unsere Jahrgängerklassen sind eine Fiktion von Gleichheit; sie enthalten grössere Streubreiten, als wir gerne wahrhaben möchten. Diese betreffen nicht nur, aber im Zusammenhang mit Lernschwierigkeiten vor allem auch die Merkmale kindlichen Lernens: Lerntempi, kognitive Stile, persönliche Lernstrategien, Motivationen usw. sind selbst bei einigermassen gleichaltrigen Kindern höchst verschieden. Je grösser die Abweichungen solcher Merkmale von unserer Erwartungsnorm sind, umso grössere Probleme hat und macht ein Kind in der Schule. Lernschwierigkeiten von Schülern sind aber innerhalb einer grossen Bandbreite die Regel und dürfen nicht als therapiebedürftige Ausnahmen ausgesondert werden (14). Die Grenze zwischen «Normalität» und «Störung» ist fliessend, und oft ist das, was wir als «Störung» (Lernstörung, Verhaltensstörung) definieren, eine adäquatere Antwort der Kinder auf ungünstige situative Bedingungen als Angepasstheit. Unter diesem Aspekt entscheiden sich die Fragen, wieviel Leistungs- (und Verhaltens-) abweichung bei Kindern die Schule aufzufangen und auszuhalten vermag, ob z.B. ein lese-rechtschreibschwaches Kind noch in der Klasse integriert bleiben kann und wie schwer die Problembelastung sein darf, bis es untragbar wird. - Dieser Aspekt der Prävention wird als sekundäre Prävention (Auffangen bereits bestehender Schwierigkeiten und Vermeiden, dass sie sich ausbreiten) bezeichnet.

---

[12] Siehe U. CORADI in diesem Band.
[13] Siehe OCHSNER, H.: Lese-Rechtschreibschwierigkeiten vermeiden - kann man das? Grundlinien einer präventiven Unterrichtsdidaktik. Schweizerische Lehrerzeitung, Mai 1989, S. 12 - 19.

Die folgende Tabelle zeigt die typischen präventiven Situationen, die entstehen, je nach der Problembelastung, die die Kinder in die Schule mitbringen (Aspekt der sekundären Prävention) und der Qualität schulischer Bedingungen, die die Schule den Kindern zur Verfügung stellt (Aspekt der primären Prävention):

Problembe-lastung der Schüler	Bedingungen der Schule	Ergebnis	Folgen
Entwicklung, Familien-situation usw.	Lehrer, Klasse, Methode usw.	Ausmass der Probleme	Therapiemassnahmen
unbelastet	günstig	keine Probleme	ungestörter Schulgang, optimale Leistung und Zufriedenheit
	ungünstig	wahrscheinlich keine nachhaltigen Probleme	evtl. spezielle Mass-nahmen, die aber ver-mieden werden könnten
leichte Problem-belastung	günstig	Probleme können wahrscheinlich aufgefangen werden	mit leichter Mehrbelastung des Lehrers können spez. Massnahmen vermieden werden
	ungünstig	Probleme werden eher verstärkt als aufgefangen	wahrscheinlich spezielle Massnahmen nötig, die aber vermieden werden könnten
schwere Problem-belastung	günstig	Probleme können nur zum Teil aufgefangen werden	starke Mehrbelastung des Lehrers. Spezielle Massnahmen zu seiner Unterstützung nötig
	ungünstig	Probleme des Kindes bringen Unterricht noch mehr durcheinander	spezielle Massnahmen werden unbedingt notwendig

↑sekundäre   ↑primäre
Prävention   Prävention

Das Ansinnen, die Schule präventiver zu gestalten, trifft wie meistens, wenn es um Schule geht, an vorderster Front die Lehrerinnen und Lehrer und wird von ihnen zunächst als Zumutung erlebt. Die Widerstände sind unterschiedlicher Art: Lehrer argwöhnen, man wolle ihnen mehr Problemkinder aufbrummen, um Therapiegelder einzusparen. Oder sie machen geltend, dass sie schon mit dem täglichen Routineunterricht genug belastet seien, um noch mehr Sonderaufgaben zu übernehmen. Sie fürchten sich vor Überforderung und erheben Anspruch auf Entlastung. Manchen Lehrern geht es mit dem Beizug von externen Fachleuten um Rückendeckung gegenüber den Eltern. Wieder andere teilen die gängige Auffassung, wonach die hinter den schulischen Lernschwierigkeiten liegenden Teilleistungsstörungen zuerst therapeutisch angegangen werden müssten, da sie sonst als Lehrer keine Chancen hätten, im Unterricht mit lerngestörten Kindern voranzukommen.

An der Arbeitsstelle für Präventive Unterrichtsdidaktik nehmen wir diese Widerstände der Lehrer ernst. Man kann von den Lehrern nicht erwarten, dass sie als Einzelkämpfer in ihrer Schulstube allein mit Problemen zurechtkommen, die durch wenig kindgemässe Lebensformen, durch hochgetrimmte gesellschaftliche Ansprüche und durch schulische Strukturen und Verfahren entstehen, die diese Ansprüche reproduzieren.

Prävention kann den Lehrern nicht einfach verschrieben werden, sondern es braucht umfassende Präventionsprogramme, die nicht nur Information und Fortbildung, sondern auch institutionalisierte Begleitung und Unterstützung der Lehrer sowie strukturelle und administrative Verbesserungen vorsehen.

Gesamtprogramme werden in Zusammenarbeit aller an der Schule Beteiligten in den kommenden Jahren zu erarbeiten sein; sie können im Rahmen dieses Beitrags selbst ansatzweise nicht dargestellt werden. Hingegen sollen einige Programmpunkte erwähnt werden, welche die direkt Beteiligten, die Lehrerinnen und Lehrer, Legasthenietherapeutinnen, Schulpsychologischen Dienste und Schulbehörden betreffen:

1. Ergänzend zu den konventionellen Lehrerfortbildungsveranstaltungen sollten mehr Möglichkeiten zur Praxisbegleitung und Supervision für einzelne Lehrer und, noch besser, für Gruppen eingerichtet werden. Anregungen zur begleiteten schulhausinternen Zusammenarbeit gehen heute schon z.b. vom Pestalozzianum in Zürich aus, und sie werden von der Lehrerschaft zunehmend aufgegriffen.

2. Lehrerinnen und Lehrer sollten ferner darin unterstützt werden, auch ohne Supervision von aussen vermehrt kollegiale Zusammenarbeit einzugehen. Konkret kann es sich bei diesen «Intervisionsgruppen», wie bei den Supervisionsgruppen auch, um Austausch von Unterrichtserfahrungen und didaktischen Materialien handeln; aber ideell vermag eine gute kollegiale Gruppe den Einzelnen auch persönlich zu stützen. Kollegiales Einvernehmen statt Rivalität ist besonders wichtig, wenn es um Integration von Problemschülern im Klassenverband und deren Weitergabe an die anschliessende Stufe geht.

3. Als eine der Schule nahestehende Beratungsinstanz sollte der Schulpsychologische Dienst niederschwelliger, d.h. für die Lehrer (übrigens auch für Eltern) leichter zugänglich werden. Diese Forderung enthält einen organi-

satorischen und einen psychologischen Anspruch: Organisatorisch sollte der Lehrer - im Einvernehmen mit den Eltern - Problemschüler mit dem Schulpsychologen besprechen können, ohne dass zuvor immer eine formelle Anmeldung und eingehende Abklärung stattfinden muss. Es darf nicht übersehen werden, dass sich durch häufige informelle Fallbesprechungen die klinische Erfahrung des Lehrers und sein Verständnis für Problemschüler wesentlich erhöht, was sein Selbstvertrauen und seine Sicherheit im Umgang mit ihnen stärkt. Die psychologische Forderung besteht darin, dass ein Lehrer nicht diskriminiert wird, wenn er den Schulpsychologen häufig zu Rate zieht. Viele Lehrer getrauen sich nicht, Beratungsbedürfnisse anzumelden aus Angst, dadurch bei ihren Kollegen und der Aufsichtsbehörde in den Ruf eines inkompetenten Lehrers zu geraten. Behördlicherseits müssten die Schulpsychologen für mehr schulhausinterne informelle Beratungsarbeit freigesetzt werden, auch wenn dadurch der Stellenplan erweitert werden muss. - Prävention ist keine schulpolitische Sparübung, sondern kostet auch Geld.

Entsprechend ausgebildete Legasthenietherapeutinnen können direkt Präventionsberatung der Lehrer übernehmen, statt sich nur mit den Einzelfällen zu beschäftigen. Nicht nur arbeiten sie meistens im Schulhaus und stehen den Lehrern nahe, sondern sie sind, wie gesagt, bei entsprechender Qualifizierung die eigentlichen Spezialistinnen für eine individualisierende Lese-Rechtschreibdidaktik bei schriftsprachschwachen Schülern. - Behördlicherseits wäre zu raten, nur Legasthenietherapeutinnen zu beschäftigen, die eine Arbeitsverpflichtung von mindestens sechs oder acht Wochenstunden übernehmen. Ihnen wäre ein geeignetes Arbeitszimmer im Schulhaus zur Verfügung zu stellen, damit sie ihre Stunden nicht zuhause abhalten.

Schliesslich muss durch Aus- und Fortbildung die professionelle Kompetenz der Lehrerinnen und Lehrer für einen präventiven (elementaren und weiterführenden) Lese-Rechtschreibunterricht erhöht werden. Hiezu ist weniger (obwohl auch) eine Problemschülerpsychologie, als vielmehr eine Problemschülerpädagogik, ja im Konkreten eine individualisierende Lese-Rechtschreibdidaktik für Schüler mit legasthenischen Schwierigkeiten erforderlich. In diesem Bereich hat die Arbeitsstelle für Präventive Unterrichtsdidaktik brauchbare Arbeitshinweise und Unterrichtsmaterialien für die Unter- und Mittelstufe ausgearbeitet, die an die Lehrerschaft weitergegeben werden.

Anschrift des Verfassers:

Dr. H. Ochsner
Arbeitsstelle für Präventive Unterrichtsdidaktik
Haldenbachstr. 44
8090 Zürich

Heinrich Wirth:

Teilleistungsstörungen - Learning Disabilities

Löst die Neuropädagogik das Problem der Lernstörungen?

In den angelsächsischen Ländern hat sich seit mehreren Jahren ein neuropsychologischer Ansatz zum Verständnis der Teilleistungsstörungen etabliert (dort Learning Disabilities genannt), der einen wesentlichen Teil von Lernstörungen erklären kann, und von dem her therapeutische Ableitungen möglich und zulässig sind.

In Europa hat dieser Ansatz - ausser in Holland und Dänemark - noch kaum Fuss gefasst im (sonder-) pädagogischen Arbeitsfeld.

Wesentlich ist, dass das neuropsychologische Modell in Bezug auf Teilleistungsstörungen nicht einfach von der klassischen Neuropsychologie her übernommen, sondern in Zusammenarbeit von Neuropsychologie und Sonderpädagogik entwickelt wurde und so ganz wesentlich auch den Entwicklungsaspekt berücksichtigt.

In den letzten Jahren hat die Forschung und die praktische (klinisch-) schulpsychologische Arbeit Untergruppen von Teilleistungsstörungen herausgearbeitet, die voneinander diagnostisch abgegrenzt werden können und wo therapeutisch nach anderen Grundsätzen gearbeitet werden muss.

Voraussetzung für diesen Ansatz ist allerdings, dass der Begriff der Teilleistungsstörung wieder enger gefasst wird und nur verwendet wird, wo eine (hypothetische oder diagnostizierte) neuropsychologische Grundstörung vorliegt. Lernprobleme aufgrund von sozio-emotionalen Schwierigkeiten sind aufgrund dieses Ansatzes keine Teilleistungsstörungen.

In den USA und Kanada besteht die Forderung nach einem Neuropädagogen. Dort ist auch in den Studiengängen der Sonderpädagogen und Schulpsychologen der neuropsychologische Ansatz schon stark vertreten.

Meines Erachtens ist es nicht sinnvoll, eine weitere Profession einzuführen. Hingegen sollen Sonderpädagogen und Schulpsychologen einen möglichst weiten Horizont haben und in solch neuropsychologischen Kategorien denken können.

Neuropsychologischer Ansatz einerseits und tiefenpsychologisch/ systemisch-oekologische Ansätze andererseits schliessen sich nicht aus, sondern ergänzen sich gegenseitig.

1. Entwicklungen der Neuropsychologie inbezug auf Teilleistungsstörungen

Seit den ersten Beschreibungen von dem, was wir heute Legasthenie nennen, sind rund 100 Jahre vergangen (BERKHAN 1885, sprach von Schreibstottern; KERR 1896, und in der Folge MORGAN sprachen von Wortblindheit). Unzählige Publikationen sind erschienen. Trotzdem sieht es so aus, als würde die Situation immer unklarer. Es gibt kaum etwas, das nicht in Zusammenhang mit Legasthenie gebracht worden wäre. Alle Detailstudien und grossen Monographien zum Thema haben ein Stück zur Klärung beigetragen. Aber: Jede Klärung brachte zugleich neue Unklarheiten.

Weshalb? Wahrscheinlich unter anderem deshalb, weil die Forschung zu lange eine auf das Finden von Fakten ausgerichtete Forschung war, und man versuchte, das Gefundene additiv aneinanderzufügen, oder noch schlimmer, einzelne solcher Ergebnisse oder Entdeckungen zu verabsolutieren.

Den Gefahren des verwirrenden Aneinanderfügens einerseits und des Verabsolutierens andererseits kann man nur entgehen, wenn man von einem Konzept, einem Modell ausgeht. *Ein* mögliches Modell ist das neuropsychologische Modell in seiner neuropädagogischen Anwendung.

Es geht hier nicht darum, den Weg der Legasthenieforschung nachzuzeichnen, womöglich angereichert mit Forschungen zur Dyskalkulie. Am Rande scheint es sinnvoll, darauf hinzuweisen, dass heute Tendenzen bestehen, durch einen Kraftakt zumindest zu versuchen, das Praxisfeld neu zu strukturieren, wobei eine «Lösung» dann darin bestehen würde, neue Spezialisten, eine neue Profession einzuführen. (Ich würde befürchten, dass dadurch ungelöste Probleme auf der Konzeptebene verdeckt würden, die Sache somit noch schwieriger zu lösen wäre.)

In den angelsächsischen Ländern, insbesondere in den USA und Kanada, ist nun aber seit mehreren Jahren die Forderung nach Neuropädagogik, nach dem Neuropädagogen auf dem Tisch. An prominenter Stelle hat CRUICKSHANK 1980 der Forderung nach dem «Neuro-educator» grossen Widerhall verschafft.[1]

Wie ist es nun zur Idee eines neuen Spezialisten, einer neuen Spezialdisziplin gekommen?

In den angelsächsischen Ländern besteht und bestand die Sonderpädagogik so gut wie in den europäischen Ländern. Im Unterschied aber zu Europa hat die Neuropsychologie früher schon begonnen, sich für sonderpädagogische Fragen zu interessieren. Das Ziel dieses Interessens ist es zu versuchen, Erziehungswissenschaften und Neurowissenschaften miteinander in einen Dialog zu bringen.

Das Jahrbuch 1978 der amerikanischen Gesellschaft für Erziehungswissenschaften ist ein Meilenstein auf dem Wege der Zusammenarbeit von Erziehungswissenschaften und Neurowissenschaften. Der Titel dieser grossen Publikation ist zugleich auch Programm: «Education and the Brain».[2]

Beide Wissenschaften könnten und können ganz erheblich voneinander profitieren. Die Sonderpädagogik dadurch, dass sie neben all den psychologischen Ansätzen (Motivationspsychologie, Arbeitsstilforschung etc. bis hin zu systemisch-oekologischen Ansätzen der Psychologie) auch wieder mehr sich auf der Objektebene bewegt, ohne gleich wieder in die alte «Defektologie» zu verfallen.

Die angelsächsische Neuropsychologie, ganz besonders dann, wenn es sich um Fragen des Lernens und der Lernstörungen handelt, hat sich mehr und mehr von der klassischen Neuropsychologie weg entwickelt.

Diese Entwicklung lässt sich am besten illustrieren am Begriff MBD, was in etwa unserem Begriff des i. POS entspricht:

von	Minimal Brain Damage
über	Minimal Brain Dysfunction
zu	Minimal Brain Delay
letztlich	Minimal Brain Differences

---

[1] GADDES, W.H.: Learning Disibilities and Brain Function. New York, Heidelberg, Berlin 1980.

[2] CHALL, J.S./ MIRSKY, A.F.: Education and the Brain: The Seventy-seventh Yearbook of the National Society for the Study of Education. Chicago 1978.

Mit anderen Worten: Die Neuropsychologie, die klassischerweise ausgegangen ist von der strukturellen Pathologie, hat sich immer mehr zu interessieren begonnen für individuelle Unterschiede cerebraler Prozesse, insbesondere in Bezug auf das Lernen. Voraussetzungen des Dialogs zwischen Neuropsychologie und Sonderpädagogik ist die Entwicklung innerhalb der Disziplinen.

Auf den kürzesten Nenner gebracht beschäftigt sich die Neuropsychologie mit dem Zusammenhang von Gehirn und Verhalten. Die grossen neuropsychologischen Entdeckungen fallen etwa in die gleiche Zeit, wie die ersten Beschreibungen der Legasthenie.

Zu nennen sind hier in erster Linie BROCA und WERNICKE, deren bahnbrechende Publikationen in die Mitte des 19. Jahrhunderts fallen. Diese klassische Neuropsychologie, die nun schon eine lange Tradititon hat, ist ausgegangen von Gehirnen von Erwachsenen, also von Strukturen mit ausgereiften und entwickelten Funktionen. Dazu kommt, dass diese klassische Neuropsychologie ihr Wissen herleitet aus dem Studium von pathologischen Gehirnen, insbesondere von solchen mit und nach schweren Verletzungen oder auch Tumoren.

Das so gewonnene neuropsychologische Wissen lässt sich nicht einfach übertragen auf Kinder, denn kindliche Gehirne sind noch in der Entwicklung, ganz abgesehen davon, dass Kinder noch nicht alles gelernt haben, was sie als Erwachsene gelernt haben sollten.

M.a.W.: Die cerebralen Funktionen sind noch Veränderungen und Modifkationen unterworfen. Das Gehirn hat sich noch nicht so organisiert wie bei einem Erwachsenen.

Entscheidend nun für den neuropsychologischen Ansatz bei kindlichen Teilleistungsstörungen ist zum einen die *Überwindung der lokalisationistischen Position*, wie etwa BROCA und WERNICKE sie vertraten, die besagte, dass für jede Tätigkeit ein entsprechendes, streng lokalisierbares Zentrum auf der Hirnrinde existiere. Zum anderen aber auch die Überwindung der *antilokalisationistischen Position*, vertreten vor allem durch LASHLEY, die besagt, dass die Art der Funktionsbeeinträchtigung nicht vom Ort der Schädigung, sondern lediglich vom Umfang der zerstörten Hirnmasse abhänge.[3]

Es ist vor allem der russische Neuropsychologe LURIA, der die Theorie der dynamischen Lokalisation formulierte, welche besagt, dass zwar sensorische und motorische Funktionen eine hochspezifische funktionelle Lokalisation ha-

---

[3] DIETEL, B.: Neuropsychologische Diagnostik und Therapie. Behindertenpädagogik in Bayern 31, 1988, S. 183-197.

ben, dass aber kognitive Prozesse höhrerer Ordnung eine Koordination von vielen Teilen des Gehirns verlangen, dass es immer um *organisierte funktionelle Systeme geht.* [4]

Im weiteren kommt dazu, dass mit der graduellen Entwicklung einer Leistung - etwa dem Lesen - der neuropsychologische Prozess seine Struktur verändert. Es sind dann z.t. andere als die ursprünglichen kortikalen Systeme, die geistige Aktivitäten steuern. [5] Gerade dieser Umstand ist von entscheidender Bedeutung: Der Aspekt der Entwicklung ist zentral.

Lernen führt zu Veränderungen nicht nur im Verhalten, wie wir es beobachten können, sondern auch zu Veränderungen der Funktionen auf der Ebene des Gehirns.

Indem nun die angelsächsische Forschung das Augenmerk mehr und mehr vom eindrücklichen Phänomen - wie etwa nicht lesen oder nicht rechnen können abwandte und den neuropsychologischen Funktionen zuwandte, kam es zu einer wesentlichen Neudefinition des Begriffs der Teilleistungsstörungen oder eben der Learning Disabilities.

Die neuropsychologische Prozessstörung ist die spezifische Basis der beobachtbaren Lernstörung. Diese manifeste Lernstörung in einem psychosoziokulturellen Rahmen ist dann die erzieherische oder eben neuropädagogische Dimension der Teilleistungsstörung.

Teilleistungsstörung ist also definiert auf der Ebene des Gehirns. Legasthenie und Dyskalkulie sind lediglich Epiphänomene, was erklärt, weshalb die Binnenvarianz von Kindern mit dem Epiphänomen Legasthenie grösser sein kann als die Varianz von Kindern, die als legasthenisch einerseits, oder dyskalkulisch andererseits bezeichnet werden.

Aus diesem Ansatz ergibt sich eine wesentliche Abgrenzung: Lernstörungen etwa aufgrund einer neurotischen Entwicklung sind somit keine Teilleistungsstörungen, auch dann nicht, wenn sie einen Kulturbereich ganz beson-

---

[4] LURIA hat seine bahnbrechenden Ideen in den 20- und 30er Jahren zusammen mit VIGOTSKY entwickelt. Eingang gefunden in den Westen hat er aber erst in den 70er Jahren, als seine wichtigsten Werke englisch vorlagen.

[5] Dieser Umstand erklärt, wie es zu so vielen Missverständnissen in der Teilleistungsstörungs-Diskussion kommt. Wenn man eine zugrundeliegende Störung sucht, wie etwa "Speicherschwäche" oder "auditive oder visuelle Wahrnehmungsstörung" und dabei den Aspekt der Entwicklung überspringt, hat man wahrscheinlich nie eine Grundstörung erfasst, sondern eine Funktion des Alters der untersuchten Kinder.

ders betreffen und vom Phänomen her nicht zu unterscheiden sind von einer Teilleistungsstörung. [6]

Aus den vorhergegangenen Ausführungen ergibt sich nun die Definition von Teilleistungsstörungen. [7]

Teilleistungsstörungen sind eine spezifische Untergruppe von Lernstörungen bei Kindern und Jugendlichen. Mit dem Begrff der Teilleistungsstörung bezeichnen wir Lernprobleme, welche als Folge von Wahrnehmungs- und Prozessdefiziten auftreten, die wiederum auf neurophysiologischen Dysfunktionen beruhen, und die Schulleistungsprobleme und soziale Anapssungsprobleme bewirken und schliesslich das emotionale Wachstum und die emotionale Anpassung beeinträchtigen. Teilleistungsstörungen treten bei Kindern und Jugendlichen aller Altersgruppen und aller Intelligenzniveaus auf.

Graphisch lässt sich diese Definition wie folgt darstellen (gegenüberliegende Seite):

Mit der geschilderten Art von neuropsychologischem Denken entstanden nun auch verschiedene Positionen.

Die eine Position, wie sie im deutschen Sprachraum vornehmlich GRAICHEN vertritt, könnte man als *idiographische Position* bezeichnen. Es gilt hier die Hypothese, dass jede Teilleistungsstörung völlig einmalig und singulär sei. Das passende Motto heisst dann: «Es gibt so viele Arten von Teilleistungsstörungen, wie es teilleistungsgestörte Kinder gibt».

Dagegen steht die Position, dass es bei aller Individualität doch Untergruppen von teilleistungsgestörten Kindern gibt, die in ihrem Muster (Syndrom) recht gut voneinander abgegrenzt werden können, wobei diese verschiedenen Untergruppen zugleich in ein übergreifendes neuropsychologisches Modell passen.

---

[6] Aus didaktischen Gründen wäre hier nun das Epiphänomen der Dyscantatie zu beschreiben, einer Störung, die es in unseren Diagnosehandbüchern nicht gibt, die es aber geben würde, wenn Singen in unserer Kultur ein Selektionsfach wäre. Was es natürlich gibt, sind Kinder, die auf der Ebene des Gehirns an Funktionsstörungen leiden, die dazu führen, dass sie schlecht singen können. Diese Kinder haben eine Teilleistungsstörung. Die Auswirkungen auf der Ebene der Leistung sind in unserer Gesellschaft aber irrelevant. Es gibt deshalb keinen Verband der Dyscantatietherapeuten und eine Diskussion, wer Dyscantatietherapeuten ausbilden dürfe - das Institut für Sonderpädagogik oder das Heilpädagogische Seminar oder das Konservatorium - ist somit glücklicherweise überflüssig.

[7] CRUICKSHANK, W.M.: Learning Disabilites. In: Learning Disabilities, Neuropsychological Correlates and Treatment. Amsterdam/ Lisse 1989.

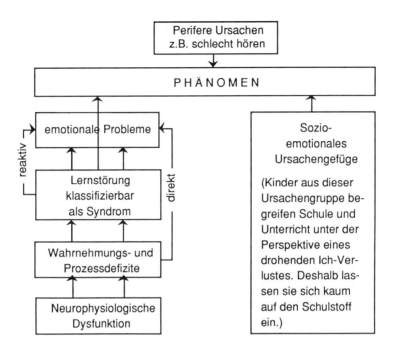

Als Vorläufer zu diesem Ansatz sind hier in erster Linie JOHNSON und MYKLEBUST [8] zu nennen, insbesondere ihre Ausführungen zum Syndrom der «Störung des quantitativen Denkens» und mit ihrem Begriff der «Neuropsychologischen Lernschwäche». Ebenso auch DENCKLA mit ihren Arbeiten zu den beiden Hemisyndromen. [9]

Im folgenden seien nun einige dieser Untergruppen von Teilleistungsstörungen referiert, in die meines Erachtens ein grosser Teil der uns interessierenden Kinder eingeordnet werden kann. (Die Auswahl erfolgt nach dem Kriterium der praktischen Relevanz in der schulpsychologischen Arbeit.) Noch wchtiger aber als diese praktische Relevanz ist meines Erachtens der Umstand, dass diese Untergruppen in ein neuropsychologisches Modell passen: Erst dadurch sind dann neben der Möglichkeit, Defizite erklären zu können, auch *therapeutische Ableitungen möglich und zulässig.*

[8] JOHNSON, D.J/ MYKLEBUST, H.R.: Lernschwächen. Stuttgart 1971.
[9] DENCKLA, M.B.: Minimal Brain Dysfuncton. In: CHALL, J.S./ MIRSKY, A.F., 1978.

2. Untergruppen von Teilleistungsstörungen

2.1. Die Untergruppe der nichtverbalen Teilleistungsstörung

ROURKE [10] beschreibt diese Untergruppe von nichtverbaler Teilleistungsstörung einerseits als eine Reihe von besonderen Stärken, denen immer besondere Schwächen gegenüberstehen. Wesentlich ist auch, dass Schwächen und Stärken im Laufe der Entwicklung sich z.T. verschieben.

Kurz zusammengefasst handelt es sich um folgende Qualitäten (Stärken) einerseits und Defizite (Schwächen) anderseits:

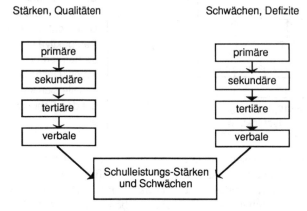

Primäre neuropsych. Qualitäten
(Wahrnehmung)
- Gute einfache repetitive Fähigkeiten
- *Auditive* Wahrnehmungskapazität sehr gut (nachdem in ganz früher Kindheit eine diesbezügliche Verzögerung zu beobachten war).
- Sehr gut entwickeltes *Routine*-Repertoire, insbesondere für auditiv Wahrgenommenes, aber auch z.B. für Schreiben

Primäre neuropsych. Defizite
(Wahrnehmung)
- Taktile Wahrnehmung schlecht (mit zunehmendem Alter besser).
- Wahrnehmen von visuellen Einzelheiten und vis. Beziehungen schlecht. Schlechte Fähigkeit für visuell-räumliche Organisation (mit zunehmender Verschärfung).
- Koordination komplizierter motorischer Abläufe schlecht. (Mit zunehmendem Alter zunehmend).
- Neue Stimuli oder neue Konfigurationen können schlecht gehandhabt werden.

---

[10] ROURKE, B.P.,1989. S 116.

Sekundäre neuropsych. Qualitäten
(Aufmerksamkeit)

Selektive und überdauernde gute *Aufmerksamkeit* bei einfachen, sich wiederholenden insbes. verbalen Leistungen

Sekundäre neuropsych. Defizite
(Aufmerksamkeit, Entdeckungsverhalten)

Schlechte Aufmerksamkeit für taktile und visuelle Inputs.
Schlechte Aufmerksamkeit für komplexes nichtverbales Material.
Wenig handgreifliches Entdeckungsverhalten. Selbst Objekte, die in Griffnähe sind, werden nicht taktil oder visuell untersucht. (Diese Kinder wollen wissen, wie man etwas benennt und nicht, wie etwas funktioniert oder wie es sich anfühlt.)

Tertiäre neuropsych. Qualitäten
(Gedächtnis)

Gedächtnis, das auf blosser mechanisch-verbaler Übung basiert ist übermässig gut.

Tertiäre neuropsych. Defizite
(Gedächtnis)

Schlechtes taktiles und visuelles Gedächtnis. Relativ schlechtes Gedächtnis für komplexes, bedeutungsvolles u./ oder *neues* verbales Material.
Defizite in Konzeptbildung, Problemlösung, Strategiebildung.

Verbale Qualitäten
Hervorragende Leisungen insbesondere bei phonematischer Unterscheidung, Segmentation aber ganz allgemein für Sprachliches. Hohe verbale Assoziationsfähigkeit. Enorm gutes und dauerndes Sprechen.

Verbale Defizite
Milde sprechmotorische Defizite, mit zunehmendem Alter verschwindend.

Schulleistungsstärken
Nach anfänglichen Schwierigkeiten mit dem visuomotorischen Aspekt des Schreibens sehr gutes Schreiben, sehr gute Orthographie. Hervorragendes Gedächtnis für Gehörtes oder Gelesenes.

Schulleistungsschwächen
Schwierigkeiten mit Druckschriftschreiben, späteres verbundenes Schreiben sehr gut.
Gutes Lesen, aber defizitäres Inhaltsverständnis des Gelesenen, speziell bei neuen Inhalten.
Defizite im mechanischem Rechnen, zunehmend mit dem Alter.
Schwierigkeiten im Erfassen mathematischer Konzepte.

Soweit kurz zusammengefasst die Beschreibung des Syndroms. Obwohl sehr viel detaillierter und mit mehr Aussagen zur Entwicklung mit zunehmendem Alter, ist diese Beschreibung derjenigen von JOHNSON und MYKLEBUST noch recht ähnlich.

Der wesentliche Unterschied liegt nun im Erklärungsmodell.

Das neuropsychologische Modell von ROURKE beruht auf dem Modell von GOLDBERG und COSTA [11], ist aber um eine ganz wesentliche Dimension erweitert.

ROURKE hat seine Aufmerksamkeit nicht nur der Hemisphärenasymmetrie (also dem Unterschied zwischen den beiden Grosshirnhemisphären) zugewandt, sondern vor allem auch den Leitungsbahnen des Zentralen Nervensystems, der weissen Substanz.

Es sind die Verbindungen, die neuropsychologisch interessant sind:

Assoziationsbahnen verbinden verschiedene Bereiche einer Grosshirnhälfte

(VORNE = HINTEN)

Kommissurenbahnen verbinden die beiden Grosshirnhälften, verbinden ähnliche Regionen der beiden Hemisphären

(RECHTS = LINKS)

Projektionsbahnen verbinden das Grosshirn mit dem Hirnstamm, dem Kleinhirn, dem Rückenmark

(OBEN = UNTEN)

Wenn nun solche Bahnen nicht optimal funktionieren, hat dies für das Lernen ganz erhebliche Konsequenzen.

Die weisse Substanz der rechten Hemisphäre ist entscheidend für Entwicklung und Aufrechterhaltung von spezifisch rechtshemisphärischen Prozessen sowie auch für die intermodale Integration von neuen Stimuli. Linkshemisphärische Prozesse können noch recht gut funktionieren bei Störungen der Kommissuren und Projektionsbahnen. Das optimale Funktionieren der Assoziationsbahnen ist in der linken Hemisphäre vor allem notwendig für die Entwicklung von Funktionen, weniger aber für deren Aufrechterhaltung.

Zusammenfassend: «Die Integrität der Funktionen der weissen Substanz ist zwar notwendig für die *Entwicklung* von Systemen in beiden Hemisphären, aber ganz entscheidend sowohl für die *Entwicklung* wie auch *Aufrechterhaltung* von Systemen der rechten Hemisphäre».[12]

---

[11] GOLDBERG, E.; COSTA, L.D.: Hemisphere differences in the acquisition and use of descriptive systems. In: Brain and Language, 14, 1981
[12] ROURKE, B.P.,1989. S. 116

Dies erklärt nun, weshalb Kinder mit diesem nichtverbalen Teilleistungsstörungs-Typus zunehmend grössere Probleme mit dem schulischen Lernen haben: Nicht nur haben sie Schwierigkeiten, sich auf Neues einzustellen, sondern vieles ist für sie immer wieder neu. Gestern haben sie endlich etwas
Nichtverbales begriffen, heute ist es schon wieder weg.

Frühe und intensive Physiotherapie sowie auch Psychomotorische Therapie
sind für Kinder mit einer nichtverbalen Teilleistungsstörung ausserordentlich
wichtig. Dabei wird eine möglichst gute Entwicklung der gesunden Substanz
angestrebt. Ganz wesentlich geht es dabei aber auch darum, das Entdeckungsverhalten dieser Kinder zu entverbalisieren. Meist aber werden gerade diese
Kinder zu spät erfasst, weil sie mit ihrem vielen und guten Sprechen blenden.

Später sind dann vor allem kompensatorische Behandlungen angezeigt. Diese
Kinder brauchen immer die Sprache als primäres Medium zum Lernen, sie
profitieren wenig bis nichts von sprachfreien Erfahrungen. Weil das Neue
schwierig ist, ist systematisches, repetitives, redundantes Lernen ganz wichtig.
Üben heisst auch, aus Neuem Altes machen, und Altes können die Kinder besser handhaben als Neues. (Dies gilt aber wirklich nur für diese Kinder. Sehr
begabte Kinder dagegen, bei denen das ganze zentrale Nervensystem optimal
funktioniert, werden durch zu häufiges Üben behindert, wählen sie doch jeweils den hemisphärischen Prozess, welcher der Sache am besten angemessen
ist, und nicht einfach denenigen, der besser funktioniert.)

Kinder vom nichtverbalen Teilleistungsstörungs-Typus sollten so früh wie
möglich Lesen lernen, wenn möglich eben schon vor unserem Schulalter. Es
geht darum, sprachliche Fähigkeiten zu unterstützen, auch wenn diese schon
gut sind, denn als Kompensation brauchen solche Kinder eine höhere Sprachkompetenz.

Untergruppen verbaler Teilleistungsstörungen

Inbezug auf Störungen des Lesens hat BAKKER [13] in den vergangenen Jahren
zwei Untergruppen von verbalen Teilleistungsstörungen herausgearbeitet, den
L-Typus und den P-Typus der Legasthenie.

---

[13] BAKKER, D.J.; VINKE, J.: Effects of Hemisphere-specific Stimulation on Brain Activity
and Reading in Dyslexics. In: Journal of Clinical and Experimental Neuropsychology, 1985,
Vol. 7, No.5, pp. 505 - 525

Der L-Typus liest zu stark und zu ausschliesslich aufgrund linguistischer, linkshemisphärischer Prozesse. (Dafür steht auch der Buchstabe L). Das Lesen ist dann zwar schnell und flüssig, es entstehen aber erhebliche Fehler, z.T. Wortverstümmelungen, mit dem Resultat des inhaltlich oft falschen Lesens (Sinnstiftungen), wenn es nur in einen semantischen und syntaktischen Zusammenhang passt.

Der P-Typus liest zu stark aufgrund eines (visuell)-perzeptionellen Prozesses. (Der Buchstabe P steht für Perzeption). Er macht viele zeitraubende Fehler, macht viele Fragmentationen, liest nach vielem Wiederholen und Korrigieren schliesslich richtig.

Nach BAKKER ist es nun durchaus so, dass beim normalen Erwerb des Lesens Kinder anfänglich vor allem visuell-perzeptionell lesen, also vornehmlich rechtshemisphärisch, mit zunehmendem Alter aber immer mehr linkshemisphärisch lesen. (Das entspricht auch dem Modell von ROURKE, dass Neues vor allem rechtshemisphärisch vermittelt wird, neue Referenzsysteme auf das Funktionieren von grauer und weisser Substanz der rechten Hemisphäre angewiesen sind.)

Bei Teilleistungsstörungen im Sinne von L-Typus-Legasthenie verwendet BAKKER wahrnehmungsmässig komplexe Texte, d.h. die rechte Hemisphäre wirkt indirekt stimulierend, indem Wörter mit Buchstaben von sehr verschiedenen Schriftarten verwendet werden.

Beispiel   Teilleistungsschwächen

Bei P-Typus-Legasthenie verwendet er Lückentexte mt rhythmisch-semantischer Provokation, um möglichst viel indirekte links-hemisphärische Stimulation zu erreichen.

Beispiel:
> Geburtstag hat
> das wisse man
> der Professor
> ....[14]

Ebenso hat BAKKER jeweils durch direktes Wörterlesen entweder im rechten oder linken Gesichtsfeld die linke oder rechte Hemisphäre stimuliert. (Eine solche direkte Stimulation ist in gängigen Arbeitssituationen von Legasthenietherapeuten nicht möglich, da es dazu apparative Voraussetzungen braucht.)

---

[14] Grissemann

Dazu kommt, dass bei jedem Kind ganz individuell seine Fixationszeit ermittelt werden müsste.

Die vorher beschriebene indirekte Stimulation war wirksam bei L-Typus-Legasthenien: Lesefehler und Diktatfehler nahmen ab. (Allerdings ist bei L-Typus direkte Stimulation noch wirksamer als indirekte.)

Beinahe noch interessanter ist aber, dass das unspezifische Üben von Lesen bei den L-Typen die Situation noch verschärft, weil es das übermässig linkshemisphärische Lesen noch fördert. In diesem Falle ist also einfaches Üben schädlich - ganz im Gegenteil zur Untergruppe der Kinder mit nichtverbalen Teilleistungsstörungen.

Bei den P-Typus-Legasthenien ist das indirekte Training mit Reimen und Alliterationen noch wirksamer als ein direktes. [15]

Soweit drei voneinander abgrenzbare Untergruppen von Teilleistungsstörungen.

Zum Schluss möchte ich auf den Titel zurückkommen.

Ich meine, wir brauchen nicht mehr und neue Professionen, sondern die Professionen brauchen mehr und neue Horizonte. Ohne neuropsychologische Konzepte sollten Sonderpädagogik und Schulpsychologie nicht mehr arbeiten, so wenig wie sie etwa ohne tiefenpsychologische oder systemisch-oekologische Ansätze arbeiten sollten. Individuumszentrierte Ansätze und systemorientierte Ansätze schliessen sich gegenseitig nicht aus, sie stehen komplementär zueinander. Voraussetzung für eine sinnvolle Hilfe für Kinder mit Teilleistungsstörungen ist immer eine ganz sorgfältige und möglichst umfassende Diagnose, die in einem guten und ehrlichen Sinne ganzheitlich sein soll. Ganzheitlichkeit schliesst dann eben genaue Differenzierung und Analyse ein und verzichtet nicht in magischer oder modischer Verschwommenheit darauf. Auch dann nicht, wenn Differenzierungen und Analysen mühsames Erheben

---

[15] Bei P-Typus-Legasthenikern kann - inbezug auf eine Leistungsverbesserung des Lesens - eine medikamentöse Behandlung mit Ritalin sinnvoll sein. Bei L-Typus-Legasthenikern findet unter Ritalin keine Leistungsverbesserung im Lesen statt. (Vgl. BAKKER, D.J. et al.: Neuropsychological Aspects of Dislexia.
LEVI, G./ SECHI, E.: A Study of Piracetam in the Pharmacological Treatment of Learning Disabilities. In: Bakker, D.J. (Hrsg.): Developmental Dyslexia and Learning Disorders. Basel 1987.)

von Befunden bedeutet und noch mühsameres Einordnen von Befunden in ein übergreifendes Ganzes.

Beachtet man die *wesentlichen Unterschiede* nicht, dann werden auch hochkreative Therapieansätze *fragwürdig*:

- Therapie, die alles macht, gleichsam nach dem Motto: «Förderung von FROSTIG bis FEUERSTEIN», läuft aber Gefahr, sich selber aufzuheben.

- Therapie, die bei allen Kindern das Gleiche macht (z.b. inverses Spiegel-lesen) wird zum russischen Roulett.

- Therapie, die je nach *Subgruppe* von anderen grundsätzlichen Überlegungen ausgeht, ist sinnvoll: Allerdings vielleicht nicht immer ganz so spektakulär.

Und vielleicht ist das das Allerschwierigste im Bereich der Kinderpsychologie und Sonderpädagogik:
Die Kluft auszuhalten zwischen hochdifferenzierter Analyse einerseits und recht einfacher, dafür verständlicher Intervention anderseits.

Anschrift des Verfassers:

Heinrich Wirth, lic. phil.
Leiter der Schulpsychologischen Dienste
der Stadt Zürich
Seestrasse 346
8038 Zürich

Andrea Lanfranchi

Spielgruppen für Migranten- und Flüchtlingskinder im Vorkindergartenalter

Ein präventiver Beitrag zur Vermittlung sprachlicher, kognitiver und sozialer Lernerfahrungen*

Zusammenfassung

In der vorschulischen Entwicklung werden die Grundmuster für das weitere Schicksal des Menschen gelegt. Das Angebot einer bereichernden Umwelt und die Vermittlung von Lernimpulsen in den ersten Lebensjahren setzen Potentiale in Bewegung, die im Schulalter fortwirken. Ist ein solches Angebot nicht oder nur beschränkt vorhanden - wie etwa bei einem grossen Teil der in Schulpsychologischen Diensten untersuchten Migranten- und Flüchtlingskinder -, müssen Lösungen zur Erschliessung ausserfamilialer Lernfelder gefunden werden. Eine dieser Lösungen bieten Spielgruppen für Ausländerkinder im Vorkindergartenalter. Sie dienen einerseits zur kostengünstigen Vorbeugung deprivationsbedingter schulischer Teilleistungsschwächen. Andererseits versuchen sie, durch die aktive Einbeziehung der Eltern, Verbindungssysteme zwischen dem familiären und dem schulischen Lebensbereich zu ermöglichen.

In der ausländerpädagogischen bzw. interkulturellen Diskussion müssen neue Akzente gesetzt werden. Anstelle des weiteren Ausbaus von Förder- und Stützmassnahmen auf der Stufe der obligatorischen Schule drängen sich heute präventive Vorkehrungen auf. Es soll an den Schaltstellen des Schulerfolgs gearbeitet werden, das heisst im Bereiche der Vorschulerziehung und der Elternbildung.

* Unser Dank gebührt dem *Forum für das Kind* für die wertvollen Anregungen anlässlich der Tagungen «Startbedingungen - Elternbegleitung - Fremdbetreuung - Lobby für das Kind» von Oktober '87 bis Oktober '88. Kontaktstelle des Forums, an welchem interessierte und betroffene Fachleute aus verschiedenen stadtzürcherischen Institutionen beteiligt sind, ist die *Pro Juventute, Gessnerallee 52, 8001 Zürich.*

Diese revidierte Ausrichtung hat eine unmittelbare Bedeutung für zukünftige bildungspolitische Aufgaben. Anhand des innovativen Vorschulprojektes «Spielgruppen für ausländische Kinder unter Einbezug der Eltern» wird am Beispiel der Stadt Zürich für eine unabdingbare Zusammenarbeit zwischen Sozial-, Schul- und Gesundheitsbehörde plädiert. Diese Forderung ist brisant, weil für die einzelnen Bereiche des Vorkindergarten-, Schul- und Erwachsenenalters zum Teil verschiedene Instanzen zuständig sind. Ohne konzertierte, vorbeugende und umfassende Massnahmen, ist kaum eine substantielle Verbesserung der heutigen Problemlage zu erwarten.

Als Schulpsychologe und Sonderpädagoge in einem ausländerreichen Stadtteil von Zürich[1], war und bin ich öfters mit der Situation konfrontiert, dass die entscheidenden Weichen für einen erfolgreichen Schulbesuch von Migranten- und Flüchtlingskindern bereits vor dem Kindergartenbeginn gestellt werden. Empirische Untersuchungen stehen zur Zeit noch aus, indessen berichten auch Kindergärtnerinnen und Schulärztinnen[2] immer häufiger über Entwicklungsverzögerungen und Deprivationserscheinungen bei Kindern von Einwanderern. Die Rückstände seien nicht nur im sprachlichen, sondern auch im kognitiven und im sozialen Bereich zu beobachten, und könnten auch unter optimalen Bedingungen im Kindergarten nur beschränkt kompensiert werden. Ein *Fallbeispiel* aus dem Alltag des Schulpsychologischen Dienstes der Stadt Zürich (eine Abteilung der Schulärztlichen Dienste) soll diesen Problemkreis illustrieren:

Das sechseinhalbjährige portugiesische Mädchen Vanessa Chaves[3] wurde bei uns von seiner Kindergärtnerin fünf Monate vor Schulbeginn der ersten Klasse angemeldet:

Problemdefinition: Vanessa besuche erst seit einem halben Jahr den Kindergarten, wirke extrem scheu und verkrampft und habe in dieser Zeit praktisch kein Wort Deutsch gelernt. Ihr Formenempfinden sei noch sehr schwach entwickelt und die Bewegungsabläufe sowie die Fingermotorik wirkten auffallend ungeschickt. Eine reguläre Einschulung sei laut Kindergärtnerin undenkbar, auch nicht in eine Sonderklasse A[4]. Aufgrund

---

[1] Es handelt sich um den Schulkreis Limmattal, der im Schuljahr 1988-89 66.5 Prozent ausländische Schüler - bei einer Gesamtzahl von 2430 Schulkindern - zählte. Ähnliche Erfahrungen machte ich auch in Stadtkreisen mit geringeren Ausländeranteilen, wie im Schulkreis Glattal (31 Prozent ausländische Schulkinder) und Schwamendingen (35 Prozent).

[2] Es sind immer auch die männlichen Formen gemeint.

[3] Alle Angaben zur Person und zur Situation wurden geändert.

[4] Die Sonderklasse A (Kanton Zürich) wird auch Einschulungsklasse genannt. Sie dient der Einschulung und Beobachtung nur teilweise schulreifer Kinder. Die Lehrziele der ersten Nor-

der von Tag zu Tag stark zunehmenden Verhaltensauffälligkeiten sei aber auch ein Verbleiben in der jetzigen Kindergartengruppe problematisch.

Vorgeschichte: das Mädchen ist im 4. Lebensjahr zusammen mit ihrer Mutter von Portugal nach Zürich zu ihrem Vater gekommen. Zwei Jahre später sind ihre zwei älteren Schwestern nachgezogen. Anfänglich gab die Mutter die Auskunft, Vanessa habe das erste Kindergartenjahr nicht besucht, weil sie (die Eltern) «nicht wussten, dass es das gibt und dass das für die Schule wichtig ist». Erst in der dritten Familiensitzung, nachdem die Eltern etwas mehr Vertrauen gefasst hatten, vertrauten sie mir folgendes an: der Vater hat die Jahresaufenthaltsbewilligung und somit das Recht auf den Familiennachzug erst kürzlich erhalten, sodass sich Vanessa im Alter zwischen vier und sechs *illegal* in der Schweiz aufgehalten hat. Sie wohnte also zwei Jahre lang zusammen mit der ebenfalls illegal anwesenden und daher stark isolierten Mutter und mit dem beruflich stark beanspruchten Vater in einem winzigen Zimmer an einer lärm- und verkehrsgeplagten Strasse im zürcherischen Industriequartier.[5]

Anamnese: Die Erhebung der Daten zu Schwangerschaft, Geburt und frühkindlicher Entwicklung gestaltet sich sehr schwierig und ist durch die Unsicherheit der elterlichen Angaben belastet. Der Vater arbeitete als Saisonnier in der Schweiz und sah das Kind nur während der kurzen Sommerferien und der Winterpause; die Mutter verfügt über sehr vage Erinnerungen über die prä-, peri- und postnatale Zeit, berichtet über eine «normale Spitalgeburt», kennt jedoch z.B. das genaue Geburtsdatum und das Geburtsgewicht von Vanessa nicht.

Befunde: Da es aus Platzgründen nicht möglich ist, auf die eingesetzten psychodiagnostischen Verfahren einzeln einzugehen, beschränke ich mich auf eine Zusammenfassung der wichtigsten Ergebnisse und weise auf die exemplarisch ausgewählten Abbildungen 1 bis 3 (am Schluss des Beitrages) hin.
Bei Vanessa handelt es sich um ein soziokulturell depriviertes und entwicklungsverzögertes Kind mit schweren elementaren Teilleistungsstörungen. Massive Rückstände sind sowohl im kognitiv-sprachlichen als auch im sozial-affektiven Bereich zu lokalisieren.

---

malklasse werden auf zwei Jahre verteilt. Dem Aufbau der Lese-Schreibprozesse und allfälligen Teilleistungsstörungen wird grosse Beachtung geschenkt.

[5] Das Leben der «Saisonnier-Kinder» und einige damit verbundene psychoreaktive Störungen wurde in der breiten Öffentlichkeit zum ersten Mal von Marina FRIGERIO beschrieben - anlässlich des Kongresses der Schweizerischen Vereinigung der Kinder- und Jugendpsychologen (SKJP) vom 9.3.1989 in Solothurn.

- Intelligenzstruktur: Starke Ausfälle sind in mehreren kognitiven Fähigkeiten festzustellen, etwa in der Klassifikations- und Seriationsleistung und im räumlichen Vorstellungsvermögen. Dagegen sind die Ergebnisse in Memorierungsaufgaben knapp durchschnittlich.

- Sprache: In der Muttersprache Portugiesisch wird, bei intaktem artikulomotorischem Apparat, sowohl eine Minderung des Sprachverständnisses (Kompetenz) als auch eine Einschränkung der aktiven Sprachanwendung (Performanz) diagnostiziert. Die verminderte Erfassung von semantischen Bedeutungsmerkmalen und das Fehlen auch häufig vorkommender Begriffszuordnungen führt unter anderem zu der Bezeichnung aller gezeigten vierbeinigen Raubtiere als «Tiger» und zu einer fehlerhaften Unterscheidung zwischen Tiger, Löwe und Panther. Die Kenntnisse von Vanessa in der Zweitsprache Deutsch sind sehr rudimentär, angesichts der zweieinhalb Jahre Aufenthalt in der Schweiz (bestehend aus zwei Jahren «versteckten Daseins» als illegales Saisonnier-Kind und aus einem halben Jahr Kindergarten). Ihre Sprachkenntnisse bestehen aus der Rezeption einfacher Anweisungen und aus der Produktion einsilbiger oder sehr häufig gebrauchter Wörter (ja, nein, dort, Haus, Ball, etc.).

- Psychomotorik: Teilleistungsschwächen zeigen sich im feinmotorischen Bereich (z.B. bei Finger-Daumen-Bewegungen, Kreise ausschneiden), sowie in der serialen Motorik (Diadochokinese). Die grobmotorischen Aktivitäten sind dagegen unauffällig, obwohl gegen Schluss wegen Ermüdungserscheinungen etwas verkrampft (Balancieren, monopedales Überhüpfen, Ball prellen, etc.). Um die Laborergebnisse einer solchen «Sprechzimmerdiagnostik» mit den ebenso wichtigen Erkenntnissen der Feldbeobachtung zu vervollständigen, habe ich die Einladung der Familie Chaves akzeptiert, sie zu Hause zu besuchen. Anschliessend bin ich auch in Vanessas Kindergarten gegangen und habe dort an einer Lektion teilgenommen.

Hausbesuch: Die Familie, die sich geehrt fühlte, einen «Doktor» zu Kaffee und Kuchen eingeladen zu haben, bereitete mir einen herzlichen Empfang. Der Hausbesuch zeigte einige Umstände auf, welche die sprachliche, kognitive und soziale Entwicklung von Vanessa negativ beeinflussen könnten:

- die Wohnverhältnisse in der Dreizimmerwohnung sind beengt - obwohl viel komfortabler als das Einzelzimmer aus der Zeit des «illegalen Aufenthaltes» von Mutter und Kind. Die vielen und grossen Möbel schränken die Bewegungsmöglichkeiten der fünf Bewohner stark ein;

- der Raum, in dem sich Vanessa aufhält (Stube und Schlafzimmer in einem), enthält nur wenige Objekte, die sie in spontaner Aktivität nützen kann;
- die Wohnqualität ist durch das Nebeneinander von Reizarmut und Reizüberflutung gekennzeichnet (blank saubere Stube mit schöner Ausstellungspuppe auf dem Sofa, sowie konsum- statt kreativitätsfördernde Spielzeuge einerseits, und grosser Verkehrs- und Fernsehlärm andererseits);
- die Umgebung bietet wenig Gelegenheit für spielerische Tätigkeiten und für das Anknüpfen sozialer Kontakte: die nächstgelegene Spielwiese kann wegen einer gefährlichen Verkehrsachse von Vanessa nicht selbständig erreicht werden;
- die beschränkten Lernreize der Wohnumgebung können nur zum Teil durch förderliche Interaktionen mit Bezugs- und Betreuungspersonen kompensiert werden.

Kindergartenbesuch: Während einige der Kinder malen und andere in der «Baby-Ecke» beschäftigt sind, entwickelt Vanessa nur wenig körperliche Eigenaktivität. Sie folgt jedoch interessiert dem Geschehen innerhalb der Gruppen. Um die Aufmerksamkeit der anderen zu erwecken und um Kontakte anzuknüpfen, kompensiert sie ihre geringe verbale und soziale Kompetenz mit einem schnellen Anfassen einzelner Kinder von hinten. Dann erschrickt sie über die Reaktion der anderen, läuft davon und versteckt sich hinter der Kindergärtnerin. Das Einfädeln von Holzperlen bereitet ihr grosse Mühe. Durch meine Hilfestellungen bleibt sie bei dieser Tätigkeit und kann eine bunte Krone anfertigen.

Versuch einer Prognose: Die dargestellten Beobachtungen und Befunde könnten den Eindruck erwecken, dass es sich bei Vanessa um ein debiles Kind handle. Die weit unterdurchschnittlichen Gesamtresultate aus den eingesetzten nonverbalen Intelligenztestverfahren scheinen dies zu bestätigen. Berücksichtigt man jedoch die Ergebnisse nicht in ihrem Gesamtwert, sondern differenziert nach den gefragten Teilleistungen, führt man lernprozessdiagnostische und nicht nur produktorientierte Arbeitsproben durch und betrachtet man das Kind in seinem ganzen Wesen, dann haben wir es bei Vanessa wohl mit einem lernbehinderten und leicht minderbegabten, jedoch nicht mit einem geistigbehinderten Mädchen zu tun. Die Suche nach der Ätiologie ist problemgeladen und in bezug auf die pädagogisch-therapeutische Planung wenig ergiebig. Die vorliegenden Indizien weisen jedenfalls nicht in Richtung genetischer oder hirnläsioneller, sondern vielmehr in Richtung milieu- bzw. deprivationsbedingter Teilleistungsstörungen. Prognostisch gesehen ist es schwierig zu sagen, ob die festgestellten Retardierungen und Teilausfälle intra- und intermodaler Art gefolgt werden von künftigen schulischen Teilleistungsschwächen supramodaler Art. Sicher kann man sagen, dass Zusammenhänge möglich und sehr wahrscheinlich sein werden und dass Vanessa trotz gezielter und graduell aufgebauter Förderung (z.b. im Rahmen einer Sonderklasse A, siehe Fussnote 4), mit komplexen Aufgaben grosse Schwierigkeiten haben wird. (Wie z.b. bei den komplexen simultanen und nacheinander folgenden Teilvollzügen des Diktatschreibens, vgl. GRISSEMANN 1980, S. 81).

Trotz mancher Besonderheiten, die Vanessas Geschichte als «illegales Saisonnierkind» mit sich bringt, sind die geschilderten Phänomene sprachlich-kognitiver und sozialer Deprivation kein Ausnahmefall. Ähnliche Erscheinungsbilder muss ich immer wieder bei Flüchtlingskindern und bei hier geborenen Kindern aus der zweiten oder dritten Ausländergeneration feststellen. Empirische Erhebungen hierzu stehen zwar noch aus, aber vor dem Hintergrund der Erfahrungen in der Praxis möchte ich auf folgenden Zusammenhang hinweisen: Es gibt schulische Lern- und Leistungsstörungen, welche nicht genetisch-konstitutionell bedingt sind, sondern davon abhängen, wie die betroffenen Kinder und Eltern ihren Alltag organisieren. Die Vorbeugung von deprivationsbedingten Teilleistungsstörungen ist allerdings nicht nur eine Sache der Einwanderer, sondern auch eine unerlässliche Aufgabe der «Gastgeber» und ihrer bildungspolitischen Strukturen. Dies aus dem Umstand, dass heute rund 80 Prozent der ausländischen Wohnbevölkerung die Niederlassungsbewilligung hat - also seit meistens mehr als 10 Jahren in der Schweiz lebt und wahrscheinlich auch hier bleiben wird.

Migranten- und Flüchtlingskindern das Schwimmen lehren

> *These:* Täglich praktizieren Lehrerinnen, Schulpsychologinnen und Sozialarbeiterinnen Rettungsschwimmen und Wiederbelebungsversuche an Einwanderer- und Flüchtlingskindern, die im schulischen Selektionsdruck beinahe ertrinken. Fachleute im Schul- und Sozialbereich müssen vermehrt auf den Lernprozess des Schwimmens selber Einfluss nehmen.

Pädagogische und therapeutische Bemühungen um ausländische Kinder bleiben Sisyphusarbeit, wenn an den Entstehungsbedingungen der schulischen Lern- und Leistungsstörungen nichts verändert wird. Insbesondere in einem an pädagogischen und materiellen Ressourcen so reichen Land wie der Schweiz scheint es mir nicht sehr klug zu sein, wenn sich die Öffentlichkeit in der Regel erst dann um die Kinder kümmert, wenn sie fünf Jahre alt sind und in den Kindergarten eintreten. Unsere Erfahrungen decken sich vollkommen mit den Ausführungen von ALLEMANN-GHIONDA & LUSSO-CESARI (1986), die mit Nachdruck auf die Realisierung von bildungspolitischen Schritten mit Investitionscharakter im vorschulischen Bereich und im Bereich der Elternbildung verweisen. Gravierende Lücken in der ausländerpädagogischen Arbeit bestehen heute nicht mehr auf der Ebene der obligatorischen Schule. Im Kindergarten und im schulischen Bereich wurden in den letzten Jahren verschiedenartige und auf mehreren Stufen gut konzipierte Integrationshilfen verwirklicht.[6] Dieses breitgefächerte Hilfsangebot zugunsten der Migranten- und Flüchtlingskinder kann in Einzelbereichen qualitativ optimiert, jedoch kaum erweitert werden. Ich würde sogar folgende Behauptung wagen: in einer Volksschule, in der durchschnittlich und insgesamt etwa ein Fünftel der Schüler mit einer oder mehreren, meist individuellen Zusatzhilfen gestützt werden müssen (BÜHLER-NIEDERBERGER 1988), ist der quantitative Ausbau weiterer Fördermassnahmen nicht mehr sinnvoll. Trotzdem harren prinzipielle Probleme - wie die Übervertretung ausländischer Schüler in Sonderklassen und in den wenig begehrten Typen der Oberstufe (vgl. LANFRANCHI 1989) - immer noch der Lösung.

Was es braucht, ist ein grundsätzlicher Paradigmawechsel unseres Bildungswesens. Von der Fiktion «Inländerpädagogik» und «Homogene Klassen» muss dieses Bildungswesen zu einer «Multi-ethnischen» oder besser noch «Interkulturellen Pädagogik» übergehen (vgl. dazu ALLEMANN-GHIONDA in ihrer 1988 zuhanden des Schweizerischen Wissenschaftsrates verfassten Expertise). Es drängt sich aber auch Vorbeugungsarbeit an den Schaltstellen des Schulerfolgs auf. Eine zentrale Schaltstelle ist das Vorkindergartenalter; und eine zweckmässige, effiziente und kostensparende Vorbeugungsform von Leistungsrückständen bei den Startbedingungen in Kindergarten und Schule scheint die Errichtung von Spielgruppen zu sein, bei denen die Eltern als aktive Vermittler sprachlicher und kognitiver Förderungsinhalte einbezogen werden.

---

[6] Wir denken an übergreifende Umorientierungen im Sinne einer «Interkulturellen Erziehung», an die integrative Wirkung ethnischer Bindung aufgrund der «Kurse in heimatlicher Sprache und Kultur», an schulische Stütz- und Fördermassnahmen wie «Deutsch-Zusatzunterricht für Fremdsprachige», «Nachhilfeunterricht», «Psychologisch-heilpädagogische Therapie» etc.). Für eine Übersicht vgl. LANFRANCHI 1988.

1. Exkurs: Teilleistungsstörungen - minimale hirnorganische Dysfunktion oder umweltbedingte Entwicklungsverzögerung?

> *These:* Teilleistungsstörungen als hirnorganische Dysfunktion können sowohl auf einer prä-, peri- oder postnatalen Schädigung, auf einem Mangel an Umweltreizen, oder auf einer Kombination von beidem beruhen. Die Erforschung der Ursachenfaktoren ist sicherlich wichtig im Hinblick auf die Prävention von solchen Lernstörungen. Die Ursachenforschung ist jedoch aufgrund der erwähnten Überlagerungsphänomene äusserst schwierig. Sie reicht jedenfalls nicht aus, um charakteristische Störungsbilder zu beschreiben und um adäquate Therapieentwürfe im konkreten Einzelfall auszuarbeiten.

Teilleistungsstörungen als neuropsychologisch belegbare Lernprobleme wurden im deutschsprachigen Raum zum ersten Mal von GRAICHEN (1975) definiert als «Leistungsminderung einzelner Glieder innerhalb grösserer funktionaler Systeme, die zur Bewältigung komplexer Anpassungsaufgaben erforderlich sind - also auch für das Lesen, Schreiben oder Rechnen» (S. 53). Der Begriff der «Teilleistung» bezieht sich nicht auf einen Ausschnitt der Kultur, wie etwa das Lesen oder das Rechnen, sondern auf eine Teilleistung im cerebralen System, welche als Grundlage für verschiedene Kulturtechniken gelten kann.[7] GRAICHEN (1975) spricht von einer «funktionalen Verstrickung vermeintlich isolierter Lernschwächen». Er verdeutlicht seine Argumentation mit dem lehrreichen Beispiel der exemplarischen, systematischen Variation eines Items aus dem KRAMER-Intelligenztest und führt schrittweise aus, wie Teilleistungsschwächen neuropsychologisch erfasst werden können (S. 55ff.).

Teilleistungsstörungen sind nicht eindeutig in ätiologischen Kategorien einzuordnen. Die Neuropsychologie kann zwar heute recht trennscharf zwischen Teilleistungsstörungen im engeren Sinne (basierend auf dem neurogenen Charakter der Lernstörung) und Leistungshemmung (basierend auf psychogener Grundlage) unterscheiden. Es ist jedoch praktisch unmöglich, minimale hirnorganische Defekte und umweltbedingte Entwicklungsverzögerungen vonein-

---

[7] Im Lichte dieser breit abgestützten und anerkannten theoretischen Auffassung sei nebenbei folgendes bemerkt: beim Kind mit einer Teilleistungsstörung, die sich sowohl in der Lesedekodierung als auch in den mathematischen Operationen äussert, ist die Aufsplitterung der therapeutischen Arbeit unter verschiedenen Spezialisten (Legasthenie- und Dyskalkulie-Therapeutin) unsinnig, da theoretisch nicht begründbar. Aus diesem Grunde wurden bei den Schulärztlichen Diensten der Stadt Zürich die Legasthenietherapie- und die Dyskalkulietherapie-Organisation im Konzept der «Psychologisch-heilpädagogischen Therapie» zusammengefasst. Diese Fördermassnahme dient der Behandlung aller Teilleistungsstörungen sowie -schwächen, die sich in den basalen Stützfunktionen des Lesens und/ oder des Rechnens und/ oder der Sprache zeigen.

ander abzugrenzen. Die Beziehungen zwischen organischer Hirnentwicklung und Umweltbedingungen sind so eng, dass nach sensorischer Deprivation gravierende Rückstände in der Entwicklung des Gehirns eintreten können. Solche Rückstände zeigen sich hirnanatomisch vor allem in der Beeinträchtigung der Dendritenaussprossung und der Synapsenbildung (vgl. BERGER 1977 und AKERT 1979, zit. nach GRISSEMANN 1985). Bei der Diagnose einer Teilleistungsstörung bleibt also häufig offen, ob sie die Folge einer frühkindlichen Hirnschädigung, einer frühkindlichen Deprivation, einer erblichen Disposition oder Ausdruck aller drei und weiterer ätiologischer Momente ist.

2. Exkurs: Früherkennung, Prävention und Kompensation

These: Schulische Teilleistungsschwächen z.b. im Lesen und im Rechnen können nur bedingt prognostiziert werden. Aus der diagnostisch-therapeutischen Praxis kennt man jedoch eine ganze Reihe von schädigenden Ereignissen und damit verbundenen Teilleistungsstörungen, die lange vor der Einschulung eintreten können und nachweisbar sind. Nur ist es nicht sicher, wieviele solcher elementarer Teilleistungsstörungen nach Schulbeginn zu schulischen Teilleistungsschwächen führen oder gar in welchem Bereich oder Ausmass, und wieviele aufgrund von organischen Nachreifungsprozessen «automatisch» verschwinden.

Angesichts der heute fast unübersichtlichen Flut von Publikationen zum Thema Früherkennung und Prävention von Lern- und Leistungsstörungen ist es nicht einfach, eine vergleichende und auch nur auf Teilleistungsstörungen beschränkte Synthese der unterschiedlichen Forschungsergebnisse zu geben. Entweder setzen die Beiträge das Konstrukt der Teilleistungsstörung synonym mit demjenigen der «minimalen cerebralen Dysfunktion» oder des «frühkindlichen psychoorganischen Syndroms» (z.B. RUF 1985); oder sie versprechen die Bestimmung von Frühindikatoren und von Vorbeugungsmassnahmen schulischer Lernstörungen, was dann nur beschränkt eingehalten wird (vgl. etwa THURMAIR 1983, TIEDEMANN et al. 1985, SKOWRONEK & MARX 1989). Zum Teil beschränken sich die Studien auf die Prädiktion (Vorhersage) von Leseleistungen (vgl. die ausgezeichnet koordinierte und aktive italienische Leseforschung um CORNOLDI, BOSCHI und PINTO. Für eine Auswahl: CORNOLDI & PRA BALDI 1979, CORNOLDI 1985, BOSCHI & PINTO 1986, PINTO 1988).
Eine erste Schwierigkeit der Präventionsforschung im Bereich der Lern- und Leistungsstörungen liegt darin, dass sie allzu häufig von den «wahren Gründen» möglicher Lernbedingungen abstrahiert. Konkret: die meisten Untersu-

chungen beziehen sich nur auf Eigenschaften der Kinder, soweit solche Eigenschaften als «drohende Behinderung» erscheinen. Institutionell geschaffene Wirklichkeiten (z.B. die Homogenisierungstendenz und die damit verbundenen Selektionsmechanismen der Schule) oder die wichtigen Einflüsse äusserer Lebensbereiche (wie die Arbeitswelt der Eltern) werden selten als Mitbedingung der Störung berücksichtigt.

Eine zweite Schwierigkeit liegt im geringen prognostischen Wert der üblichen Prädiktorvariablen (einige Zahlen dazu hat uns KRAPP 1977 geliefert). Dies führt oft zu ex post facto- Erklärungen, die den Charakter von Trivialitäten haben (wie z.b. die Feststellung, dass der überwiegende Teil der leistungsschwachen Schüler aus sozioökonomisch benachteiligten Schichten kommen).

Es gibt noch eine dritte Schwierigkeit, die speziell auf die Situation von Einwanderern und auf die pragmatische Ebene der Realisation von Präventionsmassnahmen bezogen ist. Nämlich die Tatsache, dass die Konzeption einer «Früherkennung» und einer «Frühförderung» in Mittelmeerländern - aus welchen rund sieben von zehn Arbeitsmigranten herkommen - im allgemeinen wenig bekannt ist. Die Begriffe selber sind etwa in der italienischen Fachliteratur selten vorzufinden, werden als key word meistens nicht erwähnt und werden in denjenigen Artikeln, die sich auf deutsche oder amerikanische Untersuchungen beziehen, häufig mit der unüblichen Umschreibung der «individuazione/ intervento/ educazione precoce» übersetzt. Wenn sich die Fachleute eher wenig um diesen Tatbestand kümmern, ist es nicht weiter erstaunlich, dass die Frühförderung als Konzept in der Migrantenpopulation praktisch nicht existiert. Selbst engagierte und in erzieherischen Belangen kompetente Aktivisten der italienischen Elternkomitees in der Deutschschweiz sind mit den Grundgedanken der präventiven Wirkung von Frühförderungsmassnahmen kaum vertraut - trotz gut konzipierter und breit angelegter Informationsveranstaltungen der italienischen Ausländerorganisationen.[8] Aufgrund solcher Erkenntnisse scheint uns schon jetzt klar, dass es für ausländische Eltern aus unterprivilegierten Sozialschichten nicht einfach sein wird, die Funktion der Spielgruppe als wichtige Stütze der sprachlichen und der kognitiven Entwicklung ihrer Kinder zu schätzen.[9]

---

[8] Wir denken insbesondere an die pionieristischen Aktivitäten des Centro Scuola e Famiglia der Colonie Libere Italiane in Zürich.

[9] Dies äussert sich bereits im Bereich der Kindergartenerziehung etwa in folgenden Bemerkungen: «Im schweizerischen Kindergarten wird sowieso nur gespielt, es wäre besser, dass die Kindergärtnerin den Kindern Buchstaben und Zahlen beibringen würde»; oder: «Unser zweieinhalbjähriger Bub ist in Apulien bei der nonna. Sie ist sehr alt geworden und hört nicht mehr gut, sodass es manchmal schwierig ist mit Mario, weil sie nicht versteht, was er sagt und was er will. Aber es ist auch nicht so wichtig, Kinder in diesem Alter können sowieso

Der vom theoretischen Präventionsmodell gestellte und, wie gesagt im Fall von Lernstörungen, sehr vage Anspruch auf eine frühe Erfassung wird in der Praxis kaum eingelöst - ausser vielleicht bei offensichtlichen, sichtbaren Behinderungsarten oder chronischen Krankheiten. Handelt es sich um Teilleistungs- oder Entwicklungsstörungen, die von diagnostischen Unsicherheiten begleitet sind (vgl. LANFRANCHI 1985), kann man hinsichtlich der möglichen Vorbeugung folgendes sagen: je geringer oder je schwieriger zu diagnostizieren die Auffälligkeit ist, und je seltener die Kinder vor der Einschulung Institutionen des Sozialbereichs (Mütterberatung, Kinderkrippen etc.) aufsuchen, desto geringer ist die Chance einer frühen Erfassung. Auch in dieser Hinsicht erachten wir die Spielgruppen als eine sinnvolle, für die Früherfassung und für Frühförderungsmassnahmen geeignete Institution.

Inwiefern - bei einer günstigen Veränderung der Umweltbedingungen - eine Kompensation von deprivationsbedingten Leistungsrückständen möglich ist, versucht BRONFENBRENNER (1974) zu eruieren. Er vergleicht mehrere Untersuchungen untereinander bezüglich der Wirksamkeit und der langfristigen Veränderungen in der kognitiv-sprachlichen Entwicklung des Kindes. Dazu benützt er sieben Förderungsprogramme aus den staatlichen Forschungsprojekten um *Head-Start*.[10] Auf zwanzig weitere Programme greift er als zusätzliche Evaluationsquelle zurück. Dabei unterscheidet er:

---

noch nicht recht sprechen und es ist besser, dass Mario dann gut Deutsch lernt, wenn wir ihn in drei Jahren für den Kindergartenbeginn holen werden.»

[10] Das Head-Start-Programm, das in der USA für die Schulung von drei- bis vierjährigen Kindern aus wirtschaftlich oder sozial benachteiligten Schichten bestimmt ist, wurde vor rund zwanzig Jahren ins Leben gerufen. Head-Start war auch Zielscheibe verschiedener, meist politisch gefärbter Kritiken. Trotzdem wurde es sogar von der Reagan-Administration, die sonst zahlreiche Ausgabenkürzungen im Erziehungswesen vornahm, nicht fallengelassen. Im Gegenteil: Head-Start wurde in das sogenannte soziale Sicherheitsnetz eingeschlossen, und während der Amtszeit von Präsident Reagan erhöhten sich die diesem Programm zufliessenden Bundesgelder um dreissig Prozent. Dazu ein Beispiel aus der bekannten Untersuchung von WEIKART (1967, zit. nach HOFER 1986) an der Perry-Preschool in Ypsilanti Michigan: 123 schwarze Kinder (IQ-Werte zwischen 60 und 90, ohne erkennbare hirnorganische Schwächen) aus benachteiligten Elternhäusern in einer Stadt von etwa 50'000 Einwohnern im Einzugsgebiet von Detroit kamen je zur Hälfte in den Genuss eines Förderungsprogramms oder erhielten keine Vorkindergartenschulung. Die Kinder der Versuchsgruppe besuchten an 5 halben Tagen in der Woche zwei Jahre lang jeweils von Mitte Oktober bis Mai den Vorkindergarten. Der «Lehrplan» entsprach in den Grundzügen der Theorie von PIAGET und konzentrierte sich auf kognitive Lernziele. Die Lehrer machten wöchentlich einen eineinhalb-stündigen Hausbesuch, in welchem die Mütter ermuntert wurden, so viele Lehrvorgänge wie möglich zu beobachten und an ihnen teilzunehmen. Mit 19 Jahren wurde der berufliche wie auch private Werdegang der ehemaligen Kinder wieder überprüft und man kam unter anderem zu folgenden Erkenntnissen: doppelt so viele Head-Start-Absolventen hatten eine Arbeit, waren im College oder in einer höheren Berufsschule; Teenager-Schwangerschaften waren bei den Nicht-Head-Start Kindern doppelt so hoch und die Delinquenzrate war zwanzig Prozent höher als bei ehemaligen Head-Start-Absolventen.

1. Projekte, die die Förderung der Kinder in Gruppen ausser Haus beinhalten, und
2. Projekte, die regelmässige Hausbesuche und eine Art Elternanleitung vorsehen, unabhängig von der Teilnahme der Kinder an Fördergruppen.

Die Ergebnisse von Programmen der ersten Gruppe zeigen, dass die Kinder während der Versuchsdurchführungen grosse Fortschritte machten, dass aber Nachuntersuchungen durchwegs keine Langzeitwirkung, sondern eine Tendenz zum Leistungsabfall nach Beendigung der Programme feststellen. BRONFENBRENNER folgert daraus, dass Gruppenförderungen allein offenbar nicht den gewünschten Erfolg bringen, weil ein gewichtiger Teil der Entwicklung durch die familiäre Umgebung des Kindes bedingt ist. Dies wird durch die Ergebnisse von Projekten der zweiten Gruppe, welche nach Beendigung der Programme keine abfallenden Leistungstendenzen zeigen, validiert. Allgemein ergibt sich aus den von BRONFENBRENNER evaluierten Untersuchungen, dass dauerhafte Veränderungen im Schulerfolg auf Veränderungen der Einstellungen der Schüler und ihrer Eltern zu Schule und Lernen beruhen. Eine weitere wichtige Erkenntnis ist die, dass solche Einstellungsveränderungen eher aufgrund eines sogenannten «entdeckenden Lernens» auftreten, als aufgrund strukturierter, auf Schulgegenstände ausgerichteter Verfahren. Darüber hinaus bekräftigt BRONFENBRENNER, dass, gemessen an Intelligenztestwerten, überdauernde Lerngewinne bei denjenigen Förderprogrammen zu erzielen waren, in welchen die Eltern zu Hause sozusagen als «Co-Therapeuten» einbezogen wurden. Dies führte ausserdem zu erfreulichen Auswirkungen bei den jüngeren Geschwistern (sogenannte Diffusionseffekte).

«Mit anderen Worten: Obgleich «Förderung durch die Eltern» im späteren Vorschulalter nicht so hohe Gewinne ermöglicht, scheint sie doch ihre Kraft zu behalten, die hinzugewonnene Leistungsfähigkeit zu bewahren, gleichgültig, auf welche Weise (...) dieser Gewinn auch immer erreicht worden ist. (...) «Förderung durch die Eltern» wirkt als eine Art Fixativ, das die Wirkungen stabilisiert, die durch andere Prozesse hervorgebracht worden sind. (...) Ein Programm, das das Elternhaus mit einbezieht, ist in dem Masse wirkungsvoll, in dem das Objekt des erzieherischen Eingriffs weder das Kind noch die Eltern sind, sondern das Eltern-Kind-System.» (BRONFENBRENNER 1974, S. 97)

Die Projektidee «Spielgruppen für Ausländerkinder im Schulkreis Limmattal»

1. Ausgangslage

In der Stadt Zürich gibt es gegenwärtig etwa 125 privat getragene, teilweise vom Jugendamt mit Starthilfen subventionierte Spielgruppen. Diese werden insgesamt von ungefähr 1000 bis 1300 Kindern besucht.[11] Es handelt sich dabei oft um Kinder aus sozial privilegierten und kulturell interessierten Familien, welche durch die Spielangebote zusätzliche sprachlich-kognitive Impulse erhalten. Dadurch vergrössert sich aber die Divergenz zu den ohnehin weniger geförderten Kindern der unteren soziokulturellen Schichten - unter diesen ein grosser Teil aus Einwanderer- oder Flüchtlingsfamilien. Das daraus entstehende Gefälle führt unter anderem zu der vorhin beschriebenen und hinlänglich dokumentierten Überrepräsentation ausländischer Kinder bei Rückstellungsmassnahmen (sogenannte Dispensationen vom Schulbesuch der 1. Klasse oder Repetitionen nach der 1. oder 2. Klasse) und bei Separationsmassnahmen (Sprachheilkindergärten oder Sonderklasse A, siehe Fussnote 4). (Vgl. LANFRANCHI 1989).

Gewöhnlich sind es die Instanzen der primären Sozialisation, d.h. die Eltern bzw. die Familie, die dem Kind einen angemessenen Spielraum für selbstgesteuerte Lernaktivitäten bieten. Nach den neueren Kognitions- und Kommunikationstheorien genügt jedoch die «Selbststeuerung» des Kindes nicht, um die für den Schulerfolg erforderlichen kognitiven Strukturen und Lernstrategien zu erwerben. Das Kind kann sich eben nicht Kognition und Lernen sozusagen «automatisch» aneignen: sie müssen ihm vermittelt werden (FEUERSTEIN et al. 1984).

In einer erzieherisch optimalen Situation erfolgt die Vermittlung von Lernerfahrungen zunächst einmal familienintern, dank der aktiven sprachlich-kognitiven Animation durch die Eltern. Sie erfolgt aber auch familienextern, durch die Erschliessung ausserfamiliärer Lernfelder, wie z.B. Quartiereinrichtungen, Spielplätze, Spielgruppen. Für Kinder aus Familien, in denen eine solche interne und externe Vermittlung von Lernerfahrungen aus verschiedenen Gründen nicht oder nur beschränkt möglich ist, drängen sich familienergänzende, informelle oder institutionelle Möglichkeiten der Entwicklungsförderung auf.

---

[11] Persönliche Mitteilung von Frau C. DE CARVALHO, Projektbearbeiterin beim Jugendamt der Stadt Zürich und Koordinatorin der Drehscheibe «Spielgruppen» (Tel. 246 61 53).

2. Ad-hoc-Gruppe

Infolge fachlicher und persönlicher Betroffenheit haben einige professionelle Helfer, die an der Front der psychosozialen Arbeit in den ausländerreichen Stadtkreisen 4, 5 und teilweise 3 stehen (Schulkreis Limmattal, Jugendsekretariat 1), im Herbst 1989 eine Ad-hoc-Gruppe «Spielgruppen für Ausländerkinder» gebildet. Es handelt sich dabei um den Versuch einer möglichst unbürokratischen, instanzenübergreifenden Zusammenarbeit von Schulpsychologinnen, Sozialarbeiterinnen und Ausländerberaterinnen bei Problemen, die in ihren Entstehungsbedingungen keine Grenzziehungen zwischen Schul-, Sozial- und Gesundheitsamt kennen.

In Anlehnung an die von ISENEGGER (1989) beschriebenen Spielgruppenerfahrungen, an die Broschüre der Informationsstelle des Züricher Sozialwesens «Spielgruppen. Informationen, Tips und Hinweise für Eltern, Spielgruppenleiter und -gründer» sowie an die in Zürich und Winterthur geleistete Pionierarbeit mit den ersten zwei Spielgruppen für Kinder ausländischer Arbeitnehmer[12], möchten wir im folgenden einen Steckbrief sowie einige grundlegende Zielsetzungen der anvisierten Pilot-Spielgruppen im Schulkreis Limmattal skizzieren.

3. Steckbrief

a. *Grösse und Alter:* Die drei vorgesehenen monolingualen Spielgruppen (siehe unten) sollen 6 bis 10 Kinder zählen, die im Alter zwischen ca. 3 und 5 Jahren sind. Die Zahl kann je nach Alter der Kinder und je nach Grösse des Raumes variieren.

b. *Häufigkeit:* Zwei Mal in der Woche während ca. zwei Stunden.

c. *Adressaten*
In einer ersten, zweijährigen Pilotphase sind drei Spielgruppen vorgesehen:

---

[12] Es handelt sich um eine Spielgruppe für Italienerkinder und eine für türkische Kinder. Die erste wurde in Zürich 1986 vom «Centro Informazioni Scolastiche» der Colonie Libere Italiane initiiert und wird zurzeit vom «Comitato genitori Limmattal» getragen (FANKHAUSER 1987, zit. in ISENEGGER 1989). Die zweite wird in Winterthur-Sennhof, in der Nähe einer Spinnereifabrik, geführt; sie entstand im Frühjahr 1988 auf Initiative der Arbeitsgemeinschaft «Weichenstellen» und steht heute unter der Trägerschaft der «Paritätischen Vereinigung Schweizer-Ausländer in Winterthur». (Persönliche Mitteilung von Frau E. STÄHLI und Frau E. WYDLER).

i. für albanisch-sprachige Kinder aus der südjugoslawischen Provinz Kosovo
ii. für türkisch-sprachige Kinder
iii. für italienisch-sprachige Kinder.

Adressaten sind Kinder eingewanderter oder geflüchteter Eltern, bei denen die Mutter (seltener: der Vater) nicht oder nur partiell berufstätig ist und wenige bis keine ausserfamiliären Kontakte hat. Dass es sich im Schulkreis Limmattal vor allem um kosovo-albanische, türkische und italienische Frauen handelt, die relativ isoliert in ihren vier Wänden leben, ist eine Annahme, die bisher nicht systematisch untersucht wurde. Sie beruht auf statistischen Angaben zum prozentualen Ausländeranteil in der uns interessierenden Region und auf den Berufserfahrungen der Kolleginnen unserer schulpsychologischen und sozialpädagogischen Dienste. Ausgeschlossen aus der ersten Projektphase wurden vorläufig portugiesisch- und spanischsprachige Familien. Die Errichtung von Spielgruppen ist, nach der Pilotphase, auch für diese Migranten ins Auge zu fassen. Dabei ist zu bemerken, dass die Mehrheit der portugiesischen und der spanischen Mütter berufstätig ist und deshalb ihre Kinder in der Regel in Kinderkrippen oder in der Tagespflege unterbringt. Spielgruppen, wie wir sie konzipieren (nämlich begleitet von der aktiven Einbeziehung der Mütter), sind nicht mit einem Kinderhütedienst zu verwechseln. Voll berufstätige Mütter müssen für ihre Kleinkinder nach wie vor Tagespflegeplätze oder Krippen suchen.
Eine hohe Berufstätigkeitsrate der Frau gilt natürlich auch für die italienischen Mütter. Angesichts des grossen Anteils der italienischen Emigranten (die z.B. im Schulkreis Limmattal rund 60% der Migrantenbevölkerung ausmachen) sind jedoch italienische Mütter in der Rolle der relativ isolierten Hausfrau immer noch sehr zahlreich. Auch diese Aussagen beruhen auf Erfahrungswerten, da diesbezüglich keine statistischen Daten vorliegen.[13]

d. *Erreichen der Adressaten:* via breit gestreuten Informationen durch Ausländerorganisationen und die im Quartier ansässigen sozialen Institutionen; insbesondere sollen die Kanäle des persönlichen Kontaktes benützt

---

[13] Warum sprechen wir da von der Einbeziehung der Mütter und nicht etwa der Väter? Diese nicht gerade emanzipatorische Konzeption der «Departementsaufteilung» im «Innenministerium» (Mütter) und «Aussenministerium» (Väter) hat in diesem Falle nichts mit Sexismus zu tun, sondern mit der spezifischen Rollenaufteilung der grossen Mehrheit unserer Adressaten und überhaupt der grossen Mehrheit der sogenannten «normalen» Familien. Das soll nicht etwa heissen, dass Veränderungen im traditionellen Rollenverständnis von Mann und Frau unerwünscht oder unmöglich seien.

werden, z.B. im Rahmen von pädiatrischen Konsultationen oder von schulpsychologischen oder sozialpädagogischen Interventionen.

e. *Besonderheit:* parallel zu den Spielgruppen soll für die Mütter, in einem Nebenraum, ein Deutschkurs mit Infrastrukturunterricht, inklusive Informationen über Frühförderungsmöglichkeiten und Schulorganisation geführt werden. Nach dem Rotationsprinzip soll an jedem Spielnachmittag, nebst der Spielgruppenleiterin, eine Mutter bei der Verteilung von Materialien, beim Geschichtenerzählen etc. mithelfen.

f. *Kompetenzen:* in jeder Gruppe arbeitet eine ausgebildete Spielleiterin, welche die Muttersprache der Kinder und auch Deutsch spricht, und eine Lehrerin für den Deutsch- und Infrastrukturkurs. Beide sorgen dafür, dass ein fruchtbarer Austausch von Informationen stattfindet und dass in der Spielgruppe die Assistenz der Mütter nach dem Rotationsprinzip gelingt. In regelmässigen Abständen (etwa monatlich) treffen sich die vier Spielleiterinnen und die vier Lehrerinnen mit einer Koordinatorin, welche die Supervision der einzelnen Gruppen und des gesamten Gremiums übernimmt. Die Koordinatorin fungiert auch als direktes Verbindungsglied zu der Ad-hoc-Gruppe (vgl. Punkt 2).

4. Zielsetzungen

• **Grundsatz**

In «mittelschichtsorientierten» Spielgruppen macht die Spielgruppenleiterin gewöhnlich Spielangebote und lässt dann die Kinder, ohne dirigistisches Verbalisieren, möglichst frei und initiativ spielen. Eine solche pädagogische Ausrichtung eignet sich für viele Kinder aus der hier avisierten Zielgruppe nicht bedingungslos. Stellt man einem Kind z.B. eine Kreidenschachtel zur Verfügung, ist die Bedingung für die selbständige Kreativitätsförderung, dass das Kind weiss,wofür eine Kreide gemacht ist und wie man sie in der Hand hält. Ansonsten zerdrückt es sie zwischen den Fingern und widmet sich einer anderen Aktivität. Damit möchten wir ausdrücklich festlegen, dass es in bestimmten Fällen - z.B. bei deprivationsbedingtem, apathischem Verhalten vor Spielangeboten - durchaus sinnvoll und sogar nötig sein kann, dass die Spielgruppenleiterin gezielte und klare Arbeitsanleitungen gibt. Viele der von uns untersuchten Migranten- und Flüchtlingskinder verpassten den Anschluss zu den Gleichaltrigen schon zu Beginn der Kindergartenzeit, weil sie vor ganz gewöhnlichen Tätigkeiten völlig unvorbereitet und somit verunsichert sind. Was nicht heissen soll, dass just in der Vorkindergartenzeit schulmässig organisierte pädagogische Formen eingeführt werden sollen: das würde zu sehr den Geschmack einer illusionsreichen, totalen Pädagogisierung durch Verwaltungsfunktionäre haben.

Unsere Projektidee verfolgt vier übergeordnete Ziele:

(1) Vermittlung von sprachlichen Impulsen zum Aufbau muttersprachlicher Kompetenz - eine unabdingbare Voraussetzung für einen erfolgreichen Zweitspracherwerb:

Vorlesen von Geschichten, Verbalisieren «en face», Benennungsspiele zur Begriffsentwicklung, Erzählen und Singen von Kinderreimen, Erhöhung der Kommunikationsfähigkeit in der Äusserung von Gefühlen und Bedürfnissen (vgl.CENTRO PEDAGOGICO DIDATTICO 1984; BÜCHEL et al. 1987; HÜSLER-VOGT 1987).[14]

(2) Vermittlung von kognitiven Impulsen zur basalen Intelligenzförderung:

Klassifizieren, Reihenfolgen bilden (sogenannte auditive und visuelle Seriationsleistung), Mosaik-Konstruktionen zur Erfassung von Raum-Lage-Merkmalen, Malen und Bauen mit verschiedenen Materialien (Be-Greifen durch Greifen!), Denken in Analogien, Übungen im pränumerischen Bereich, etc. (Vgl. GRISSEMANN & WEBER 1982; FEUERSTEIN et al. 1980).Wichtig ist, dass dem Kind genügende Möglichkeiten zur Lokomotion geboten werden, wie Ballspiele, auf Matratzen springen, etc.[15]

---

[14] Die in den Spielgruppen gegebenen Hilfen zum Aufbau der muttersprachlichen Kompetenz sollten dann in der Übergangsphase zu Kindergarten und Schule von kompensatorischen Programmen zur Zweitsprachförderung gefolgt werden. Wichtige und fundierte Anregungen findet man bei BUSH, W.J., GILES, M.T.: Psycholinguistischer Sprachunterricht. München: Reinhardt, 1976 und GAHAGAN, D.: Kompensatorische Spracherziehung in der Vor- und Grundschule. Düsseldorf 1971. Solche Anregungen sind auch als Zusatzmaterialien zu Erstleselehrgängen (vgl. z.B. GRISSEMANN, H.: Lesen Sprechen Handeln. Luzern: Interkantonale Lehrmittelzentrale, 1980) oder als Übungsmaterialien bei Lese- und Rechtschreibstörungen (vgl. GRISSEMANN 1980) zu finden.

[15] Die grosse Mehrheit der Eltern aus unserer Zielgruppe sind in ruralen Regionen aufgewachsen, wo natürliche Angebote für eine unproblematische Entwicklung der kognitiven und sozialen Fähigkeiten zur Genüge vorhanden waren. In der anders strukturierten Umgebung bei manchmal eingeengten Wohnverhältnissen, die sie nach der Emigration vorfinden, trauen sich die Eltern oft nicht, ihren Kindern die eigenen Spielerfahrungen weiterzuleiten: einerseits, weil sie verschiedene Erinnerungen im Anpassungsdruck an die neue Gesellschaft verdrängt haben; andererseits, weil sie die eigenen Spielerfahrungen für die «Karriere» ihrer Kinder als nicht förderlich ansehen.

(3) Vermittlung von Möglichkeiten zur Erhöhung der sozialen Kompetenz:

Spielregeln anwenden und einüben, verschiedene Rollen ausprobieren, in der Interaktion mit Gleichaltrigen (auch mit Behinderten) Normen und Grenzen erfahren, je nach Konfliktsituation lernen, einzustecken oder sich durchzusetzen, etc. (vgl. BARTH & MARKUS 1987).

(4) Ausbau eines Verbindungssystems zwischen dem Lebensbereich Familie und den Lebensbereichen Kindergarten und Schule:

Durch die Einbeziehung der Eltern (zumindest der Mütter) in das Spielgruppenprogramm wird am Modell experimentiert, was es heisst, ausserschulische Umwelten zur besseren Vorbereitung und Integration des Kindes in das schulische Geschehen zu erschliessen (BRONFENBRENNER 1981).

Bezüglich der vielfältigen Zusammenhänge der ersten zwei Punkte «Sprache» und «Kognition» - auf das hier nicht eingegangen werden kann - sei auf die reichhaltigen Erkenntnisse von WHORF, PIAGET und WYGOTSKY hingewiesen. Die erste und die vierte der oben genannten Zielsetzungen möchte ich hier noch kurz thematisieren.

• Sprachliche Förderung

Zunächst einmal soll begründet werden, warum monolingual oder muttersprachlich geführte Spielgruppen einem interkulturellen Modell oder einer in der Zweitsprache geführte Spielgruppe vorzuziehen sind. Es ist eine Tatsache, dass die Eltern selbst sich meist ein möglichst frühes und rasches Erlernen der Zweitsprache wünschen und nicht verstehen, warum etwa Spielgruppenleiterinnen, die bestens Deutsch sprechen, auf der Förderung der meist «unterprivilegierten» Muttersprache insistieren. Auch von Seite der professionellen Helfer hört man oft Einwände gegenüber dem von uns vorgeschlagenen Modell. Solche Einwände sind verständlich. Sie beruhen einerseits auf jahrzehntelangen widersprüchlichen Annahmen der älteren Bilinguismus-Forschung. Anderseits beruhen sie auf den meist optimistischen Fallberichten von Linguisten, welche die privilegierte Bilinguismus-Situation ihrer eigenen Kinder oder der Diplomatenkinder aus ihrem gut situierten Bekanntenkreis analysiert haben (etwa FRANCESCATO 1981).

Im Gegensatz zur «elitären Zweisprachigkeit» wird die gleich gute Beherrschung zweier Sprachen auf dem Niveau der jeweiligen Monolingualen bei den Kindern von Arbeitsmigranten selten erreicht. Die Situation von Immigrantenkindern der 2. oder der 3. Generation sieht wesentlich anders aus, weil aus verschiedenen, meist mit der sozioökonomischen Situation verbundenen Gründen sowohl die Muttersprache als auch die Zweitsprache nur unzulänglich gelernt werden können. STÖLTING (1980) hat dafür den Begriff der «*Konflikt-Zweisprachigkeit*», bzw. der «*doppelseitigen Halbsprachigkeit*» geprägt.

Nach den neueren psycholinguistischen Erkenntnissen zum Zweitspracherwerb, die uns insbesondere von Forschern aus den skandinavischen Ländern geliefert wurden, hat sich seit einigen Jahren die Theoriediskussion vereinheitlicht. Es steht heute fest, dass ein Kind, dessen sprachliches Begriffsverständnis in seiner «Mutter»sprache oder «Erst»sprache noch nicht hinreichend entwickelt ist, zuerst in dieser Sprache gefördert werden muss.[16] Nach CUMMINS (1984) sind die in der Muttersprache bereits erworbenen Kenntnisse über Sprachstruktur und Lebenswelt bzw. Erfahrungen nur dann für den Zweitspracherwerb hilfreich, wenn sie bereits eine bestimmte Stabilität erreicht haben. Mit anderen Worten: der Grad des Erwerbs einer Zweitsprache ist abhängig von dem Entwicklungsstand der Muttersprache, den das Kind zum Zeitpunkt der Konfrontation mit dieser Zweitsprache erreicht hat. Die Frage nach dem optimalen Alter für den Bilinguismusbeginn ist je nach den (wie gesagt meist soziokulturellen) Faktoren der zweisprachigen Situation unterschiedlich zu beantworten. Sicher ist, dass entgegen einer weitverbreiteten alltagsweltlichen Vorstellung jüngere Kinder nicht automatisch bessere Zweisprachige werden. Nach der Theorie der «Schwellenniveaus» von TOUKOMAA & SKUTNABB-KANGAS (1977) kommt hinzu, dass bei bilingualen Kindern nur dann positive Effekte der Zweisprachigkeit in der intellektuellen Entwicklung wirksam werden, wenn das Kind ein bestimmtes Niveau in seiner erstsprachlichen Kompetenz erreicht hat. Nach den gleichen Autoren kann die Unterbrechung von Spracherwerbsprozessen, bevor das Kind eine gewisse linguistische Stabilität erreichen konnte, sogar zu kognitiven, emotionalen und sozialen Entwicklungsstörungen führen.

Als letzter Punkt unserer Begründung für die Notwendigkeit von monolingualen statt bilingualen oder multilingualen Spielgruppen im Vorkindergartenalter möchte ich noch auf die Ausführungen von FTHENAKIS et al. (1985) hinweisen. Die Autoren beschreiben den Teufelskreis, welcher bei Lernpro-

---

[16] Der Begriff der «Muttersprache» ist alles andere als eindeutig: welche ist z.B. die Muttersprache des Kindes einer Mutter aus der deutschen Schweiz und eines spanischen Vaters, das in Marseille bei einer französischsprachigen Tagesmutter aufwächst? In vielen Fällen ist die Muttersprache nicht die Sprache der Mutter oder des Vaters, sondern die der umgebenden Gesellschaft, die sich die anderssprachigen Eltern anzueignen versuchen. Das Kindergartenkind, das eine zweite Sprache lernt, muss sich auf das Wissen aus zumindest einem mehr oder weniger gefestigten linguistischen System abstützen können. Es ist nicht von primärer Wichtigkeit, ob es sich dabei um das «muttersprachliche» linguistische System handelt, oder um ein anderes, dass das Kind z.B. dank der bemühten affektiv-sprachlichen Zuwendung der «Mutti» (Tagesmutter) internalisiert hat.

119

zessen in Kindergarten und Schule entstehen kann, wenn die «vorsprachliche Denkbasis» in der Muttersprache eingeschränkt ist, und wenn die Weitergabe von Informationen im schulischen Lernbereich ausschliesslich in der Zweitsprache erfolgt. Sie kommen zum Schluss, dass eine aufgrund niedriger muttersprachlicher Kompetenz unterentwickelte «Denkbasis» zunächst einmal durch muttersprachliche Förderung und nicht durch Zweitsprachförderung behoben werden muss.[17]

Nach diesen psycholinguistischen Argumenten ist noch, last but not least, die affektive Ebene der behandelten Fragen hervorzuheben. Gerade im Hinblick auf die Einbeziehung der Eltern als Verbindungsglied zwischen familiärem Milieu und schulischer Lernwelt (siehe unseren nächsten Abschnitt), ist von Anfang an eine Spaltung zwischen der «affektiv-emotionellen» Familiensprache und der eher «rationalen» Schulsprache zu vermeiden. Für den Aufbau der eigenen Identität in einer schwierigen «Zwischenwelt»-Situation ist es für das Kind besonders wichtig, dass es das, was es tagtäglich erlebt, fühlt und lernt, auch in seiner Muttersprache und im familiären Kreis ausdrücken kann.

• **Die Spielgruppe als Beispiel für die Erschliessung eines ausserfamiliären Lernfeldes**

Die empirische Sozialisations- und Deprivationsforschung hat schon lange die Einflüsse der familiären Umweltbedingungen auf die kindliche Entwicklung beschrieben: ich verweise auf den Überblick von BRONFENBRENNER 1981. Wenn man sich die «Hilfsbedürftigkeit» der Kinder und insbesondere der Migranten- und Flüchtlingskinder in unserer Gesellschaft anschaut, dann kann vereinfacht folgendes gesagt werden: was Kinder «brauchen», können sie nicht ausschliesslich aus eigener Anstrengung erhalten. Neben der Befriedigung der physiologischen Grundbedürfnisse und der emotionalen Zuwendung, brauchen sie den Zugang zu Lern-Umwelten, mit denen sie sich handelnd auseinandersetzen können. Um eine solche Öffnung zu ermöglichen, müssen Eltern so etwas wie «Manager des Kinderalltags» werden. Sie müssen familienintern langfristige affektiv-soziale Beziehungen aufbauen und Lernerfahrungen vermitteln. Gleichzeitig müssen sie aber familienextern dafür sorgen, dass die Kinder mit anderen Personen zusammenkommen und von dort Lernimpulse bekommen; denn die Familienwelt bietet ein notwendiges, jedoch keineswegs hinreichendes Lernfeld an. Dass eine solche Erschliessung

---

[17] Das möchte ich noch mit einem einfachen Beispiel aus der Begriffsentwicklung konkretisieren: es wird für einen italienischen Drittklässler sehr schwierig sein, die Anwendung der Worte «Schwalbe», «Mauersegler», «Fink» oder «Spatz» zu lernen, wenn ihm die differenzierte Begriffsvorstellung der entsprechenden Ausdrücke «rondine», «rondone», «fringuello» und «passero» fehlt, weil er nur die Bedeutung von «uccello», also «Vogel», kennt.

120

von ausserfamiliären Umwelten für ausländische Eltern - Arbeitsmigranten und Flüchtlinge, welche die grundlegenden sozialen Strukturen der Herkunftskultur verloren haben - keine einfache Aufgabe ist, braucht nicht eingehender erläutert zu werden. Bei dieser Aufgabe brauchen sie die faktische und frühzeitige Unterstützung des Immigrations- bzw. des Fluchtlandes, z.b. in Form von vorschulischen Hilfen wie Spielgruppen, die sie als Eltern einbeziehen und die als Verbindungsglied zwischen familiären und schulischen Bereichen fungieren. BRONFENBRENNER (1981) vertritt das Argument, dass «diese Verbindungen zwischen Lebensbereichen die Entwicklung ebenso entscheidend beeinflussen können wie Ereignisse in einem bestimmten Lebensbereich» (S. 19).

Ein Indiz für die Dysfunktionalität bzw. Inexistenz einer solchen Verbindung besteht unter anderem in der Tatsache, dass in den mir bekannten Schulregionen ausländische Kinder häufiger als ihre schweizerischen Gleichaltrigen alleine, d.h. ohne die interessierte und kompetente Unterstützung ihrer Eltern, grundlegende ökologische Übergänge wie z.b. den Kindergarten- oder den Schulbeginn antreten müssen. In unserem Schulpsychologischen Dienst erfahren wir immer wieder von Lehrern, dass Kinder sogar am ersten Schultag der 1. Klasse oder der Sonderklasse E[18] ohne Begleitung zur Schule kommen. Das bedeutet, dass zumindest in dieser ersten, wichtigen Phase der schulischen Sozialisation in einer meist total fremden Umgebung kein «Mesosystem» (BRONFENBRENNER 1981, S. 199) als Kommunikation zwischen den Lebensbereichen der häuslichen Umgebung und der schulischen Realität existiert.

Das Fehlen eines solchen «entwicklungsfördernden Potentials» (BRONFENBRENNER 1981, S. 202) fällt umso mehr ins Gewicht, je unvereinbarer die Wirklichkeitskonstrukte der Rollenträger in den verschiedenen Lebensbereichen sind - wie dies häufig bei mittelschichtsorientierten Lehrerinnen und Arbeitsmigranten aus unprivilegierten Sozialstrukturen der Fall ist.

Spielgruppen als eine Art Übungsfeld für Eltern im Aufbau von Beziehungen zwischen familiärer und schulischer Welt können zu positiven Einstellungsveränderungen der ausländischen Eltern gegenüber den meist unbekannten bzw. mit Skepsis betrachteten schweizerischen Schulstrukturen führen. Dass solche verbindende Mesosysteme dringend nötig sind, wurde mir noch mehr nach der Betrachtung der Untersuchung OGBUs (zit. nach BRONFENBRENNER 1981, S.234 - 241) deutlich. OGBU stellte bei seiner Studie über die Einführung eines zweisprachigen Unterrichtsprogrammes (Englisch-Spanisch) in den unteren Klassen im Süden Kaliforniens fest, dass die sprachlichen Faktoren nicht als die wesentlichen Ursachen für die unterdurchschnittlichen Schulleistungen der betreffenden mexiko-amerikanischen Schüler anzusehen seien. Vielmehr führten die *fehlenden Partizipationsmöglichkeiten* der

---

18 Die Sonderklasse E, auch Einführungsklasse für ausländische Kinder genannt, ist im Kanton Zürich die in der Regel einjährige Vorbereitungsklasse für sogenannte «Seiteneinsteiger» - das heisst für Kinder, die nach Beginn der Schulpflicht einreisen.

mexiko-amerikanischen Eltern im schulischen und kommunalen Geschehen, sowie ihre relative *Machtlosigkeit am Arbeitsplatz* zu Diskriminierungserlebnissen und zur Entwicklung starrer Feindbilder. Dies wirkte sich eindeutig negativ auf den Schulerfolg ihrer Kinder aus, unter anderem als Folge von subtilen und disqualifizierenden Botschaften über das «fremde» Schul- und Gesellschaftssystem.

Zusammenfassend kann folgende Behauptung aufgestellt werden: Die Fähigkeit des Kindes, etwa Lesen zu lernen, ist nicht nur abhängig von Faktoren wie visuelle Gliederungsfähigkeit, phonologische Analyse, Segmentationsleistung, Entwicklung von semantischen und syntaktischen Leseerwartungen, didaktischer Situation und Erstleselehrgang, etc.; sondern auch und insbesondere von der Möglichkeit der Eltern, für ihre Kinder ziemlich von Anfang an *ausserfamiliäre Lernfelder* zu erschliessen, sowie von der Art der *Beziehung zwischen Familie und Schule.*

Forschungsdesiderat: «Wirkung von monolingualen Spielgruppen im Vorkindergarten zur Prävention von schulischen Lern- und Leistungsstörungen»

Mehrere vergleichende Untersuchungen zum Konzept der sozialen Deprivation, der Fremdbetreuung, der kompensatorischen Erziehung etc. ergeben eine Unmenge von meist deskriptiven Analysen über resultierende oder nicht resultierende Unterschiede. Leider finden sich nur selten differenzierte und ausreichende Informationen über die verschiedenen Lebensbereiche, in denen die untersuchten Kinder aufwachsen, sowie über die Lebensbereiche, an denen das Kind nicht selber beteiligt ist, die aber seine Entwicklung entscheidend beeinflussen (z.B. die Arbeitswelt seiner Eltern). Auch die einschlägigen methodologischen Ausführungen von BRONFENBRENNER (1981) und seine Kritik an der externen Validität von Untersuchungen in der Entwicklungsforschung führten nur zum Teil zu den von ihm erwarteten «ökologisch» verlässlicheren Forschungsergebnissen. Statt dessen wurde weiterhin mit diffusen, mehrdeutigen und wertbeladenen Kategorien hantiert (wie z.B. «Arbeiterschicht», «alleinerziehende Eltern» etc.). Nicht berücksichtigt oder sogar auspartialisiert sind häufig die Lebensbereiche, die nach unserer Alltagserfahrung den grössten Einfluss auf das kindliche Verhalten und auf die kindliche Entwicklung haben: Es handelt sich um die Art und Weise, wie die Familien ihre Wirklichkeit «konstruieren» und, insbesondere bei Arbeitsmigranten, um Faktoren wie die Phasen des «Strukturwandels» (NAUCK 1985), des Aufbaus von «Zwischenwelten» (HETTLAGE-VARJAS & HETTLAGE 1989) und der Neudefinition von Rollen.

Über die Wirkungen von Spielgruppen auf die kindliche Entwicklung oder auf den Schulerfolg sind uns keine empirischen Forschungsarbeiten, weder aus der Schweiz noch aus anderen europäischen Ländern bekannt. Wie wir gesehen haben, existieren im Bereiche der Ausländerarbeit - mit ganz wenigen Ausnahmen - nicht einmal die Spielgruppen, und ohne Untersuchungsobjekt ist die bestkonzipierte und ökologisch zuverlässige Forschung dahin... Es gibt jedoch verschiedene Studien, welche sich an das erwähnte Forschungsvorhaben annähern und die Bedingungen der externen Validität mehr oder weniger erfüllen. So etwa das Forschungsunternehmen über Tagespflege von COCHRAN (1973, 1977). Er hat in einer bedeutenden Längsschnittstudie 120 schwedische Kinder untersucht, die entweder in ihrem Elternhaus, in Familientagespflege oder im Tageshort betreut und erzogen wurden. Ein weiterer Autor, der die Auswirkungen von Ersatzbetreuung über die Vorschuljahre hinaus verfolgt hat, ist MOORE (1964, 1975). Aufgrund seiner aufwendigen Londoner Untersuchungen zu verschiedenen Betreuungsmodi («Betreuung durch die Mutter» versus «Ersatzbetreuung in einem Tageshort oder in einer Familientagespflege») kam er zur Schlussfolgerung, dass keine der beiden Lösungen ideal und daher ein Mittelweg anzustreben ist:

> «(...)Betreuung durch die Mutter und gleichzeitige Ersatzbetreuung vom dritten Lebensjahr an ist für das Gleichgewicht der Persönlichkeit am günstigsten; will man aber die optimale Lösung für ein bestimmtes Kind oder eine bestimmte Familie finden, muss man viele individuelle Faktoren in Betracht ziehen.» (MOORE 1975, zit. nach BRONFENBRENNER 1981, S.176).

Was heisst da «individuelle Faktoren»? Wie können sie erfasst werden? Sicher nicht einzig und alleine durch nomothetische, quantitative Verfahren, sondern viel eher durch idiographische, qualitative Verfahren. Die Erforschung der Auswirkungen von Spielgruppenbesuch und Einbeziehung der Eltern auf den schulischen Verlauf soll sich mit anderen Worten auf Untersuchungen stützen, die nicht nur Test- oder Laborergebnisse beinhalten, sondern auch und vor allem externe Validität haben. Eine solche Validität wird oft durch die Bedingungen der Erhebung in Frage gestellt, vor allem wenn die Versuchspersonen Kinder im Vorkindergartenalter sind. Es stellt sich dann die Frage: wird in einem bestimmten Forschungssetting der «wirkliche» Entwicklungsstand des Kindes abgebildet, oder handelt es sich um Reaktionen auf eine seiner Wahrnehmung nach sehr speziellen Situation? Die Situationen, die uns interessieren, weil sie eine praktische Relevanz haben, sind die alltäglichen Situationen zu Hause oder auf dem Spielplatz, die Rollen der Kinder in solchen alltäglichen Situationen und wie die Eltern mit den Kindern interagieren. Ich gehe davon aus, dass das «wie» solcher Interaktionen stark von den Wirklichkeits-konstrukten der Familie abhängig ist.[19] Indikatoren der Langzeitwirkung von Interventionsprogrammen vom Typ «Spielgruppe mit Einbeziehung der Eltern» sollten nicht normorientierte In-telligenz- oder Leistungstests sein, sondern «ökologische Grössen» wie fol-gende lebenswirkliche Ereignisse:

- Einschulungsmodus (1. Normalklasse versus Einschulungsklasse oder Dis-pensation);
- Schulerfolg (Beurteilung der Lehrerin und Einleitung von Stütz- und För-dermassnahmen bzw. keine Zuteilung an Förderkursen);
- Schulkarriere (Promotion in die nächsthöhere Klasse versus Repetition, Übertritt in hohen versus niedrigen Oberstufentyp).

Schlusswort

Zur Projektidee «Spielgruppen für Ausländerkinder im Schulkreis Limmat-tal» hat KONFUZIUS (persönliche Mitteilung) folgendes gesagt: «Besser ist, ein kleines Licht anzuzünden, als über die Finsternis zu klagen...»

Literatur

ALLEMANN-GHIONDA, C.: Ausländerkinder, Jugendliche und Erwachsene im schweizerischen Bildungswesen. Reihe 'Forschungspolitische Früherken-nung'. Bern: Schweizerischer Wissenschaftsrat, 1988

---

[19] Hier einige Beispiele solcher Wirklichkeitskonstrukte, wie sie in konkreten Äusserungen der Eltern zum Ausdruck kommen:Es handelt sich um Elternaussagen, die wir im Rahmen eines Forschungsprojektes am Institut für Sonderpädagogik der Univ. Zürich transkribiert ha-ben: «Auf die Schule kommt es an, auf das Lesen und Schreiben: Spielen ist nur Spielen und bringt nichts» (d.h.: Frühförderung und Spielaktivitäten sind unwichtig); oder:«Wir sind so oder so diskriminiert und es nützt nicht viel, das Kind für die Schule vorzubereiten: kommt es zu einer guten Lehrerin, dann wird es klappen, sonst kommt es wie alle Ausländerkinder in eine Sonderklasse» (d.h.: Der Schulerfolg der Ausländerkinder ist vom Schicksal determi-niert); oder: «Opfer bringen heisst für uns etwas für die Kinder machen, aber jetzt, und nicht morgen, ihnen jetzt helfen und nicht ein Haus in Sizilien bauen, das leer bleiben wird» (d.h.: Das Wohl des Kindes besteht im Hier und Jetzt und nicht in der mythischen Rückkehr ins Heimatland).

ALLEMANN-GHIONDA, C., LUSSO-CESARI, V.: Schulische Probleme von Fremdarbeiterkindern: Ursachen, Massnahmen, Perspektiven. Aarau: Schweizerische Koordinationsstelle für Bildungsforschung, 1986

BARTH, M., MARKUS, U.: Unter Kindern oder wenn kleine Hände uns entführen. Zürich: Pro Juventute, 1987

BOSCHI, F., PINTO, G. (a cura di): Imparare a leggere. Il punto di vista predittivo: posizioni a confronto. Pisa: ETS, 1986

BRONFENBRENNER, U.: Wie wirksam ist kompensatorische Erziehung? Stuttgart: Klett, 1974

BRONFENBRENNER, U.: Die Oekologie der menschlichen Entwicklung. Stuttgart: Klett, 1981

BÜCHEL, P., GRETLER, H., HÄCKIS, A., REIMANN, M., STERN, O., WYDLER, E.: Franca und Mehmet im Kindergarten. Zürich: Kant. Lehrmittelverlag, 1987

BÜHLER-NIEDERBERGER, D.: Stütz- und Fördermassnahmen. Schlussbericht über verschiedene Erhebungen. Zürich: ED des Kt. Zürich, Päd. Abt., 1988

CENTRO PEDAGOGICO DIDATTICO: Per una educazione linguistica nelle scuole materne italiane in Svizzera. Bern: Eigenvertrieb, 1984

COCHRAN, M.M.: A comparison of nursery and non-nursery childrearing patterns in Sweden. Univ. of Michigan: Diss, 1973

COCHRAN, M.M.: A comparison of group day and familiy childrearing patterns in Sweden. Child Development, 1977, 48, S. 702-707

CORNOLDI, C. (a cura di): Aspects of Reading and Dyslexia. Padova: CLEUP, 1985

CORNOLDI, C., PRA BALDI, A.: Funzioni mnestiche, percettive e linguistiche implicate nei primi apprendimenti scolastici: un'indagine su alcuni strumenti predittivi. AP, Rivista di Applicazioni Psicologiche, 1979, 18

CUMMINS, J.: Zweisprachigkeit und Schulerfolg. Die Deutsche Schule, 1984, 3, S. 187-198

FEUERSTEIN, R., RAND, Y., HOFFMAN, M.B., MILLER, R.: Instrumental Enrichment. Baltimore: Univ. Park Press, 1980

FEUERSTEIN, R., MILLER, R., HOFFMANN, M.B., RAND, Y., MINTZKER, Y, JENSEN, M.R.: Kognitive Veränderbarkeit in der Adoleszenz: Kognitive Strukturen und die Wirkungen von Interventionen. In: H. GRISSEMANN: Spätlegasthenie und funktionaler Analphabetismus. Bern: Huber, 1984

FRANCESCATO, G.: Il bilingue isolato. Bergamo: Minerva, 1981

FTHENAKIS, W.E., SONNER, A., THRUL, R., WALBINER, W.: Bilingual-bikulturelle Entwicklung des Kindes. München: Hueber, 1985

GRAICHEN, J.: Kann man legasthenische und dyskalkulatorische Schulschwierigkeiten voraussagen? Praxis der Kinderpsychologie und Kinderpsychiatrie, 1975, 24, S. 52-57

GRISSEMANN, H.: Klinische Sonderpädagogik am Beispiel der psycholinguistischen Legasthenietherapie. Bern: Huber, 1980

GRISSEMANN, H.: Hyperaktive Kinder. Bern: Huber, 1985

GRISSEMANN, H., WEBER, A.: Spezielle Rechenstörungen. Ursachen und Therapie. Bern: Huber, 1982

HETTLAGE-VARJAS, A., HETTLAGE, R.: Auf der Suche nach der verlorenen Identität. Kulturelle Zwischenwelten - eine sozio-psychoanalytische Deutung des Wandels bei Fremdarbeitern. Journal des Psychoanalytischen Seminars Zürich, 1989, 20, 26-47

HOFER, B.: Vorkindergarten für Amerikas benachteiligte Kinder. Erfahrungen mit den Programmen von Head-Start und Prekindergarten. Neue Zürcher Zeitung, 4. Sept. 1986, Nr. 204, S. 73-74

HÜSLER-VOGT, S.: Tres tristes tigres ... Drei traurige Tiger... Zaubersprüche, Geschichten, Verse, Lieder und Spiele für die mehrsprachige Kindergruppe. Freiburg i.B.: Lambertus, 1987

ISENEGGER, U.: Elternarbeit im Rahmen von Spielgruppen. Unveröff. Bericht für die Kantonalzürcherische Arbeitsgemeinschaft für Elternbildung, Zürich, 1989

KRAPP, A.: Ursachen und Folgen des Schulversagens. In: G.O. KANTER, O. SPECK (Hrsg.): Pädagogik der Lernbehinderten. Handbuch der Sonderpädagogik, Bd.4. Berlin: Marhold, 1977

LANFRANCHI, A.: Die Bedeutung der familiären Beziehungsdynamik bei Kindern mit Entwicklungsstörungen. Sonderpädagogik, 1985, 3, S. 107-113

LANFRANCHI, A.: Schulpsychologische, sonderpädagogische und psychosoziale Arbeit mit Immigrantenkindern und ihren Familien: Verbindung von Einzelfalltätigkeiten mit system-prophylaktischen Aufgaben. Unveröff. Arbeitspapier, Institut für Sonderpädagogik, Zürich 1988

LANFRANCHI, A.: Ausländerkinder in unseren Schulen: Schulstatistischer Überblick Stadt und Kanton Zürich. Zürich: Interne Dokumentation Schulärztliche Dienste, 1989

NAUCK, B.: Arbeitsmigration und Familienstruktur. Frankfurt: Campus, 1985

MOORE, T.: Children of full-time and part-time mothers. International Journal of Social Psychiatry, Special Congress Issue, 1964, 2, pp 1-10

MOORE, T.: Exclusive early mothering and its alternatives: the outcome to adolescence. Scandinavian Journal of Psychology, 1975, 16, pp 255-272

PINTO, G.: La predizione della prestazione in lettura. Bibliografia ragionata. Età evolutiva, 1988, 30, pp 114-120

RUF, L.: Früherkennung von Teilleistungsstörungen. In: R. TOBLER, J. GROND (Hrsg.): Früherkennung und Frühförderung behinderter Kinder. Bern: Huber, 1985

SKOWRONEK, H., MARX, H.: Die Bielefelder Längschnittstudie zur Früherkennung von Risiken der Lese- Rechtschreibschwäche: Theoretischer Hintergrund und erste Befunde. Heilpädagogische Forschung, 1989, 1, 38-49

STÖLTING, W.: Die Entwicklung der Zweisprachigkeit bei ausländischen Schülern. Praxis Deutsch, 1980, Sonderheft, S. 19-22

THURMAIR, M.: Vorbeugung von Lernbehinderung durch die Frühförderung. Frühförderung interdisziplinär, 1983, 2, S. 32-37

TIEDEMANN, J., FABER, G., KAHRA, G.: Ausgewählte Frühindikatoren schulischer Lernschwierigkeiten - Lernvoraussetzungen des Erstunterrichts. Psychol. Erz., Unterr., 1985, 32, 93-99

TOUKOMAA, T., SKUTNABB-KANGAS, T.: The Intensive Teaching of the Mother Tongue to Migrant Children at Pre-School Age. Tampere, 1977

Anschrift des Verfassers:

Andrea Lanfranchi
Schulärztliche Dienste
Postfach
8027 Zürich

Abb. 1: Mannzeichnung der 6 1/2 jährigen V.C.: Kopffüssler, welcher der ungefähren Altersnorm eines vierjährigen Kindes entspricht (s. Falldarstellung).

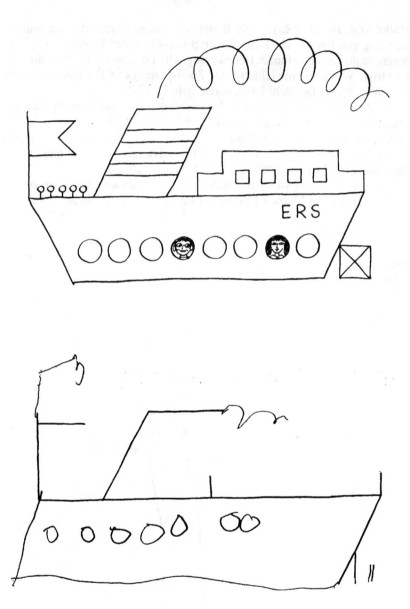

Abb. 2: Formreproduktionsaufgabe aus der St. Galler Schulreifeprobe «B 71»: Die 6 1/2 jährige V.C. (s. Falldarstellung) weist grosse Schwierigkeiten in der Erfassung und Wiedergabe einfacher Figuren (z.B. Kreuz unten rechts), Mengen (z.B. acht Fenster) und Bewegungen (Rauchschleifen) auf.

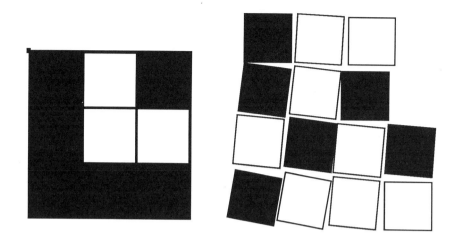

Abb. 3: Kombinations- und Mosaikaufgaben aus der Snijders-Oomen Nicht-verbale Intelligenztestreihe für junge Kinder. Erkenntlich sind die Ausfälle der 6 1/2 jährigen V.C. (s. Falldarstellung) in den Teilleistungen «Raum-Lage-Zuordnung», «Körperschema», «Räumliches Vorstellungsvermögen».

Ruth Hermann/ Denise Nay-Cramer

Einschulungsklassen zur Prävention von Lernstörungen

1. Einleitung

Die ersten Schulerfahrungen haben entscheidenden Einfluss auf die gesamte schulische Entwicklung: Schulpflichtige Kinder, die (noch) nicht über die für eine erfolgreiche Einschulung notwendigen kognitiven, motivational-emotionalen und sozialen Lernvoraussetzungen verfügen, können zwangsläufig nicht alle Anforderungen des Anfangsunterrichts bewältigen. Diese ersten negativen Schulerfahrungen führen meist zu Schulunlust und Leistungsangst, wodurch die weitere schulische Entwicklung erheblich belastet wird. Insbesondere Repetitionen auf der Primarschulunterstufe wirken sich verheerend auf das Selbstvertrauen, die Lernmotivation und damit auf die Schulleistungen der betroffen Kinder aus.

Um Kindern, die «...sich nicht so entwickelt haben, wie es der Lehrplan vorsieht», (JEGGE 1980) ihren individuellen Fähigkeiten und ihrem Entwicklungsstand gemäss den besten Einstieg in die Schule im Sinne einer Anpassung der schulischen Anforderungsschwelle an das Kind zu ermöglichen, wurde in verschiedenen Kantonen der Schultypus der Einführungsklasse (EK, auch Sonderklasse A, Einschulungsklasse oder Kleinklasse E genannt) geschaffen. Es besteht die Hoffnung und das Ziel, dass die Einschulungsklassenförderung präventiv in bezug auf spätere Lernstörungen und Schulversagen wirken kann. Mit dem präventiven Anspruch ist gleichzeitig immer auch der therapeutische Anspruch verbunden (OCHSNER 1989): Die in der EK (bspw. mittels Verteilung des Schulstoffes der 1. Primarklasse auf zwei Schuljahre, mittels kleineren Klassen und der Möglichkeit zur intensiven individuellen Förderung durch die heilpädagogisch geschulte Lehrkraft) geschaffenen günstigen Lernbedingungen sollen auch therapeutisch in bezug auf die Lern- und Leistungsschwierigkeiten der EK-SchülerInnen, die auf früheren Entwicklungsstufen entstanden sind, wirken.

Inwieweit kann nun die EK-Schulung diesem präventiv-therapeutischen Anspruch genügen, bzw. inwieweit können Kinder mit für eine Primarschuleinschulung ungünstigen vorschulischen Lernvoraussetzungen ihre Lernprobleme überwinden und damit den Anschluss an die 2. Primarklasse erlangen? Wir möchten versuchen, Hinweise zur Klärung dieser Fragen aus den Ergebnissen unserer Untersuchung mit Einführungsklassen- und PrimarschülerInnen im Kanton Solothurn herauszuarbeiten.

2. Lernvoraussetzungen und schulische Entwicklung von EinführungsklassenschülerInnen des Kantons Solothurn

Zielgruppe der im folgenden beschriebenen Untersuchung waren 52 SchülerInnen, die im Jahr 1983 im Kanton Solothurn in die Einführungsklasse eingeschult worden sind. Die ersten zwei Einführungsklassen des Kantons wurden 1972 in der Stadt Solothurn im Rahmen eines Schulversuchs eingerichtet. Später hat sich der Schultypus institutionalisiert und die Zahl der EK-SchülerInnen wurde in den folgenden Jahren immer grösser - und dies trotz der parallel verlaufenden Abnahme der Gesamtzahl der SchulanfängerInnen in den Städten und grösseren Gemeinden des Kantons. Im Jahre 1984 gab es bspw. bereits in 23 solothurnischen Gemeinden insgesamt 332 SchülerInnen der 1. und 2. EK (SONDERSCHULINSPEKTORAT DES KANTONS SOLOTHURN 1985)

Kleinklasse E - Einführungsklasse (EK)

Aufnahmekriterien

Schulunreife Kinder mit Entwicklungsverzögerungen, Teilleistungsstörungen und Lernbehinderungen, die voraussichtlich dem Unterricht der 1. Normalklasse nicht folgen können. Die Beurteilung erfolgt durch den Schulpsychologischen Dienst mit Antragstellung an die zuständige Schulkommission. Übertritt aus der 1. Primarklasse ist jederzeit möglich.

Organisationsformen

1 oder 2 Klassen mit maximal 12 Schülern. Übertritt nach der 2. Klasse in die 2. Primarklasse oder 3. Kleinklasse.

Unterricht

Unterrichtsstoff der 1. Primarklasse auf 2 Jahre verteilt, heilpädagogische Förderung durch individuelle Massnahmen, angepasster Übergang vom Kindergarten zum Schulunterricht.

Schülerbeurteilung/ Elternkontakte

Frühzeitige Erfassung und Behandlung von Lernschwächen, Planung der weiteren Schullaufbahn in enger Zusammenarbeit mit den Eltern.
Schulbericht nach dem 1. Schuljahr, Primarschulzeugnis nach dem 2. Schuljahr.

Abb. 1: Kurzbeschreibung der Einführungsklasse (GUGELMANN 1983, S. 21)

Die schulische Entwicklung der 52 SchülerInnen der Zielgruppe wurde im Sinne einer Längsschnittuntersuchung über drei Jahre hinweg in drei Schritten erfasst: In einer ersten Teiluntersuchung wurden die vorschulischen Lernvoraussetzungen der Kinder zum Zeitpunkt der Einschulung (April 1983) erfasst. Schwerpunkte der nächsten Teiluntersuchung bildeten die Erhebung der Leistungsfortschritte der SchülerInnen während den zwei Schuljahren in der Einführungsklasse und ihre Übertrittsquoten in die weiterführenden Klassen (2. Primarklasse bzw. 3. Kleinklasse L). Ein Jahr nach dem Austritt der Kinder aus der EK wurden schliesslich in einer dritten Teiluntersuchung die Leistungen bzw. der Status der SchülerInnen der Zielgruppe in verschiedenen Dimensionen des schulischen Lernens aufgenommen und mit denen ihrer MitschülerInnen verglichen (Februar/März 1986, vgl. Abb. 2). Die Zusammenführung und Interpretation aller Ergebnisse der drei Teiluntersuchungen (die im folgenden näher beschrieben werden) ermöglichten eine Gesamtbeurteilung der schulischen Entwicklung der EK-SchülerInnen über drei Jahre hinweg, und dies unter Berücksichtigung ihrer vorschulischen Lernvoraussetzungen. Um den weiteren Schulverlauf der Kinder der Zielgruppe erfassen zu können, ist eine vierte Teiluntersuchung geplant, die im Sommer 1991, also kurz vor dem Übertritt in die Oberstufe, durchgeführt werden soll.

Lernvoraussetzungen und schulische Entwicklung von EinführungsklassenschülerInnen - Untersuchungsablauf
chronologisch

Kindergarten	
* 1	- Erfassung der vorschulischen
April 1983	Lernvoraussetzungen
Einschulung in die *	- Bildung der SchülerInnengruppen Ek-I
EK	und Ek-II
2 Jahre EK-Schulung	
* 2	- Analyse der Lern- und
WS 1984/85	Leistungsfortschritte im Verlauf der EK
Übertritt von der EK *	- Übertrittsquoten in die 2. Primar- oder
in weiterführrunde	3. Kleinklasse L
Klassen	
2. Primar-/ 3. Kleinklasse	
* 3	- Erfassen der Leistungen in verschiedenen
Februar/ März 1986 *	Bereichen des schulischen Lernens sowie
	der sozialen Integration im Klassenverband
	bei den ehemaligen EK-SchülerInnen in
	den weiterführenden Klassen
weiterführende Klassen	
*4 (Folgeprojekt)	- Erfassung der weiteren Schullaufbahnen
Übertritt in die *	der ehemaligen EK-SchülerInnen
Oberstufe	- Analyse der Leistungsfortschritte
SS 1991 t	- Übertrittsmodus

EK:	Einführungsklasse
Ek-I	SchülerIn der Einführungsklassengruppe I
Ek-II	SchülerIn der Einführungsklassengruppe II
Ep-I	SchülerIn der ehemaligen Einführungsklassengruppe I, nun in der Primarschule
Ep-II	SchülerIn der ehemaligen Einführungsklassengruppe II, nun in der Primarschule
Kkl:	SchülerIn aus der EK-Gruppe I oder II, nun in der 3. Kleinklasse L
t:	zeitlicher Verlauf

Abb. 2: Untersuchungsanordnung

2.1. Teiluntersuchung 1

Zum Zeitpunkt 1 (vgl. Abb. 2) traten die Kinder vom Kindergarten in die erste Einführungsklasse über. Hier erfassten wir die vorschulischen Lernvoraussetzungen der Zielgruppenkinder, d.h. der zukünftigen EK-SchülerInnen (52 Kinder). Dabei interessierten uns v.a. die Fragen, was überhaupt für Lernvoraussetzungen auftraten, und dann auch, ob diese den in den Aufnahmekriterien für die Einführungsklasse (Abb. 1) genannten Voraussetzungen entsprächen (GUGELMANN 1983). Unser Ziel war dann, SchülerInnen mit gleichartigen Lernvoraussetzungen zu Gruppen von EK-SchulanfängerInnen zusammenzufassen, um in der Folge anhand dieser Schülergruppen durch quantitative Untersuchungen die weitere schulische Entwicklung verfolgen zu können. Zu diesem Zweck werteten wir die schulpsychologischen Einschulungsanträge zuhanden der Schulkommission aus. Darin sind die von den SchulpsychologInnen durch eine Einzelabklärung als für die EK-Zuweisung ausschlaggebend erachteten Lernvoraussetzungen und Risikofaktoren aufgelistet. Diese Auswertung erfolgte mittels einer quantitativen Inhaltsanalyse. Dabei ergaben sich fünf Kategorien von Lernvoraussetzungen und Risikofaktoren:

- kognitive Voraussetzungen
- sprachliche Risikofaktoren / Fremdsprachigkeit
- Hinweise auf Teilleistungsschwächen
- motivationale / emotionale Risikofaktoren
- allgemeiner Entwicklungsrückstand.

Zwischen den ungünstigen Lernvoraussetzungen (Risikofaktoren) bestehen immer Interaktionen, sie können sich auch gegenseitig verstärken (Kumulation). Daher beachteten wir *Kombinationen,* nicht einzelne solcher Faktoren. Auch in den untersuchten Anträgen wurden immer mehrere Risikofaktoren zusammen als Grund für die EK-Einschulung genannt.

Die Ergebnisse zeigten einerseits, dass die in den Anträgen genannten Risikofaktoren auch als EK-Einschulungskriterien figurieren (Abb. 1). Weiter liessen die genannten Risikofaktoren-Kombinationen eine Einteilung der offenbar nicht homogenen Gruppe der EK-SchülerInnen in zwei Untergruppen zu, von nun an Ek-I und Ek-II genannt. Die Abb. 3 zeigt als wesentlichen Unterschied der beiden Untergruppen, dass die Kriterien «unterdurchschnittliche kognitive Lernvoraussetzungen» und «sprachliche Risikofaktoren / Fremdsprachigkeit» in der Gruppe Ek-I (25 SchülerInnen) gar nicht, sondern nur in der Gruppe Ek-II (27 SchülerInnen) vorkommen. Ausserdem zeigt die Abbildung die Verteilung der übrigen Risikofaktoren auf die beiden EK-Schülergruppen und auf deren Total.

Für die Ek-Gruppe I stellten wir in der Folge eine günstige Prognose für die weitere schulische Entwicklung auf, da ihren ungünstigen Lernvoraussetzungen eher durch eine gezielte Förderung in den ersten Schuljahren entgegengetreten werden kann. Die Prognose für die Gruppe Ek-II fiel weniger günstig aus, entsprechend der Verteilung der Risikofaktoren, da sprachliche Risikofaktoren / Fremdsprachigkeit und unterdurchschnittliche kognitive Lernvoraussetzungen weniger reversibel sind und erwiesenermassen ein optimales Lernen im Anfangsunterricht erschweren, wie auch andere Untersuchungen belegen (SCHNIEPER 1972; NICKEL 1981; KRAPP und MANDL 1977; SCHENK-DANZINGER 1969).

	Ek-Gruppe I (n=25)	Ek-Gruppe II (n=27)	Total Anz. N.
Lernvoraussetzungen	Anz. N.	Anz. N.	Anz. N.
- Kognitive Voraussetzungen (Unterscheidungskriterium)			
durchschnittlich bis gut:	25	12	52
unterdurchschnittlich	-	15	
- Sprachschwierigkeiten/ Fremd-sprachigkeit	-	20	20
- Hinweise auf Teilleistungsstö-rungen	12	15	27
- allg. Entwicklungsrückstand	7	6	13
- ungünstige motivational-emotio-nale Voraussetzungen	16	18	34

n = Schülerzahl der Ek-Gruppe

Anz.N = Anzahl Nennungen der Lernvoraussetzung

Abb. 3: Anzahl Nennungen vorschulischer Lernvoraussetzungen

2.2. Teiluntersuchung 2

Bei der zweiten Teiluntersuchung standen die EK-SchülerInnen kurz vor dem Übertritt entweder in die zweite Klasse der Primarschule oder in die dritte Kleinklasse L. Hier interessierten uns allfällige Unterschiede in der Entwicklung der Leistungsfortschritte der beiden EK-Gruppen über die zwei Jahre EK-Schulung hinweg, sowie darauf aufbauend die Übertrittsquoten in die weiterführenden Klassen. Dazu konnten wir auf Berichte der EK-LehrerInnen zuhanden der SchulpsychologInnen (für die EK-Endabklärung) zurückgreifen, in denen jedes Kind Ende der zweiten Klasse der EK in bezug auf seine schulische und soziale Entwicklung beschrieben wurde. Durch eine qualitative Inhaltsanalyse kamen wir zu fünf relevanten Kategorien, die den Entwicklungsverlauf von Leistung und Verhalten bezeichneten. Die Ergebnisse zeigten, dass die Gruppe Ek-I signifikant besser beurteilt wurde bezüglich dieser Kriterien als die Gruppe Ek-II. D.h., in der Gruppe Ek-I fanden sich signifikant häufiger Kinder mit gutem oder nach Anfangsschwierigkeiten als gut beurteiltem Entwicklungsverlauf. Auch bezüglich der Übertrittsquoten zeigten sich Unterschiede zwischen den beiden Gruppen: 24 von 25 Kindern der Gruppe Ek-I traten in die zweite Primarklasse über gegenüber 19 (70%) von 27 Kindern der Gruppe Ek-II. Nach diesem Übertritt in die weiterführenden Klassen bildeten wir neue Schullaufbahngruppen: Die 24 SchülerInnen der bisherigen Gruppe Ek-I, die dann in der Primarschule waren, bildeten neu die Gruppe Ep-I. Die 19 bisherigen Ek-II- SchülerInnen, die danach auch in der zweiten Primarklasse waren, bildeten neu die Gruppe Ep-II. Alle SchülerInnen, die dann in der dritten Kleinklasse L waren, bildeten die Gruppe Kkl. Die Abbildung 4, die Stichprobenbeschreibung, zeigt einige soziographische Merkmale dieser Gruppen (aufgenommen ein Jahr nach dem Austritt aus der EK).

Stichpropen-gruppen Sozio-demographische Merkmale	Gruppe Ep-I n=24		Gruppe Ep-II n=19		Gruppe Kk-L n=13	
	n	$\bar{x}$	n	$\bar{x}$	n	$\bar{x}$
	MV	s	MV	s	MV	s
Alter	24	9.46	19	9.72	13	9.71
	-	.21	-	.32	-	.35
Geschlecht	n	%	n	%	n	%
Mädchen	8	33.3	6	31.6	6	46.2
Junge	16	66.7	13	68.4	7	53.8
Kinderzahl in der Familie	n	%	n	%	n	%
1 Kind	5	20.8	4	21.1	1	7.7
2 Kinder	10	41.7	6	31.6	1	7.7
3 Kinder	5	20.8	2	10.5	2	15.4
4 Kinder	1	4.2	1	5.2	2	15.4
5 und mehr Kinder	-	-	3	15.8	3	23.1
Missing Value (MV)	3	12.5	3	15.8	4	30.7
Stellung in der Geschwisterreihe	n	%	n	%	n	%
1. Kind	11	45.8	8	42.1	3	23.1
2. Kind	9	37.6	5	26.3	1	7.7
3. Kind	2	8.3	-	-	2	15.4
4. Kind	-	-	1	5.3	1	7.7
5. und weiteres Kind	-	-	2	10.5	2	15.4
Missing Value	2	8.3	3	15.8	4	30.7

Stichpropen- gruppen Sozio- demographische Merkmale	Gruppe Ep-I n=24		Gruppe Ep-II n=19		Gruppe Kk-L n=13	
Muttersprache	n	%	n	%	n	%
Deutsch/ CH-deutsch	23	95.8	7	36.8	4	30.8
italienisch	-	-	8	42.0	4	30.8
spanisch	-	-	1	5.3	1	7.6
jugoslawisch	-	-	-	-	-	-
türkisch	-	-	1	5.3	4	30.8
andere	1	4.2	1	5.3	-	-
Missing Value	-	-	1	5.3	-	-
Deutschkenntnisse	n	%	n	%	n	%
keine Fremdsprache/ versteht und spricht praktisch alles	24	100.0	12	63.1	5	38.4
sehr wenig Deutsch- kenntnisse/ einigermas- sen	-	-	7	36.9	8	61.6
Wohnortswechsel 1982 bis 1986	n	%	n	%	n	%
kein Wechsel	24	100.0	19	100.0	9	69.2
Wechsel	-	-	-	-	1	7.7
Missing Value	-	-	-	-	3	23.1
Fördermassnahmen	n	%	n	%	n	%
z.Zt. keine	21	87.5	8	42.1	3	23.0
z.Zt. 1 laufend	3	12.5	9	47.4	4	30.8
z.Zt. 2 laufend	-	-	2	10.5	6	46.2

Abb. 4: Stichprobenbeschreibung der Gruppen Ep-I, Ep-II und Kk-L

Diese Teiluntersuchung wurde im Februar/März 1986, also knapp ein Jahr nach dem Eintritt der EK-SchülerInnen in die weiterführenden Klassen (zweite Primar- bzw. dritte Kleinklasse L) durchgeführt.

Das Hauptziel der Untersuchung bestand darin, die Leistungen und den Status der EK-SchülerInnen der Zielgruppe, die in die zweite Primarklasse übertre- ten konnten, in verschiedenen Dimensionen des schulischen Lernens zu erfas- sen und mit demjenigen ihrer MitschülerInnen zu vergleichen. Die dazu benötigten Daten wurden mittels Fragebogen, die von den Lehrkräften für je- des Kind ausgefüllt wurden, mittels schriftlichen Angaben der Eltern zur familiären Situation und mittels im Klassenverband durchgeführten Tests er- hoben und anschliessend statistisch ausgewertet.

Insgesamt wurden 23 zweite Primarklassen und 5 dritte Kleinklassen aus elf Gemeinden des Kantons Solothurn in die Teiluntersuchung einbezogen. In jeder Klasse befanden sich dabei ein bis mehrere Kinder der Zielgruppe. Die elf Gemeinden bilden eine repräsentative Auswahl aller 18 Gemeinden des Kantons Solothurn mit Einführungsklassen.

Abbildung 5 zeigt die Zusammensetzung der Gesamtstichprobe unserer Untersuchung

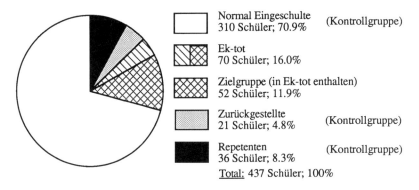

Normal Eingeschulte
310 Schüler; 70.9%   (Kontrollgruppe)

Ek-tot
70 Schüler; 16.0%

Zielgruppe (in Ek-tot enthalten)
52 Schüler; 11.9%

Zurückgestellte
21 Schüler; 4.8%   (Kontrollgruppe)

Repetenten
36 Schüler; 8.3%   (Kontrollgruppe)

Total: 437 Schüler; 100%

Abb. 5: Graphische Darstellung der Stichprobe

Die in dieser dritten Teiluntersuchung wichtigen Schullaufbahngruppen, die neue Zielgruppe, bildeten die Gruppen Ep-I und Ep-II (43 Kinder). Mittels einer Faktorenanalyse wurden die erhobenen Daten auf fünf Dimensionen des schulischen Lernens reduziert:
- Schulbereitschaft
- Rechenleistungen
- Kognitive Funktionen
- Sprachleistungen
- Status in der Klasse (Beliebtheit).

Der statistische Vergleich der Gruppenmittelwerte der fünf Schullaufbahngruppen in der zweiten Primarklasse (normal Eingeschulte, Ep-I, Ep-II, Zurückgestellte und Repetenten) in den fünf erfassten Dimensionen des schulischen Lernens zeigte folgende Ergebnisse, die in der Abbildung 6 graphisch dargestellt sind (ohne Angaben über das jeweilige Signifikanzniveau): Bei keiner Dimension des schulischen Lernens weist die Gruppe Ep-I der ehemaligen EK-SchülerInnen mit prognostisch günstigen vorschulischen Lernvoraussichten niedrigere Werte auf als andere Schullaufbahngruppen. In den «Sprachleistungen» übertrafen die Ep-I-SchülerInnen signifikant die Gruppe der Ep-II-SchülerInnen, in der Dimension «Status in der Klasse» (Beliebtheit) die

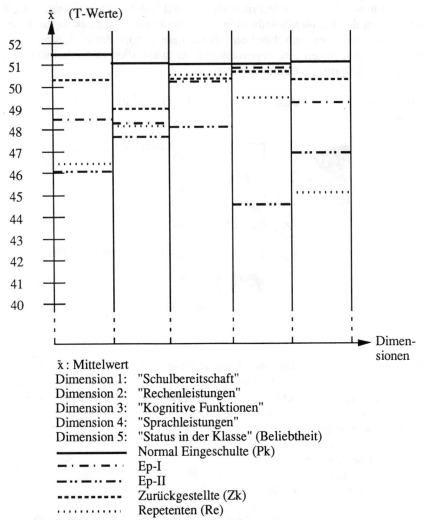

x̄ : Mittelwert
Dimension 1: "Schulbereitschaft"
Dimension 2: "Rechenleistungen"
Dimension 3: "Kognitive Funktionen"
Dimension 4: "Sprachleistungen"
Dimension 5: "Status in der Klasse" (Beliebtheit)
——————— Normal Eingeschulte (Pk)
— · — · — · Ep-I
— ·· — ·· — · Ep-II
---------- Zurückgestellte (Zk)
············ Repetenten (Re)

Abb. 6: Graphische Darstellung der Gruppenmittelwerte

Gruppe der RepetentInnen. Daraus kann gefolgert werden, dass den ehemaligen EK-SchülerInnen der Gruppe Ep-I mit der günstigeren Prognose die Integration in die weiterführenden Klassen sowohl im Lern- und Leistungsbereich als auch im sozialen Bereich gelungen ist. Die Gruppe Ep-II (ehemalige EK-SchülerInnen mit prognostisch weniger günstigen vorschulischen Lernvoraussetzungen) lag bezüglich ihrer «Schulbereitschaft», ihrer «Sprachleistungen» und ihres «Status in der Klasse» sehr signifikant unter der Gruppe der normal eingeschulten Kinder, dazu noch bezüglich der «Sprachleistungen» signifikant unter den Gruppen der RepetentInnen, der Zurückgestellten und der Gruppe Ep-I. Bei der Gruppe Ep-II zeigte sich also ein weniger günstiges Bild bezüglich ihrer Integration in die zweite Primarklasse, wobei v.a. ihr Defizit im sprachlichen Bereich krass war. Dazu ist zu sagen, dass der grösste Teil dieser Kinder schon bei der Einschulung sprachliche Schwierigkeiten aufwiesen. Offensichtlich konnten diese Defizite auch drei Jahre nach der Einschulung noch nicht aufgeholt werden.

Die Gruppe der RepetentInnen der ersten oder zweiten Primarklasse wies bei der «Schulbereitschaft» und beim «Status in der Klasse» sehr signifikant tiefere Werte auf als die Gruppe der Normaleingeschulten, der «Status in der Klasse» lag dazu noch signifikant tiefer als derjenige der Gruppe der Zurückgestellten. Daraus wird deutlich, dass die RepetentInnen ihre Defizite ein bzw. zwei Jahre nach der Repetition gegenüber den SchülerInnen mit geradlinigem Schulverlauf (Normaleingeschulte) nur in den Dimensionen «Rechenleistungen» und «Sprachleistungen» aufholen konnten. Ihre Leistungen in den verschiedenen Bereichen des schulischen Lernens waren am ehesten mit denjenigen der Gruppe Ep-II vergleichbar. Beide Gruppen waren im sozialen Bereich am schlechtesten in der Klasse integriert. Die Gruppen der in den Kindergarten zurückgestellten Kinder und der direkt in die Primarschule eingeschulten Kinder wiesen keine niedrigeren, dafür in einigen Bereichen höhere Leistungswerte auf als andere Schullaufbahngruppen. Die zurückgestellten Kinder waren in allen Bereichen mit den Normaleingeschulten vergleichbar, d.h., sie wiesen in allen erfassten Lernbereichen genügende bis gute Leistungen auf und waren auch sozial integriert. Geht man davon aus, dass in Gemeinden mit Einführungsklassen wirklich nur solche Kinder vom Schulbesuch zurückgestellt werden bei der Einschulung, die ausser einer partiellen oder allgemeinen Retardierung keine weiteren vorschulischen Risikofaktoren der Einschulung (unterdurchschnittliche kognitive Voraussetzungen und/oder Fremdsprachigkeit) aufweisen, so ist dieses Resultat plausibel.

2.4. Zusammenführung der Ergebnisse der drei Teiluntersuchungen

Aus der Interpretation und Zusammenführung aller Ergebnisse kann gefolgert werden: Die schulische Entwicklung der EK-SchülerInnen mit günstigen vorschulischen Lernvoraussetzungen (Gruppe Ek-I bzw. Ep-I) kann für den Verlauf der ersten drei Schuljahre gesamthaft als gut und deutlich besser als diejenige der Gruppe Ek-II bzw. Ep-II (mit weniger günstigen vorschulischen Lernvoraussetzungen) bezeichnet werden. 24 von 25 Kindern der Gruppe Ek-I erreichten in allen gemessenen Lernbereichen den Primarschulanschluss, sodass ihnen auch für die weitere schulische Entwicklung eine günstige Prognose gestellt werden kann. Bei der Gruppe Ek-II bzw. Ep-II zeichnete sich hingegen ein ungünstigeres Bild ab: Lediglich 70% der Kinder dieser Gruppe konnten nach der zweiten Einführungsklasse in die zweite Primarklasse übertreten. Ihre Sprachleistungen lagen Ende der zweiten Primarklasse noch deutlich unter denjenigen aller anderen Schullaufbahngruppen. Am ehesten waren ihre Leistungen mit denen der RepetentInnen vergleichbar. Die Kinder dieser Gruppe konnten also auch mit der EK-Schulung ihre bereits bei der Einschulung vorhandenen Schwierigkeiten nicht soweit abbauen, dass sie sich vollständig in die zweite Primarklasse integrieren konnten. Die Prognose für ihre weitere schulische Entwicklung muss dementsprechend weniger günstig ausfallen.

Die Prognosen für die schulische Entwicklung der Gruppen Ek-I und Ek-II, die zum Zeitpunkt der Einschulung durch den Einbezug der vorschulischen Lernvoraussetzungen gestellt worden waren, können aufgrund der Ergebnisse bis zum Zeitpunkt Ende der zweiten Primarklasse als richtig angesehen werden. Ob diese Prognosen sich auch für die weitere schulische Entwicklung der Zielgruppe, ab der dritten Primarklasse, als richtig erweisen werden, wird die geplante Folgeuntersuchung (vgl. Abb. 2) im Sommerhalbjahr 1991, also kurz vor dem Übertritt in die Oberstufe, zeigen.

3. Schlussbemerkungen

Ein wichtiges Ergebnis unserer Untersuchung ist die Feststellung, dass die Gruppe der EK-SchülerInnen nicht homogen ist: Kinder mit den verschiedensten Kombinationen von durch die SchulpsychologInnen bei der Schulreife-Abklärung diagnostizierten ungünstigen Lernvoraussetzungen wurden in die EK eingeschult. Für die schulische Entwicklung prognostisch besonders ungünstige Defizite sind dabei «Sprachschwierigkeiten/ Fremdsprachigkeit» und «unterdurchschnittliche kognitive Voraussetzungen». Die Prognosen, die aufgrund einer Analyse aller auftretenden Risikofaktoren der Einschulung für die schulische Entwicklung der EK-SchülerInnen gestellt worden waren, haben sich für den Verlauf der ersten drei Schuljahre als richtig erwiesen. Dies hebt wiederum die Bedeutung der vorschulischen Lernvoraussetzungen, die durch Bedingungsfaktoren der Schülerpersönlichkeit, der familiären und der schulischen Umgebung geprägt werden (vgl. NICKEL 1981), hervor.

In bezug auf die Frage, inwieweit die EK dem an sie gestellten präventivtherapeutischen Anspruch genügen kann, erlauben die Untersuchungsergebnisse folgende Rückschlüsse: Bei den Kindern mit prognostisch günstigeren vorschulischen Lernvoraussetzungen (Gruppe Ek-I der Untersuchung) erscheint uns die präventiv-therapeutische Wirkung der EK-Förderung als gesichert: Durch das im «Schonraum» EK mögliche langsamere Hineinwachsen in schulische Anforderungen sowie mit Hilfe der möglichen individuellen Förderung durch die EK-Lehrkraft können diese SchülerInnen offensichtlich ihre Lernschwierigkeiten soweit aufarbeiten, dass die spätere Integration in die weiterführende 2. Primarklasse gelingt. Durch die Einschulung in die EK konnten diesen Kindern negative Schulerfahrungen und ev. gar Schulversagen im Anfangsunterricht der Primarklasse, wie sie die Gruppe der RepetentInnen der 1. und 2. Klasse erfahren haben, erspart bleiben. Dies hebt vor allem die präventive Wirkung der EK-Förderung in bezug auf das Auftreten von Lernstörungen hervor. Inwieweit die Kinder der Gruppe Ek-I auch weiterhin den Anforderungen der Primarklasse gewachsen sind, die bis zum Zeitpunkt der 3. Teiluntersuchung sicher auch von einem gewissen «Doping-Effekt» der EK-Schulung profitieren konnten, wird die projektierte Folgeuntersuchung (Sommer 1991) zeigen.

Bei der Gruppe II der EK-SchülerInnen, die zum Zeitpunkt der Einschulung neben anderen ungünstigen Lernvoraussetzungen zusätzlich noch «Sprachschwierigkeiten/ Fremdsprachigkeit» und/ oder «unterdurchschnittliche kognitive Fähigkeiten» (s. oben) aufwiesen, steht vor allem der therapeutische Anspruch an die EK-Förderung im Zentrum. Die Untersuchungsergebnisse zeigen, dass diese Kinder auch mit der EK-Einschulung und zusätzlichen weiteren besuchten Fördermassnahmen (wie bspw. Deutschunterricht, Aufgabenhilfe usw.) ihre Defizite im Vergleich zur Gruppe Ek-I kaum oder nur teilweise abbauen konnten. Für diese SchülerInnen ist eine prozessorientierte, differentialdiagnostische Einschulungsuntersuchung von grosser Bedeutung, denn es gilt abzuklären, ob bei ihnen Leistungsstörungen vorliegen und therapeutisch angegangen werden müssen, die bereits auf frühen Entwicklungsstufen entstanden sind (vgl. OCHSNER 1989).

Die Ergebnisse unserer Arbeit zeigen weiter, dass das Problem der Integration von fremdsprachigen Kindern in den untersuchten Gemeinden trotz vielfältigen Bemühungen (Deutschunterricht, Elternarbeit etc.) nach wie vor ungelöst ist: Die Zahl der fremdsprachigen Kinder in der Gruppe II der EK-SchülerInnen der Zielgruppe und in der Gruppe der RepetentInnen ist zweieinhalb Mal grösser als diejenige in der Gesamtstichprobe.

Ziel der EK-Schulung ist es, Kinder mit für eine Primarschuleinschulung ungünstigen Lernvoraussetzungen so zu fördern, dass möglichst viele von ihnen nach den zwei EK-Jahren den Primarschulanschluss erreichen («Integration durch Separation»). Im Sinne einer «Integration durch Integration» könnten diese Kinder auch in die 1. Primarklasse eingeschult und zusätzlich zum Klassenunterricht individuell heilpädagogisch gefördert werden. Bei der Entscheidung, welcher Schulungsmodus als besser erachtet wird, gilt es abzuwägen, welche Erfahrung für das Kind belastender ist: diejenige, nicht wie die meisten anderen Kinder in die Primarklasse eintreten zu können und damit einen besonderen Schultypus besuchen zu müssen, oder diejenige, ständig die eigenen Leistungen mit denen der meist besseren MitschülerInnen in der 1. Primarklasse vergleichen zu müssen.

Nur 70 % der Kinder unserer Stichprobe (vgl. Abb. 5) wiesen in den ersten zwei Schuljahren einen geradlinigen Schulverlauf (d.h. ohne Rückstellung in den Kindergarten, EK-Einschulung oder Repetition) auf. 19% aller untersuchten SchülerInnen besuchten Ende der 2. Primarklasse eine zusätzliche Fördermassnahme (Legasthenie-Therapie, Deutschunterricht, Psychomotorik-Therapie etc.), weitere 5% gar zwei solche gleichzeitig. Dies erscheint uns ein erschreckend hoher Anteil SchülerInnen, die bereits in den ersten Schuljahren Mühe mit den schulischen Anforderungen haben. Dazu trägt vielleicht ungewollt auch der Einschulungsmodus EK bei: Dadurch, dass die Kinder mit den ungünstigsten vorschulischen Lernvoraussetzungen in die EK separiert werden, erhöht sich womöglich die schulische Anforderungsschwelle in der Primarklasse, der dann wiederum andere Kinder nicht gewachsen sind.

Literatur

CRAMER, D.; HERMANN, R. Lernvoraussetzungen und schulische Entwicklung von Einführungsklassenschüler/Innen. Lizentiatsarbeit an der Philosophischen Fakultät I der Universität Zürich. Zürich 1987

GUGELMANN, A.: Heilpädagogisches Konzept des Kantons Solothurn 1983-1987. Solothurn: Erziehungsdepartement (Hrsg.), 1983.

JEGGE, J.: Ein Eckchen zum Wohlfühlen. In: Dialog, Okt. 1980, 16-19

KRAPP, A.; Mandl, H.: Einschulungsdiagnostik. Weinheim, Basel: Beltz, 1977.

NICKEL, H.: Schulreife und Schulversagen. Ein ökopsychologischer Erklärungsansatz und seine praktischen Konsequenzen. In: Psychologie in Erziehung und Unterricht. Zeitschrift für Forschung und Praxis. München, Basel: Ernst Reinhardt, 1981

OCHSNER, H.: Prävention von Lernstörungen - gibt es das, und was kann der Schulpsychologe beitragen? In: Der Jugendpsychologe. Zeitschrift der Vereinigung Schweizerischer Kinder- und Jugendpsychologen SKJP. Solothurn: SKJP, 1989

SCHENK-DANZINGER, L.: Schuleintrittsalter, Schulfähigkeit und Lesereife. Stuttgart: Klett, 1969

SCHNIEPER, F.: Zur Chancengleichheit im Schulanfang. (Dissertation). Bern: Paul Haupt, 1972

SONDERSCHULINSPEKTORAᵢ KANTON SOLOTHURN: Schülerstatistik 1978-1985. Solothurn: Unveröffentlichtes Papier, 1982

Anschrift der Verfasserinnen:

Ruth Hermann
Rotbuchstr. 49
8037 Zürich

Denise Nay-Cramer
Jugendpsychologischer Dienst
Gönhardweg 48
5000 Aarau

Walo Dick/ Markus Diem

Das Projekt Legasthenie-Prophylaxe im Kanton Solothurn

Schlussbericht*

1. Einleitung

Von 1985 - 1988 führte der Schulpsychologische Dienst des Kantons Solothurn in Zusammenarbeit mit der Lehrerfortbildung das Projekt «Legasthenie-Prophylaxe» durch. Das Ziel des Projekts bestand darin, allen Schülern der teilnehmenden Unterstufenlehrerinnen einen optimalen Leselernprozess zu ermöglichen. Damit sollte der Anteil der «Leistungsversager» gesenkt und die Zahl zukünftiger Legasthenieabklärungen und -therapien reduziert werden.

Im vorliegenden Schlussbericht werden Aufbau und Inhalte des Projekts sowie die wichtigsten Ergebnisse erläutert. Die Darstellung - insbesondere auf der inhaltlichen Ebene - erfolgt in sehr knapper Form. Eine ausführlichere Schilderung hätte den Rahmen eines Rechenschaftsberichts gesprengt.

Wir danken den Schulbehörden der Gemeinden Aetlingen, Bellach, Grenchen und halten für ihr Wohlwollen und ihre spontane Bereitschaft zur Teilnahme am Projekt. Den Unterstufenlehrerinnen dieser Gemeinden danken wir für ihr grosses Engagement und ihre aktive und kritische Mitarbeit beim Kursgeschehen.
Unser Dank gilt auch den beiden Mit-Kursleiterinnen Brigitte GSCHWIND und Elisabeth VOGT, welche als ehemalige Lehrerinnen und erfahrene Legastationthetrapeutinnen viel zum guten Gelingen des Projekts beigetragen haben.

---

* W. DICK und M. DIEM referierten am «Symposium Teilleistungsschwächen» über das Solothurner Legasthenie-Prophylaxe-Projekt. Im folgenden geben wir auszugsweise den Schlussbericht des Schulpsychologischen Dienstes des Kantons Solothurn wieder.

2. Ausgangslage

In den Jahren 1977 - 1983 sanken im Kanton Solothurn auf der Primarschulstufe die Schülerzahlen um 21%. Gleichzeitig blieb jedoch die Zahl der vom Schulpsychologischen Dienst erfassten Legastheniker konstant und zeigte gar einen leicht steigenden Trend:

Jahr	Schülerzahlen Primarstufe	in % (*)	erfasste Legastheniker	in % (*)
1977	19 612	100	128	100
1978	18 671	95	128	100
1979	18 072	92	134	105
1980	17 410	89	180	141
1981	16 907	86	115	90
1982	16 216	83	142	111
1983	15 400	79	161	126

(*) Basis 1977 = 100%

Obwohl diese Zahlen damals im Einklang mit Beobachtungen in anderen Kantonen standen, bildete die e beunruhigende Entwicklung für uns Schulpsychologen eine ernsthafte Herausforderung.

Eine systematische Befragung der Unterstufenlehrerinnen des Kantons durch den Schulpsychologischen Dienst (SPD) im Jahr 1982 ergab u.a., dass:
- das Problem der «Lese-Rechtschreibschwäche» fast alle Unterstufenlehrkräfte beschäftigt (93%),
- pro Klasse im Durchschnitt ca. 3 Schüler als lese-/rechtschreibschwach beurteilt werden.
- ca. 90% aller Lehrkräfte ein starkes Bedürfnis nach mehr Information und Weiterbildung zum Lese-Rechtschreibprozess haben.

Diese Situation, und ein in der Gemeinde Dübendorf durchgeführter Schulversuch zur Verhinderung von Lese-/Rechtschreibschwächen im normalen Unterricht bildeten für den SPD den direkten Anstoss zur Planung und Durchführung des Projekts Legasthenie-Prophylaxe.

3. Durchführung

3.1. Chronologischer Ablauf

Winter 1983   Beschluss des SPD zur Durchführung des Projekts «Legasthenieprophylaxe»

Grobplanung im Rahmen einer Kadergruppe der Solothurnischen Lehrerfortbildung. Diese Gruppe setzt sich aus je einem Psychologen und einer Legasthenietherapeutin sowie drei Unterstufenlehrerinnen zusammen.

Frühling 1984:   Auswahl von möglichen Versuchsgemeinden, welche im Vergleich zum ganzen Kanton einen eher überdurchschnittlichen Anteil an Legasthenikern aufweisen. Die Wahl fällt auf Grenchen (städtische Verhältnisse), Bellach (Vorort), Halten und Aetlingen (ländliche Verhältnisse). Schulbehörden und Unterstufenlehrkräfte der Versuchsgemeinden werden orientiert und um Teilnahme am Projekt angefragt. Das Kurskonzept wird allgemein sehr positiv aufgenommen; Behörden und Lehrerinnen sichern ihre Mitarbeit zu.

Herbst 1984:   Unter der Leitung von P. WETTSTEIN (Leiter des «Dübendorfer Versuchs») findet ein dreitägiger Kaderkurs für Schulpsychologen statt. Zwei Legasthenietherapeutinnen, welche als Co-Projektleiterinnen vorgesehen sind, nehmen ebenfalls daran teil.

Das Projekt wird den teilnehmenden Lehrerinnen und deren Inspektorinnen vorgestellt.

Frühling 1985:   Erste Evaluation durch die Universität Zürich (Kontrollgruppe)

Grundkurs für die Projektgruppen 1 und 2 (Dauer: 3 Nachmittage).

Die Eltern der am Projekt teilnehmenden Erstklässler werden orientiert.

Beginn des Pilotkurses für die Projektgruppen 1 und 2. Jeden Monat treffen sie sich zu einer zweistündigen Weiterbildungssitzung. Der Kurs dauert bis zum Frühjahr 1987.

Frühling 1986:   Zweite Evaluation (Kontrollgruppen und Experimental-gruppen).

Grundkurs und anschliessend Pilotkurs für die Projekt-gruppe 3 (s. oben). Der Pilotkurs dauert ebenfalls 2 Jahre.

Frühling 1987:   Dritte Evaluation (Experimentalgruppen)

Frühling 1988:   Vierte Evaluation (Experimentalgruppen)

Abschluss des Projekts

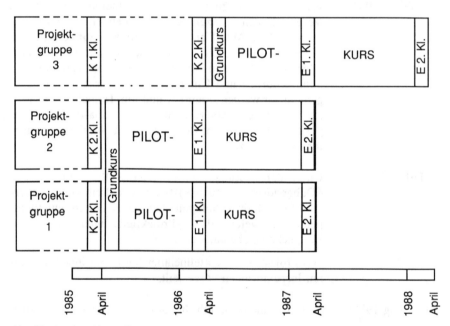

K = Evaluation Kontrollgruppe
E = Evaluation Experimentalgruppe

3.2. Kosten

Den teilnehmenden Legasthenietherapeutinnen wurden gesamthaft Fr. 8635.- als Honorar für Kursleitung und Spesen ausbezahlt. Ausserdem beteiligten sich die Gemeinden Grenchen und Bellach in verdankenswerter Weise mit ca.

150

12000 Fr. an den Kosten für Unterrichtsmaterial und für drei ausserordentliche Veranstaltungen. Herr Markus Diem erhielt durch das Erziehungsdepartement einen pauschalen Unkostenbeitrag von Fr. 1000.- für die wissenschaftliche Evaluation, welche er im Rahmen einer Lizentiatsarbeit durchführte.

Die Gesamtkosten von knapp 11'000 Franken sind für ein Projekt dieses Ausmasses sehr niedrig. Allerdings muss mitberücksichtigt werden, dass die Mitarbeit aller Schulpsychologen «von Amtes wegen» erfolgte und somit nicht vergütet werden musste. Ebenfalls nicht mitinbegriffen sind die gesamten Sekretariatsarbeiten.

4. Inhalte

4.1. Grundkurs

Der Grundkurs wurde mit den Projektgruppen jeweils zu Beginn während dreier Nachmittage durchgeführt. Er sollte die Lehrerinnen in bezug auf ihre Rolle bei der Entstehung (resp. Verhinderung) von Lese- und Rechtschreibschwierigkeiten sensibilisieren, und sie in elementare Grundbegriffe und Grundlagen des Leseprozesses einführen.

Inhaltlich kamen dabei die folgenden Schwerpunkte zur Sprache:
- Die historische Entwicklung und der aktuelle Stand der Legasthenie-Forschung.
- Die Rolle der Lehrerpersönlichkeit und des Unterrichtsstils bei der Entstehung von Lese-/ Rechtschreibschwierigkeiten.
- Die wichtigsten Voraussetzungen des Leselernprozesses (Sprache, Wahrnehmung, Raumorientierung, intermodale und seriale Leistungen, Motivation).

4.2. Pilotkurs

Für die jeden Monat stattfindenden Pilotkurse bestand kein festgefügtes inhaltliches Konzept. Zwar existierten von der Kursleitung aus konkrete Vorstellungen über Themenbereiche und Unterrichtsinhalte: es sollten jedoch im Sinne einer «rollenden Planung» auch Bedürfnisse, Anliegen und Probleme der Teilnehmerinnen ins Kursgeschehen miteinbezogen werden. Deshalb wurde an den Kursnachmittagen dem Erfahrungsaustausch unter den teilnehmenden Lehrerinnen einerseits und zwischen Lehrerinnen und Kursleitung andererseits ein breiter Platz eingeräumt.

Möglichst sämtliche Kursinhalte wurden unter dem Aspekt ihrer methodisch-didaktischen Umsetzbarkeit für die schulische Praxis erarbeitet. Dabei propagierten wir bewusst weder bestimmte Erstlesemethoden, noch empfahlen wir spezielle Förderprogramme oder kompensatorische Hilfsmittel. Es ging der Kursleitung vielmehr darum, gemeinsam mit den Teilnehmerinnen neue Kompetenzen, Strategien und Techniken bezüglich des Unterrichts zu erarbeiten. Mit dieser «Hilfe zur Selbsthilfe» sollten die Lehrerinnen befähigt werden, das Gelernte individuell in ihren ordentlichen Unterricht einzubauen.

Inhaltlich umfasste der Pilotkurs im wesentlichen fünf Themenkreise:

4.2.1. Allgemeine Sprachförderung im Unterricht

Auf den engen Zusammenhang zwischen gesprochener und geschriebener Sprache wurde bereits im Grundkurs hingewiesen. Die Erkenntnis, dass der Lese-/ Rechtschreibprozess ohne ausreichende Sprachkompetenz des Schülers letztlich auf einer rudimentären Stufe stehenbleibt, wurde den Teilnehmerinnen und der Kursleitung aber erst im Verlauf des Pilotkurses richtig bewusst. Deshalb wurden während des Kurses zahlreiche Möglichkeiten zur Förderung der Sprachkompetenz des Schülers erläutert und erprobt. Der Lehrerinnen wurden insbesondere dazu angehalten, in ihren Unterricht möglichst viele Sprechanlässe einzubauen, in welchen die Kinder auf spielerische Art und Weise Mundart und Schriftsprache einüben konnten.

4.2.2. Arbeitshaltung und Motivation der Schüler

Neben anderen Techniken wurde im Themenbereich «Arbeitshaltung» insbesondere auf das «Innere Sprechen» eingegangen. Mit der Förderung des Inneren Sprechens sollen Schüler mit impulsivem Arbeitsstil vermehrt zu einer kognitiven Selbststeuerung ihre Arbeitsverhaltens hingeführt werden. Das Endziel des Trainings besteht darin, die verbale Selbstinstruktion zu verinnerlichen und zu automatisieren und so problembezogen und besonnener an gestellte Aufgaben heranzugehen.

Im Bereich «Schülermotivation» standen keine bestimmten Techniken im Vordergrund. Wir versuchten vielmehr, das Unterrichtsgeschehen inhaltlich und organisatorisch optimal auf die Bedürfnisse der Schüler abzustimmen. Den Lehrerinnen wurde empfohlen, ihren Unterricht in überschaubare

Lerneinheiten aufzuteilen und die Anforderungen dem Lernniveau des einzelnen Schülers anzupassen. Der Unterricht, aber auch die zum Pilotkurs erarbeiteten Übungen, sollten sich zudem inhaltlich eng am Erlebnisbereich der Kinder und am gerade bearbeiteten Sachthema orientieren.

4.2.3. Förderdiagnostik

Fehler werden in der Schulpraxis häufig bloss registriert und korrigiert; dass hinter Fehlern meist eine Leistung - wenn auch eine Fehlleistung - des Schülers steckt, wird durch die Lehrkraft oft nicht angemessen berücksichtigt. Dabei liefern Fragen wie «warum macht der Schüler diese Fehler?», «wie ist er vorgegangen?», «welche falschen (und vielleicht auch richtigen) Überlegungen hat er angestellt?» oft den Schlüssel für das weitere methodisch-didaktische Vorgehen des Lehrers.

Der Analyse von Lese- und Rechtschreibfehlern wurde aus diesen Gründen im Kurs eine grosse Bedeutung beigemessen. Einerseits versuchten wir, die dem Fehler zugrundeliegende Arbeitsstrategie zu ergründen und andererseits Hinweise auf spezifische Schwierigkeiten des Schülers zu gewinnen. Zu diesem Zweck orientierten wir uns beim Lesen an der «Verlesungsanalyse» von LINDER/ GRISSEMANN (Zürcher Lesetest, 1980), währenddem für die Rechtschreibung von der Kursleitung ein eigener Analyseraster erarbeitet wurde.

4.2.4. Gezielter Lese-/ Rechtschreibunterricht

Auf der Grundlage der oben beschriebenen Förderdiagnostik wurde es möglich, gezielte Massnahmen zur Förderung von Problemschülern zu treffen und diesen individuelle Hilfeleistungen anzubieten. Dabei achteten wir darauf, diese Hilfeleistung den Schülern nach Möglichkeit nicht ausserhalb des ordentlichen Unterrichts zukommen zu lassen; dieser selbst sollte vielmehr durch solche eingebauten Fördermassnahmen individualisiert und optimiert werden.

Erstleseunterricht und Zweitleseunterricht

Bei Beginn unseres Projekts gingen wir eindeutig von der Vorstellung aus, es mangle bei den teilnehmenden Lehrerinnen am sorgfältigen Vorgehen im Erlseseunterricht. Aufgrund der gemachten Erfahrungen müssen diese Vorurteile weitgehend korrigiert werden. Nach unseren Beobachtungen werden die Kinder im allgemeinen sehr behutsam in den Leseprozess eingeführt. Die Lehrerin bemüht sich, auf allfällig noch vorhandene Entwicklungsdefizite beim Schüler Rücksicht zu nehmen und diese nach Möglichkeit auszugleichen.

Mit Hilfe durchwegs brauchbarer Erstleselehrgänge lernen die Kinder die Buchstaben kennen und differenzieren und sie Lauten zuordnen. Sie lernen, die einzelnen Laute innerhalb eines Wortes zu identifizieren und Lautvergleiche anzustellen. Und schliesslich lernen sie, die einzelnen Elemente zu einer übergeordneten Einheit (Wort oder Wortteil) zu verschleifen.
Je nach Lehrerin und Kind ist dieser Prozess nach einigen Wochen bis spätestens zum Ende des ersten Schuljahres abgeschlossen. In den Augen vieler Lehrerinnen und Lehrer kann das Kind nun «lesen»!

Diese Einschätzung beruht auf einem gefährlichen und verhängnisvollen Irrtum:
Der Leselernprozess ist mit der Buchstaben-Laut-Zuordnung, aber auch mit dem Wort-für-Wort-Lesen noch lange nicht abgeschlossen: dem Erstleseunterricht muss unbedingt ein «Zweitleseunterricht» folgen!

Ausserdem verwiesen wir auf zahlreiche andere methodisch-didaktische Massnahmen, welche insbesondere dem «Zweitleseunterricht» zugut kommen sollten. So erarbeiteten wir beispielsweise Übungen zur Förderung der Lesemotivation der Restriktionsfähigkeit, zu Wortsegmentation sowie zur Speicherung von Funktionswörtern, Signalgruppen und Morphemen. Dazu empfahlen wir den Lehrerinnen, häufig alternative Formen des Lese-/ Rechtschreibtrainings durchzuführen wie etwas Partnerlesen, stilles Lesen, Lesen mit Lesehilfen, Hinweis- und Fragediktate, Partnerdiktate und visuelle Diktate.

4.2.5. Lehrziele

Während der ersten beiden Schuljahre erwirbt sich der Schüler die Grundlagen des Lese-/ Rechtschreibprozesses. Um zu verhindern, dass durch zu forciertes Vorgehen der Lehrkraft irreparable Lücken und Defizite entstehen, wurde auf einen sorgfältigen Aufbau des Unterrichts grosser Wert gelegt. Deshalb wurden die Lehrziele durch die Kursleitung und die Teilnehmerinnen bewusst niedrig angesetzt:

Ende 1. Klasse:

Lesen:
- gelernte Buchstaben kennen
- Laut-Buchstaben-Zuordnung
- einfache inhaltlich bekannte Texte lesen

Rechtschreibung:
- einfache lautgetreue Wörter schreiben können
- Satzanfang gross schreiben

154

Ende 2. Klasse:

Lesen: - einfache, auch unvorbereitete Texte vorlesen, verstehen
und nacherzählen können
- Betonung, Satzerkennen

Rechtschreibung: - Wörter in Sätzen erkennen
- Diktate, auf deren Inhalt die Schüler vorbereitet sind
- Gross/ Kleinschreibung (Nomen, Adverben, Adjektive
kennen

5. Resultate

Um festzustellen, ob und inwieweit die Zielsetzungen des Projekts erreicht
worden sind, wurde durch Herrn M. DIEM von der Universität Zürich eine
wissenschaftliche Evaluation durchgeführt. Sie gestaltete sich folgendermassen:

Bereits vor Beginn des Projekts wurden von den Schülern der teilnehmenden
Lehrerinnen am Ende der ersten und zweiten Klasse Untersuchungsresultate
erhoben. Da diese Schüler unter «normalen» Bedingungen lesen und schreiben gelernt hatten, bildeten sie die sogenannte «Kontrollgruppe». Mit dieser
werden nun die Ergebnisse der «Experimentalgruppe» verglichen, zu welcher
alle Schüler gehören, die unter Projektbedingungen in den Lese-/ Rechtschreibprozess eingeführt worden sind. (Die genaue Versuchsanordnung ist
weiter oben dargestellt).

Als Lernkontrollen wurden grösstenteils dieselben Tests durchgeführt, die
schon beim «Dübendorfer Versuch» verwendet worden waren (vgl.
WETTSTEIN & REY: Sinnes- und Sprachförderung, 1981).

Beim Lesetest mussten die Schüler einen kurzen Text lesen und anschliessend
einige Fragen dazu beantworten, wobei eventuelle Fehler in Zeitzuschläge
umgerechnet wurden.
Ausschlaggebend war der gesamte Zeitaufwand.

Der Rechtschreibtest bestand aus einer Abschreibeübung mit Lücken, welche
die Schüler ergänzen mussten und einem Diktatteil. Gemessen wurde die Gesamtzahl der Fehler.

5.1. Ende 1. Klasse

In der Grafik 1 werden die Leseleistungen aller Schüler Ende 1. Klasse dargestellt.

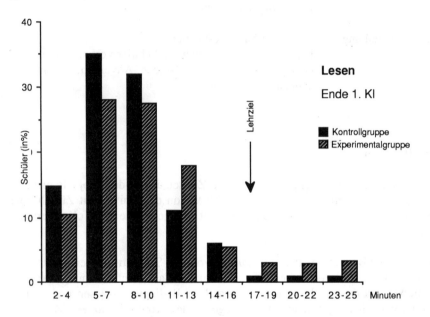

Graphik 1

Es fällt auf, dass die Resultate der Schüler der Experimentalgruppe generell deutlich schwächer ausfallen als jene der Kontrollgruppe. Der durchschnittliche Zeitaufwand pro Schüler beträgt in der Kontrollgruppe 7.95, in der Experimentalgruppe 9.55 Minuten. Zudem wird das von WETTSTEIN definierte Minimallehrziel in der Kontrollgruppe fast durchwegs erreicht, währendem in der Experimentalgruppe nahezu 10% aller Schüler unter dem Lehrziel abschneiden.

Bei der Rechtschreibeübung Ende 1. Klasse zeigt sich ein ähnliches Bild, wobei die Unterschiede nicht so krass ausfallen:

- durchschnittliche Fehlerzahl: 4.74 (Kontrollgruppe)
                                          5.22 (Experimentalgruppe)
- Lehrziel nicht erreicht: 0.86 (Kontrollgruppe)
                                          2.56 (Experimentalgruppe)

Dies sind auf den ersten Blick schockierende Resultate. Das «schlechtere» Abschneiden der Experimentalgruppe kann aber leicht erklärt werden: Wie bereits ausführlich dargelegt worden ist, haben die am Projekt teilnehmenden Lehrerinnen den Schülern für die Bewältigung des Lese-/ Rechtschreibprozesses mehr Zeit eingeräumt und ihre Anforderungen bewusst reduziert. Aus diesem Grund waren die Schüler der Experimentalgruppe durch die gestellten Aufgaben offensichtlich stofflich teilweise überfordert. In diesem Sinne bilden die Evaluationsresultate Ende erster Klasse eine Bestätigung der gesetzten Ziele.

5.2. Ende 2. Klasse

Die Graphik 2 zeigt die Leseleistungen der Schüler Ende zweiter Klasse.

Hier zeigt sich nun ein stark verändertes Bild: Bei der Experimentalgruppe sind als Folge des Projekts vor allem bei schwächeren Schülern erhebliche Fortschritte feststellbar, währenddem die Leistungen der besseren Schüler etwa gleich ausfallen wie bei der Kontrollgruppe.

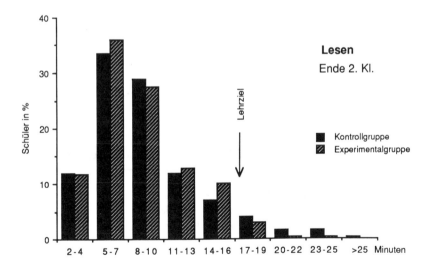

Graphik 2

Die Graphik 3 zeigt, dass sich in der Rechtschreibung alle Schüler verbessern konnten. Die durchschnittliche Fehlerzahl beträgt bei der Experimentalgruppe 6.72, bei der Kontrollgruppe 7.71. Aber auch hier haben vor allem die Schwächeren erheblich vom Projekt profitiert.

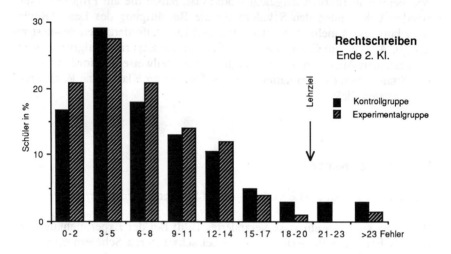

Graphik 3

Wie stark die Zahl der Schüler zurückgegangen ist, welche das Minimallehrziel nicht erfüllt haben, zeigt die folgende Tabelle.

	Lehrziel Lesen nicht erreicht	Lehrziel Rechtschreibung nicht erreicht
Kontrollgruppe	7.4 % aller Schüler	4.9% aller Schüler
Projektgruppe	2.5% aller Schüler	1.3% aller Schüler

Die Zahl der «Versager» konnte sowohl im Lesen als auch in der Rechtschreibung um ca. zwei Drittel reduziert werden.
Damit ist das wichtigste Ziel des Projekts erreicht worden.

6. Ausblick

Auch für uns Schulpsychologen hat sich die Teilnahme am Projekt trotz der grossen zeitlichen Beanspruchung in mehrfacher Hinsicht gelohnt: Einerseits sind aufgrund der oben zitierten Untersuchungsresultate in Zukunft aus den Projektgemeinden weniger Legasthenieabklärungen und -therapien zu erwarten. Zum anderen brachte uns die vertiefte Auseinandersetzung mit Fragen des Lese- und Rechtschreibprozesses zahlreiche neue Erkenntnisse, Ansätze und Techniken für unsere Alltagsarbeit. Diese wurden in SPD-internen Weiterbildungsveranstaltungen auch jenen Kollegen weitervermittelt, welche bei der Durchführung des Projekts nicht direkt beteiligt waren. Zudem wurden die Einzelfallabklärungen mit Fragestellung «Legasthenie» im Hinblick auf eine effizientere Förderdiagnostik verbessert, so dass heute Beratungen von Eltern, Lehrern und Legastenietherapeutinnen durch den Schulpsychologen weit kompetenter durchgeführt werden können als vor Beginn des Projekts.

Alle Schulpsychologen des Kantons Solothurn verfügen heute über die notwendigen Voraussetzungen, gemeinsam mit qualifizierten Legastenietherapeutinnen in Zukunft weitere Prophylaxekurse anzubieten. Eine Ausdehnung des Angebots auf das ganze Kantonsgebiet wäre notwendig und wünschenswert! Allerdings wäre ein solcher Schritt mit einer derartigen zeitlichen Zusatzbelastung für den SPD verbunden, dass er mit dem derzeitigen Personalbestand kaum realisiert werden könnte.

Adresse der Referenten:

Walo Dick
Schulpsychologischer Dienst
des Kantons Solothurn
Bielstrasse 9
4500 Solothurn

Dr. Markus Diem
Psychologisches Institut d.Uni Zürich
Abteilung Angewandte Psychologie
Schönbergstr. 2
8001 Zürich

Josef Steppacher

Früherfassung von Teilleistungsschwächen auf der Unterstufe

Der Stellenwert der sonderpädagogischen Erfassung, respektive Diagnostik bei vorliegenden, manifesten oder auch bei drohenden Teilleistungsschwächen verlangt zuerst eine Beleuchtung der aktuellen Situation.

1. Aktuelle Situation

Zur Diskussion stehen Schüler der Volksschule, die aus unterschiedlichen Gründen einzelne oder mehrere Lernziele nicht ohne spezielle Hilfen erreichen. Im Focus steht die Volksschule, die einen doppelten Auftrag hat: Einerseits soll sie allen Schülern des Volkes Bildung vermitteln, andererseits soll sie selektionieren (Oberstufen- und Kleinklassentypen). Die Volksschule soll Einheitsraum und Ausleseapparat gleichzeitig sein, und es stellt sich die Frage, wie sie mit diesen Widersprüchen umgeht. Dazu einige Feststellungen:

- Die Unesco hat für die 90er Jahre ein Aktionsprogramm entworfen, in welchem das Recht des Schülers mit Schulschwierigkeiten auf eine adäquate Förderung innerhalb des normalen Schulsystems als wichtige humanitäre Haltung gefordert wird (SZH Bulletin 3/89).

- Die Schweizerische Erziehungsdirektoren-Konferenz hat 1985 in einem Bericht über Kinder mit Schulschwierigkeiten «Empfehlungen» erlassen. Darin werden Massnahmen zur Förderung dieser Schüler aufgelistet. An erster Stelle wird in diesem Papier die Förderung durch den Klassenlehrer in der Regelklasse aufgeführt.

- Die pädagogische Abteilung der Erziehungsdirektion des Kantons Zürich initiiert und begleitet seit Jahren in diversen Gemeinden Schulversuche.

Dort werden Schüler mit Schulschwierigkeiten in einer integrativen Schulform mit sonderpädagogischer Unterstützung und Begleitung gefördert (STRASSER 1987).

- Ebenfalls im Kanton Zürich ist in der pädagogischen Abteilung der Erziehungsdirektion eine Legasthenie-Präventions-Stelle eingerichtet. Zum Thema Teilleistungsschwächen gehört auch der Aufruf der Erziehungsdirektion in diesem Jahr, mit den ambulanten Stütz- und Fördermassnahmen sparsamer umzugehen und die Lehrer vermehrt in ihre Pflicht zur adäquaten Förderung dieser Schüler zu nehmen. Mehr Selbstverantwortung und weniger Delegation wurde angesagt.

- Andererseits fordern drei Lehrerorganisationen vom Erziehungsrat folgendes: «Anforderungen im therapeutischen Bereich: Die Lehrerin und der Lehrer müssen heute immer mehr Betreuungen im therapeutischen Bereich übernehmen. Der Einsatz von ambulanten Therapeutinnen und Therapeuten im Schulhaus muss institutionalisiert werden.» (Forderungen der Synode vom 2.11.88). Hier wird eine Delegation von Schulproblemen in den Thearapiebereich verlangt.

- Die Schulpsychologen können sich hingegen nicht über einen Rückgang der Anmeldungen von Problemschülern in ihren Diensten beklagen. Das reichhaltige Angebot von Stütz- und Fördermassnahmen, das breit ausgebaute Kleinklassensystem A bis E (Kanton Zürich) bestimmen nach wie vor die rege sonderpädagogische Nachfrage. Ca. 14 % der Schüler im Kanton Zürich erhalten eine ambulante Stütz- und Fördermassnahme. Werden andere Interventionen, wie Kleinklassenbesuch oder Beratungen miteinberechnet, fallen ca. 20% der Volksschüler als Problemschüler auf.

- Die Vorstellung, dass jedes Schülerproblem reparierbar ist, für jedes Problem ein entsprechend qualifizierter Diagnostiker und eine entsprechende Reparaturwerkstatt gefunden werden muss, ist tief im Konzept vieler Funktionsträger unseres Schulsystems verankert. Es spiegelt sich von der Ebene der Ausbildung bis hinunter auf die Ebene der diversen Kleinklassen. In Abb. 1 wird die Zuweisungsdiagnostik am Beispiel der Stadt Zürich dargestellt. Wie nirgends vergleichbar in der Schweiz greifen hier Schulärzte in den sonderpädagogischen und schulpsychologischen Bereich als Diagnostiker und Zuweiser hinein. Kaum eine Schweizer Stadt hat die Ausbildungskästchen von Universität und Heilpädagogischem Seminar so direkt auf das Kleinklassen- und Therapieangebot der Schule übertragen wie Zürich.

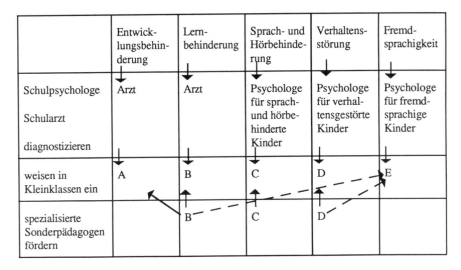

	Entwick-lungsbehin-derung	Lern-behinderung	Sprach- und Hörbehinde-rung	Verhaltens-störung	Fremd-sprachigkeit
Schulpsychologe Schularzt diagnostizieren	Arzt	Arzt	Psychologe für sprach- und hörbe-hinderte Kinder	Psychologe für verhal-tensgestörte Kinder	Psychologe für fremd-sprachige Kinder
weisen in Kleinklassen ein	A	B	C	D	E
spezialisierte Sonderpädagogen fördern		B	C	D	

Abb. 1: Von der Diagnose zur Kleinklassen-Zuweisung in der Stadt Zürich

Die Gegenüberstellungen zeigen, dass die Volksschule mit ihrem Auftrag Mühe hat und sich in Widersprüche verwickelt: «Für Kinder ein Einheits-raum zu sein und sie gleichzeitig zu sortieren, das war der Tendenz nach pure Schizophrenie» (JOCHIMSEN 1971, S. 63). Im pädagogischen Alltag wirken sich diese Widersprüche u.a. wie folgt aus:

Aus einer Untersuchung von STRASSER (1987) geht hervor, dass befragte Sonderklassenlehrer im Kanton Zürich ihre Schülergruppen keineswegs ho-mogen erleben. Im Gegenteil: die Lernbehinderten fallen auf durch ihre sprachlichen Defizite, die Sprachbehinderten zeichnen sich durch Verhaltens-störungen aus und die Verhaltensgestörten haben Lernprobleme. So sieht sich der für Verhaltensstörungen spezialisierte Lehrer mit Lernstörungen kon-frontiert - die Zuweisungsdiagnostik hat offensichtlich versagt, der Lehrer fühlt sich nicht mehr zuständig und verlangt für seine Schüler zusätzliche am-bulante Lernhilfen. Es wundert nicht, dass bis zu 20 % der ambulanten Stütz-und Fördermassnahmen (Logopädie und Psychomotorik nicht einberechnet) an Schülern in Kleinklassen entfallen.

In der Sprache der Systemtheorie ausgedrückt, lässt sich der Sachverhalt wie folgt zusammenfassen:

Regelklassenlehrer, Sonderpädagogen, Ausbildner, Psychologen, Therapeuten und Ärzte bilden mit ihren Institutionen Mikrosysteme mit fest definierten Rollenbildern und Aufgabenträgern. Sie befinden sich in inneren Widersprü-chen und gleichzeitig in einem äusseren Gleichgewicht. Die einzelnen Syste-

163

me, wenn auch angeschlagen, geschwächt mit Identifikationsproblemen und in Frage gestellt, haben trotzdem im Verbund ein Mass an Starrheit und Sachzwängen entwickelt, dass die zentrale Frage, wie dem Schüler mit Schulschwierigkeiten, respektive mit Teilleistungsschwächen am effektivsten geholfen werden kann, nur unter Berücksichtigung aller in diesem systemischen Kraftfeld wirkenden Faktoren beantwortet werden kann.

Wenn davon ausgegangen wird, dass Schulversagen eine pädagogisch unerwünschte Entwicklung des jeweiligen Kind-Schule-Systems ist und wenn angenommen wird, dass die bisher praktizierte Didaktik bei drohenden und bei manifesten Teilleistungsschwächen versagt, muss nach anderen, wirkungsvolleren Unterstützungssystemen gesucht werden.

Im folgenden werden die Unterstützungssysteme *Prävention* und *Diagnostik/*

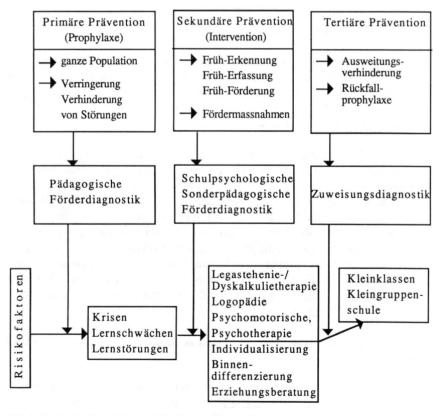

Abb. 2: Stufen der Prävention und Stufen der Diagnostik

Erfassung, respektive die Verschränkung der beiden Ansätze vorgestellt.

Eine gute Didaktik ist eine präventive Didaktik und eine präventive Didaktik ist eine gute Förderdiagnostik im weitesten Sinn. WEIGERT (1987) unterscheidet drei Stufen der Prävention und vier Stufen der Diagnostik. In Abb. 2 werden die beiden Begriffe miteinander in Beziehung gesetzt und auf die Teilleistungsschwäche bezogen.

2. Die Primäre Prävention

Die Primäre Prävention oder die Prophylaxe bezieht sich auf die gesamte Schülerpopulation. Es werden alle denkbaren Massnahmen ergriffen, um Schulschwierigkeiten nicht aufkommen zu lassen, respektive zu verhindern. Sie soll helfen, über offenkundige oder vermutete Risikosituationen hinwegzukommen. Die pädagogischen Interventionen beziehen sich auf vier Berei-

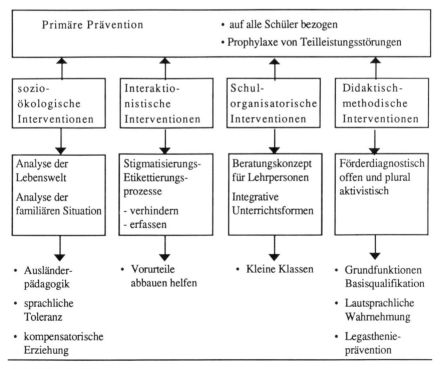

Abb. 3: Primäre Prävention

165

che. Sie werden hier nur kurz aufgelistet, wobei die Präventionsdidaktik im Sprachbereich hier beispielhaft breiter dargestellt werden soll.

2.1. Prävention im sozio-ökologischen System

Sie bezieht sich z.b. auf die Analyse der Lebenswelt der Schüler. Die Ausländerpädagogik als Beispiel versucht, durch Aufbau von Toleranz die sprachlichen Besonderheiten zu berücksichtigen und durch Anstösse in Richtung kompensatorischer Erziehung (z.b. Spielgruppen) im ausserschulischen Bereich die sprachlichen Defizite aufzuholen. Somit könnte ein Beitrag zu einer eventuellen Prävention von Schulversagen in der Sprache geleistet werden.

2.2. Prävention im interaktionistischen Bereich

Sie könnte den Anteil von sozial-psychologischen Zuschreibungsprozessen früh erkennen. Stigmatisierungs- und Etikettierungsprozesse könnten Teilleistungsschwächen wesentlich mitverursachen. Durch gezielte Interventionen im Klassenzimmer könnte die Lehrperson mithelfen, Vorurteile gegenüber Schüler abzubauen, respektive diese aufzufangen.

2.3. Prävention im schulorganisatorischen System

Sie bezieht sich auf Überlegungen zu schulorganisatorischen Modellen, welche optimale Voraussetzungen für die Prophylaxe von Teilleistungsschwächen bieten können. Klassengrössen, Stundenplangestaltung, schulische Beratungskonzepte für Lehrer bis hin zu integrativen Schulmodellen sind Beispiele dazu (siehe BÜRLI in diesem Band).

2.4. Prävention im didaktisch-methodischen Bereich

Die Merkmale einer präventiven Didaktik auf der Unterstufe lassen sich zusammenfassend mit folgenden Stichworten umschreiben: (siehe WEIGERT 1987)

- *Die präventive Didaktik orientiert sich an der Sache*, an den aktuellen und künftigen Bedürfnissen der Kinder.

- *Die präventive Didaktik ist förderdiagnostisch ausgerichtet,* d.h. sie deckt Fehler, Lücken und Unsicherheiten beim Kind auf und ist an deren Behebung interessiert. Entsprechend legt sie curricular einen grossen Wert auf die permanente Überprüfung und das Einüben von Basisfunktionen und Grundvoraussetzungen für das Erlernen der Sprache und des mathematischen Denkens.

- *Die präventive Didaktik ist offen und plural.* Sie soll sich am breiten und differenzierten didaktischen Angebot bekannter reformpädagogischer Ansätze bedienen und diese in ihr Konzept miteinbauen (z.B. Montessoripädagogik, projektorientierter Unterricht, strukturbezogene Didaktik nach KUTZER 1979).

- *Die präventive Didaktik ist aktivistisch.* Sie ist u.a. nach innen differenziert: fördern und nicht selektionieren stehen im Vordergrund. Das Kind soll entsprechend seiner individuellen Lernstufe gefördert werden. Alle Sinne des Kindes sollen aktiviert werden usw.

Innerhalb der präventiven Didaktik kommt der ganzheitlichen Förderung von Grundqualifikationen und Basisfunktionen sowie dem präventiven Erstlesen eine spezielle Bedeutung zu. Kinder kommen mit unterschiedlichen Lernvoraussetzungen in die Schule, sei es, dass sie bereits lesen können, sei es, dass sie aus unterschiedlichen Gründen enorme Lücken im Bereich der Basisfunktionen haben. Indem die Lehrperson immer wieder überprüft, inwiefern die sensomotorischen, die psychomotorischen, die sprachlichen und die kognitiven Grundfunktionen und Basisqualifikationen ausgebildet sind, betätigt sie sich als gewissenhafte Diagnostikerin. Indem sie aus einem sonderpädagogischen Curriculum Teilbereiche in den Unterricht miteinbezieht, sei es für alle Schüler oder nur für einzelne, wirkt sie als Förderplanerin. Die Verschränkung von Diagnostik und Förderung, respektive die Rolle der Lehrperson in der Förderdiagnostik wird an diesem Beispiel deutlich.

WEIGERT (1987) ordnet den Förderkategorien (siehe Abb. 4) eine Fülle von Vorschlägen mit entsprechenden Literaturhinweisen zu. Ähnliche Ideen und Fördermaterialien finden sich auch in GRISSEMANN (1986 und 1989). Die meisten dieser sonderpädagogischen Materialien können von den Lehrpersonen der Regelklassen dazu benützt werden, Rückstände und Lücken bei den Schülern zu erfassen und den Unterricht entsprechend gezielt zu individualisieren und nach innen zu differenzieren.

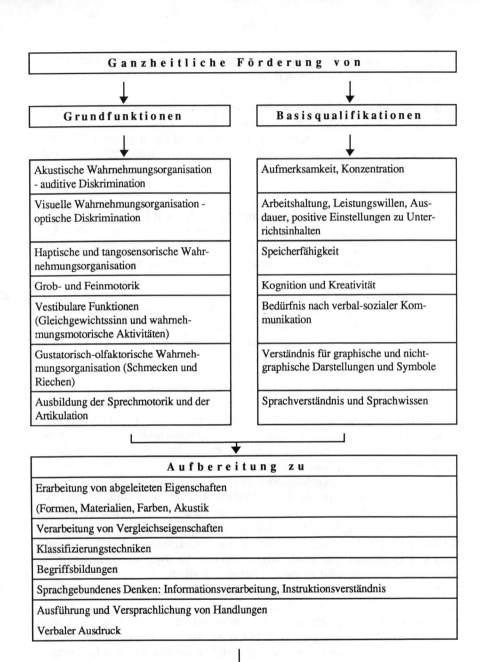

Ganzheitliche Förderung von	
Grundfunktionen	**Basisqualifikationen**
Akustische Wahrnehmungsorganisation - auditive Diskrimination	Aufmerksamkeit, Konzentration
Visuelle Wahrnehmungsorganisation - optische Diskrimination	Arbeitshaltung, Leistungswillen, Ausdauer, positive Einstellungen zu Unterrichtsinhalten
Haptische und tangosensorische Wahrnehmungsorganisation	Speicherfähigkeit
Grob- und Feinmotorik	Kognition und Kreativität
Vestibulare Funktionen (Gleichgewichtssinn und wahrnehmungsmotorische Aktivitäten)	Bedürfnis nach verbal-sozialer Kommunikation
Gustatorisch-olfaktorische Wahrnehmungsorganisation (Schmecken und Riechen)	Verständnis für graphische und nicht-graphische Darstellungen und Symbole
Ausbildung der Sprechmotorik und der Artikulation	Sprachverständnis und Sprachwissen

Aufbereitung zu

Erarbeitung von abgeleiteten Eigenschaften (Formen, Materialien, Farben, Akustik

Verarbeitung von Vergleichseigenschaften

Klassifizierungstechniken

Begriffsbildungen

Sprachgebundenes Denken: Informationsverarbeitung, Instruktionsverständnis

Ausführung und Versprachlichung von Handlungen

Verbaler Ausdruck

Einbau in den Unterricht

Abb 4: Grundfunktionen und Basisqualifikationen (WEIGERT 1987, S. 260)

Ausserhalb von pädagogischen Arbeitsmaterialien bieten sich der Lehrperson auch eigentliche Überprüfungsinstrumente an:

2.4.1. Die Differenzierungsprobe nach BREUER und WEUFFEN (1985)

Für die Überprüfung der lautsprachlichen Wahrnehmungsleistungen stellen BREUER und WEUFFEN (1985) ein halbstandardisiertes, sogenanntes Grobsiebverfahren zur Verfügung. Die verbo-sensorischen Wahrnehmungsleistungen von Vorschul- und Unterstufenkindern (1. Klasse) können mit der «Verbosensorischen Differenzierungsprobe» erfasst werden. Es liegen Verfahren für drei Altersgruppen vor. Die lautsprachlichen Basisfunktionen, respektive die multisensorische Differenzierungen werden in fünf unterschiedlichen Teilfunktionen überprüft:

1. Optische Differenzierung (Formen Abzeichnen)
2. Phonematische Differenzierung (Phonem-Vergleiche)
3. Kinästhetische Differenzierung (Nachsprechen von schwer zu artikulierenden Wörtern)
4. Melodische Differenzierung (Nachsingen eines Kinderliedes)
5. Rhythmische Differenzierung (Rhythmus nachklatschen)

Die Differenzierungsprobe von BREUER und WEUFFEN ist für die Förderplanung der Pädagogen gedacht. Die Autoren liefern auch gleich Fördervorschläge mit und propagieren ihr Instrumentarium zur Legasthenieprophylaxe, respektive zur Legasthenie-Früherfassung. An den Fachkongressen Legasthenie in der BRD referierte BREUER regelmässig über eine aufschlussreiche Langzeituntersuchung (1984, 1986, 1988), welche den diagnostischen, prognostischen und sonderpädagogisch-therapeutischen Wert belegen sollte. Kritisch ist dazu anzumerken, dass die Annahme einer allgemeinen Differenzierungsschwäche und die daraus prognostizierten Schwierigkeiten beim Sprachaufbau, respektive das darauf aufbauende Differenzierungstraining kaum mehr der neueren Legasthenieforschung entspricht (neuere neuropsychologische und psycholinguistische Erkenntnisse werden nicht berücksichtigt; Vernachlässigung psychosozialer Komponenten; Annahme linear-kausaler Zusammenhänge und Vernachlässigung der Bedeutung von seriellen und integrativen Wahrnehmungsleistungen sowie von Stützfunktionen wie Motivation, Konzentration, Gedächtnis usw.).

2.4.2. Überprüfung der Leselernvoraussetzungen nach MEIERS (1981)

Ebenfalls präventiv-didaktisch ausgerichtet ist der «Informelle Test zur Ermittlung von Leselernvoraussetzungen bei Schulanfängern» von MEIERS (1981). Im optischen Bereich werden die Fähigkeiten des Schülers, einfache und komplexe Zeichen, Teile eines komplexen Ganzen zu beachten und zu erkennen überprüft. Im Bereich der akustischen Wahrnehmung misst der Test die Fähigkeiten zur Erfassung einzelner Laute und von Lautfolgen. Dabei handelt es sich um einen normierten Test, als Gruppen- und Einzeltest für den Praktiker konzipiert. Er soll ihm Entscheidungshilfen für die differenziertere Unterrichtsgestaltung im Sprachbereich geben. Auch diesem Verfahren liegt eine eingeschränkte Sichtweise der Leselernvoraussetzungen zugrunde. Über den diagnostischen und präventiven Anspruch liegen keine wissenschaftlichen Erfahrungen vor.

2.4.3. Schulreifetests

Die Früherfassung von Problemschülern geschieht oft schon in der Einschulungsphase. Kindergärtnerinnen führen Schulreifetests durch in der Absicht, Entscheidungshilfen für die Eltern bereitzustellen (Einschulung, Rückstellung, Schulpsychologische Abklärung, Kleinklassenzuweisung und andere Massnahmen). Die selektionsdiagnostische und insbesondere die prognostische Problematik der klassischen Schulreifetests werden eindrücklich in KRAPP und MANDL (1977) beschrieben. Für Kinder mit tiefen Werten oder auffälligen Profilen (mit oder ohne differenziertere schulpsychologische Abklärung) empfiehlt sich eine förderorientierte Umsetzung des Schulreifetests durch die Lehrperson. Eine solche didaktisch orientierte Diagnostik gleich zu Beginn der 1. Klasse hat zum Ziel, die individuellen Lernvoraussetzungen differenzierter aufzuschlüsseln, die Lernstrategien zu beobachten im Hinblick auf eine individuellere Förderung im Klassenzimmer (Methodendifferenzierung, Lernwegdifferenzierung). Der Schulreifetest mündet dann als Prätest in eine eigentliche Pädagogisierungsphase, welche von der Lehrperson entweder selber ausgewertet oder bei geringen Lernfortschritten durch eine differenzierte schulpsychologische Abklärung ergänzt werden kann. Sowohl Lehrer wie Schulpsychologe verfügen dann über ein Set von vorläufigen Daten (Hypothesen), welche die Grundlage für eine sinnvolle Kooperation im Schulbereich und in der Beratung geben.

3. Die sekundäre Prävention

Teilleistungsschwächen lassen sich nicht in allen Fällen durch eine optimale frühe Prävention verhindern. Während sich die primäre Prävention auf alle Kinder und auf unterschiedliche Gefährdungen richtet, bezieht sich die sekundäre Prävention gezielt auf den Personenkreis der teilleistungsschwachen Schüler. Zu diesem Zeitpunkt wenden sich Eltern und Lehrpersonen in der Regel an die schulpsychologischen Dienste, womit ein förderdiagnostischer Prozess im engeren Sinne eingeleitet wird. Die Förderdiagnostik unterscheidet sich von der Status-Einweisungs-und-Prozessdiagnostik. Die vier diagnostischen Ansätze lassen sich nur theoretisch voneinander sauber abgrenzen. In der Praxis enthält jeder Ansatz Teile eines andern und ist auf diesen angewiesen.

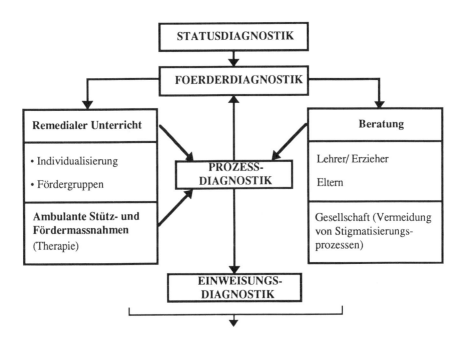

Abb. 5: Sekundäre Prävention und diagnostische Ansätze (nach WEIGERT 1987)

3.1. Die Statusdiagnostik

Die Status-Diagnostik im engeren Sinn entspricht der traditionellen schulpsychologischen Diagnostik. Sie ist individuumzentriert, auf den Defekt ausgerichtet und steht somit in der Nähe eines medizinischen Denkmodells. Als Beispiel dafür dient die klassische Intelligenzdiagnostik. Die mehr status-orientierte Diagnostik wurde in der Schulpsychologie in den letzten Jahren überwunden. «Eine Diagnostik, die nur darauf erpicht ist, im Schüler einen fixierenden und stigmatisierenden Intelligenzquotienten auszumachen und aufgrund dieses Zahlenwertes Entscheidungen über schulische Laufbahnen zu treffen, verdient aus der Grundschul- und Sonderpädagogik verbannt zu werden». (WEIGERT 1987, S. 323). IQ-orientierte Selektionsverfahren spielen bei der Erfassung von Schülern mit Teilleistungsschwierigkeiten eine nebengeordnete Rolle.

3.2. Die Förderdiagnostik

Bedeutend relevantere Aussagen werden von der Förderdiagnostik erwartet. Sie ist laut KOBI und BONDERER (1982) eine Bildbarkeitsdiagnostik. Sie fragt nach den unterrichtlichen Notwendigkeiten und den Zielsetzungen. Sie sucht nach veränderungsnotwendigen und veränderbaren Entwicklungs- und Lerndefiziten. Sie bezieht sich auf die verschiedenen Fähigkeitsbereiche des Kindes:

Psychomotorik, Wahrnehmung, Kognition, Sprache, Emotionalität, Soziabilität, familiäres und ausserfamiliäres Umfeld. Bei der Förderdiagnostik werden sowohl klassische wie auch neuere Testverfahren im Hinblick auf eine qualitative (und nicht quantitative) Auswertung eingesetzt. Dazu einige Beispiele:

Kognition: Faktorielle Auswertung des HAWIK
Erfassung der kognitiven Flexibilität nach der Methode FEUERSTEIN (siehe Beitrag von NYFELER in diesem Band)

Mathematik: Überprüfung der Lernvoraussetzungen mit der «Testbatterie zur Erfassung kognitiver Operationen (TEKO)» nach WINKELMANN (1975).

Sprache: Der Psycholinguistische Entwicklungstest (PET) von ANGERMAIER (1974): Überprüfung einiger Grundvoraussetzungen für den Sprachaufbau und einiger sprachlicher Kompetenzen bei 5-10jährigen Kindern. Zuordnung von Subtests zu ausgewählten

Lesemodellen: z.b. Subtest 'Laute verbinden' vor dem Hintergrund des Lesemodells von GRISSEMANN (1986) interpretieren. Nicht alle Untertests lassen den Zusammenhang zu Sprachstörungen erkennen. Die förderdiagnostische Umsetzung des Tests kann mit Materialien erfolgen, welche eigens zum Test erarbeitet wurden: Psycholinguistischer Sprachunterricht nach BUSH und GILES (1976); Psycholinguistisches Sprachförderungsprogramm nach CHANTON, PÜNTENER und SCHALCH (1980).

Der Heidelberger Sprachentwicklungstest (GRIMM und SCHÖLER 1978) bezieht sich auf bedeutend modernere psycholinguistische Theorien. Die Sprache wird hier als grammatisches System von Phonologie, Syntax und Semantik aufgegliedert. Sie wird verstanden als eine sprachlich-linguistische Kompetenz und meint damit die Verstehensfähigkeit und die Produktionsfähigkeit. Schlussendlich versteht sie sich auch als interpersonelle Grammatik (Sprache als kommunikatives Handeln). (Siehe dazu den Beitrag von BAUMBERGER und HOLLENWEGER in diesem Band). Das Leistungsprofil des Tests lässt die Ableitung von Förderhinweisen zu. Diese können testintern geortet werden (Test als Fördermaterial) oder z.b. nach SCHÜTTLER-JANIKULLA (1968) umgesetzt werden.

Im Bereich der neuropsychologischen Bedingungen des schulischen Lernens finden neuere, von der Neuropsychologie entwickelte Tests besondere Beachtung:

«Berliner-Luria-Neuropsychologisches Verfahren für Kinder» (BLN-K, Psychodiagnostisches Zentrum der Humboldt-Universität, Berlin 1989). Obwohl für den klinischen Bereich konzipiert, lassen die 11 Subtests Hinweise für die förderdiagnostische Planung zu.

«TUEKI» (Luria-Christensen Neuropsychologische Untersuchungsreihe für Kinder, DIETEL und KASSEL 1989). Dieser Test wurde an einem Fachkongress vorgestellt und soll demnächst bei Beltz erscheinen. Ähnlich wie der BLN-K überprüft der Test acht neuropsychologische Funktionsbereiche (motorische Funktionen, akustisch-motorische Koordination, höhere hautkinästhetische Funktionen; höhere visuelle Funktionen, rezeptive Sprache, expressive Sprache, mnestische Prozesse, Denkprozesse). Es steht nicht die Frage im Vordergrund, ob eine Hirnschädigung besteht oder nicht, sondern eine detaillierte aufgaben- und prozessbezogene Beschreibung von Stärken und Schwächen. So interessiert z.b. bei der Analyse des Lesenlernens, welche neuropsychologischen Prozesse am Zustandekommen der Leseleistungen beteiligt sind, wie sie ausgebildet sind, welche Bedeutung für sie die Lösung einer Aufgabe hat und wie die Stärken und Schwächen der Schüler, wie die Kompensationsstrategien therapeutisch nutzbar gemacht werden können.

Damit die Schulpsychologin und der Schulpsychologe in der Phase der Status- und der Förderdiagnostik zu einer umfassenden Diagnose kommen, sind sie auf wichtige Beiträge des Klassenlehrers angewiesen. Erst der Miteinbezug von Schülerbeobachtungen und -beurteilungen, die Auswertung von Lernexperimenten in der Schule, die Analyse von bereits durchgeführten präventiven Massnahmen und anderen pädagogischen Interventionen ermöglichen es den Schulpsychologen, mit allen am Kind beteiligten Personen Entscheidungsgrundlagen hinsichtlich einer Beeinflussung des sozio-ökologischen Umfeldes (Elternberatung Elternanleitung), des Schulsystems (Lehrerberatung) und/oder des einzelnen Kindes (Therapie) bereitzustellen.

Der Lehrer als wichtiger Informationsträger wird gebeten, einen Bericht bereitzustellen, welcher sich umfassend und ganzheitlich auf das Kind bezieht, andererseits jedoch auch speziell die Teilleistungsschwäche beschreibt.

Ein solcher Bericht könnte folgende Elemente enthalten:

Schulbericht

Allgemeine Beobachtungen zu:

- Soziale Situation   räumliche, wirtschaftliche, personale, häusliche Umwelt - erschwerende Umstände

- Körperliche gesundheitliche Situation: äusseres Erscheinungsbild, Seh-/Hörschwächen, Belastbarkeit

- Individualverhalten   Grundstimmung, Anregbarkeit, Antrieb, Steuerung, Beherrschung, Selbstwertgefühl, Gemüt, Bindungsfähigkeit

- Sozialverhalten   soziale Einordnung, soziale Reaktionen im Schulleben

- Lernverhalten   Auffassung und Beobachtung, Gedächtnis, Denk- und Vorstellungsvermögen, Aufmerksamkeit und Konzentration

- Sprache   Sprachbereitschaft, Aussprache, Tempo, Melodik, Inhalt

• Arbeitsverhalten	Arbeitsgemeinschaft, Arbeitshaltung, Arbeitstempo, Arbeitsausführung
• Psychomotorik	Gelenkigkeit, Kraft, Ausdauer, Koordination, Gleichgewicht, Fein-/ Graphomotorik
• Schulleistungen	Sprache, Mathematik

• Entwicklungsprozess der Schulschwierigkeiten

• Beschreibung und Auswertung der bereits durchgeführten schulischen und ausserschulischen Interventionen

Abb. 6: Schulbericht (nach WEIGERT 1987).

Die Interventionen und Massnahmen, welche aus einer Förderdiagnose abgeleitet werden, betreffen den Unterricht, den Schüler, seine Familie und das Schulsystem:

Zum Unterricht: Ein guter Unterricht ist für den Schüler mit Schulschwierigkeiten allemal die beste Therapie. Auf der Ebene der sekundären Prävention lässt sich eine Reihe von sonderpädagogischen Interventionen auflisten, welche in gegenseitiger Absprache entweder vom Lehrer selber und/oder vom Therapeuten und der Therapeutin durchgeführt werden: Individualisierung, Aufmerksamkeitstraining, Verhaltensmodifikation, ambulante Stütz- und Fördermassnahmen (Legasthenie-, Dyskalkulie-, psychomotorische, logopädische und Psychotherapie).

Zum Schulsystem: Eine Therapie ist nur dann wirkungsvoll, wenn sie in ein kooperatives und integratives Schulsystem eingebettet ist. Es ist ein wesentliches Element der Förderdiagnostik, Absprachen über die Art der Zusammenarbeit aller am Schüler beteiligten Personen zu treffen. Förderschwerpunkte sollten aufgestellt und eine Arbeitsverteilung beschrieben werden. Diagnosen haben immer vorläufigen Charakter. Sie sind nicht endgültig und müssen immer wieder neu gestellt werden.

3.3. Die Prozessdiagnostik

Die Grenzen zwischen Förder- und Prozessdiagnostik sind fliessend. Unter Prozessdiagnostik versteht man eine laufende Kontrolle des pädagogischen und des therapeutischen Prozesses. Sowohl der Normalklassenlehrer wie auch die Therapeuten versuchen in kooperativer Zusammenarbeit die definierten Förder- und Therapieziele laufend zu überprüfen. Es wird versucht, die Situationsmerkmale und die Bedingungen für Lernerfolge, respektive Misserfolge zu kontrollieren. Werden beispielsweise die Anstrengungen des Lehrers in Richtung Individualisierung von der Therapeutin bemerkt, respektive wird ein Transfer vom Therapieerfolg auf den Schulerfolg festgestellt? Wenn nicht, warum?

In der Prozessdiagnostik werden auch Veränderungen der Förderplanung diskutiert, respektive deren Abschluss beschlossen. Dabei stützt sich der Lehrer auf lernzielorientierte Tests, Gruppenvergleiche usw. Die Therapeutin bedient sich selbst-konstruierter Überprüfungsverfahren. Sie kann auch auf die schon erwähnten standardisierten förderdiagnostischen Tests (z.b. TEKO, PET, Heidelberger Sprachentwicklungstest, DRT, Frostigs Entwicklungstest der visuellen Wahrnehmung u.a.) zurückgreifen.

Auch remedialer Unterricht und therapeutische Anstrengungen können an Grenzen gelangen. Oft wird sowohl eine primäre Prävention, sprich Prophylaxe und/oder eine sekundäre Prävention, sprich remedialer Unterricht und Therapie für das jeweilige Kind zu spät einsetzen. Nebst den im Kind selber bestehenden Risikofaktoren sprich Teilleistungsschwächen sind im Zusammenleben und im Zusammenarbeiten mit Kindern Faktoren im Spiel, die oft nur schwer kontrollierbar, veränderbar und voraussagbar sind. Jedes Kind ist individuell verschieden. Seine Schwächen und seine Stärken sind situations-, ort- und personenabhängig, und alle diese Bedingung können nicht immer so optimal zusammenspielen, dass ein Schulerfolg in dieser jeweiligen Klasse, bei diesem jeweiligen Lehrer und bei dieser jeweiligen Didaktik garantiert ist. Es ist denkbar, dass in einer dritten diagnostischen Phase, der Zuweisungsdiagnostik, Eltern, Lehrpersonen,TherapeutInnen und SchulpsychologInnen Alternativen zur jeweiligen Situation ernsthaft prüfen müssen. Damit sind Kleinklassen, Kleingruppenschulen oder andere Institutionen gemeint.

4. Zusamenfassung

Mit diesem Thema ist der Ausgangspunkt der Überlegungen wieder erreicht: der Frage der Integration und Separation, des Einheitsraums und der Selektionsanstalt und die Frage, wie schizophren unser Schulsystem wirklich ist. Diese Frage richtet sich jedoch auch an die referierten Ansätze präventive Didaktik und Förderdiagnostik. Laufen diese Ansätze mit ihrer Forderung nach möglichst viel Normalität, mit dem Beigeschmack von Professionalität, Machbarkeit, Technologie, Funktionalismus und Kontrolle eben nicht auch in eine Falle? Wie steht es mit dem logischen Fehlschluss, aus Ist-Zuständen Soll-Zustände abzuleiten? Wird hier Druck aufgesetzt, normal zu sein und wird etwa nur vorgegeben, dass alles machbar ist? Inwiefern spaltet auch die Prävention und die Förderdiagnostik das Nicht-Durchschnittliche, das Nicht-Normale, das Andere und das Unveränderbare ab? Paul MOOR sagte: Heilpädagogik ist Pädagogik und nichts anderes. Und Pädagogik versucht doch, das Anderssein zu respektieren, anzunehmen, auch zu schätzen und in seine Handlungs-, Erlebens- und Beziehungswelt miteinzubeziehen. Didaktik wird dann zur pädagogischen Haltung und Diagnostik wird dann ein zwischenmenschliches Beziehungsangebot.

Literatur

ANGERMEIER, M.: Der Psycholinguistische Entwicklungstest (PET), Test und Manual. Weinheim 1974

BREUER, H.: Präventive Möglichkeiten vor dem Anfangsunterricht zur Verminderung von Schwierigkeiten beim Erwerb der Schriftsprache. In: DUMMER, L.: Legasthenie. Bericht über den Fachkongress 1984. Hannover 1985

BREUER, H.: Lautsprachliche Defizite bei Schulanfängern. Ursachen für Lese-Rechtschreibschwäche? In: DUMMER, L.: Legasthenie. Bericht über den Fachkongress 1986. Hannover 1987

BREUER, H.: Neue Forschungsergebnisse zur Früherfassung verbo-sensomotorischer Voraussetzungen für den Laut- und Schriftspracherwerb. In: DUMMER, L.: Legasthenie. Bericht über den Fachkongress 1988. Hannover 1989

BREUER, H./ WEUFFEN, M.: Gut vorbereitet auf das Lesen und Schreibenlernen? Berlin 1986/6

BUSH, J./ GILES, M.T.: Psycholinguistischer Sprachunterricht. München 1976

CHANTON, H./ PÜNTENER, U./ SCHALCH, F.: Fördermassnahmen bei behinderter Sprachentfaltung. Basel 1980

DIETEL, B./ KASSEL, H.: Basale Funktions- und Teilleistungsdiagnostik mit der Experimentalform TUEKI. In: DUMMER, L.: Legasthenie. Bericht über den Fachkongress 1988. Hannover 1989

GRIMM, H./ SCHÖLER, H.: Heidelberger Sprachentwicklungstest. Braunschweig 1978

GRISSEMANN, H.: Pädagogische Psychologie des Lesens und Schreibens. Bern 1986

GRISSEMANN, H./ ROOSEN, H.: Training: Lesen - Denken - Schreiben. Luzern 1989

JOCHIMSEN, L.: Hinterhöfe der Nation. Die Deutsche Grundschulmisere. Hamburg 1971

KOBI, E.E.:/ BONDERER, E.: Diagnostik in der heilpädagogischen Praxis. Luzern 1982

KRAPP, A./ MANDL, H.: Einschulungsdiagnostik. Weinheim 1977

KUTZER, R.: Anmerkungen zum struktur- und niveauorientierten Unterricht. In: PROBST, H. (Hrsg.): Kritische Behindertenpädagogik in Theorie und Praxis. Oberbiel 1979

MEIERS, K.: Informeller Test zur Ermittlung von Leselernvoraussetzungen bei Schulanfängern. Reutlingen 1981

PSYCHODIAGNOSTISCHES ZENTRUM DER HUMBOLDTUNIVERSITÄT BERLIN: Berliner-Luria-Neuropsycholinguistisches Verfahren für Kinder (BLN-K). Berlin 1989

STRASSER, U.: Schulschwierigkeiten. Entstehungsbedingungen, Pädagogische Ansätze, Handlungsmöglichkeiten. Luzern 1987

SZH-BULLETIN: Schweizerische Zentralstelle für Heilpädagogik. Luzern 3/89

WEIGERT, H.: Pädagogische Interventionen bei drohenden und manifesten Lernbehinderungen in der Grundschule. Frankfurt a. M. 1987

WINKELMANN, W.: Testbatterie zur Erfassung kognitiver Operationen (TEKO). Braunschweig 1975

Adresse des Verfassers:

Dr. Josef Steppacher
Schulpsychologische Dienste
der Stadt Zürich
Seestr. 346
8038 Zürich

Margret Schmassmann

Dyskalkulie-Prävention im schulischen und ausserschulischen Alltag

Ein kleines Kind sitzt auf dem Boden, liest Steine aus dem Staub auf, einen nach dem anderen. Es sammelt sie in einer Hand. Sobald diese voll ist, lässt es wieder einen Stein nach dem anderen fallen. Bis die Hand leer ist. Dann beginnt es wieder von vorne mit dem Einsammeln der Steine... Ein anderes Kind sitzt versunken da und zerkrümelt ein Brötchen. Es entstehen viele kleine Brösel... Ein drittes - noch ein Baby - greift nach allem, was die Mutter im Einkaufswagen versorgt und steckt die Dinge in den Mund. «Pfui, lass das, das ist doch 'grusig'», war in diesem Fall die Reaktion. Aber auch die Brotbrösel wurden mit der Bemerkung «Mach doch keine Sauerei» vom Tisch gewischt und das Steine-Spiel fand sein Ende aufgrund der Aufforderung «spiel doch was Richtiges, so machst du dich doch nur dreckig». Wir alle haben schon viele ähnliche Situationen beobachtet und gelegentlich vielleicht ähnlich reagiert. Ohne es zu wissen oder gar zu wollen, haben wir dadurch die Kinder gehindert, grundlegende Erfahrungen zu machen, die für die Anfänge der Mathematik so wichtig sind. Das Wort «Mathematik» kommt ja vom griechischen «manthanein», was «kennenlernen», «erfahren» bedeutet...

1. Was ist Mathematik?

Greifen wir zwei Antworten zu dieser Frage auf und betrachten die obigen Beispiele unter diesen Aspekten.

1.1. Mathematik ist ein Herstellen von Beziehungen quantitativer und räumlicher Art.

Wenn das Kind die Steine konzentriert vom Boden aufhebt, sie aufmerksam in seiner Hand spürt, sie voller Lust wieder fallen lässt, staunt, wohin sie rollen, merkt, dass sie sich in einer Spalte verstecken können, dem Aufprallen auf dem Boden gespannt lauscht, dann erlebt es die Bedeutung von «oben» und «unten», von «nahe» und «weit weg», von «dahinter» und «davor», von «jetzt» und «später», von «vorher» und nachher», von «viel» und «wenig», von «voll» und «leer», von «alle» und «keine mehr». Es macht also wichtige Vorerfahrungen für das Erfassen von Raum, Zeit und Zahl. Die Hand voller Steine, das Vergleichen von grossen und kleinen Steinen, das Aufheben und Fallenlassen von einem nach dem anderen sind Tätigkeiten, die den Zugang zum kardinalen, zum ordinalen und zum Mass-Aspekt der Zahl öffnen. Das Füllen und Leeren der Hand führt später zum Verständnis von Operation und Gegenoperation, von Addition und Subtraktion.

Das Staunen über die vielen kleinen Brösel, die aus einem einzigen Brötchen entstehen können, ist hilfreich für die spätere Entwicklung der Substanz-Erhaltung, des Wissens also, dass wenige grosse Stücke gleichviel sein können wie viele kleine. Und somit ist es eine Voraussetzung für die Verbindung des kardinalen und des Mass-Aspektes der Zahl (ein Siebner besteht aus sieben Einern - eins kann gleich sieben sein), das Verständnis des Zehnersystem-Aufbaus (zehn Hunderter sind gleichviel wie ein Tausender), das Bruchrechnen (ein Fünftel ist mehr als ein Achtel), den umgekehrten Dreisatz (je mehr, desto weniger). Und das Baby, das alles in den Mund nimmt, erspürt die Beschaffenheit, die räumliche Ausdehnung, die Form der Gegenstände, erlebt die Dreidimensionalität der Welt. Es erlebt auch, dass es durch sein Handeln etwas verändern, bewirken kann: Dinge wegnehmen, ihre räumliche Lage verändern, sie wieder zurückgeben. Zugleich bewirkt es Reaktionen seiner Mitmenschen, kommuniziert mit ihnen, baut mit an einem Netz von sozialen Beziehungen.

1.2. Mathematik ist eine symbolische Sprache und Schrift

Damit die im Tun gemachten Erfahrungen verallgemeinert werden können (nicht nur ein Brötchen lässt sich in viele kleine Brösel zerteilen, auch ein Stück Papier kann in viele kleine Schnipsel gerissen werden), damit sie zur inneren Vorstellung, zur Umsetzung in Symbole - Bilder, Sprache, Schrift, mathematische Symbole - und schliesslich zum abstrakten Begriff werden, brauchen Kinder viele und vielfältige Erfahrungen und die Möglichkeit, diese

Erfahrungen im Kontakt mit anderen Menschen auszutauschen. Dieser Austausch findet schon in der vorsprachlichen Symbolik statt, beispielsweise über Mimik, Gestik, Tonlage. So ist das Interpretieren von Gesichtern und Stimmen wichtig für das Verstehen von Reaktionen der Mitmenschen auf das eigene Handeln und entwickelt sich auch weiter zur nonverbalen Grundlage des Denkens, auch des mathematischen Denkens (Intuition, Zahlengefühl z.B.). Die Entwicklung des «permanenten Objektes» (der weggerollte Stein, der sich in einer Spalte versteckt, ist immer noch existent, nur kann man ihn gerade nicht sehen) führt zum inneren Bild eines Gegenstandes, zur Vorstellung und weiter zur Möglichkeit der symbolischen Benennung, zum Namen, zum Wort - dann zur Verallgemeinerung (nicht nur dieser Gegenstand hier heisst «Stein», sondern alle Gegenstände mit ähnlichen oder denselben Eigenschaften werden «Steine» genannt) und schliesslich zum abstrakten Begriff. Das Spüren von Dingen mit dem Mund und den Händen hilft auch, Sprech- und Schreibmotorik zu entwickeln, Formen kennenzulernen, sich einzuprägen und wiederzuerkennen - eine wichtige Voraussetzung für den Umgang mit grafischen Symbolen. Mit diesen, seien es nun Zeichen, Buchstaben oder Ziffern, kann das in der Realität Erlebte, Beobachtete, Besprochene symbolisch dargestellt werden. Die Mathematik ist eine Möglichkeit unter vielen , die Welt zu erfahren, sie symbolisch - in Formeln, Diagrammen, Schemata - darzustellen und diese Darstellungsform wiederum für andere Situationen anwenden zu können, die dieselben Strukturen aufweisen.

Lassen wir den Kindern ihren ursprünglichen Mut zum Forschen und Entdecken, ihre Lust am Probieren, ihre Wachheit und Munterkeit (übrigens: «munter» und «Mathematik» sind etymologisch gesehen urverwandt...), auch wenn es für uns nicht immer angenehm und bequem ist, auf ihr Forschen und Fragen einzugehen, das häufig mit Unordnung und Chaos verbunden ist (kein Wunder, hängen doch «forschen» und «fragen» mit «Ferkel» zusammen...). Wir können damit möglicherweise einer späteren Dyskalkulie vorbeugen.

2. Was ist Dyskalkulie?

2.1. Das Wort

Nachdem ich schon fast zehn Jahre lang Kindern und Jugendlichen geholfen hatte, ihre Schwierigkeiten beim mathematischen Denken oder beim Rechnen zu überwinden, fragte man mich, ob denn diese Kinder «Dyskalkulie» hätten. Ich freute mich, dass ich mein Handeln fortan mit dem interessanten Begriff «Dyskalkulie-Therapie» bezeichnen konnte und auch die von mir behandelten

Kinder hatten endlich etwas «Richtiges». Doch schon beim Versuch, das neue Wort zu schreiben, verging die Freude wieder ein wenig. Schreibt man es mit «y» oder mit «i»? Man muss sich entscheiden (und Entscheidungen haben viel mit Mathematik zu tun) - aber kaum hat man sich entschieden, kommt der nächste Zweifel, wieder gibt es zwei Möglichkeiten, eine Verzweigung: «k» oder «c»? Und weiter geht es nochmal mit: «k» oder «c»? Ein Baumdiagramm entsteht, eines, das unsere Erstklässler schon aus dem Neuen Mathematik-Unterricht kennen. Ein Baumdiagramm mit acht Ausgängen. Ich entscheide mich (nicht ohne vorher humanistisch gebildete Freunde konsultiert zu haben) für die rein griechische Variante y-k-k, also für «Dyskalkulie». Mit dem «Kalk» in der Mitte, der nichts mit Verkalkung, wohl aber mit dem lateinischen Wort «calx», der Kalkstein, zu tun hat. Dieser wurde von den Römern als Spielstein benutzt, wobei die gewonnenen Punkte zusammengerechnet wurden...

2.2. Die Erscheinungsformen

Schwierigkeiten im Lernbereich Mathematik wirken sich im wesentlichen in zwei Bereichen aus: im Verständnis-Bereich oder (im einschliessenden Sinn) im Ausführungs-Bereich.

Verständnis-Bereich: Aufgrund von Schwierigkeiten beim Herstellen von Beziehungen quantitativer Art können sich das Zahlengefühl (die Vorstellung, ob etwas viel oder wenig ist), das Schätzen und Abschätzen eines Ergebnisses, das Wissen um die der Situation entsprechende Rechenoperation nicht oder nur mangelhaft entwickeln. Schwierigkeiten beim Herstellen von Beziehungen räumlicher Art können sich ebenso negativ auf das Verständnis auswirken: Mathematische Operationen wie z.B. Addition und Subtraktion sind mit Tätigkeiten wie Geben und Nehmen verbunden, - und diese wiederum mit Richtungen (vom eigenen Körper weg, zum eigenen Körper hin). Zudem muss je nach Situation ein bestimmter Standpunkt eingenommen (Geben kann sowohl eine Addition oder eine Subtraktion bedeuten, je nachdem ob es sich um den Geber oder den Empfänger handelt) und je nach Aufgabenstellung auch gewechselt werden können (z.B. bei Leerstellen-Rechnungen). Mathematik als symbolische Sprache und Schrift erfordert die richtige Interpretation von sprachlichen und grafischen Symbolen je nach Kontext. Schwierigkeiten hiebei wirken sich auf das mathematische Verständnis aus: Ein «und» in der Alltagssprache kann eine Addition bedeuten (Zwei Kinder und ein Erwachsener sind drei Personen), muss aber nicht («Nimm Tram 3 und Tram 8» heisst nicht zwingend: «nimm Tram 11»). Das grafische Zeichen «-» kann ein Minuszeichen, ein Bindestrich, ein Gedankenstrich, ein Abwesenheitszeichen, ein Bruchstrich, ein «bis» sein je nach Zusammenhang, den es zuerst zu erkennen gilt. Hingegen können Automatismen im Ausführungs-Bereich wie z.B. Zählen, das Einmaleins aufsagen oder das Ausführen schriftlicher Rechnungen durchaus vorhanden sein. Sie nützen allerdings beim Lösen von Problemen wenig oder gar nicht (Beispiel: «Du bist 12 Jahre alt. Wie kann ich ausrechnen, in welchem Jahr du geboren bist?» «1990 mal 12, nein durch 12, nein umgekehrt»...) Aus dem selben Grund ist die Benützung eines Taschenrechners kaum möglich.

Ausführungsbereich: Schwierigkeiten beim Herstellen räumlicher Beziehungen können dazu führen, dass die Betroffenen nicht wissen, wo eine schriftliche Rechnung anfängt (hinten oder vorne, links oder rechts), wohin einzurücken ist, wohin das Komma verschoben werden soll, wo man die Zehner und die Einer hinschreiben muss, welche Zahl vor fünf kommt (vier oder sechs? Sechs ist ja weiter vorne...), wo der Zähler und der Nenner eines Bruches stehen usw.

Das Umsetzen von zeitlich-sequentiellen Prozessen der realen Handlung in die räumlich-simultane symbolische Darstellungsweise einer Gleichung kann zu Problemen führen. Ein Beispiel: Ein Knabe löst die Aufgabe $4 + \Box = 6$ ohne zu zögern durch Handeln. Er legt vier Dinge, zwei dazu, die Aufgabe ist gemacht. Auf meine Aufforderung, die Lösung in das leere Kästchen einzutragen, schreibt er «0» hinein. «Weil es jetzt ja jetzt sechs sind» antwortete er auf meine Frage. Erstklässler, die ich kürzlich beobachtet habe, sollten sieben Sachen auf drei Teller verteilen und ihre Verteilung mittels einer Gleichung dokumentieren. Nach einigen «gewöhnlichen» Aufteilungen wie z.B. $1 + 4 + 2 = 7$ entdeckten sie plötzlich die Möglichkeit, zwei Teller leer zu lassen und folglich alle sieben Sachen auf den dritten Teller zu legen. Nun dokumentierten sie so: $0 + 0 = 7$ statt $0 + 0 + 7 = 7$, wobei sie zweimal die Sieben hätten schreiben müssen, wo sie doch nur einmal sieben Sachen hatten. Diese Erstklässler sind natürlich nicht rechenschwach. Aber wenn nicht versucht wird, ihre Fehler zu analysieren und im Unterricht darauf einzugehen (in diesem Fall: die Situation mit den drei Tellern in einer Tabelle protokollieren, da die Gleichungsschreibweise für diese Kinder offenbar etwas zu früh kam), könnten sie es noch werden... Auch mangelndes Symbolverständnis kann zu Schwierigkeiten im Ausführungs-Bereich führen. Ein Beispiel: Eine Erstklässlerin löst die Kopfrechnung «sieben und zwei» mit «sechs». Sagt «sechs» nochmals, schüttelt den Kopf, malt eine Sechs in die Luft, schüttelt wieder den Kopf, malt eine Neun und sagt schliesslich «neun». Zahlbegriff und Operationsverständnis sind vorhanden, sonst hätte das Kind seinen Fehler nicht bemerkt. Eine auf die Schulbank geschriebene Zahlenreihe, auf die ein solches Kind mit schwachem Formengedächtnis jederzeit einen Blick werfen kann, wäre eine Soforthilfe. Langfristig ist eine Hilfe im Bereich der visuellen Wahrnehmung nötig. Kinder mit Schwierigkeiten im Ausführungs-Bereich verstehen die Zusammenhänge zwischen Zahlen und Operationen, verrechnen sich aber häufig oder können ihre Gedanken nicht so in eine Reihenfolge bringen, dass diese zur Lösung führt. Die Benützung eines Taschenrechners kann für sie eine grosse Hilfe sein, vorausgesetzt, dass sie die gebräuchliche elektronische Schreibweise richtig interpretieren können (und nicht 5 mit 2 verwechseln...).

Beide Arten - jede für sich oder gemischt - können sowohl in Diskrepanz zu anderen Fähigkeiten stehen, als auch zusammen mit Schwächen z.b. im sprachlichen Bereich auftreten. Menschen mit hoher oder durchschnittlicher Intelligenz, aber auch mit schwacher Intelligenz können betroffen sein und verdienen gleichermassen Hilfe.

2.3. Die Ursachen

Für die Behandlung einer vorhandenen Dyskalkulie und für die Prävention ist das Wissen um mögliche Ursachen von Bedeutung. Nicht, um Menschen mit Schwierigkeiten in Mathematik einen «Stempel» aufzudrücken oder sie gar vom Erlernen des mathematischen Denkens und des Rechnens zu entbinden, sondern um ihnen gerecht zu werden. Das heisst, wir müssen auf ihre Art zu denken und zu lernen eingehen, um nichts für sie Unmögliches zu verlangen, nur weil es im Lehrplan oder im Lehrbuch steht oder weil sich hartnäckige Bilder erhalten haben von dem, was «man können muss».

Auch bei der Prävention geht es nicht darum, fehlerlose Menschen erziehen zu wollen, sondern Lernende als Partner zu betrachten, mit ihnen gemeinsam ihre Stärken und Schwächen zu entdecken und ihnen zu helfen, eigene Lösungswege zu finden.

Schwierigkeiten im Bereich Mathematik können *genetisch* bedingt sein, wobei die Grenze zwischen Vererbung und Weitergabe von eigenen negativen Gefühlen gegenüber der Mathematik («Ich war auch immer eine mathematische Nuss» oder: «Das musst du jetzt noch nicht können, das kommt noch früh genug auf dich zu») verschwommen ist. *Medizinische Ursachen* können sein: Hirnentwicklungs-Verzögerungen, Hirnverletzungen, mangelnde Koordination beider Hemisphären sowie bestimmte körperliche Behinderungen, die es den Betroffenen unmöglich machen, durch eigenes Tun handelnd die Umwelt zu erfahren.

Da Mathematik viel mit persönlichen Eigenschaften wie Mut versus Ängstlichkeit, Besonnenheit versus «Drauflosarbeiten», Fleiss versus Faulheit, aber auch Bequemlichkeit (der Wunsch, Probleme so einfach wie möglich zu lösen) versus Fleiss (sichere, aber eher langweilige und langwierige Lösungswege wählen), Ordnung versus Chaos (das notwendig ist, um daraus Ordnungen zu schaffen) zu tun hat und von der Dualität der jeweiligen Eigenschaften lebt, ist es naheliegend, dass Störungen im Bereich Mathematik auch *psychisch* und *sozial* bedingt sein können. Zudem reicht Mathematik als «Herstellen von Beziehungen» auch in das persönliche Beziehungsnetz der Betroffenen hinein. Ein Achtjähriger, der von einem Elternteil einerseits für Gespräche auf Erwachsenenebene gebraucht wird, andrerseits ständig an der Hand genommen und überall hin begleitet wird, kennt seinen Stellenwert innerhalb seiner Familie nicht. Wie soll er da beurteilen können, ob fünf oder sechs grösser ist, wenn er selbst nicht weiss, ob er gross oder klein ist. Wie soll ein Mensch ohne soziale Anerkennung, ohne geschätzt zu werden, Anzahlen abschätzen können?

Wie wichtig es ist, dass Kinder in ihrer Umgebung ungehindert Erfahrungen machen können, habe ich schon eingangs erwähnt. Dass dieser Erfahrungs-Raum immer mehr eingeschränkt und immer gefährlicher wird, trägt sicher auch zur Entstehung einer Dyskalkulie bei. So fehlen vielen Kindern Raum-Erfahrungen, da sie kaum mehr die Möglichkeit haben, auf der Strasse zu spielen oder in beengten Wohnverhältnissen mit für sie ungünstiger Raum-Aufteilung leben zu müssen. Immer mehr ersetzen «Zweit-Erfahrungen», beispielsweise aus dem Fernsehen (immerhin lernen Kinder bei dieser Gelegenheit Uhrzeit, Wochentage, Vorausplanen, Symbolverständnis, Abläufe bei der Benutzung elektronischer Geräte) die eigenen Erfahrungen. Nicht mehr selbst basteln, sondern zuschauen, wie andere basteln, nicht mehr selbst Tiere beobachten, sondern dem Tier-Experten beim Beobachten zuschauen vermittelt zwar viel Interessantes, ersetzt aber das eigene Tun nicht. Auch Lärm, schlechte Luft, Gift in der Nahrung und den uns umgebenden Materialen können sich beispielsweise auf die Konzentrationsfähigkeit auswirken und somit die Entstehung einer *umweltbedingten* Dyskalkulie mit fördern.

Mangelndes Interesse, mangelnde Motivation für mathematische Betätigungen können genetische, medizinische, soziale oder umweltbedingte Ursachen haben. Aber auch alles, was mit dem Mathematik-Unterricht in der Schule zusammenhängt wie Lehrplan, Lehrmittel, Lehrmethoden, Persönlichkeit des Lehrers oder der Lehrerin kann zur Prävention oder zur Entstehung einer *didaktogenen* Dyskalkulie beitragen. Wie oft treffe ich Erwachsene, die nach dem ersten Schreck darüber, dass ich Mathematikerin bin - und gar nicht so aussehe... - bedauern, dass es in der Schule nicht gelungen sei, ihr Interesse an Mathematik zu wecken und zu fördern. Was ist passiert zwischen der Neugier des Vorschulkindes und der Abneigung mancher Erwachsener gegenüber der Mathematik? Warum reagieren viele Kinder auf meinen Vorschlag, ein bestimmtes mathematisches Gebiet zu erforschen mit den Sätzen «Oh nein, das haben wir schon gehabt!» oder «Oh nein, das haben wir noch nicht gehabt!» oder «Oh nein, das machen wir ja gerade...»?

2.4. Dyskalkulie als multikausale Lernstörung

Intakte Basisfunktionen und -qualifikationen (wie taktil-kinästhetische, visuelle und auditive Wahrnehmung, Motorik, Gleichgewichtssinn, sensorische Integration, Hirnhälften-Koordination, Konzentration, Speicherung, Arbeitshaltung, Antrieb, Kommunikation, Sprechen, Sprach- und Symbolverständnis) sind grundlegend für jegliches Lernen. Sie leiten weiter zu Fähigkeiten wie Raumerfassung und Raumvorstellung, Serialität, Vergleichen und Klassifizieren, Begriffsbildung und somit auch zum mathematischen Lernen.

Fragen aber, ob beispielsweise an einer mangelnden Konzentrationsfähigkeit nun medizinische, psychische, soziale oder umweltbedingte Faktoren «schuld» sind - oder ob gerade die mangelnde Konzentrationsfähigkeit («Nicht-bei-sich-sein-können») zu sozialen und psychischen Problemen führt, welche ihrerseits wiederum eine Dyskalkulie mit auslösen können, sind schwer zu beantworten. Ob mangelnde Wahrnehmungsfähigkeit und -verarbeitung zu psychischen und sozialen Problemen führen oder umgekehrt, darüber gehen die Meinungen auseinander. Deshalb ist es weder möglich noch sinnvoll, eine einzige Ursache für eine sich anbahnende oder manifeste Dyskalkulie verantwortlich machen zu wollen.

3. Dyskalkulieprävention

Daraus, was Mathematik alles bedeuten kann und wie vielfältig und verflochten die Ursachen einer Dyskalkulie sind, ergibt sich für die Prävention eine breite Palette von Möglichkeiten in vielen Lebensbereichen:

Das Ermöglichen eines lustvollen Zugangs zur Mathematik in diesen Bereichen auf allen Altersstufen und das Ausüben-Lassen aller Tätigkeiten, die zur Förderung und Entwicklung der Basisfunktionen und Qualifikationen führen,

Ausserschulischer Bereich			Schulischer Bereich (incl. Kindergarten)	
Familie	Alltag		Mathematik-unterricht:	Mathemat. Denken
	Spielen			Rechner. Fertigkeiten
	Feste/ Ferien			
	.	Hausaufgaben		
	.	Üben		
	.	Prüfungsvorbereitung		
Umwelt	nähere und weitere Umgebung		Andere Fächer	Anwendung der Mathematik
	Natur		Fächerüber-greifend	z.B.
	Technik			Verbindung
	Verkehr			Mathematik -
	.		.	Sprache
	.			
	.			

ist eine Form der Prävention, die für alle sinnvoll ist (und weit über das Mathematik-Lernen hinausführt). Ich will sie hier «allgemeine Prävention» nennen. Unter «spezifischer Prävention» verstehe ich Vorkehrungen bei Kindern, bei denen aufgrund von Beobachtungen eine «Disposition» zu einer möglichen Dyskalulie vorliegt. Dazu gehören Kinder mit Wahrnehmungsstörungen; Kinder, deren Problematik mit Oberbegriffen wie «psycho-organisches Syndrom», «minimale cerebrale Dysfunktion» beschrieben wird; Kinder, deren Lebensumstände tragisch sind (wie sollen sie rechnen können, wenn sie «mit niemandem rechnen» dürfen?), sei es innerhalb ihrer Familie oder als Pflege- und Heimkinder mit ständigem Wechsel. Ich habe während vieler Jahre in meiner Praxis auch beobachtet, dass linkshändige Kinder oder Kinder mit gemischter Dominanz von Hand und Auge «anfälliger» für eine Dyskalulie mit Schwerpunkt im Ausführungs-Bereich sein können als Rechtshänder, deren rechtes Auge dominant ist. Sie können häufig Prozesse nicht in der richtigen Reihenfolge ausführen oder nicht zu Ende führen, sie kehren mitten in einem Prozess um (im Alltag kann dies bedeuten, dass sie sich mitten im Anziehen am Morgen wieder ausziehen das Signal «Unterhemd» kann ja eine Fortsetzung in beide Richtungen bedeuten / im Mathematik-Unterricht: mitten im Erweitern eines Bruches beginnen sie zu kürzen...), sie fallen mitten in einer schriftlichen Subtraktion in eine Addition, vor allem, wenn sie die Fragestellung nicht klar unterscheiden und sowohl bei der Subtraktion wie bei der Addition «und» sagen.

Neun Thesen zur Prävention

Allgemeine und spezifische Prävention gehen - vor allem was den schulischen Bereich betrifft, fliessend ineinander über. Beginnen wir mit allgemeiner Prävention:

These 1: Eigene Vorurteile gegenüber der Mathematik abbauen

Die Solidarisierung mit einem Kind, das die Mathematik nicht gerne hat, kann wohl zu einer momentanen Entspannung führen - sie lässt das Kind erleben, dass Erwachsene auch nicht alles können. Langfristig ist dies aber keine Hilfe, da der Erwachsene Schul-Mathematik ja nicht mehr können m u s s , die diesbezüglichen Anforderungen ans Kind aber bestehen bleiben. Zudem kann sich auch ein psychischer Konflikt in der Art des «Schneewittchen-Syndroms» anbahnen: Soll und darf das Kind besser sein als Vater oder Mutter, die strahlend zugeben, eine «mathematische Nuss» zu sein?

These 2: Die Kinder s e i n lassen

Erfahrungen kann man nicht beibringen, sie müssen g e m a c h t werden. Die Aufgabe von uns Erwachsenen (sowohl im ausserschulischen wie im schulischen Bereich) ist es, Gelegenheiten für Erfahrungen zu schaffen und die Kinder bei ihrem Tun so wenig wie möglich zu stören (ausser bei sich anbahnenden Gefahren mit weitreichenden Konsequenzen). Wir müssen aber da sein und auf die Kinder eingehen, wenn diese das Bedürfnis zeigen, mit uns gemeinsam die Welt zu entdecken und darüber zu sprechen.

These 3: Zu selbständigem Tun ermutigen

Haben wir nicht auch schon zu einem Kind gesagt: «Lass das, das kannst du noch nicht» oder «Dafür bist du noch zu klein» anstatt es zu ermuntern mit der Aufforderung: «Probiere es» oder «Versuchen wir es zusammen!» Es kann sich dabei um das Abschneiden eines Stückes Brot handeln oder um die Frage eine Erstklässlers nach der Bedeutung des Zeichens «x» auf dem Taschenrechner. «Warte, bis du in die zweite Klasse kommst, dann wirst du es erfahren» wäre eine sehr demotivierende Antwort. Wie aber reagieren, ohne das Kind zu frustrieren, ohne den Schulstoff vorwegzunehmen und vor allem - ohne das Kind zu überfordern? Häufig löst sich das Problem von selbst: als ich mit einem Fünfjährigen Omeletten buk und wir gemeinsam herausfanden, dass die Omelette nach einmaligem Kehren in der Luft wie gewünscht mit der Unterseite nach oben in der Pfanne landete, nach zweimaligen - zwar sehr imposanten - Saltos aber wie vorher in der Pfanne lag, setzten wir das Omeletten-Kehren im Geist fort. Dreimal nützt, viermal nützt nicht.... Bis zehnmal haben wir es geschafft. Dann fragte das Kind noch so nebenbei: «und hundertmal?». Während ich mir überlegte, wie ich ihm antworten könnte, ohne ihm seine eigenen Erfahrungen wegzunehmen und ohne auf die Theorie von geraden und ungeraden Zahlen eingehen zu müssen, verschwand es bereits durch die Küchentüre. Sein Interesse hat sich - zu meinem Glück - erschöpft, es hat seine Grenzen selbst gespürt. Dass ständiges Ermutigen aber - ähnlich wie ständiges Zurückhalten - auch frustrierend sein kann, zeigte mir mein eigenes Kind mit der Bemerkung: «Du sagst immer, ich kann das - aber ich kann es einfach nicht». Der Weg zwischen F ö r d e r n und Ü b e r f o r - d e r n ist immer ein Balance-Akt, abhängig auch vom Wesen der betroffenen Kinder. Die einen haben viel eigenen Antrieb, müssen eher gebremst werden, damit sie länger bei einer begonnenen Sache verweilen, die anderen brauchen Anstösse, Ideen von aussen, um etwas zu beginnen.

Die folgenden Thesen haben immer noch mit allgemeiner Prävention zu tun, der Schwerpunkt verlagert sich aber hin zur spezifischen Prävention.

These 4: Aus Fehlern lernen

Häufig greifen wir schon ein, bevor der Fehler passiert ist. Wir rufen: «Pass auf, dein Glas fällt gleich um!» oder «So wirst du dein T-Shirt aber verkehrt herum anziehen!» oder fragen: «Hast du dein Rechenheft eingepackt?» Natürlich meinen wir es «gut», auch mit uns selber. Denn wer putzt schon gerne ausgeleerte Milch auf. Niemand - aber das Kind muss auch diese Erfahrung machen. Nebenbei merkt es die «Erhaltung der kontinuierlichen Quantität», nämlich dass nun gleichviel Milch flach und breit auf dem Tisch ist, wie vorher in dem hohen schmalen Glas war. Und beim Aufputzen spürt es die Struktur des Tisches, erfährt die Bedeutung von «Fläche» und muss sich die Konsequenzen überlegen: Wenn keine Milch mehr da ist, kann es welche kaufen gehen, aufs Trinken verzichten oder etwas anderes trinken. Es spürt die Folgen seines Handelns «am eigenen Leib» und wird das nächste Mal vorsichtiger sein. Ist dies nicht der Fall, passieren dem Kind immer wieder solche Missgeschicke wie Ausleeren, Fallenlassen, umwerfen usw., dann ist dies vielleicht ein Hinweis auf Störungen im Bereich der taktilkinästhetischen Wahrnehmung. Je nach Schweregrad können eine Abklärung schon im Vorschulalter und die entsprechende Hilfe vielen Problemen im Alltag und später in der Schule abhelfen und womöglich eine Sonderklasseneinweisung verhindern.

Ein von einem Band der Länge 1 m falsch abgeschnittenes Stück - z.B. 37 cm statt 73 cm - ist ein Ärgernis. Nicht immer lässt sich die gewünschte Länge aus dem Reststück herausschneiden. Manchmal aber schon. Wann? Aus dieser Frage ergibt sich vielleicht eine spannende mathematische Untersuchung... Trotzdem muss ein neues Band besorgt werden, was im Portemonnaie des Kindes eine empfindliche Lücke hinterlässt.

Schreibt das Kind die Zahlen einer Addition nicht korrekt untereinander sei es beim Eruieren der gewonnenen Punkte in einem Spiel, sei es beim Lösen der Hausaufgaben oder in der Schule - so wird es häufig sofort auf seinen Fehler aufmerksam gemacht. Lässt man es aber ruhig weiterarbeiten, so merkt es vielleicht beim Betrachten des Ergebnisses seinen Fehler. Wenn nicht, so müssen wir mit dem Kind darüber sprechen. Auf jeden Fall muss es die ganze Arbeit nochmal machen...

Vertauscht man einige Buchstaben im Wort «Fehler», so entsteht daraus «Helfer». Helfer, um die Ursachen herauszufinden: z.B. ob die Verwechslung von 73 mit 37 mit auditiven Wahrnehmungsschwierigkeiten oder mit räumlichen Verwechslungen zu tun hat. Oder ob das nicht richtige Untereinanderschreiben mit visuellen Problemen zusammenhängt, oder mit Schwierigkeiten im Herstellen von räumlichen Beziehungen. Merkt das Kind seine Fehler nicht, so hat es Probleme im Herstellen von Beziehungen quantitativer Art was auf eine mögliche Dyskalkulie hindeuten kann. Vielleicht ist es aber einfach nicht gewohnt, seine Resultate auf ihre Richtigkeit hin zu überprüfen, da die einzige Konsequenz eines Fehlers ein roter Strich ist...

These 5: Dem Ergebnis ist es egal, wie man zu ihm gelangt ...

Ein Fünftklässler löst in einem schriftlichen Test Rechnungen wie 17 - 9, 5 + 8, 12 - 7, 13 - 8 durchwegs richtig. Wäre mir nicht aufgefallen, dass nach ca. fünf Rechnungen alle Ergebnisse falsch waren, hätte ich ihn nicht gefragt, wie er zu den Resultaten gekommen ist. So aber stellte ich ihm diese Frage. Er erklärte es mir anhand von «13 - 8» so: «8 + 8 ist doch 16, das ist aber um drei mehr als 13, deshalb ist das Ergebnis nicht 8 sondern 5».

Das Kind verfügt zweifelsohne über das Verständnis der Operationen Addition und Subtraktion und deren Zusammenhänge. Er hat die Basisrechnungen (Addition und Subtraktion im Bereich bis zwanzig) aber nicht automatisiert, weil er nicht über die entsprechende Speicherfähigkeit verfügt oder weil ihm nie ein für ihn praktikabler Weg zum Automatisieren vorgeschlagen wurde. Der oft noch übliche Weg lautet «13 weg 8 / 13 weg wieviel ist 10? / 13 weg 3 ist 10 (man beachte, dass schon vier Zahlen vorgekommen sind...) / 3 und wieviel ist 8? / 3 und 5 ist 8 (jetzt sind es schon fünf Zahlen) / 10 (das lange vorher erwähnt wurde) weg 5 ist 5». Dieser Weg setzt eine intakte Merkfähigkeit für Zahlen und für den richtigen Ablauf, der aus sechs Einzelschritten besteht, voraus. Der Schüler war aber schon von Art und Länge seines eigenen Lösungsweges überfordert. Er braucht dringend eine ihm angepasste Technik als Übergang zum Automatisieren (das seltsame am Zehnerüber- oder -untergang ist ja, dass man ihn eigentlich nur lernt, um ihn so schnell wie möglich wieder vergessen und durch das automatische Wissen ums Ergebnis ersetzen zu können). Diese könnte so aussehen: «Von 13 bis 10 sind es 3/ von 3 bis 8 sind es 5 / 10 weg 5 ist 5». Voraussetzung ist die Automatisierung der Zerlegungen aller Zahlen bis zehn in zwei Summanden.

Die These 5 muss natürlich dahingehend ergänzt werden: Dem Ergebnis ist es egal, wie man zu ihm gelangt, solange es richtig ist und innert der fürs Kind möglichen Merkfähigkeitsspanne möglichst energiesparend erreicht wird. Ist dies nicht der Fall, d.h. ist das Ergebnis falsch oder der Schüler nach einigen Rechnungen erschöpft, ist es Aufgabe der Erwachsenen (Lehrer und Lehrerinnen, Eltern) mit dem Kind den von ihm begangenen Lösungsweg nachzuvollziehen und andere Wege vorzuschlagen, die die Schwächen des Kindes berücksichtigen. Das heisst aber nicht, dass der vom Kind anfangs gewählte Weg ersatzlos gestrichen werden darf - denn wenn es ihn nicht bräuchte, hätte es ihn wahrscheinlich nicht gewählt (niemand erschwert sich doch freiwillig das Leben...). Im Notfall - wenn ihm die richtige Lösung nicht automatisch in den Sinn kommt, wird es darauf zurückgreifen müssen.

These 6: Lern-Spuren legen

Diese These ist eigentlich ein Pleonasmus, da «Lernen» ja ursprünglich bedeutet: «einer Spur nachgehen». Ich meine mit «Spur legen» das Besprechen, Protokollieren und Nachvollziehen eines von einem Schüler eingeschlagenen Lösungswegs, das Vergleichen mit anderen Lösungswegen.

Ein Beispiel: eine Drittklässlerin hat von vierzig Geteiltrechnungen mit Rest zwanzig richtig, zwanzig falsch: Falsche Ergebnisse sind zum Beispiel: 23 : 5 = 5 Rest 2 oder 37 : 6 = 7 Rest 5. Meine Vermutungen waren: das Mädchen nimmt immer die obere statt die untere Zahl aus der entsprechenden Reihe (wobei bei einem senkrecht aufgehängten Massband die «untere» Zahl oben ist...), ist also einem Missverständnis erlegen. Da aber die Hälfte der Rechnungen richtig gelöst war, kann diese Vermutung nicht stimmen. Die nächste Vermutung, dass das Mädchen immer die nächstgelegene Reihen-Zahl (egal ob unten oder oben, ob vorher oder nachher) genommen hat, erwies sich bei der Analyse ihrer Fehler auch als falsch. Die Erklärung kam vom Kind selbst: «Wissen Sie, ich nehme einfach manchmal die untere, manchmal die obere Zahl, wie ich gerade Lust habe». Das Kind ist keine eindeutige Rechtshänderin, obwohl sie mit der rechten Hand schreibt. Zudem ist ihr linkes Auge dominant. Die Unterscheidung von vorher und nachher, links und rechts, sogar oben und unten ist für sie schwierig, da es für sie nichts ausmacht, ob etwas auf der einen oder anderen Seite ist. Was fürs tägliche Leben von Vorteil ist, erweist sich für gewisse Aspekte unserer Kulturtechniken als Hindernis.

These 7: Jedes Kind auf seine Rechnung kommen lassen

Offensichtlich ist die Technik, die das Kind anwendet, für es nicht sinnvoll. Ich liess mir von ihr eine Geschichte zur Rechnung 23 : 5 erzählen. Kein Problem: «Fünf Kinder verteilen 23 Spielsachen unter sich. Jedes bekommt vier, drei lassen sie in der Truhe liegen». Auf meinen Einwand, dass doch - laut ihrem Ergebnis jedes Kind fünf Sachen bekommen müsste, meinte sie: «Blödsinn, so viele Sachen sind ja gar nicht da!» Sie muss also angeregt werden, sich immer wieder die Situation vorzustellen, sich eine Geschichte zur Rechnung auszudenken oder das via obige Technik erhaltene Ergebnis so zu kontrollieren. Für ein anderes Kind ist das Einprägen der Technik - falls Raumvorstellung und Merkfähigkeit ausreichen - wichtig, weil es über das Verständnis nicht zum richtigen Ergebnis käme, wenn es sagt: «23 Kinder teilen fünf Spielsachen unter sich auf». Ist in einem solchen Fall das technische Lösen dieser Rechnung überhaupt sinnvoll? Nicht alle Kinder können aufgrund ihrer Schwierigkeiten den «normalen» Weg vom Handeln über die bildhafte zur symbolischen Ebene, und von dort zur Automatisierung gehen (s. Kasten 1). Sie werden wegen Problemen beim Herstellen von Beziehungen quantitativer Art vielleicht nie zum vollen Verständnis gelangen, aber sie können dennoch zu gewissen Automatismen gelangen. Und manchmal führt auch dieser Weg zu einem besseren Verständnis - ganz sicher aber zu einem gestärkten Selbstvertrauen. Denn immer nur an dem «herumzupickeln», was ein Kind nicht kann, ist entmutigend und auch vom neuropsychologischen Standpunkt aus, der für Kompensation durch andere Funktionsbereiche des Gehirns plädiert, nicht sinnvoll.

Jedes Kind «auf seine Rechnung kommen» zu lassen, bedeutet aber für den Mathematik-Unterricht: v i e l f ä l t i g e s   M a t e r i a l *zur Einführung eines neuen Gebietes anbieten (z.B. für die Darstellung des Zahlenraumes bis hundert sowohl strukturiertes wie unstrukturiertes, den ordinalen bzw. den kardinalen Aspekt betonendes Material, mit geschriebenen Zahlen und ohne Zahlen, das es dem Kind überlässt, zu wählen, wo «1» und wo «100» ist);* v e r s c h i e d e n e   M e t h o d e n *zur Lösung einer Aufgabe zulassen (z.B. Berechne den Unterschied zwischen 2370 und 10 000: als Ergänzungsrechnung im Kopf, eventuell mit untereinandergeschriebenen statt nebeneinandergeschriebenen Zahlen, was das Verbinden gleicher Einheiten erleichtert oder als schriftliche Subtraktion und schliesslich als Subtraktion mit dem Taschenrechner). Und dies bedeutet auch vermehrtes Individualisieren im Unterricht.*

Dass dabei auch «nichtdyskalkuliegefährdete», ja sogar mathematisch speziell begabte Kinder profitieren, ist ein wichtiger Nebeneffekt.

These 8: Auch Üben will gelernt sein

Ein wichtiger Bestandteil des Neuen Mathematik - Unterrichts ist es, den Weg vom Handeln zum Verständnis sehr sorgfältig zu gehen. Er gibt damit Kindern, die Schwierigkeiten mit dem Auswendiglernen und Automatisieren haben, mehr Chancen, als dies der frühere Rechenunterricht getan hat. Die an die Erarbeitung des Verständnisses anschliessende Phase, nämlich der Weg übers Üben zum Können - der wieder drei Stufen beinhaltet: Handeln mit strukturiertem Material, Vorstellen und inneres Sprechen, Automatisieren (s. Kasten 1) wird aber eher vernachlässigt. Welche Fragen sonst noch für erfolgversprechendes Üben zwischen Lehrkräften, Eltern und Kindern geklärt werden müssen, ist aus Kasten 2 ersichtlich.

These 9: Mathematik ist überall

und deshalb ist auch die Prävention von Dyskalkulie überall dort möglich, wo Erwachsene und Kinder gemeinsam aufbrechen, die Welt um sie herum zu entdecken: Bei so alltäglichen Tätigkeiten wie An- und Ausziehen (s. Kasten 3) zuhause, beim Benützen von öffentlichen Verkehrsmitteln (Fahrplan lesen, Stadtplan verstehen, Automaten bedienen, Zahlen lesen...), beim Umstellen der Möbilierung eines Klassenzimmers (Abstimmen über die Anordnung der Bänke, Pläne herstellen, gemeinsam umstellen, das Gewicht der Bänke spüren, messen...), beim Planen eines Schulausfluges.

So werden wir den Kindern nicht nur den Weg zu Zahlbegriff und Raumvorstellung erleichtern, sondern ihnen eine befriedigende Teilnahme am Leben mit all seinen interessanten und spannenden Aspekten ermöglichen.

Anschrift der Verfasserin:

Margret Schmassmann, dipl. math.
Mathematik-Pädagogin
Fichtenstr. 21
8032 Zürich

<u>OPERATIONSVERSTÄNDNIS</u> (Ziel: Verstehen)

<u>HANDLUNGSEBENE</u> («Enaktiv»)
mit konkretem, unstrukturiertem Material

- Realer Raum

- REALE ZEIT (zeitliches nacheinander der Handlung)

<u>BILDHAFTE EBENE</u> («Ikonische»)
Darstellung der Handlung bzw. Situation als Bild, Zeichnung / Abbildungen aus Zeitschriften, Büchern

→ VORSTELLUNG (<u>VERINNERLICHUNG</u>)

- RAUM (räumliche Vorstellung)

→ SPRACHE im Übergang zur symbolischen Ebene: Geschichte zur Handlung / <u>Inneres</u> <u>Sprechen</u>

   ZEIT (zeitliches Nacheinander des Sprechens)

<u>SYMBOLISCHE EBENE</u> ("Symbolisch)
mit Zeichen (Ziffern, Buchstaben, Operationszeichen in Tabellenform, als Rechnung usw.)

- Keine realer Raum → «RAUM DER SYMBOLE»
  (Grafische Darstellung: räumliche Beziehungen, Raumlage)

- Keine reale Zeit → «Gleichzeitigkeit der Symbole»
  (In der Darstellungsform der Rechnung als Gleichung ist aus dem zeitlichen Nacheinander ein zeitliches Nebeneinander, also Gleichzeitigkeit geworden)

<u>AUTOMATISIEREN</u> (Ziel: «auswendig»-können)

<u>HANDELN</u>
mit konkretem strukturiertem Material
mit abstrakten Darstellungen

<u>VERINNERLICHEN</u> (BILDHAFT/ SPRACHLICH)
Handlungsabläufe kürzen, räumliche Vorstellung,
verkürztes Sprechen, inneres Sprechen

<u>SYMBOLISCHE EBENE</u>

- Übungsschritte darstellen

- reines Übungsmaterial (mit Selbstkontrolle) und Testmaterial (kaum noch Erfahrungen und Erkenntnisse durch das Material). Zeit → TEMPO

- *Hilfsmaterial* zum Benützen,, wenn das Automatisieren nicht oder schwer möglich ist

- *Hilfs-Methoden und -Techniken*

Kasten 1: O P E R A T I O N S V E R S T Ä N D N I S ,   A U T O M A T I S I E R E N
Nur zum persönlichen Gebrauch, © Margret Schmassmann, Mathematiklabor, Zürich

194

GRUNDSÄTZLICHES:

WANN?	Zeitpunkt in der Entwicklung	(L)
WARUM?	Motivation	(L/S)
	Ziel (Fehler/ Geschwindigkeit)	(L/S)
	Neuropsychologische Vorgänge	(L/E)

INHALTLICHES

WAS?	Mathematisches Gebiet festlegen (z.b. Zeherübergang, Einmaleins) evt. Voraussetzungen überprüfen (Zehnerübergang: Zerlegungen bis 10)	(L)
WOMIT?	Material: real strukturiert, abstrakt (z.b. Übungsblätter)	(L/S/E)
WIE?	laut sprechen, innerlich sprechen sich abfragen lassen / stillsitzen, laufen, Ball spielen dazu	(L/S/E)
WIE LANGE?	wieviele Minuten täglich?	(L/S/E)
WANN?	Tageszeit (vor/nach Essen, vor/nach Spielen)	(L/S/E)
WO?	Raum (allein, mit offener Tür, mit Musik...)	(S/E)
WER?	übernimmt Verantwortung? mit wem soll Kind üben?	(S/E)

KONTROLLE

WELCHER ERFOLG?	Kontrolltests, um Kind in Arbeit zu bestätigen und weiteres Programm zu besprechen, Abschluss. (Ehrlichkeit)	(L/S)

ZIEL NICHT ERREICHT?

WELCHE ALTERNATIVEN?		
	Hilfsmaterialien, Taschenrechner Schwerpunkte neu setzen.	(L/S/E)

L = Lehrkräfte, Therapeutinnen, S = Schülerin, Schüler, E = Eltern

Kasten 2: U E B E N Fragen, die Lehrkräfte, Kinder und Eltern betreffen
Nur zum persönlichen Gebrauch, © 1989 M. Schmassmann, Mathematiklabor Zürich

Welche mathematischen Erfahrungen macht ein Kind bei einer alltäglichen Tätigkeit wie

ANZIEHEN UND AUSZIEHEN DER KLEIDER

FARBE erkennen, benennen, unterscheiden von Grund- und zusammengesetzten Farben / Farbtöne / Lieblingsfarbe

FORM erkennen, benennen, unterscheiden von verschiedenen Formen wie rund, spitz, eckig (z.B.Ausschnitt) ... ebene Figuren - Röhrlihosen, weite Hosen, ausgestellte Röcke ... räumliche Figuren und Körperformen

GRÖSSE lang - kurz / gross - klein / hoch (Kragen) - tief (Ausschnitt) / ... eng - weit / schmal - breit / dick-dünn

MATERIAL Wolle / Baumwolle / Seide / Samt / Nylon / Leder / Plastik /Gummi. Eigenschaften: weich - hart - kratzig / glatt-rauh / kalt-warm / dick-dünn / steif - geschmeidig / Wetter: nass - trocken / kalt - warm

GEWICHT schwerer Mantel / leichtes Kleid. Körpergewicht

ZEIT Tageszeit: Morgenmantel / Abendkleid / Pyjama / Nachthemd Jahreszeit: Sommer- / Winterkleider / Übergangsmantel. Wachstum: als ich noch ein Baby war.... / wenn ich gross bin..., Eile: mach schnell(er), beeile dich, zu spät

REIHENFOLGE zuerst - dann - nachher / vorher - nachher / Socken - Hose -Schuhe ist richtig / Hose - Schuhe - Socken ist falsch

ZUORDNUNG das gehört mir, das auch - das ist deines /wer trägt - gerne Kappen /... Zuordnen: Knopf-Knopfloch / rechter Schuh - linker Schuh ... 1-1-Zuordnung

MENGEN Schmutzwäsche einteilen in Koch-, Bunt-, Feinwäsche. Wäsche in die Schränke versorgen : Unterwäsche zusammen / Pullover zusammen / Hosen zusammen. Wäsche nach Jahreszeit einteilen: Sommer-/ Winterkleider

RELATIONEN/ ORDNUNGSRELATION Vergleich: gefällt mir besser als / ist schöner als / ist moderner als / alle haben einen lässigeren.. (Vergleich nach Geschmack) Vergleich nach Grösse: der Pulli ist grösser, enger, zu klein. Ordnungsrelation: alte Fotos sortieren: da war ich noch ganz klein, da bin ich schon gewachsen, da bin ich noch grösser geworden. Zugehörige Kleidungsstücke nebeneinander auflegen: die erste Hose, die ersten Jeans,....

Z ÄHLEN/ ZAHLWORTER Alter angeben / Kleidungsstücke auf Vollständigkeit prüfen: 2 Socken, 2 Schuhe, 1 Hose

ZIFFERN/ SYMBOLE Alle Aufschriften auf Etiketten

RÄUMLICHE LAGE unten-oben /rechts-links/ vorne-hinten

BEZIEHUNG drunter - drüber/ aussen - innen / verkehrt,umgedreht/

MUSTER Flächenstruktur: Gewebe, Gestricktes. Gehäkeltes Flächeneinteilung: Karo, Streifen, Blumen, Punkte

SYMMETRIE symmetrische Kleidungsstucke wie Hosen, Hemden zusammenlegen unsymmetrische Kleidungsstücke Socken, Handschuhe asymmetrische Ausschnitte

MOTORIK auf einem Bein stehen, Schuhe binden, Knöpfe zumachen

Kasten 3: Vorerfahrung

Ernst Lobsiger/ Hans-Jürg Keller
Legasthenieprävention durch Lehrerbildung?

Legasthenieprävention durch Lehrerbildung. Der Titel dieses Beitrages ist mit einem Fragezeichen versehen. Wenn man sich auf die Fachleute in Ausbildungsinstitutionen und Erziehungsdepartementen abstützt, so ist dieses Fragezeichen fehl am Platz, es ist durch ein Ausrufezeichen zu ersetzen. Lehrerbildung *hat* wesentlich zur Prävention der Teilleistungsschwächen und damit von Lese- und Rechtschreibschwierigkeiten beizutragen.

1. Was wird von den Regelklassenlehrkräften erwartet?

Sie sollen präventiv und fördernd tätig sein.

Im SCHULBLATT DES KANTONS ZÜRICH 5/89 wird auf die in diesem Band schon oft zitierte Erhebung der Pädagogischen Abteilung des Kantons Zürich über Stütz- und Fördermassnahmen hingewiesen (BÜHLER-NIEDERBERGER 1988), wonach in gewissen Gemeinden jeder vierte Schüler ein- oder mehrere Male einen zusätzlichen therapeutischen Stütz- und Förderunterricht erhält. In der Folge heisst es z.b.: «es besteht auch die Aussicht, dass mit Hilfe der neueren Resultate der heilpädagogischen Forschung auf den Gebieten der ganzheitlichen Förderung lerngestörter Kinder einerseits und der Entwicklung und Anwendung präventiver Massnahmen zur Vermeidung von Sprach- und anderen Störungen andererseits der Umfang der therapeutischen Massnahmen mit der Zeit vermindert werden kann.» Oder: «Frühere Schulversuche haben gezeigt, dass z.b. Legasthenie durch geeignete Erstlesemethoden und andere präventive Massnahmen bei vielen Kindern vermieden werden kann» (S. 442).

Auch wenn sich die ERZIEHUNGSDIREKTORENKONFERENZ mit sonderpädagogischen Förderungsmöglichkeiten für «Kinder mit Schwierigkeiten in der

Schule» befasst, listet sie die *Förderung durch den Klassenlehrer* in der Regelklasse an erster Stelle ihrer Empfehlungen auf.

Weiter schreibt sie: «In der Lehrerbildung sind rein theoretische Informationen über Lern- und Verhaltensstörungen nicht mehr als genügend zu erachten, die Erhöhung der Handlungskompetenzen ist anzustreben. (Empfehlungen vom 24. Oktober 1985, zit. nach nach GRISSEMANN 1989, S. 191ff.)

Eine Arbeitsgruppe des Verbandes der Heilpädagogischen Ausbildungsinstitute der Schweiz fordert in einem Entwurf zu einem - zum Zeitpunkt seines Erscheinens heftig umstrittenen - Grundlagenpapier neben dem Grundlagenwissen wie der Pädagogischen Psychologie des Lesens und Schreibens, Lesemodellen usw. unter anderem folgende Handlungskompetenzen des Regelklassenlehrers

- «Individualisierende und differenzierende Massnahmen zur unterrichtlichen Förderung des Erwerbs der Schriftsprache, besonders im Hinblick auf die Vorbeugung schriftsprachlicher Störungen
- Erfassung gestörter Aneignungsprozesse und Einleitung notwendiger Massnahmen (individualisierende, klasseninterne Förderung, Überweisung an und Zusammenarbeit mit Spezialisten u.a.)
- Kenntnisse über Möglichkeiten zur klasseninternen Förderung von Problemschülern im Regelbereich (Einschulungsprobleme, Verhaltensauffälligkeiten, Sprachbarrieren usw.) als Vorbeugung spezifischer Lernstörungen im Lese-Rechtschreibbereich
- Kenntnisse über Möglichkeiten pädagogischer Betreuung von Schülern mit schriftsprachlichen Störungen im fächer- bzw. unterrichtsübergreifenden Bereich.»

Von den Lehrerbildungsanstalten wird also erwartet, dass sie die angehenden Lehrkräfte mit einem sehr breiten Spektrum an Kenntnissen und Kompetenzen im Hinblick auf Legasthenieprävention entlassen.

An vorderster Front kämpft schliesslich GRISSEMANN für die Prävention von Teilleistungsschwächen und für Stütz- und Fördermassnahmen durch Klassenlehrerin und Klassenlehrer. In seiner «Lernbehinderung heute» nennt er als Aufgabe des Regelklassenlehrers unter anderem:

«die klasseninterne, individualisierende Förderung von *Schülern mit Teilleistungsschwächen* im Zusammenhang mit einem Abbau sog. Therapien, welche in vielen Fällen das kompensieren mussten, was der Unterricht versäumt hatte. Therapien sollten nur noch vorgesehen werden für besondere Fälle, welche auch die Kompetenz derjenigen Lehrer übersteigen, die im Hinblick auf die in den Regelklassen wahrzunehmende Problemschülerpädagogik aus-

198

gebildet worden sind. Damit soll der Therapieboom der siebziger Jahre [und wohl auch der achtziger, Ke] pädagogisch vernünftig korrigiert werden» (GRISSEMANN 1989, S.192)

Hervorheben könnte man in diesem Zitat den Satzteil *«welche in vielen Fällen das kompensieren mussten, was der Unterricht versäumt hatte»*. Es wird also weniger die Fachkompetenz der Legasthenietherapeutinnen angezweifelt, als diejenige der Regelklassenlehrerinnen und -lehrer, die in vielen Fällen eben einen zuwenig präventiven Unterricht gehalten haben sollen.

Und warum war der Unterricht - aus heutiger Perspektive - häufig unangemessen? Weil die Lehrerinnen und Lehrer - wiederum aus heutiger Perspektive - häufig ungenügend auf die Aufgabe der Legasthenieprävention vorbereitet worden sind. Damit aber liegt der Ball wieder bei der Lehreraus- und -weiterbildung. «Legasthenieprävention durch Lehrerbildung» ist also Forderung, nicht Frage.

Ziel der Lehrerbildungsstätten muss sein, die Studierenden in die Lage zu versetzen, bei Teilleistungsschwächen einerseits präventiv, andererseits stützend und fördernd tätig zu sein.

1. Haltung von Regelklassenlehrerinnen und -lehrern

Wie sehen das nun Lehrerinnen und Lehrer? Sind sie sich dieser Aufgaben bewusst und sind sie ihnen gewachsen? Aus problemzentrierten Interviews, die wir mit ehemaligen Studierenden am Primarlehrerseminar des Kantons Zürich zum Themenkreis «Sonderpädagogik in der allgemeinen Schule» geführt haben, lassen sich folgende Tendenzen erkennen. (Wobei betont werden muss, dass es sich um Tendenzen handelt, die Generalisierbarkeit von solch qualitativen Untersuchungen ist stark eingeschränkt).

- Die Lehrerinnen und Lehrer sind sich bewusst, dass sie bei der Prävention von Legasthenie - oder auch bei ihrem Entstehen - eine wichtige Rolle spielen.

- Ihrer Ansicht nach können sie vor allem mit einem guten Erstleseunterricht wirksam präventiv tätig sein Bei der Wahl eines Erstleselehrganges sind folgende Kriterien wichtig:
  - die Empfehlung durch das Seminar

- die Wahl von Kolleginnen und Kollegen im Schulhaus und damit die Möglichkeit zu Zusammenarbeit und Austausch
- die ansprechende Aufmachung
- die Freiheit, die der Leselehrgang den Lehrkräften für eigene Geschichten und Einfälle und den Schülerinnen und Schülern für Eigentätigkeit lässt
- die (subjektiv empfundene) Kindsgerechtheit des Leselehrganges

- Vor die Aufgabe einer individuellen Förderung gestellt, kommen die jungen Lehrerinnen und Lehrer relativ schnell an ihre Grenzen. Mit «schnell an ihre Grenzen kommen» ist gemeint, dass sie sich in ihrem ersten Klassenzug nicht in der Lage sehen, so weit zu individualisieren und zu differenzieren, wie das in der Literatur gefordert wird - und wie sie selbst das auch möchten. Sie erleben Lern- und Leistungsunterschiede der Schüler dann auch als ein Faktor, der sie in ihrem Berufsfeld sehr stark beansprucht.

- Folgerichtig bemühen sich die Lehrerinnen und Lehrer darum, eine Legastheniegefährdung früh zu erkennen und - mit den Worten eines Interviewten - «die Sache in die richtigen Bahnen lenken», also eine Abklärung durch die schulpsychologischen Dienste in die Wege zu leiten. Wichtig ist für die Befragten, dass ihnen nicht der Vorwurf gemacht werden kann, sie hätten etwas versäumt oder zu spät bemerkt. Es geht weniger um eine Delegationsmentalität im Sinne von «da soll sich ein anderer darum kümmern» als um eine Rückversicherung. Es ist den befragten Regelklassenlehrern ein grosses Anliegen «alle mitzunehmen, sowohl die Guten wie die Schlechten optimal zu fördern», sie fühlen sich aber wohler, wenn nicht die ganze Verantwortung auf ihnen lastet, sondern parallel zu ihren Bemühungen eine Legasthenietherapie läuft.

- Die Erfahrungen, die dabei mit den Schulpsychologischen Diensten gemacht werden, wirken unseres Erachtens prägend auf die Junglehrer. Wir haben bei Regelklassenlehrerinnen und Lehrern in der Phase des Berufseinstiegs Respekt und Dankbarkeit («ohne diese Frau wäre ich völlig aufgeschmissen gewesen, [...] jetzt sehe ich viel klarer, warum dieser Schüler so reagiert»), aber auch Resignation («da melde ich mich gar nicht mehr, der ist so gestresst, dass das ohnehin nichts bringt») festgestellt.

- Den Legasthenietherapeutinnen wird durchwegs eine sehr hohe Fachkompetenz zugeschrieben, zuweilen ist aber festzustellen, dass eine fast esoterisch anmutende Aura um die Legasthenietherapeutinnen schwebt. Sie

werden schon das richtige tun, aber was das ist, weiss man nicht so genau
- und bekommt es auch nicht so leicht heraus.

- Kontakt besteht zwar zwischen Lehrerinnen und Legasthenietherapeutinnen, aber meist auf einer rein informellen Basis, beim Kaffee im Lehrerzimmer, so auf der Stufe «und, wie geht es bei dir» «ja, doch, es scheint
  mir, er habe einige Fortschritte gemacht». Von einer Zusammenarbeit
  oder auch nur von einem gegenseitigen Austausch ist bei vielen Lehrerinnen und Lehrern nur wenig zu spüren. Begründet wird dieses Fehlen
  einer Zusammenarbeit sehr verschieden. Entweder finden es die Lehrerin
  oder die Therapeutin unnötig, oder es fehlt die Initialzündung; beide Seiten scheinen eine gewisse Hemmung zu haben, der anderen eine Zusammenarbeit oder wenigstens einen Austausch vorzuschlagen, oder die fehlende Zusammenarbeit wird auf die grosse zeitliche Beanspruchung von
  Therapeutin oder Lehrerin zurückgeführt, die einen zusätzlichen Mehr-
  aufwand nicht mehr zulasse.
  Es gibt aber andererseits durchaus auch Regelklassenlehrkräfte, die über
  einen sehr befriedigenden Austausch mit der Legasthenietherapeutin berichten, die von dieser didaktische Ratschläge oder Material zur Binnendifferenzierung erhalten und diese Hilfestellung auch gerne annehmen.

- Schliesslich wurden die befragten Lehrerinnen und Lehrer auch mit Fördermaterial konfrontiert («Lesen - Denken - Schreiben» von GRIS-
  SEMANN/ ROOSEN 1989). Man stellt dabei ein sehr unsystematisches
  Herangehen fest. Die Reaktionen sind z.B. «Doch, das scheint mir eine
  gute Übung, die könnte ich brauchen». «Die Zeichnungen gefallen mir» /
  «gefallen mir nicht». Der Lehrerkommentar wird meist schnell zur Seite
  gelegt. Ausdrücke wie «Redundanztheorie» oder «Segmentation auf der
  Graphemebene» hat man zwar im Seminar einmal gehört, sie ermuntern
  aber nicht zum Weiterlesen, man hält sich lieber an real Fassbares, wie
  eine Übung zur Selbstkontrolle, die sich dem betrachtenden Lehrer unmit-
  telbar erschliesst.

Zusammenfassend kann - etwas pauschalisierend - festgestellt werden, dass die
erst kurze Zeit patentierten Lehrkräfte die Voraussetzungen mitbringen, um
das in ihrem Bereich Mögliche zur Legastheniepsävention beizutragen, sie
sind aber häufig zu stark absorbiert, um all die Aufgaben, die sich ihnen stellen, auch voll wahrnehmen zu können.

Am Beispiel unseres Unterrichts am Primarlehrerseminar des Kantons Zürich
soll im folgenden aufgezeigt werden, wie die Studierenden auf die Thematik
«Lese-und Rechtschreibschwächen» vorbereitet werden.

3. Didaktik der deutschen Sprache

Einige wenige Zahlen:
- 6 Semester Lehrerausbildung nach der Matur im Kanton Zürich
- 15 bis 16 Wochen Praktikum am Primarlehrerseminar plus
- ca. 8 Wochen Praktikum am Seminar für Pädagogische Grundausbildung
- 16 Wochen ausserschulisches Praktikum (Industrie, Spital usw.)
- 8 Wochen Frankreich-/ Welschlandaufenthalt
- anschliessend 2 Jahre Betreuung durch Junglehrerberater
- 88 Lektionen Deutsch-Didaktik am Primarlehrerseminar
- davon 22 Lektionen «Erstlesen, LRS» im letzten Semester.

Fazit: Die Primarlehrerausbildung ist ein Vollstudium, aber die Stundendotation für Erstlesen, LRS ist bescheiden.

Wir bedienen uns deshalb eines Kunstgriffes und bieten in den ersten drei Semestern am Primarlehrerseminar die durch den Lehrplan vorgegebenen Inhalte schon im Wahlfach an. Hier die Ausschreibung:

Erstlesen   Prof. Dr. E. Lobsiger

Etwa 50% aller Junglehrer, die 1988 eine Jahresstelle übernahmen, konnten/ mussten eine 1. Klasse antreten. Dies wird auch in Zukunft so bleiben. Weil in der Realien- und Deutsch-Didaktik nicht intensiv genug auf die speziellen Probleme der 1. Primarklasse eingegangen werden kann, wird dieses Wahlfach angeboten:
- die vier verschiedenen Erstlesemethoden
- die acht zugelassenen Erstlesefibeln
- Der Sachunterricht in der 1. Klasse
- Legasthenie/ Lese- und Rechtschreibschwäche
- Werkstattunterricht in der 1. Klasse

Welches sind die Inhalte?

- an konkreten Beispielen, unterstützt durch Videofilme lernen die Studierenden die Erstlesemethoden kennen. Die Übersicht im Lehrerkommentar «Lesen - Sprechen - Handeln» (GRISSEMANN 1980, S. 5 - 17) dient als Überblick.

- Jeder Studierende soll alle acht im Kanton Zürich zugelassenen Erstlesematerialien in den Händen haben und vergleichen. Dabei bleibt nicht unerwähnt, dass in den meisten anderen Kantonen nur ein oder zwei Erstleselehrgänge zugelassen sind.

Auch die prozentuelle Verteilung im Kanton wird diskutiert.

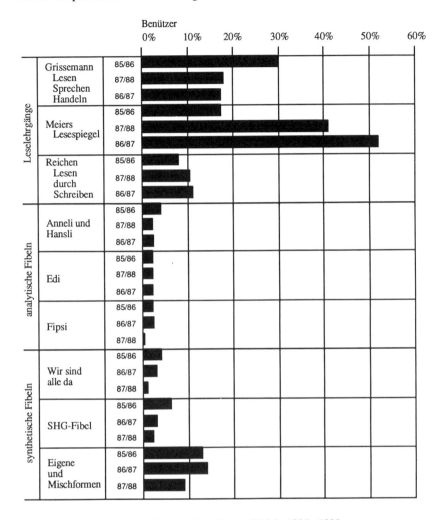

Abb. 1: Gebrauch der Erstleselehrmittel im Kanton Zürich, 1985 - 1988

Praktisch alle Deutschdidaktiker empfehlen den Junglehrern, im ersten Klassenzug «Lesen - Sprechen - Handeln», den «Lesespiegel» oder die SHG-Fibel
zu verwenden. Wir raten davon ab, schon eine eigene Fibel ausarbeiten zu
wollen.

Eine grosse und nicht immer dankbare Aufgabe ist schliesslich, den Studierenden die Angst vor Fachausdrücken zu nehmen. Begriffe wie Morphem,

Graphem, Signalgruppe und viele andere können nicht vorausgesetzt werden. Besonders gross ist z.b. die Angst vor Seite 40 im Lehrerkommentar von GRISSEMANN: «Was, beim Einüben eines neuen Wortsegmentes sollte ich im allgemeinen diese zwölf Lernschritte berücksichtigen, da nehme ich lieber eine 'gemüthaftere' Fibel.»

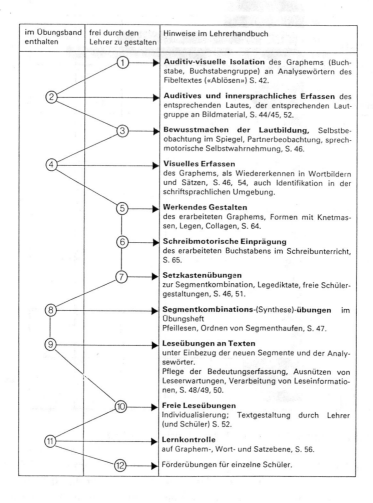

im Übungsband enthalten	frei durch den Lehrer zu gestalten	Hinweise im Lehrerhandbuch
	①	**Auditiv-visuelle Isolation** des Graphems (Buchstabe, Buchstabengruppe) an Analysewörtern des Fibeltextes («Ablösen») S. 42.
②		**Auditives und innersprachliches Erfassen** des entsprechenden Lautes, der entsprechenden Lautgruppe an Bildmaterial, S. 44/45, 52.
	③	**Bewusstmachen der Lautbildung,** Selbstbeobachtung im Spiegel, Partnerbeobachtung, sprechmotorische Selbstwahrnehmung, S. 46.
④		**Visuelles Erfassen** des Graphems, als Wiedererkennen in Wortbildern und Sätzen, S. 46, 54, auch Identifikation in der schriftsprachlichen Umgebung.
	⑤	**Werkendes Gestalten** des erarbeiteten Graphems, Formen mit Knetmassen, Legen, Collagen, S. 64.
	⑥	**Schreibmotorische Einprägung** des erarbeiteten Buchstabens im Schreibunterricht, S. 65.
	⑦	**Setzkastenübungen** zur Segmentkombination, Legediktate, freie Schülergestaltungen, S. 46, 51.
⑧		**Segmentkombinations-(Synthese)-übungen** im Übungsheft Pfeillesen, Ordnen von Segmenthaufen, S. 47.
⑨		**Leseübungen an Texten** unter Einbezug der neuen Segmente und der Analysewörter. Pflege der Bedeutungserfassung, Ausnützen von Leseerwartungen, Verarbeitung von Leseinformationen, S. 48/49, 50.
	⑩	**Freie Leseübungen** Individualisierung; Textgestaltung durch Lehrer (und Schüler) S. 52.
⑪		**Lernkontrolle** auf Graphem-, Wort- und Satzebene, S. 56.
	⑫	Förderübungen für einzelne Schüler.

Abb. 2: Aus dem Lehrerkommentar zu «Lesen Sprechen Handeln»

Es ist nicht immer einfach, eine Professionalisierung bei den Studierenden anzustreben. Auch Praktikumslehrer, die der «Theorie» oder «Wissenschaft»
mit dem Fachvokabular ablehnend gegenüberstehen, tragen bei zur Verunsicherung der Studierenden. «Warum sagt GRISSEMANN nicht 'Buchstaben'
statt 'Graphem', warum nicht 'Laut' statt 'Phonem' im Lehrerkommentar,
wir können ja beim Elterngespräch auch nicht diese Fremdwörter brauchen?»
werden wir fast jedes Jahr gefragt.

Beim Lesen ausgewählter Kapitel aus den Lehrerkommentaren (GRISSEMANN
250 S., MEIERS 105 S., REICHEN über 400 Seiten) braucht eine Grosszahl der
Studierenden Anleitungen und Erklärungen durch den Fachdidaktiker. Dabei
kommen wir natürlich auch auf die Legasthenieproblematik zu sprechen und
lesen etwa auf S. 73 bei GRISSEMANN:

> «Unser Leselehrgang hat mit seinem vielfältigen Übungsmaterial, mit seinen Hinweisen
> zur Individualisierung gerade die Funktion zur Vorbeugung von Lese- und Recht-
> schreibschwächen.»

Und ein zweites Zitat:

> «Dass der Erstleseunterricht bedeutsam zur Prävention von Legasthenie beitragen kann,
> geht auch aus einem neuen Bericht über einen Schulversuch hervor (...), in welchem
> auch viele unserer Postulate erfüllt wurden.»

Wir sind am Seminar der Ansicht, dass wir durch die Empfehlung wissenschaftlich untermauerter Erstleselehrgänge zur Legasthenieprävention beitragen können. Allerdings müssen wir zuerst die Vorurteile «zu wissenschaftlich, zuwenig gemüthaft» abbauen.

Die vergesslichen Räuber

Sieben riesige Räuber
zogen sieben riesige Jacken an.
Sieben riesige Räuber
schlüpften in sieben riesige Socken
und in sieben riesige Stiefel
und setzten sieben riesige Hüte auf.
Sieben riesige Räuber
schnallten sieben riesige Gürtel
mit sieben riesigen Säbeln um

Sieben riesige Räuber
humpelten durch den Wald
Aber nicht weit.
Dann machten sie halt.
Sie riefen: Zu dumm!
Und kehrten wieder um.

(Aus dem interkantonalen Lesebuch für das
2. Schuljahr, Bd. 1. Riesenbirne und Rie-
senkuh, Zürich: Kant. Lehrmittelverlag,
1982, S. 20)

Warum?

Daneben arbeiten wir mit konkreten Fällen: Ab Videoband sehen und hören die Studierenden Erstklässler beim Lesen und suchen Antworten auf die Fragen

a) Welche Teilleistungsschwächen sind Ihnen aufgefallen?
b) Was unternehmen Sie? (7 Lösungsvorschläge mit Prioritäten).
Meist kann man sich nicht auf die zwei Hauptfragen beschränken sondern muss aufteilen:

- Ist dieser Stoff stufengerecht? Warum? Warum nicht?
- Welche Wörter verstehen sprachlich weniger geförderte Kinder kaum? (humpeln, umschnallen, Präteritumsformen, z.B. rief).
- Wie werden die Lesereaktionen sein, wenn ein solches Wort kommt?
- Welche Erwartungen haben wir bei den mehrmals wiederkehrenden Ausdrücken (Sieben riesige Räuber)?
- Kennen Sie die Redundanztheorie?
- Merkt man am Lesefluss und Lesetempo an, wie gut die Sinnerfassung klappt, wieviel der Schüler vom Inhalt versteht?
- Welche zehn Methoden kennen Sie, um die Sinnerfassung zu überprüfen?
- Wie stellen Sie sich zu einem solchen Aufgabenblatt, um die Sinnerfassung mathematisch genau zu erfassen?
- Kann es Lernziel am Schluss der ersten Klasse sein, neben dem Text noch zehn Fragen und gegen 40 Antworten lesen zu können?
- Um welche Textsorte handelt es sich überhaupt?
  Und wenn keine Antwort:
  - Ist dies ein Kinderkrimi, ein Märchen, ein Gedicht? (Rätsel)
- Kennen Sie als Lehrer überhaupt die zwei Rätsellösungen? (Nur ein Stiefel angezogen; «Pornolösung»: ohne Hosen)

Wichtig sind dann auch die Fragen:
- Wie können wir die Lesefehler optisch festhalten (transkribieren)?
- Können wir die Lesefehler ordnen und gewichten?
- Sollen wir Primarlehrer auch standardisierte Lesetests verwenden oder soll dies den Fachleuten überlassen bleiben?
- Wie helfen wir den schlechten Lesern jetzt konkret?
- Was sagen wir den Eltern beim Gespräch? Lohnt es sich, diesen ihr Kind ab Videoband zu zeigen?
- Kann man schon jetzt in der ersten Klasse die schwachen Leser zu Abklärung und Therapie anmelden?

1. Wie heisst der Titel ?
a) Der verdriessliche Räuber.
b) Der vergessliche Räuber.
c) Die vergesslichen Räuber.
d) Die dummen Räuber.

2. Wieviele Räuber sind im Wald ?
   Antwort:_____

3. Was zogen die Räuber zuerst an ?
a) Die Hüte
b) Die Socken
c) Die Jacken
d) Die Stiefel

4. Wie waren die Hüte ? Welches Wort steht in der Geschichte ?
a) gross
b) sehr gross
c) klein
d) riesig
e) riesengross

5. Wie gingen die Räuber durch den Wald?
a) Sie marschierten.
b) Sie humpelten.
d) Sie schlichen.
d) Sie rannten.

6. Was riefen die Räuber ?
a) Hände hoch!
b) Ist es noch weit?
c) Zu dumm!
d) Still sein!

7. Was machten die Räuber am Schluss ?
a) Sie gehen zur Polizei.
b) Sie stehlen ein Huhn.
c) Sie fahren mit dem Auto davon.
d) Sie kehren wieder um.

8. Welche drei Sachen haben die Räuber nicht angezogen?
a) Jacken
b) Pullover
c) Turnschuhe
d) Gürtel   3 Sachen einkreisen!
e) Säbel
f) Stiefel
g) Windjacke

9. Was sagt der Polizist in der Geschichte?
a) Jetzt haben wir drei Räuber gefangen.
b) Es hat gar keinen Polizisten in der Geschichte.
c) Ihr kommt jetzt ins Gefängnis.
d) Sucht euere Stiefel und Socken.

10. Zeichne, was die Räuber alles angezogen haben:
(Du darfst die Kleider auch anschreiben)

Abb. 3: Kontrollblatt zu «Die vergesslichen Räuber»

Das Primarlehrerseminar besuchen auch Studierende, die selber Legastheniker waren. Deren hautnahe Schilderungen vom Kindergarten über alle Volksschulstufen weiter über die Schwierigkeiten in der Mittelschule bis zum letzten Praktikum am Primarlehrerseminar, das bleibt besser haften als alle Theorie.

Eine kleine Kostprobe aus einem Fall:

«Ich kann mich gut erinnern, wie ich in der Küche neben meiner Mutter sass und ihr stolz das erste Leseblatt vorlas: «Ade Lisi, ade, ade, ade.» Ich las es so oft, dass ich es bald auswendig konnte. Ich schaute mir das Bildchen an und berichtete meiner Mutter darüber. Die einfachen Verslein konnte ich gut «lesen» (auswendig hersagen). Ich wusste oft nicht, welches geschriebene Wort ich sprach.

Als die Blättchen etwas schwieriger wurden, hatte ich Mühe, sie von Anfang an richtig zu lesen. Denn es gab eine Tücke: Das Anfangswort lautete stets anders als die sich wiederholenden folgenden Wörter, sah jedoch ähnlich aus oder war akustisch nicht sehr deutlich zu unterscheiden. Nun musste ich die Verse länger einüben, bis ich sie lesen konnte. Dies wurde langsam zur Qual, denn ich wendete viel Zeit auf, um meine Aufgaben gut zu machen. Oft musste ich den Spiellärm meiner Kameraden von der Küche anhören, wenn ich noch meine Aufgaben übte.

In der Schule zählte ich zu den schwachen Lesern. Oft mussten wir der Reihe nach einen Satz vorlesen. Ich hatte immer panische Angst und war emsig bemüht, die Sätze abzuzählen, um denjenigen zu finden, den ich vorzulesen hätte. Ich wollte meinen Satz zuerst für mich still lesen. Oft hatte ich Zeit genug dazu. Die vorhergehenden Sätze konnte ich so nie mithören und auch nicht mitlesen, da ich viel zu beschäftigt war, den meinen zu finden. Ich drückte mich so oft als möglich vom Vorlesen, denn ich schämte mich vor meinen Mitschülern, wenn ich ein Sätzlein stotternd und stockend und dazu noch mit vielen Fehlern las. Der Lehrer forderte mich immer wieder auf, die Leseaufgaben gründlicher zu machen. Schliesslich setzte er sich mit meinen Eltern in Verbindung. Er lachte mich jedoch nie aus, was er bei andern Schülern oft tat.

Nach der ersten Klasse wollte mich der Lehrer zurückversetzen, da ich nur ungenügende Lese- und Rechtschreibleistungen erzielt hatte. Nach langen Diskussionen mit meinen Eltern entschloss er sich, mich in die zweite Klasse zu befördern und mir dort noch eine Chance zu geben, meinen Rückstand aufzuholen.

Daraufhin kaufte mir mein Vater einen hölzernen Setzkasten mit goldenen Buchstaben. Ich war sehr stolz auf diesen Setzkasten und arbeitete mit Freude damit. Jeden Abend, wenn mein Vater von der Arbeit heimkam, musste ich eine halbe Stunde mit ihm Sätzlein setzen. Er stellte selber ein Kartenspiel her, indem er grossgedruckte Wörter von Zeitungen ausschnitt und auf Kärtlein klebte. Es waren vorerst nur kurze Wörter. Diese musste ich lesen lernen, indem ich sie lautierte und buchstabierte. Anfangs übte ich noch ganz gern mit meinem Vater. Als ich mit der Zeit auch Texte lesen musste, wurde das Üben mühsam. Mein Vater hatte auch nicht immer die nötige, unendliche Geduld, meine Fehler zu korrigieren. Die halbe Stunde des Übens kam mir schrecklich lang vor. Um sicher zu sein, dass mein Vater die Zeit nicht überzog, stellte ich den Wecker auf den Tisch. Ich zwang mich zum Üben, bis der Wecker endlich klingelte.

Diese täglichen Übungen brachten jedoch keine grossen Fortschritte, aber vielleicht wäre mein Lesen sonst noch schlimmer geworden.

Während der Frühlingsferien sandte mir meine Patin, die Lehrerin ist, jeden Tag einen Brief, der eine kleine Geschichte und eine Zeichnung enthielt. Sie wollte mir damit das Lesen schmackhafter gestalten. Tatsächlich erreichte sie auf diese Weise, dass ich mich auch in den Ferien im Lesen übte, ohne mich dessen richtig bewusst zu sein.

(...)

In der Mittelschule lasen wir sehr oft Theaterstücke mit verteilten Rollen. Hier war es nicht mehr möglich die Zeilen abzuzählen und vorauszuberechnen, welche Rolle ich lesen sollte. Es bereitete mir oft Mühe, die kleine Schrift zu lesen. Auch waren viele Theaterstücke in Versform geschrieben. Vor Fremdwörtern stockte ich stets, da ich nie die richtige Betonung fand. Meine Mitschülerinnen taten mir manchmal leid, wenn sie mein Lesen mitanhören mussten. Der Lehrer machte oft Bemerkungen wie «Ich frage mich, wann Sie eigentlich lesen lernen!». Er riet mir, jeden Tag eine halbe Stunde laut für mich zu lesen und dabei auf eine deutliche Aussprache und ein flüssiges, gleichmässiges Lesetempo zu achten. Ich nahm diesen Rat zu Herzen und las die Bücher, die wir zu Hause lesen mussten, laut. Dies hatte aber den grossen Nachteil, dass ich mich viel zu stark auf die Artikulation und den Lesefluss konzentrierte, den Inhalt jedoch ungenügend aufnahm und verstand.

Im Englischen zeigten sich zu Beginn der Mittelschule grössere Schwierigkeiten, da wir die phonetische Schrift und die Aussprache erlernen mussten. Ich kann mich gut an meine erste Englischprüfung erinnern, die darin bestand, dass der Lehrer Wörter diktierte und wir sie in phonetischer Schrift aufschreiben mussten. Ich hatte grosse Mühe, das gelernte in eine fremde Schrift umzusetzen und noch dazu in einem gewissen Tempo. Teilweise kam ich nicht nach und konnte nur einzelne Wörter umsetzen. Hier kam meine Legasthenie wieder deutlich zum Vorschein.

Bei den Englischdiktaten war ich stets schlecht. Oft verstand ich die Wörter nicht genau, und der Lehrer diktierte viel zu schnell, als dass ich mir die Rechtschreibung gründlich hätte überlegen können. Hingegen war ich bei Englischaufsätzen viel besser, da konnte ich die Wörter gebrauchen, die ich kannte und in meinem Tempo arbeiten.

Ich getraute mich nie recht, in Englisch vorzulesen, da ich stets vor unbekannten Wörtern stockte und nicht wusste, wie sie auszusprechen seien.»

Natürlich wird anschliessend die Diskussion hitzig geführt:
- Was wäre passiert, wenn die Eltern nicht so intensiv mitgearbeitet hätten?
- Ist das «alles», was die Legasthenietherapeutin tun konnte? Die kochen auch nur mit Wasser.
- Was hätte der damalige Primarlehrer besser machen können?
- Wie fühlt man sich, wenn man als 24jährige Lehrerin Legasthenie immer noch nicht ganz überwunden hat?

Etwa 50% der Zeit arbeiten wir mit solchen konkreten Fällen. Bei den Abschlussprüfungen sehen wir, dass diese Fallstudien viel besser haften geblieben sind. Allerdings wird dann natürlich verlangt, dass auch ein Transfer vollzogen werden kann.

Fassen wir zusammen:
- In den 22 Lektionen Erstlesedidaktik werden mit Schwerpunkt jene Erstlesematerialien hervorgehoben, die zur Vorbeugung von Lese- und Rechtschreibschwächen beitragen.
- Mit Video-Beispielen werden konkrete Legastheniefälle vorgestellt und diskutiert.

Wer dieses Basiswissen am Primarlehrerseminar bereits im ersten oder zweiten Semester erworben hat, kann dann im vierten Semester während 20 Lektionen sein Wissen individuell, doch angeleitet und kontrolliert, wie folgt erweitern:
- Erste Primarklassen besuchen (hospitieren und/ oder unterrichten) und verschiedene Lehrgänge in der Praxis erleben
- Logopädinnen und/ oder Legasthenietherapeutinnen bei der Arbeit beobachten
- Ausgewählte Materialien und Sekundärliteratur zur Legasthenieprävention lesen und verarbeiten
- Überwachte Arbeit mit einem Legastheniker
- Vorschläge der Studierenden

4. Pädagogik und Psychologie

Ein Schwergewicht des Unterrichts in Pädagogik und Psychologie liegt darin, aufzuzeigen, dass Legasthenie - wie alle Lern- und Verhaltensschwierigkeiten - immer in Wechselbeziehungen gesehen werden muss. Monokausal bedingte Legasthenie gibt es also grundsätzlich nicht. Wichtige Verursachungsfaktoren - und das betonen wir immer wieder - sind aber auch didaktische und/ oder pädagogische Sünden. Der Zusammenhang zu weiteren kognitiven, emotionalen und sozialen, sensorischen und sprachlichen Beeinträchtigungen wird aufgezeigt. Lese- und Rechtschreibschwäche soll von den Studierenden aus verschiedenen Perspektiven wahrgenommen werden. Im ersten Moment sind sie über diese Vielfalt, die ihnen als Jekami vorkommt, nicht glücklich. Ihnen schwebt vielmehr ein fast medizinisches Erklärungsmodell vor. «Ein bestimmter Virus hat sich aus einem bestimmten Grund eingenistet, er muss also mit einem bestimmten Medikament bekämpft werden.»

Eines unserer Ziele ist erreicht, wenn die angehenden Lehrkräften erfassen, dass Sonderpädagogik in der allgemeinen Schule eben «besonders herausgeforderte Pädagogik» ist, dass das präventiv, beobachtend und interpretierend (wir könnten auch sagen: diagnostisch) und fördernd Tätigsein zu den anspruchsvollsten und damit auch interessantesten Aufgaben des Lehrerseins gehört, und dass eine stete persönliche und institutionalisierte Weiterbildung in diesem Bereich ein Muss ist.

«LegastheniepräVention» ist im Lehrplan von Pädagogik und Psychologie nirgends aufgeführt. Es können aber verschiedene Lerninhalte mit ihr in Verbindung gebracht werden. Wir geben einen Überblick über diese Inhalte, obwohl die Gefahr besteht, dass ein solches Herausgreifen einzelner Mosaikteile eines Lehrplanes den Blick auf das Ganze verstellt:

- Bei der *Aufarbeitung von Praktika und Lehrübungen* kommt die Sprache immer auch auf den Problemkreis Legasthenie. Anhand von Fallbeispielen, die die Studierenden selbst erlebt haben, lassen sich Bedingungsgefüge, Förderansätze und -grenzen jeweils sehr anschaulich analysieren.

- Ganz zu Beginn der viersemestrigen Ausbildung werden im Sinne einer Einführung verschiedene Gebiete und Schulen der Psychologie betrachtet. Im Zusammenhang mit den tiefenpsychologischen Schulen kommen wir z.B. auf *kausale und finale Betrachtungsweisen* zu sprechen. Es ist wichtig, dass nicht nur nach Ursachen gefragt wird, sondern auch nach dem wozu (ADLER und DREIKURS sind hier zu nennen), dass die Studierenden lernen, aus ganz verschiedenen Perspektiven zu schauen.

Eine andere Betrachtungsweise ist die *systemische*, auf die wir im Kapitel «Kindheit - Lebenswelt» zu sprechen kommen. Wir zeichnen anhand des Beispieles der eigenen Kindheit und anhand von Besuchen in Schulklassen Mikro-, Meso-, Makro- und Exosysteme und ihre Wechselwirkungen auf. Das bietet eine gute Voraussetzung, um später das Zusammenwirken von Lern- und Verhaltensstörungen und Ansatzpunkte für Interventionen aufzuzeigen.

Im Zusammenhang mit dem Selbstbild kommen wir auf Erfolgs- und Misserfolgsspirale, auf die verschiedenen *Attributionstypen* zu sprechen.

- Im Anschluss an die Besprechung der kognitiven Entwicklung nach PIAGET streifen wir auch FEUERSTEIN. Die Studierenden erhalten eine «Checkliste» der *kognitiven Funktionen*, aus der sie ersehen können, wo die Schüler in Aufnahme, Verarbeitung und Wiedergabe überall auf

Schwierigkeiten stossen könnten. Ziel ist, dass diese Liste bei der Einzelarbeit mit einem schulschwierigen Kind Verwendung findet.

- Im Zusammenhang mit der sensorischen Wahrnehmung befassen wir uns mit dem von VESTER in Unterrichtsfilmen didaktisch sehr geschickt dargestellten «Netzwerk vom Lernen». Die Filme über «Denken-Lernen-Vergessen» sind zwar alt, sie zeigen die verschiedenen Eingangskanäle und die *verschiedenen Lerntypen* aber immer noch sehr eindrücklich auf.

- Verstärkungspläne und kooperative *Verhaltensmodifikation* sind Techniken, die innerhalb der Lernpsychologie behandelt werden.

Ein Quartal ist der *Pädagogik bei Schülern mit Schulschwierigkeiten* gewidmet. Wir brauchen lieber diesen Ausdruck als den Ausdruck «Problemschülerpädagogik», weil er darauf hinweist, dass das Problem ebensosehr bei der Schule wie beim Schüler liegen kann.

Anhand des Interdependenzmodelles von GRISSEMANN (1989) und des Teufelskreises von BETZ/ BREUNINGER (1987) werden nochmals *Wechselwirkungsgefüge* und Interventionsmöglichkeiten aufgezeigt. Wie ganz zu Beginn unserer Ausführungen aufgezeigt, nehmen Wechselwirkungen einen prominenten Platz in unseren Lehrveranstaltungen ein. Die einfache Linearität gibt die Realität des Alltages in der Schule zu vereinfachend wieder, die Studierenden müssen lernen, Interdependenzen in ihre Überlegungen einzubeziehen.

- Anhand eines Fallbeispieles kann aufgezeigt werden, wie kumulative Lerndefizite entstehen können und welche Strategien (aus WAGNER 1976 und WEIDENMANN/ KRAPP 1986) kognitiv impulsiven Schülern helfen können.

- Von den Primarlehrerinnen und Primarlehrern wird auch erwartet, dass sie sich im Verlaufe ihrer Ausbildung mit *Fördermaterialien* und den Methoden der *Binnendifferenzierung* vertraut gemacht haben. Die Aufgabe der Lehrerbildner besteht hier darin, entsprechendes Material bereitzustellen. Wir schleppen hier sehr viel Arbeitsmaterial an, einerseits Wahrnehmungsblätter, Spiele, die PETERMANN-Programme, Hörmemories, Mini-Lük, Diktatkassetten, Holzbuchstaben, Greifmaterial für Zahlen usw. andererseits eine Schülerkartei, um aufzuzeigen, wie für Schüler Arbeitspläne aufzustellen sind, wie die Übersicht behalten werden kann. Auch die Frage, wie ein Schulzimmer eingerichtet wird, gehört in dieses Kapitel. In Klammern muss angefügt werden, dass sich die Studierenden mit grossem Enthusiasmus in diese Materie vertiefen, dass sie aber einmal in der Praxis die Schwierigkeiten, Binnendifferenzierung auch durchzuführen, als sehr hoch erleben. Ein Scheitern an hohen Zielen in diesem Bereich können wir häufig wegen Disziplinschwierigkeiten oder wegen zeitlicher Überlastung der jungen Lehrkräfte feststellen.

- Im Bereich «*Zusammenarbeit mit anderen Stellen*» haben die Studierenden Gelegenheit, die Arbeit einer Schulpsychologin kennenzulernen, sie machen sich auch mit einigen *Tests* für die Hand des Lehrers vertraut, z.b. mit dem Zürcher Lesetest (ZLT), einem Deutschen Rechtschreibetest (DRT) und einem Beltz-Rechentest. Zu ihrer eigenen Information und nicht mit dem Ziel der Anwendung lernen sie auch den HAWIK-R und den Scenotest samt zugehörigen Fallbeispielen kennen, zwei Verfahren, denen viele unsere Studierenden mit einiger Skepsis begegnen.

- Im weiteren steht uns am Primarlehrerseminar eine sogenannte «*Studienwoche Sonderpädagogik*» zur Verfügung, in der wir uns vertieft mit sonderpädagogischer Thematik auseinandersetzen können. Unter anderem haben in dieser Woche eine Legasthenietherapeutin und eine Logopädin je einen halben Tag Einblick in ihre Arbeit gegeben, andere Referenten haben Einblick in Verhaltenstrainings und Wahrnehmungsschulung ermöglicht. Anhand eines Planspieles haben wir uns mit der Zuweisung in sonderpädagogische Einrichtungen auseinandergesetzt. Möglichkeiten und Schwierigkeiten von Integration haben uns Besuche in integrierten Klassen vor Augen geführt.

- Was bis jetzt nicht aufgezählt wurde, ist die Forderung nach Zusammenarbeit. *Kooperation* zwischen Fachleuten ist ein unbedingtes Erfordernis. Es nützt aber nichts, wenn wir das im Unterricht herbeten. Kooperation ist nur möglich, wenn sie auch eingeübt wird. Gruppenweises selbständiges Erarbeiten mit Meta-Kommunikation über das Verhalten in der Gruppenarbeit, gruppenweises Aufarbeiten von Praktikumserfahrungen, gemeinsames Vorbereiten von Lehrübungen sind deshalb äusserst wichtig. Team-teaching muss in einem Praktikum eingeübt werden können, gemeinsames oder arbeitsteiliges Vorbereiten muss erfahren werden. Die Gefahr, dass solches ob all der stofflichen Fülle zu kurz kommt, ist gross, wir müssen uns gegenseitig immer wieder daran erinnern.

Es gibt keine einfachen Rezepte. Und gerade darum sehen die Inhalte, die mit Legasthenieprävention in Verbindung gebracht werden können, so imposant aus. Für die Studierenden ist es eine geballte Ladung Information. Was ihnen vor allem bleibt - und das ist eigentlich klar, verdient aber doch immer wieder erwähnt zu werden - ist alles, was sie selbst erarbeitet und ausprobiert haben, was sie in der Hand hatten, Fallbeispiele, Rollenspiele, selbst Erlebtes und Aufgearbeitetes.

Was zusätzlich noch anzustreben wäre, ist die Betreuung eines Kindes durch jeden Studierenden, im Sinne eines Nachhilfeunterrichtes, eines Selbst-Erfahren-Könnens, wo ein Kind überall Schwierigkeiten haben kann. Durch die immer wieder durch Praktika und Studienwochen unterbrochene Lehrerausbildung sind der Realisierung eines solchen Vorhabens aber Grenzen gesetzt.

5. Schluss

Wir haben versucht, einen Einblick in die Segmente unserer Arbeit, die mit Legasthenieprävention in Verbindung gebracht werden können, zu geben. Wie weit wir das Fragezeichen hinter dem Titel «Legasthenieprävention durch Lehrerbildung» belassen müssen, müssen wir dem Urteil der Leserinnen und Leser überlassen. Ganz weglassen würden wir es nicht.

Denn allein steht die *Lehrerbildung* auf verlorenem Posten. Es braucht ein Zusammenspiel aller Kräfte:
- der Lehrerbildung, die die Grundlagen schafft, die Studierenden vorbereitet, sensibilisiert und mit einem «Basis-Satz Werkzeug» ausstattet,
- der *Weiterbildung*, die die in der Praxis angetroffenen Probleme aufnehmen und Bewältigungsmöglichkeiten aufzeigen kann,
- der *Legasthenietherapeutinnen, Schulpsychologen und Regelklassenlehrkräfte,* die ihre Schwellenängste abbauen und Anstrengungen zu echter Kooperation machen,
- der *Behörden,* die erkennen, das solche Kooperation wichtig ist, etwas kostet, aber letztlich auch effizienter ist, weil sie zu einem Zusammenspannen der Kräfte, statt zu einer Verzettelung führt.
- Es braucht aber auch die *Hochschule,* die weiter forscht, neue Impulse gibt, Fragen stellt und den Pegel des Masses an Verunsicherung nur soweit ansteigen lässt, dass er nicht als Lähmung und Resignation, sondern als Herausforderung angesehen wird.

Literatur

BETZ Dieter/ BREUNINGER Helga: Teufelskreis Lernstörungen. München: Psychologie Verlag Union, 1987

BÜHLER-NIEDERBERGER, Doris: Stütz- und Fördermassnahmen. Schlussbericht über verschiedene Erhebungen. Zürich: Pädagogische Abteilung der Erziehungsdirektion, 1988

GRISSEMANN, Hans: Lesen - Sprechen - Handeln. Lehrerhandbuch. Basel: Lehrmittelverlag des Kantons Basel Stadt und Luzern: Interkantonale Lehrmittelzentrale, 1980

GRISSEMANN, Hans/ ROOSEN, Hildegard: lesen, denken, schreiben. Luzern: Interkantonale Lehrmittelzentrale, 1989

GRISSEMANN, Hans: Lernbehinderung heute. Bern: Huber, 1989.

MEIERS, Kurt: Lesespiegel. Lehrerhandbuch und Erstleselehrgang. Zug: Klett und Balmer, 1984

PETERMANN Franz/ PETERMANN Ulrike: Training mit Jugendlichen. Förderung von Arbeits- und Sozialverhalten. München: Psychologie Verlags Union, 1987

PETERMANN, Franz/ PETERMANN, Ulrike: Training mit aggressiven Kindern. München: Psychologie Verlags Union, 1988; 3. erw. Auflage

PETERMANN, Ulrike: Training mit sozial unsicheren Kindern. München: Urban & Schwarzenberg, 1983

REICHEN, Jürgen et al.: Lesen durch Schreiben. Zürich: SABE, 1982.

WAGNER, Ingeborg: Aufmerksamkeitstraining mit impulsiven Kindern. Stuttgart: Klett, 1976

WEIDENMANN Bernd/ KRAPP Andreas: Pädagogische Psychologie. München: Psychologie Verlags Union, 1986

Anschriften der Verfasser:

Prof. Dr. Ernst Lobsiger
Primarlehrerseminar
des Kantons Zürich
Holunderweg 21
8050 Zürich

Hans-Jürg Keller
Primarlehrerseminar
des Kantons Zürich
Holunderweg 21
8050 Zürich

Werner Baumberger /Judith Hollenweger

Die Schweizer Version des Heidelberger Sprachentwicklungstests

Entwicklung des Verfahrens und Anwendung in der sonderpädagogischen Förderdiagnostik

1. Einleitung

Das Bedürfnis nach einem sprachdiagnostischen Verfahren, das im Einschulungsalter die Planung von (sonder-)pädagogischen Massnahmen erlaubt, ist nicht neu. Es ist aus den Einsichten erwachsen, dass der Eintritt in den Lebensbereich Schule einen wichtigen Einschnitt in das Leben jedes Kindes bedeutet. Es tritt aus dem Bereich der Familie und der näheren Umgebung heraus und wird nun mit den Anforderungen und Normen der Gesellschaft konfrontiert.

Seit sich die Diagnostik in den späten 60er Jahren mehr und mehr vom Konstrukt der "Schulreife" abwandte und statt dessen von "Schulfähigkeit" zu sprechen begann, entstand neben der Alternative Einschulung oder Rückstellung eine weitere Möglichkeit: Die Förderung bestimmter Fähigkeiten. Die neu berücksichtigte Bedeutung von vorschulischen Lernchancen, der Lerngeschichte und der vorschulischen Sozialisation führte zu einer Welle von Fördermassnahmen im Vor- und Einschulungsalter (etwa der kompensatorische Sprachunterricht). Diese sehr allgemein konzipierten kompensatorischen Massnahmen erwiesen sich jedoch als ungenügend, da sie nicht auf genau abgeklärte Fähigkeiten oder Probleme der einzelnen Kinder ausgerichtet waren (NICKEL und SCHMIDT-DENTER 1988[3], 194 ff.).

Deshalb wurden in den 70er Jahren in Deutschland zahlreiche Verfahren entwickelt, die sowohl kommunikative als auch kognitive Kompetenzen hinsichtlich dem Erwerb der Kulturtechniken zu erfassen suchten. Zu diesen zählt neben dem Heidelberger Sprachentwicklungstest (HSET; GRIMM/ SCHÖLER 1978) auch der Psycholinguistische Entwicklungstest (PET; ANGERMAIER

1974) und die Testbatterie zur Entwicklung kognitiver Operationen (TEKO; WINKELMANN, 1975).

Zwischen den beiden sprachlichen Verfahren (HSET und PET), die bis anhin jedoch nicht für den Schweizer Gebrauch modifiziert waren, gibt es grundlegende Unterschiede. Dem PET liegt ein psycholinguistisches Konzept zugrunde, das vor allem auf die einzelnen Phasen der Sprachproduktion, des Sprachverständnisses und auf die verbale Intelligenz fokussiert. Der PET bezieht sich vor allem auf kognitive Funktionen (Rezeption, Organisation und Assoziation sowie Expression), die für die Sprache wesentlich sind. Dem gegenüber baut der Heidelberger Sprachentwicklungstest auf einem linguistischen Konzept auf, das die Kompetenzen des Kindes im Bereich der Syntax, der Semantik und der Pragmatik der gesprochenen Sprache untersucht.

Diese enge Anlehnung an die Sprachstruktur und den Sprachgebrauch beim HSET machten es unumgänglich, sowohl Aufgabenstellungen als auch Bewertungskriterien für Schweizer Verhältnisse zu modifizieren.

Mit der Modifikation galt es, folgenden Ansprüchen gerecht zu werden:
- Erarbeitung einer Schweizer Version des HSET, die der Originalversion möglichst nahe stehen soll. Es wurden somit auch in der Literatur kritisierte Aspekte der deutschen Vorlage beibehalten (z.B. die Verwendung von Kunstwörtern).
- Die Testergebnisse sollten ein umfassende Abschätzung der allgemeinen mündlichen Sprachkompetenz folgender Kinder im Einschulungsalter ermöglichen: (a) Kinder, die eine schweizerdeutsche Mundart als Muttersprache haben oder (b) Kinder, die eine andere Muttersprache haben, jedoch schon mehr als zwei Jahre in der Deutschschweiz leben.
- Da die mündliche Sprachkompetenz als eine für den Schulerfolg bedeutsame Fähigkeit erachtet werden muss, soll aus den Testergebnissen eine Ableitung von Fördermassnahmen möglich sein. Der HSET muss somit den Ansprüchen der prozessorientierten Förderdiagnostik genügen und in dieses Konzept eingebaut werden können.

2. Der HSET als linguistisch-kommunikatives Verfahren

Der HSET baut auf einer linguistischen Grammatiktheorie auf und erfasst sowohl die *sprachlich-linguistische Kompetenz* (Beherrschung des Regelsystems, das einzelne Elemente entsprechend den zwischen ihnen bestehenden Bedeutungsrelationen verknüpft) als auch die *sprachlich-pragmatische Kompetenz* (Beherrschung des Regelsystems, das dem Sprecher die intersubjektive

Verständigung und zugleich die Selbstverständigung ermöglicht. Der Test berücksichtigt somit die Bereiche der Syntax (Sprachstruktur), der Semantik (Sprachbedeutung) und der Pragmatik (Sprachgebrauch) und prüft diese Kompetenzen auf der Morphemebene, der Wortebene, der Satzebene und auf der Textebene. Zudem untersucht der HSET, wie weit ein Kind verschiedene Funktionen der Sprache verstehen und anwenden kann. Hier werden die Funktionen der Ausdrucks (expressiv), der Darstellung (konstativ) und des Appells (regulativ) berücksichtigt.

Bei der Konzipierung des Heidelberger Sprachentwicklungstests stand die Annahme im Hintergrund, dass eine zunehmende Differenzierung des Sprachverständnisses und der Sprachproduktion als ein Entwicklungsprozess verstanden werden kann. Die Items innerhalb der einzelnen Untertests sind deshalb so angeordnet, dass syntaktisch und semantisch einfache Aufgaben am Anfang stehen und von schwierigeren, komplexeren gefolgt werden. Die Abbildung 1 versucht, die untersuchten Aspekte der Sprache in einen Zusammenhang zu bringen. Die einzelnen Untertests decken jeweils unterschiedliche Ausschnitte ab und liefern in einer Zusammensicht detaillierte Angaben über die Sprachentwicklung. In einem Profil können die Informationen der einzelnen Untertests in sechs Bereiche (siehe weiter unten) geordnet werden. Dies ermöglicht eine differenzierte Erfassung von Kompetenzen und Lücken - eine wichtige Voraussetzung für die Planung von Fördermassnahmen.

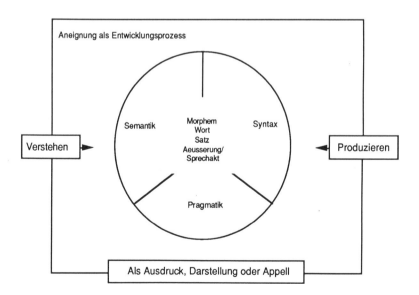

Abb. 1: Die im HSET erfassten Aspekte der Sprache

Die 13 Untertests gliedern sich in folgende sechs Bereiche, die sich aus der Graphik ableiten lassen:

A *Satzstruktur* (Verstehen und Umsetzen in eine Handlung sowie Reproduzieren von unterschiedlich komplexen Objekt-Subjektbeziehungen)

B *Morphologische Struktur* (Anwendung grammatikalischer Regeln bezüglich Plural-Singular-Bildung, Ableitungsmorphemen und Adjektivableitungen)

C *Satzbedeutung* (Identifikation semantischer Unstimmigkeiten, Satzbildung unter Vorgabe zu verwendender Wörter)

D *Wortbedeutung* (Wortfindung und Organisation des subjektiven Lexikons)

E *Interaktive Bedeutung* (Benennungsflexibilität bezüglich des sozialen Kontexts, empathisch gefärbtes En- und Rekodieren, kommunikative Kompetenz)

F *Integrationsstufe* (Verstehen und Reproduzieren einer gehörten Geschichte)

3. Projektarbeit zur Modifikation für Schweizer Verhältnisse

Das Projekt, welches von Schweizerischen Nationalfonds zur Förderung der wissenschaftlichen Forschung unterstützt wurde, begann im Sommersemester 1987 im Rahmen einer Lehrveranstaltung im Fachbereich Prof. GRISSEMANN am Institut für Sonderpädagogik der Universität Zürich. Die Modifikation des Heidelberger Sprachentwicklungstests (HSET) wurde vor allem durch das Fehlen eines sprachdiagnostischen Instrumentes in der Einschulungsphase, das sich für den Gebrauch in der Schweiz eignet, motiviert. Wie bereits erwähnt, konnte der Test an manchen Stellen nicht wörtlich übersetzt werden, da weder Struktur noch Gebrauch des Schweizerdeutschen der Standardsprache gleichgesetzt werden können. Deshalb musste in einer ersten Phase der Test übersetzt, modifiziert und an einer kleinen Schülergruppe erprobt werden, bevor die eigentliche Feldarbeit beginnen konnte. Diese wurde in der Zeit zwischen November 1987 und Februar 1989 durchgeführt. Darauf folgten die statistischen Auswertungen und die Vorbereitung für die Publikation, die im Herbst 1990 erfolgen wird. Die ganze Projektarbeit wurde von einer Studentengruppe des Instituts für Sonderpädagogik mitgetragen, der wir an dieser Stelle für ihre unerlässliche Arbeit nochmals herzlich danken möchten.

3.1. Übersetzungsarbeit

Für die Übersetzung der Testitems wurde nach einer Form des Schweizerdeutschen gesucht, die dem Gebrauch der Region Zürich-Stadt/Land und umliegenden Gebieten (Aargau, St. Gallen) entspricht. Bei der Bewertung der Antwort wurden letztlich die in der Region üblichen Formen als richtig aufgefasst, auch wenn diese nicht unbedingt der Mundart des Testleiters entsprach. Folgende Änderungen (der Testitems) im Gebrauch und der Struktur der Sprache sollen als Beispiele angeführt werden:

Sprachgebrauch:
- Einzelne im Schweizerdeutschen ungebräuchliche Verben wie etwa "lassen", "erlauben" oder "erfahren" mussten ersetzt werden:
  "Lass das kleine Kind zu dem Schaf gehen." wird zu "Mach, dass s chlinè chind zum schaaf gaat." (Untertest: Verstehen grammatischer Strukturformen)
  "Der Mann hat eben erfahren, dass er für eine sehr lange Zeit verreisen muss." wird zu "Dä maa hät grad ghört, dass èr für è ganz langi ziit furt muès." (Untertest: Enkodierung und Rekodierung gesetzter Intentionen)
- Ungebräuchliche Wörter wurden angepasst oder ersetzt:
  "Omnibus" wird zu "buss" (Untertest: Imitation grammatischer Strukturformen), "Spass" wird mit "tummheitè" (Untertest: Korrektur semantisch inkonsistenter Sätze) übersetzt
  Ersetzt wurde etwa die Reihe "Streifen - streifig" mit "farb - farbig" (Untertest: Adjektivableitungen).
- Gebrauch von schweizerdeutschen Sprachwendungen, die in der Standardsprache nicht anzutreffen sind:
  "Weil wir so lustig sind, singen wir *auch* tanzen." wird übersetzt mit: "Wil mir so luschtig sind, tüèmèr singè *au* tanzè." (Untertest: Korrektur grammatischer Strukturformen)
  "Das ist mir aber sehr angenehm." wird zu: "Das isch mir ganz rächt." (Untertest: In-Beziehung-Setzung von verbaler und nonverbaler Information)
- Hinzufügung von Artikeln bei Eigennamen: "D Ursula" (Untertest: Imitation grammatischer Strukturformen)
- Ersetzung aller Relativpronomen durch "wo": "D tantè, wo wiit wägg wont, chunt uf bsuèch." (Untertest: Imitation grammatischer Strukturformen)

Sprachstruktur:
- Im Schweizerdeutschen fehlt die Imperfektform, dies erforderte eine Anpassung in allen betroffenen Satzkonstruktionen:

"Eines Tages sagte ein Sohn zu seinem Vater..." wird zu "Emal hät èn bueb zu sim vattèr gsèit..." (Untertest: Textgedächtnis)
- Sätze mit Plusquarmperfekt wurden ersetzt:
"Die Sonne scheint, nachdem es immer geregnet hatte." wird zu "D sunè schiint, nachdèm s lang grägnèt hät." (Untertest: Imitation grammatischer Strukturformen)
- Genitivformen sind im Schweizerdeutschen unüblich, sie wurden deshalb vermieden.
"Das ist der Mann, dessen Sohn krank ist." wurde übersetzt mit: "Das isch dä maa, won èn chrankè bueb hät." (Untertest: Imitation grammatischer Strukturformen)
- Eine Futurform kann im Schweizerdeutschen nicht immer gefunden werden:
"Ich werde mich verstecken und du wirst mich nicht finden." wird zu "Ich gang mich go versteckè und du wirsch mi nümè findè." (Untertest: Textgedächtnis)
- Pluralformen sind im Schweizerdeutschen viel häufiger nicht von der Singularform zu unterscheiden, als dies in der Standardsprache der Fall ist. Dieser Tatsache musste bei der Übersetzung und der Bewertung der Aufgaben berücksichtigt werden. Deshalb wurden einzelne (Kunst-)Wörter durch andere ersetzt, deren Pluralbildungen im Schweizerdeutschen häufiger anzutreffen sind. "ein Auto - drei Autos" wird zu "eis auto - drüü auto" (Untertest: Plural-Singular-Bildung)

Bei einigen Übersetzungen liessen sich sicher auch andere Lösungen finden. Am Schluss jedoch war für uns massgebend, ob Kindergartenkinder die gefundene Übersetzung verstanden und diese je nach Aufgabe auch produzieren konnten.

3.2. Feldarbeit

Die Schweizer Version des HSET wurde an insgesamt 300 Kindern standardisiert. In dieser Zahl sind die Durchführungen, die noch im Verlauf der Erarbeitung des Instrumentes stattfanden, nicht enthalten. Die Eichung wurde in drei Phasen durchgeführt, die sich am Stadium der Einschulungsphase, in dem sich das Kind befand, orientierten:
    1. Phase: Die letzten vier Monate des Kindergartens
    2. Phase: Die ersten vier Schulmonate in der ersten Klasse
    3. Phase: Die zweiten vier Schulmonate in der ersten Klasse
(Schulmonate: Effektive Zeit, in der Unterricht stattgefunden hat)

In der Abbildung 2 ist die Verteilung der Untersuchung auf die verschiedenen Gemeinden, Kantone (Zürich, St.Gallen und Aargau) und die drei Phasen (kleine Ziffern, grosse Ziffern entsprechen der Gesamtzahl aller Kinder, die in dieser Gemeinde getestet wurden) dargestellt:

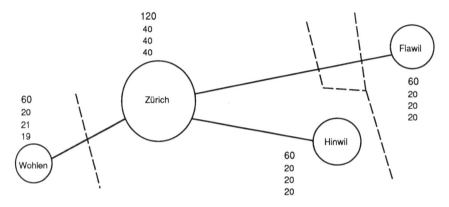

Abb. 2: Verteilung der Eichungsstichprobe

Neben dem HSET kamen folgende Verfahren zur Anwendung:
- Bildtest 1-2 (bei Erstklässlern)
- Einschätzungsbogen für Fortschritte im Leselernprozess von Erstklässlern (durch die Lehrerin ausgefüllt)
- Erste Fassung eines Ergänzungsverfahrens zum HSET, in dem das Verständnis für standardsprachliche Formulierungen im Einschulungsalter erfasst werden soll.

3.3. Statistische Auswertungen

Während die testanalytischen Ergebnisse zum HSET bereits vorliegen, werden die Daten des Bildertests und des Einschätzungsbogens jetzt (Ende 1989) in einem zweiten Schritt hinsichtlich der Publikation des Verfahrens in Angriff genommen. Für die Auswertung dieses Vergleiches (HSET mit anderen, bereits geeichten Verfahren (BT 1-2) und mit der Lehrereinschätzung des Leselernprozesse) sei an dieser Stelle auf die Veröffentlichung der Schweizer Version hingewiesen (GRISSEMANN, H.; BAUMBERGER, W. und HOLLENWEGER, J.: Heidelberger Sprachentwicklungstest. Schweizer Version. Bern: Huber 1990).

Die Auswertungen zeigten, dass die Schweizer Version des HSET als ein zuverlässiges Diagnosemittel erachtet werden kann. So liegen z.B. die Batterie-Reliabilitätskoeffizienten C-Alpha für alle drei Phasen zwischen .97 und .98.

4. Prozessorientierte Förderdiagnostik am Beispiel des HSET

Das Anliegen, den HSET im Sinne der prozessorientieren Förderdiagnostik zu verwenden, wurde in der Originalversion nicht explizit berücksichtigt. Die Schweizer Version möchte allerdings diesem Anspruch besonders hinsichtlich der Ableitung von Fördermassnahmen gerecht werden können. Zudem soll erreicht werden, dass der HSET nicht nur zur Einschätzung des Kindes bezüglich seiner Altersgruppe dient, sondern dass er als Mittel zur genauen Abklärung der Förderbedürftigkeit eingesetzt werden kann.

Ob besondere Ausfälle oder allgemein unterdurchschnittliche Leistungen im HSET bestimmte Lernschwierigkeiten und Teilleistungsschwächen in der Schule voraussagen können, ist ohne Längsschnittstudien nicht genau festzustellen. Die Bewertung der prognostischen Relevanz wird zusätzlich dadurch erschwert, dass "Sprache" in der Schule nicht der durch den HSET erfassten Schweizer Mundart entspricht. Es ist wissenschaftlich noch weitgehend ungeklärt, welchen Einfluss die mündliche Sprachkompetenz eines Schweizerdeutschen Kindes auf den Erwerb der Standardsprache (mündlich und schriftlich) hat. Diese Lücke in der schweizerischen Sprachforschung muss deshalb pragmatisch überwunden werden, in dem man gewisse Zusammenhänge vermutet und das Kind in dieser Meinung aufgrund der Resultate im HSET (unterstützt durch andere Verfahren) fördert.

Die Resultate des HSET bieten somit eine Grundlage, um im Bereich der Sprachentwicklung gezielte Massnahmen zu planen. Eine Förderplanung in diesem Sinne muss stets auch alle Faktoren der Schülerpersönlichkeit, des psychosozialen Umfeldes und der Schulsituation berücksichtigen. Darauf wollen wir jedoch an dieser Stelle nicht näher eingehen. Die Vorschläge zur Förderung, wie sie sich aus den Untertests und den Schwerpunktbereichen des HSET ergeben, sind allerdings nur sinnvoll, wenn sie anderen Interventionen nicht entgegenstehen und die Schwierigkeiten des Kindes als sprachlich (und nicht etwa als psychisch bedingt) eingeschätzt werden können.

In diesem Sinne lässt sich der HSET als eine erste Abklärung (neben anderen Verfahren) verstehen, die entsprechend der Abbildung 3 in einen föderdiagnostischen Prozess eingebunden wird. Die Testergebnisse der einzelnen Untertests zusammen mit Beobachtungen während der Durchführung und Vorin-

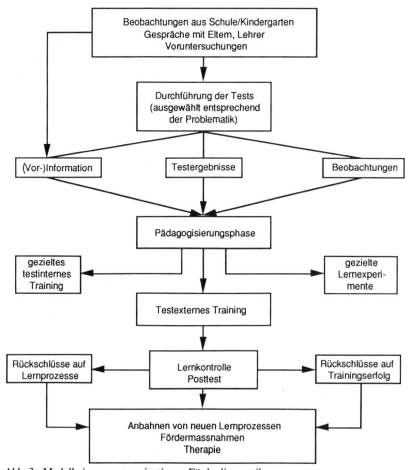

Abb. 3: Modell einer prozessorientierten Förderdiagnostik

formationen (Beobachtungen in der Schule oder im Kindergarten, Gespräche mit Lehrer und Eltern sowie weitere Voruntersuchungen) ergeben die Grundlage für die Verarbeitung zu einer sonderpädagogischen Aufgabenstellung
(Pädagogisierungsphase). In der Pädagogisierungsphase muss der Diagnostiker/ Therapeut Arbeitshypothesen über die fehlenden Fertigkeiten oder Schwierigkeiten des Kindes erstellen. Gleichzeitig werden auch erste gezielte Massnahmen (Trainings, die sich direkt an den einzelnen Untertests orientieren sowie Lernexperimente und weitere testunabhängige Trainings) durchgeführt, die dem Therapeuten weitere diagnostische Informationen geben kön-

nen bezüglich den Fertigkeiten, den Lernbedingungen, dem Problemlöseverhalten und den Lernprozessen des Kindes.

Nach dieser ersten therapeutischen Phase, die zugleich auch diagnostischen Charakter hat, wird die Schweizer Version des HSET als Posttest eingesetzt, sozusagen als Lernkontrolle und zur Planung weiterer pädagogisch-therapeutischer Massnahmen.

Literatur

ANGERMAIER, M.: Psycholinguistischer Entwicklungstest PET: Weinheim: Beltz, 1974

GRIMM, H.; SCHÖLER, H.: Heidelberger Sprachentwicklungstest HSET. Göttingen: Hogrefe, 1978

GRISSEMANN, H.; BAUMBERGER, W.; HOLLENWEGER, J.: Heidelberger Sprachentwicklungstest. Schweizer Version. Bern, Stuttgart, Toronto: Huber, 1990

NICKEL, H.; SCHMIDT-DENTER; U.: Vom Kleinkind zum Schulkind. München und Basel: Reinhardt, 1988

WINKELMANN, W.: Testbatterie zur Entwicklung kognitiver Operationen. Braunschweig: Westermann, 1975

Anschrift der Verfasser:

Dr. Werner Baumberger   Judith Hollenweger
Mattackerstr. 11   Winterthurerstr. 52
8052 Zürich   8006 Zürich

Sibyl Kamm

Leseanalyse - Leseförderung

In meinem Beitrag möchte ich einen Einblick in Leseanalyse und Leseförderung geben. Mit Leseanalyse und Leseförderung meine ich jenes Arbeitsheft für LehrerInnen, Logo- und LegasthenietherapeutInnen, das ich in vierjähriger Zusammenarbeit mit SonderklassenlehrerInnen der Unter- und Mittelstufe erarbeitet habe. 1983 - 1987 leitete ich an der pädagogischen Arbeitsstelle des Kantons St. Gallen das Projekt «Leseförderung in Sonderklassen». Eine praktische Einführung in Leseanalyse und Leseförderung würde den heutigen Rahmen sprengen. Doch hoffe ich, dass Sie am Schluss meiner Ausführungen entscheiden können, ob Sie diese Leseanalyse mit den Leseförderhinweisen ausprobieren möchten.

Meine Motivation zu dieser Arbeit: Während meinem Psychologiestudium haben mich die Vorlesungen und Seminare von Professor GRISSEMANN angesprochen. In meiner Lizentiatsarbeit bei ihm habe ich untersucht, ob der Leselehrgang Lesen - Sprechen - Handeln auch in Sonderklassen anwendbar sei, was sich bestätigte. Diese Arbeit fand ihre Fortsetzung in der Leitung des Projekts «Leseförderung in Sonderklassen».
Gegenwärtig begegne ich in meiner therapeutischen Arbeit verschiedenen Teilleistungsschwächen.

Was bedeutet für mich Leseförderung?

Diese Frage stellte ich einer Klasse von SonderklassenlehrerInnen des Heilpädagogischen Seminars und erhielt folgende Antworten:
- basales Wahrnehmungstraining
- Kinder anregen
- zusammen erleben
- Inhalte erarbeiten
- jeden Tag 10 Minuten lesen während einer Woche und die Erlebnisse einander erzählen
- ein Kind liest dem andern vor

- gute Voraussetzungen schaffen: Entspannen
- eine der Tätigkeit adäquate Umgebung suchen oder schaffen
- Vorstellungsbilder sammeln oder erarbeiten
- Geschichten erzählen - Geschichten anhören
- Geschichten erfinden
- Lesetechnik gezielt schulen
- Freude am Lesen wecken
- Sprechen - Aussprache üben - Sprache gestalten
- Beziehung pflegen
- aufgreifen von Brachliegendem

Eine Fülle von Ideen, die teilweise für den Klassenunterricht, teilweise für die individuelle Förderung nützlich sein können. Die unterschiedlichen Auffassungen sind geprägt von den verschiedenen Lehrerpersönlichkeiten, ihrer Situation, ihren momentanen Interessen und Anforderungen.

Vergleichen wir die verschiedenen Leseförderungsprogramme, so zeigt sich, dass auch dort verschiedene Schwerpunkte gesetzt werden. Trainieren die einen vorwiegend Morpheme, so üben andere mehrheitlich Silben und Dritte Signalgruppen. Oder es wird der Situation mehr Bedeutung zugemessen, indem beispielsweise vor jedem Lesen Entspannungstrainings durchgeführt werden.

Wieder andere legen ihr Schwergewicht auf Lesemotivation und Leseinteressen der Kinder, indem sie z.B. regelmässig Geschichten vorlesen, die Kinder in die Bibliothek begleiten, die Kinder einander gegenseitig von ihrer Lektüre erzählen lassen usw.

Wenn wir uns diese Fülle von Materialien und Ideen, die uns heute an Fördermöglichkeiten zur Verfügung stehen vor Augen führen, so kommen wir nicht darum herum, Akzente zu setzen. Es ist, als ständen wir in einem Supermarkt und wir können uns einer Verwirrung nur erwehren, wenn wir uns unserer Bedürfnisse klar bewusst sind. Wir fragen uns also, welche individuellen Bedürfnisse das einzelne Kind hat, wie es möglichst gezielt gefördert werden kann.

Dieser Fragestellung sind wir in unserer Arbeit nachgegangen.

Im folgenden möchte ich einige Ausführungen zu «Leseanalyse und Leseförderung» machen, die wir im vierjährigen Projekt «Leseförderung in Sonderklassen» erarbeitet haben.

1. Zur Entstehungsgeschichte

Im Projekt «Leseförderung in Sonderklassen» arbeiteten wir vorwiegend in zwei Gruppen. Die Sonderklassenlehrer der Oberstufe erarbeiteten Fördermöglichkeiten zum sinnerfassenden Lesen. Die SonderklassenlehrerInnen der Unter- und Mittelstufe erarbeiteten die vorliegende Leseanalyse mit entsprechenden Förderhinweisen. Wichtig war uns:

- das Kind als Persönlichkeit ernst zu nehmen, d.h. in Zusammenarbeit mit dem Kind zu fördern
- die Situation, in der das Kind steht, zu berücksichtigen, Förderung den kognitiven, sozialen und emotionalen Bedürfnissen des Kindes anzupassen, d.h. Fördermassnahmen in einem iterativen Prozess fortwährend den aktuellen Bedürfnissen des Kindes anzupassen im Sinne der Förderdiagnostik
- Fähigkeiten und Schwierigkeiten des Kindes zu berücksichtigen
- im Gespräch mit dem Kind zu bleiben
- das Kind zu beobachten und so Lernwege kennenzulernen, auf die das Kind anspricht.

Weitere Anregungen aus diesem Bereich bietet BÜRLI in diesem Band.

2. Merkmale

Die erste Durchführung der Leseanalyse nimmt etwas Zeit in Anspruch. Wie bei jedem Test gilt es, sich mit dem Material vertraut zu machen. Verschiedene LehrerInnen und TherapeutInnen haben mich darauf hingewiesen, dass sie mit der Anwendung neue Gesichtspunkte für die Leseförderung kennengelernt hätten.

Im Gegensatz zur alten klassifizierenden Diagnostik, der Status- oder Einweisungsdiagnostik, liegt der Leseanalyse ein förderdiagnostischer Ansatz zugrunde. Erkenntnisse werden dazu verwendet, Fördermassnahmen zu planen, Lern- und Lehrhaltungen zu hinterfragen unter Berücksichtigung der sozialen Situation und der emotionalen Gegebenheiten. Die Erfassung hat nur für diesen Zeitpunkt Gültigkeit. Fördermassnahmen können geplant werden und müssen in der Folge fortwährend an die neue Situation angepasst werden. Im Gespräch mit dem Kind und durch Beobachtung suchen wir nach neuen Fördermöglichkeiten. Es kommt mir manchmal vor, als sei dieser Prozess vergleichbar mit einer Abenteuerreise, von der wir nicht wissen, wohin sie führt, unser Augenmerk dafür mehr auf die Umgebung und auf den Weg richten.

3. Aufbau von Leseanalyse und Leseförderung

Wie der Titel «Leseanalyse - Leseförderung» besagt, gliedert sich die Schrift in zwei Teile.
Im ersten wird die Durchführung und Auswertung der Leseanalyse beschrieben, im zweiten finden sich zu den einzelnen Teilbereichen des Lesens entsprechende Förderhinweise.

4. Zur Leseanalyse

Vorerst ein kurzer Überblick, den ich anschliessend ausführe. Zuerst wird das Kind beim Lesen auf Tonband aufgenommen, während der Aufnahme beobachtet, und nach der Aufnahme nach dem Inhalt des Gelesenen befragt. Das Leseverhalten wird anschliessend beschrieben. Anhand der Tonbandaufnahme und der Textvorlage werden nun die Verlesungen gemäss einer Anleitung signiert. Die unterschiedlichen Verlesungen werden in eine Tabelle eingetragen und so geordnet. Diese Ordnung verdeutlicht, wie häufig bestimmte Verlesungen auftauchen, welche Verlesungen auftauchen und in welchen Bereichen keine Verlesungen zu verzeichnen sind. Dies ist die Grundlage für die Förderplanung.

Die Leseanalyse besteht somit aus folgenden Schritten:
- Tonbandaufnahme
- Leseverhalten beschreiben
- Signieren

4.1. Die Tonbandaufnahme

Zuerst wählen Sie einen geeigneten Text aus und kopieren ihn mit den Tabellen. Wie das Kind auf die Tonbandaufnahme vorbereitet ist, ist aus S. 3 der Vorlage wie folgt beschreiben:

«Lies folgenden Text. Ich werde Dich beim Lesen auf Tonband aufnehmen, damit ich nachher nochmals hören kann, wie Du gelesen hast.»

Der Lehrer reagiert während des Lesens nicht auf das Kind, d.h. es dürfen keine Korrekturen oder Hilfestellungen gegeben werden. So hat das Kind die Möglichkeit, Verlesungen selbst zu korrigieren. Die Korrekturfähigkeit des Kindes ist ein wichtiger Hinweis auf dessen Lesefähigkeiten. Achten Sie auf das Verhalten des Kindes während des Lesens und notieren Sie Ihre Beobachtungen nach der Durchführung auf S. 6 der Broschüre.

Hat das Kind den Text gelesen, so fragen sie:

«Kannst Du mir erzählen, was im Text steht?»

Fortgeschrittene LeserInnen lesen den Text ein zweites Mal, damit Unterschiede zwischen den beiden Leseversuchen festgestellt werden können.

Vor dem 2. Lesedurchgang geben Sie 1 - 2 Hinweise zur Verbesserung der Lesehaltung. Sie berücksichtigen dabei das Verhalten des Kindes während des 1. Lesedurchgangs.

Beispiele für solche Hinweise:

«- Versuche mit den Augen etwas vorauszulesen!
- Lass Dir Zeit - lies langsamer!
- Beachte die Satzzeichen - mach Pausen!
- Versuche deutlicher zu sprechen!
- Beachte die Endungen der Wörter und sprich sie deutlich aus!
- Versuche, wenn Du ein Wort auf den ersten Anhieb nicht lesen konntest, es nochmals zu lesen!
- Lies den Text einmal so schnell durch, wie Du nur kannst!
- Achte darauf, dass Du den Text verstehst!» (KAMM 1987, S. 3)

Nach dem Lesen fragen Sie das Kind, ob es den Text als schwierig oder leicht beurteilt und was daran allenfalls schwierig sei.

4.2. Leseverhalten beschreiben

Auf einer Kopiervorlage soll das Leseverhalten des Kindes beschrieben werden. Sie finden dort 3 Fragen:

«- Verhalten des Kindes während des Lesens (ängstlich, unruhig, neugierig, interessiert, ruhig ...)
- Veränderungen des Leseverhaltens im Verlauf des Lesens
- Wie liest das Kind im Unterricht? In welchen Situationen liest es gut/ schlecht? Welche Lesetechniken (lautes, stilles, überfliegendes, genaues,

verarbeitendes Lesen) beherrscht das Kind, welche nicht?» (KAMM 1987, S. 6)

4.3. Signieren

Im Anschluss an diese ersten Beschreibungen können nun anhand der Tonbandaufnahme und der Textvorlage die Verlesungen signiert werden. Wir verwenden absichtlich den Terminus «Verlesungen», weil darin keine Abwertung enthalten ist. Es gibt Verlesungen, die auf Fähigkeiten des Kindes hinweisen. So deutet beispielsweise eine Lesekorrektur darauf hin, dass das Kind Unstimmigkeiten wahrnimmt und verbessert. Ebenso weisen grammatikalisch oder semantisch sinnvolle Verlesungen auf die Fähigkeit des Kindes hin, sich den Kontext zu Nutze zu machen.

Die Art und Weise, wie ein Lesetext signiert wird, ist in der Vorlage genau beschrieben.
Ein Beispiel eines signierten Lesetextes sieht dann folgendermassen aus:

```
Schon wartet Margrit/vor der/Badewanne

Wann komme ich endlich auch/dran?

fragt sie ungeduldig. Warte doch, bis Kurt
                      W: geschn - geschnitten
die Nägel fertig geschnitten hat. Das

Mädchen legt unterdessen das blaue
gestreiftem
gestreifte Nach hemd bereit. Als ältere

Schwester kann sie/ihren ganzen Körper
V: selber-selbst
selbst waschen, vom Kopf bis zu den
Füssen K: Zehen
Zehen. Denn sie/badet schon selbständig.
          Dann
Das ist praktisch für die Eltern.
```

Erläuterungen:

/ bedeutet, dass das Kind hier einhält, den Text in dieser Weise segmentiert.

... hier hat das Kind buchstabenaddierend erlesen

⌢ das Kind überspringt ein Satzzeichen und verpasst damit eine mögliche Ruhepause im Leseprozess

W ein Wort wird wiederholt

/ das Kind hat anders als in der Vorlage gelesen, hier das «e» weggelassen

Bei gestreiftem wurde ein Laut hinzugefügt.

K Das Kind korrigiert sich. Bei «selber», wohl dem Dialekt entlehnt, korrigiert es «selbst», «Füssen», ein bedeutungsmässig mögliches Wort ersetzt es durch «Zehen».

Signaturen in die Tabelle eintragen
Nun können die Signierungen in die Tabellen übertragen werden, um so zu verdeutlichen, welche Signierungen häufig, welche nur selten oder nicht auftauchen.
Häufig ist es sinnvoll, eine Verlesung an verschiedenen Orten anzuführen, weil sie verschiedene Aspekte verdeutlicht.

Tabelle 1 ist in Verlesungen
- auf graphisch-lautlicher Ebene
- auf grammatischer Ebene und
- auf Bedeutungsebene
unterteilt

Bei den Verlesungen auf grammatischer- und Bedeutungsebene wird unterschieden in falsche und richtige Verlesungen.

In *Tabelle 2* können Verlesungen und Auffälligkeiten

- zur Segmentation: - innerhalb eines Satzes
                                - innerhalb eines Wortes
- zur Lesetechnik
- und Lesekorrekturen

aufgelistet werden. Hier wird unterschieden in Fähigkeiten und Schwierigkeiten des Kindes.

Die letzte Tabelle, *Tabelle 3* enthält

- Psychische und psychosoziale Bedingungen, die Lesegeschichte, sowie
- weitere Merkmale

Hier können die Verhaltensbeschreibung und weitere Merkmale und Auffälligkeiten beigezogen werden.

1. VERLESUNGEN	
1.1. Graphisch-lautliche Ebene	
- Buchstaben erkennen - - - - -	- Ähnlichkeiten unterscheiden - - - - -
Hinzufügungen/ Auslassungen - - - - - -	Umstellungen - - - - -
1.2. Grammatische Ebene Grammatisch richtige Verlesungen - - - - -	Grammatisch falsche Verlesungen - - - - -
1.3. Bedeutungsebene Bedeutungsmässig richtige Verlesungen - - - - -	Bedeutungsmässig falsche Verlesungen - - - - -

Tabelle 1

2. SEGMENTATION innerhalb eines Wortes - Buchstabenaddierendes Lesen - In Buchstabengruppen - Zusammengesetzte Wörter innerhalb eines Satzes - Lesefluss, Lesetempo - Satzmelodie, Leserhythmus - Lautstärke	Fähigkeiten des Kindes	Schwierigkeiten des Kindes
3. LESETECHNIK - Lesefluss, Lesetempo - Satzmelodie, Leserhythmus - Lautstärke	Fähigkeiten des Kindes	Schwierigkeiten des Kindes
4. LESEKORREKTUREN - Auf der graphisch-lautlichen Ebene – Auf der grammatischen Ebene – Auf Bedeutungsebene	Fähigkeiten des Kindes	Schwierigkeiten des Kindes

Tabelle 2

5. PSYCHISCHE UND PSYCHOSOZIALE BEDINGUNGEN	Unterstützende Bedingungen	Hemmende Bedingungen
- Psychische Verfassung		
- Selbstvertrauen		
- Motivation		
- Soziales Umfeld (in der Schule/ zuhause)		
- Arbeitshaltung, Einstellung zum Lesen		
LESEGESCHICHTE	Unterstützende Bedingungen	Hemmende Bedingungen
- Einschätzung der bisherigen Leseerfahrungen		
- Einschätzung der jetzigen Lesesituation in der Schule und zuhause		
- Bildungsweg, Lesemethode		
- Leseinteresse		
6. WEITERE MERKMALE	Unterstützende Bedingungen	Hemmende Bedingungen
- Aussprachebedingte Lesefehler		
– Organisch bedingte Auffälligkeiten		

Tabelle 3

5. Förderplanung

Nun kann ich mir überlegen, wie ich aufgrund der vorliegenden Ergebnisse am sinnvollsten fördern möchte:

- was fördere ich und
- wie fördere ich?

Am einfachsten wird es sein, die verschiedenen Förderideen aufzulisten und anschliessend je nach Situation und Dringlichkeit eine Reihenfolge festzulegen. Dieser Förderplan sollte laufend den neuen Bedürfnissen angepasst werden. Wie stark das Kind in die Förderplanung miteinbezogen werden kann, hängt vom Alter und Reifegrad ab.

Als Erinnerung einige Grundsätze zur Förderung:

- Vom Leichten zum Schweren und/oder vom Schweren zum Leichten
- dosierter Einsatz von Fördermaterialien
- vorhandene Fähigkeiten unterstützen
- Überforderung vermeiden
- Erfolgserlebnisse vermitteln
- Anstrengungen anerkennen
- Im Dialog mit dem Kind bleiben ...

Zu allen erfassten Bereichen der Leseanalyse finden sich im 2. Teil der von der Pädagogischen Arbeitsstelle des Kantons St. Gallen herausgegebenen Broschüre entsprechende Förderhinweise. Eine Übersichtstabelle zeigt, wo ein bestimmter Förderbereich einerseits in der Leseanalyse anderseits bei den Förderhinweisen zu finden ist.

Wie aus der Abbildung (folgende Seite) hervorgeht, beziehen sich die Förderhinweise auf Wort-, Satz- und Textebene.

Auch psychische-, psychosoziale Bedingungen und die Lesegeschichte werden in die Förderplanung einbezogen, wobei mit diesen Bereichen die Situation des Kindes und die Beziehungsstrukturen beleuchtet werden sollen:

- Wie lernt das Kind?
- Gibt es alte Lernerfahrungen, die es heute in seiner Arbeit hemmen oder die sich positiv auf sie auswirken?
- In welchen Situationen lernt es gut?
- Wann ist es für das Lesen zu begeistern?
- Bei welchen Lesetechniken zeigt es Fähigkeiten, wo Schwächen?

Abbildung

- Wo liegt seine Eigeninitiative (Situation, Themen ...)?
- Wann lernt es besser allein, wann besser in Zusammenarbeit?
- Mit welchen Kindern lernt es gut und gern?
- Wie reagiert es auf Leistungsanforderungen?

Dies eine Auswahl von Fragen, die den Bereich psychische und psychosoziale Bedingungen betreffen. Die Hinweise auf die psychischen und psychosozialen Rahmenbedingungen des Lesens sind in Kaste auf den ganzen zweiten Teil der Broschüre verteilt.

Die Förderhinweise zu den einzelnen Teilen sind jeweils einheitlich in folgender Weise gegliedert:

	Beispiel
- Titel	Verlesungen auf der Bedeutungsebene.
- Beschreibung	Hier wird in das bedeutungserfassende Lesen eingeführt, zwischen bedeutungsrichtigen und falschen Verlesungen unterschieden.

- Förderideen	Es finden sich konkrete Übungsvorschläge zu folgenden Titeln:

- Förderideen — Es finden sich konkrete Übungsvorschläge zu folgenden Titeln:
  - Übungen mit Sinnschritten
  - Gespräche
  - Arbeit mit Bildergeschichten
  - Kreuzworträtsel
  - Arbeitsanweisungen
- Literaturhinweise — Schliesslich folgen Literaturhinweise zu
  - Übungsmaterialien
  - Texten
  - Zeitschriften

Die Vorlage ist einseitig bedruckt, sodass auf der linken Seite Ergänzungen aus der eigenen Praxis angebracht werden können.

Bei Unsicherheiten und offenen Fragen scheint es mir wichtig, das Gespräch mit dem Kind, den Eltern, KollegInnen oder Fachleuten zu suchen - der Unklarheit nachzuspüren. Vielleicht führt sie auf eine neue Fährte.

Zum Schluss eine Tabelle, in die die verschiedenen Förderideen eingetragen werden können.

Literatur

KAMM, Sibyl: Leseanalyse und -förderung. Pädagogische Arbeitsstelle, Museumstrasse 39, 9000 St. Gallen.

Adresse der Verfasserin:

Sibyl Kamm
Haldenweg 7
8630 Tann

FÖRDERPLANUNG

Name des Kindes:_ _____

Klasse: _____

Datum: _____

Anhand der Fehleranalyse wird der Förderplan erstellt

Aufbau, Tempo und Art der Förderung müssen dem Kind entsprechen.

Was fördere ich? (Siehe Analyse)	Wie fördere ich? (Arbeitstechnik, Material, Sozialform, Zeitaufwand)	Erfolg:
Merkmale, Verhaltensweisen, auf die ich besonders achten möchte: (vgl. Leseanalyse)		
Besprechung mit Fachleuten und Eltern: Schulpsychologen, Logopädinnen, Legasthenietherapeutinnen		

Arnold Lobeck

Erfassung und Therapie von Rechenschwächen

1. Tücken der Mathematik

Lassen Sie mich mit zwei lustigen Begebenheiten beginnen, welche ich vor einigen Tagen gelesen habe.

Ein Schulratspräsident sagt zum Mathematiklehrer: «Da Sie dieses Jahr wesentlich mehr Stunden geben müssen als vorgesehen, wollen wir Ihr Gehalt um ein ganzes Drittel erhöhen.» Da protestiert der Lehrer mit folgenden Worten: «Nein! Damit bin ich nicht einverstanden, ich möchte, dass es wenigstens um einen Fünftel erhöht wird.»

Oder ein anderes Beispiel, das wir in ähnlicher Form immer wieder antreffen: «Du gehst doch jetzt in die Schule, Heidi,» sagt Onkel Heini, «hast Du denn auch schon Rechnen gelernt?» «Ja, Onkel Heini.» «Dann sag mir mal: Wenn Du 3 Pflaumen hast und ich gebe Dir 2 dazu, wieviel Pflaumen hast Du dann?» «Weiss ich nicht, Onkel Heini, das kann ich nur mit Äpfeln.»

Sie sehen, wie leicht es ist, falsch zu rechnen, und am Beispiel des Mathematiklehrers, welcher 1/3 kleiner als 1/5 hält, wird klar, wie Zahlen ihre Bedeutung je nach Zusammenhang ändern können. Die Art, wie Heidi rechnet, finden wir oft bei schwächeren Schülern, welche Mühe haben, gelernte Operationen mit neuen Materialien rechnen zu können.

Ich gebe und zeige Ihnen nun einige Beispiele von Operationen, wie sie von rechenschwachen Schülern gerechnet werden. Die Beispiele stammen von Schülern, die bereits 2 Jahre Rechenunterricht genossen haben.

Sandi, 2. Klasse, Repetent 3. Schuljahr

Aufgabe (1. Kl.)	Lösung	Fehler
12 - 5 = □	12 - 5 = 17	Symbolverständnis
□ + 5 = 19	24 + 5 = 19	"

Aufgabe (1. Kl.)	Lösung	Fehler
$12 + \square + 4 = 18$	$12 + 22 + 4 = 18$	nur einen Teil der Gleichung gelöst. Symbol verwechselt

Wie kommt Sandi darauf, $12 - 5 = 17$ zu rechnen? Nun, Sie sehen, er hat statt - 5 + 5 gerechnet, also das Operationssymbol verwechselt. Bei der 2. Aufgabe, 0 + 5 = 19 hat er 24 + 5 = 19 gerechnet. Er hat also das + für ein - gehalten und geglaubt, er müsse 5 von 24 abziehen. Bei der 3. Aufgabe können wir beobachten, dass Sandi wahrscheinlich nur einen Teil der Aufgabe gelöst hat, nämlich 22 + 4 = 18. Es ist anzunehmen, dass ihm noch das Verständnis für die Mehrgliedrigkeit (der zwei Seiten) einer Gleichung fehlt. Wir müssen aber festhalten,dass Sandi das, was er gerechnet hat, richtig gerechnet hat, er hat lediglich die Symbole verwechselt und zeigt noch Schwierigkeiten im Verständnis des Aufbaus einer Gleichung.

Oder zwei andere Schüler, im 2. Schuljahr

Aufgabe (2. Kl.)	Lösung	Fehler
$14 + \square = 20$	$14 + 3 = 20$	Raten
$14 - 2 = \square$	$14 - 2 = 17$	Raten
$\square + 5 = 19$	$18 + 5 = 19$	Raten

Bei diesen Schülern, es sind zwei, fällt es recht schwer, die Fehler zu durchschauen. Wir müssen annehmen, dass sie das Resultat erraten haben. Keine der Operationen ist richtig gerechnet. Wir nehmen an, dass die Schüler Schwierigkeiten haben, sinnvoll im Zahlenraum bis 20 zu rechnen.

Ein Mädchen rechnet, auch in der 2. Klasse:

$$2 + 3 = 4$$
$$7 + 8 = 13$$
$$8 + 6 = 13$$

Dieses Mädchen sitzt während der Ausführung der Operationen ängstlich im Bank und versucht, die Operationen an den Fingern nachzuzählen. Das Mädchen kommt in den anderen Fächern gut mit.

Sie alle kennen ähnliche Beispiele von Schwierigkeiten im Rechnen. Wir werden die Schwierigkeiten der einzelnen Schüler gewichten und in einen Zusammenhang stellen müssen, welcher uns Aussagen darüber erlauben wird, mit welcher Art von Rechenschwäche wir es zu tun haben. Ich komme darauf zurück.

2. Rechenschwäche als Teilleistungsstörung

Bereits 1916 befasste sich Paul RANSCHBURG mit rechenschwachen Schülern, insbesondere mit lernschwachen Schülern (Hilfsschülern), und nannte ihre Schwierigkeiten im Rechnen Arithmasthenie[1]) 1919 untersuchte Henschen einige hirnverletzte Patienten, denen die Zahlziffern nichts mehr bedeuteten[2]. Sie konnten Zahlen nicht mehr lesen und mit dem Zahlwort, welches ihnen entspricht, in Verbindung bringen. Er fand heraus, dass insbesondere die Seitenwindung, der Gyrus angularis, eine besondere Rolle bei dieser Schwäche spielen müsse. Er vertrat die Meinung, dass im Gyrus angularis die Zahlworte mit den Ziffern verbunden würden. In eine ähnliche Richtung ging auch GERSTMANN 1924, als er bei seinen hirnverletzten Patienten verschiedene Symptome beobachtete. Neben der Unfähigkeit, die Zahlziffern zu erkennen und zu rechnen, beobachtete er Fingeragnosie, Agraphie und Links-Rechts-Verwechslung.[3] Der Einfluss dieser Forschungen auf die Heilpädagogik blieb gering. Noch 1930 führt HANSELMANN in der Einführung in die Heilpädagogik die Legasthenie wie auch die Arithmasthenie unter dem Kapitel «Behandlung geistesschwacher Kinder» auf. Er stützt sich auf die Arbeiten von RANSCHBURG. Auch bei BLEULER (Lehrbuch der Psychiatrie, 1975)[4] sucht man vergebens nach Rechenschwäche, er erwähnt lediglich die Legasthenie im Kapitel über Psychopathologie der Oligophrenien (Schwachsinnszustände). Erst bei LUTZ (Kinderpsychiatrie 1972)[5], werden spezielle Entwicklungsstörungen (im weiteren Sinne) vom eigentlichen Schwachsinn unterschieden. Unter diesen Entwicklungsstörungen finden wir die Lese- und Rechtschreibschwäche, aber noch kein Wort von Kindern mit Schwierigkeiten im Rechnen. Auch KOBI schreibt in seiner Heilpädagogik im Abriss noch 1973:

---

[1] RANSCHBURG, P.: Pathopsychologie der Störungen des Lesens, Schreibens und Rechnens im Schulkindesalter. 2. Heilpädagogischer Kongress. Berlin, 1925

[2] HENSCHEN, S.E.: Über Sprach-, Musik- und Rechenmechanismen und ihre Lokalisationen im Grosshirn. Berlin: Springer, 1919

[3] GERSTMANN: Zitiert nach GRISSEMANN/WEBER: Spezielle Rechenstörungen, Bern: Huber, 1982

[4] BLEULER, E.: Lehrbuch der Psychiatrie. Berlin: Springer, 1975

[5] LUTZ, J.: Kinderpsychiatrie. Zürich: Rotapfel, 1972

«Rechenschwäche tritt zumeist im Rahmen einer allgemein schwachen Begabung auf; Geistesschwache sind fast durchwegs auch schlechte Rechner (trotz allenfalls gutem Gedächtnis). Arithmasthenie zeigt sich weitaus seltener als die Lese-Rechtschreibschwäche als ausgestanzte Schwäche bei im übrigen normaler oder sogar überdurchschnittlicher Intelligenz. ... Eine spezielle (Einzel-) Behandlung, wie sie sich bei der Legasthenie aufdrängt, ist bei rechenschwachen Kindern seltener indiziert, da die meisten dieser Kinder ohnehin in die Einführungsklasse (für sog. Spätentwickler) oder in eine Hilfsklasse eingewiesen werden müssen aufgrund ihrer allgemein schulischen Leistungen.» [6]

KOBI vertritt bezüglich Legasthenie bekanntlich eine andere Auffassung.

Eine gewisse Eigenständigkeit und eine leichte Loslösung von der geistigen und Lern-Behinderung erfährt die Rechenschwäche durch die Arbeiten von BUSEMANN 1959[7]) Er unterscheidet die dysphasische Zählschwäche von der konsekutiven Rechenschwäche, die meist bei Hilfsschülern und bei hirnverletzten Erwachsenen anzutreffen ist. 1962 setzt sich Maria LINDER für die Legastheniker ein, die trotz ihrer Lese- und Rechtschreibschwierigkeiten dank Therapie und Früherfassung in den Normalklassen behalten werden können. Damit erhielten die Kinder mit dieser Teilleistungsschwäche die Berücksichtigung, die ihnen heilpädagogisch zusteht.Eine besondere Beachtung der Rechenschwäche fand nicht statt[8]. 1967 veröffentlichen JOHNSON & MYKLEBUST ihre grosse Arbeit über Lernschwächen und widmen ein grosses Kapitel den Kindern mit Schwierigkeiten im Rechnen[9]. Sie bezeichnen die Rechenschwäche als Lernstörung und setzen damit die Schwierigkeiten im Rechnen klar ab von der Lernbehinderung oder geistigen Behinderung. Kinder mit Lernstörungen verfügen über eine adäquate Motorik,über eine durchschnittliche bis hohe Intelligenz, normales Seh- und Hörvermögen und eine gute emotionale Anpassung, dies alles aber verbunden mit einer Lernschwäche im Rechnen[10].

Sehr sauber schildert Kurt WEINSCHENK 1970 einige Kinder mit Rechenstörungen bei sonst normaler Intelligenz[11]. 1974 erscheint das erste Buch von GRISSEMANN über Legasthenie und Rechenleistungen[12] und die umfassendste Darstellung der Dyskalkulie finden wir von demselben Autor im Buch

---

[6] KOBI, E.E.: Heilpädagogik im Abriss. Liestal: Verlag SVHS, 1973 und 1982

[7] BUSEMANN, A.: Psychologie der Intelligenzdefekte. München: Reinhardt 1959, S. 450 ff. und 535 ff.

[8] LINDER, M.: Lesestörungen bei normalbegabten Kindern. Schweiz. Lehrerinnenverein, 1962

[9] JOHNSON, D.J./ MYKLEBUST, H.R.: Lernschwächen. Stuttgart: Hypokrates, 1980

[10] JOHNSON/ MYKLEBUST: 1980, S. 26

[11] WEINSCHENK, K.: Rechenstörungen. Bern: Huber, 1970

[12] GRISSEMANN/ WEBER: Spezielle Rechenstörungen. Bern: Huber, 1982

«Spezielle Rechenstörungen - Ursachen und Therapie» von 1982[13]. Zu derselben Zeit machen AEPLI-JOMINI und GUBLER auf ihre Arbeit mit rechenschwachen Schülern aufmerksam. Alle diese Schüler können dank der Therapie und der Hilfe, welche sie bekommen und dank ihrer normalen Auffassungsgabe in der Normalklasse verbleiben.

3. Erkennen und Erfassen

Die Lehrer merken rasch, meistens im 1. Semester, wo die Schwierigkeiten ihrer Schüler liegen. Den Schülern mit Schwierigkeiten wird meist eine spontane Hilfe geboten. Die Rechnungen werden meist nochmals erklärt, und Sie kennen alle die typischen Situationen, die so aussehen, dass in der Unterstufe vor allem sehr viel mit Klötzen und anschaulichem Material gearbeitet und erklärt wird. Das rein formale Rechnen ohne die Anschauung finden Sie in den ersten Schuljahren immer seltener.

Beim Erkennen und Erfassen der Schwierigkeiten, die Schüler im Rechnen machen können, interessiert uns zunächst einmal die Aufzählung derjenigen Rechenschwierigkeiten, die angetroffen werden können.

3.1. Zusammenstellung der Rechenschwierigkeiten in der Primarschule

Die unten angeführte Übersicht zeigt Ihnen diejenigen Schwierigkeiten, die Schüler im Rechnen während der Primarschulzeit machen können. Die Übersicht ist in Anlehnung an JOHNSON & MYKLEBUST[14], GRISSEMANN/ WEBER[15] und RADDATZ/ SCHIPPER[16] entstanden.

---

[13] a.a.O., 1982

[14] JOHNSON/ MYKLEBUST: 1980, S. 295 ff

[15] GRISSEMANN/ WEBER, 1982

[16] RADDATZ/ SCHIPPER: Handbuch für den Mathematikunterricht an Grundschulen . Hannover: Schroedel, 1983

		Beispiel
A	**Begriffs- und Symbolverständnis**	
	1. Verständnis math. Begriffe	z.b. «Vorgänger
	2. Speicher- und/ oder Diff.leistungen	Ketten, «zwei-drei»
	3. Lesen von Rechnungen	
	• Reversionen/ Inversionen	3-8, 6-9, 8 + 7 = 51
	• Symbole (Operation, Relation)	$+, -, \cdot, :, =, <, >, \neq$
B	**Quantitatives Denken**	
	1. Visuell-räumliches Erkennen	Grösse, Form, Distanz
	2. Bildliches Vorstellen von Mengen	
	3. Raumlage erkennen	rechts-links
	4. Zeitbegriff	Vormittag, vor - nach
C	**Zahlbegriff**	
	1. Mengeninvarianz/ 1:1-Entsprechung	18 + 6 --- 24
	2. Kardinalaspekt (Mächtigkeit)	
	3. Ordinalaspekt (Seriation)	
	4. Intermodale Zuordnung	Zahlwort - Menge
		Zahlwort - Ziffer
	5. Sinnvolles Zählen (Add./Sub.)	
D	**Operationsverständnis**	
	1. Gleichung (Waage), A-O-E	
	• Wechsel der Leerstelle	$13 - 4 = \square$
	Addition, Subtraktion, Multiplikation,	$13 - \square = 9$
	Operationen mit Null, Ergänzen	$\square - 5 = 8$
	• Schriftliche Verfahren	
	2. Konkretismus/ Fingerrechnen ab 2. Kl.	
	3. Klappfehler	
	4. Zehnerübergang/ Hunderterübergang	
	5. Messen/ Dividieren	
	6. Stellenwert/ Positionssystem/ Bündelung	T/H/Z/E/ 80 - 13 = 77 statt 67
	7. Grössen (Länge, Flächen, Raum, Gewichte, Geld, Zeit)	
	8. Textaufgaben	
	9. Lesen von Karten und Grafiken	
	10. Bruchrechnen (Dezimalbrüche)	
	11. Zwei- und Dreisätze (Proportionalität)	
	12. Automatisierung (1x1)	

Abb. 1: Erfassung der Rechenschwäche. Übersicht über die möglichen Rechenschwierigkeiten (LOBECK 1990)

Bereich A

Aus der Übersicht können Sie leicht heraussehen, dass wir zunächst im Bereich A diejenigen Schwierigkeiten aufgezählt haben, die im Zusammenhang stehen mit dem Sprachverständnis für mathematische Begriffe, den Speicher-

und Differenzierungsleistungen und dem Verständnis der Symbole. Es gibt viele Kinder, die die mathematischen Begriffe wie z.b. «Vorgänger», «Nachfolger», «weniger als», «mehr als» u.a.m. nicht mit den ihnen entsprechenden dinglichen Grundlagen verbinden können, also nicht verstehen, was sie bedeuten. Viele Kinder können mathematische Inhalte nicht für längere Zeit behalten und vergessen auch die Elemente einer Kettenrechnung sofort. In diesen Bereich gehören auch die Speicher- und Differenzierungsleistungen z.b. die akustische Unterscheidung der gesprochenen Zahlworte «zwei» und «drei» oder im Dialektausdruck «nü» und «drü» usw. Zu diesem Bereich gehören auch die Vertauschungen (Reversionen) und Umstellungen (Inversionen) von Zahlziffern (6 - 9, 34 - 43 usw.). Viele Schüler haben auch Schwierigkeiten, die Operationssymbole zu verstehen (+ verwechseln sie oft mit -).

Bereich B

Im Bereich B werden die Leistungen aufgeführt, die mit dem quantitativen Denken und dem Verständnis des Zeitbegriffs in Verbindung stehen. Es wird davon ausgegangen, dass für mathematische Leistungen das Verständnis quantitativer und visuell-räumlicher Zusammenhänge notwendig ist. Bereits RANSCHBURG[17] konnte feststellen, dass gute Rechner über eine gute visuelle Auffassung verfügen, und dass schlechte Rechner im visuellen Erfassen Schwierigkeiten haben. Es geht um das visuell-räumliche Erkennen, das bildhafte Vorstellen von Mengen und das Erfassen von Raum-Lage-Beziehungen.

Bereich C

Zum dritten Bereich C zählen wir all diejenigen Leistungen, die mit dem Erwerb des Zahlbegriffs zusammenhängen. Diese Fähigkeiten sind gleichsam Vorfähigkeiten für den operativen Umgang mit Zahlen. Wir nennen 5 Aspekte des Zahlbegriffs. Diese Aspekte sind zum grössten Teil von PIAGET ausführlich dargestellt und experimentell nachgewiesen worden[18]. Diese Aspekte erwirbt sich das Kind im Alter von 5-7 Jahren, also in einem Alter, in welchem es den Kindergarten besucht und eingeschult wird. Zu den Aspekten des Zahlbegriffs zählen wir die Fähigkeit zur Einsicht der Mengeninvarianz (1:1 Entsprechung), das Erfassen des Kardinal- und Ordinalaspekts,

---

[17] RANSCHBURG 1925, S. 169-170:

«Gesetzt, wir wollen wissen wie intim die experimentell geprüften Rechenfähigkeit (R), d.h. die X mit dem ebenfalls experimentell geprüften visuellen Typus (vi) zusammenhängt ... Die guten Rechner sind genau doppelt so häufig stark als schwach visuell und die schwachen Rechner 4,5 mal häufiger schwachen als starken visuellen Types.»

die Fähigkeit zur Zuordnung eines Zahlwortes zur Menge, die ihm entspricht (intermodale Zuordnung) und das sinnvolle Zählen (Korrespondenz zwischen Zahlwort und der diesem Zahlwort entsprechenden Menge).

Bereich D

Im Bereich Operationsverständnis (D) sind all diejenigen Schwierigkeiten aufgeführt, die im Zusammenhang mit dem operationalen Umgang von Zahlen stehen. Besondere Schwierigkeiten sind hier Verständnis für die Gleichung (Waage), das Hängenbleiben an der konkreten Anschauung (Konkretismus, Fingerrechnen ab 2. Klasse), die Schwierigkeiten im Zehnerübergang und Hunderterübergang, die Stellenwertproblematik (Positionssystem, «Bündelung»), das Verständnis für Grössen u.a.m. In diesem Bereich ist die Symbolebene des Rechnens angesprochen. Das Kind muss in der Lage sein, Rechnen mittels Zeichen zu vollziehen. Im Unterschied dazu ist Rechnen im Bereich des Zahlbegriffs (Aspekte des Zahlbegriffs) noch konkret, dinglich.

3.2. Die häufigsten Rechenschwierigkeiten aus der Sicht von Lehrern

Während des Sommers 1989 führte ich bei 27 Lehrern eine Befragung durch. Sie sollten mir 3-4 Rechenschwierigkeiten ihrer Schüler nennen. Die Lehrer unterrichten in den Kantonen St. Gallen und Appenzell/IR. Die Umfrage ergab die Nennung von 99 verschiedenen Rechenfehlern. Ich habe Ihnen die Fehler nach Häufigkeit in der nachstehenden Tabelle zusammengestellt (Abbildung 2).

Wir können folgendes herauslesen:
- 21% der Fehler sind im Bereich Gleichungen gemacht worden. Sehr viele der Fehler betreffen die Schwierigkeit im Umgang mit dem dargestellten Ablauf von Operationen. Eine Umstellung eines gewohnten Ablaufs verwirrt manche Schüler. Vielen macht es Mühe, die Gleichung als einen Prozess aufzufassen mit Anfang - Operator - Ende. Bei ihnen verläuft die Gleichung meist von links nach rechts; 3 + 8 = 11 bereitet ihnen keine Schwierigkeiten zu rechnen, hingegen $\Box + 5 = 8$. In diesem Bereich von Schwierigkeiten gehören auch die Ergänzungsaufgaben ($8 + \Box = 11$) und Operationen mit Null.

---

[18] PIAGET, J.: Die Psychologie des Kindes. Frankfurt/M.:Fischer, 1977

Fehler	Beispiel	%
1. Gleichungen/ Leerstellen	$\square + 4 = 12$	21
Erg. Op. mit 0	$5 : 0 = 0$	
2. Reversionen/ Inversionen	$7 + 8 = 51$ (statt 15)	12
3. Stellenwert/ Position	T/H/Z/E/ 80 - 13 = 77 statt 67	12
4. Zehnerübergang		11
5. Symbole	$+ , - , \cdot , : , < , >$	8
6. Grössen (Länge, Gewicht, Geld)	z.B. km - m - mm	6
7. Textaufgaben		5
8. Andere		24
		99

Abb. 2: Die von Lehrern genannten Schwierigkeiten im Rechnen (LOBECK 1989)

- Mit 12% Fehler rangieren die Reversionen und Inversionen, die Schwierigkeiten also beim Lesen von Zahlen: $17 + 4 = 12$ statt 21, $7 + 8 = 51$ statt 15, aus 24 wird 42 usw.

- Auf dem gleichen Rang wie die Reversionen und Inversionen, mit 12%, finden wir Fehler, die mit dem Stellenwert und Positionssystem zusammenhängen. Es spielt für die Schüler, welche Schwierigkeiten in diesem Bereich haben, keine Rolle, ob es heisst 320 oder 32, und 80 - 13 gibt für sie 77 statt 67.

- 8% der aufgezählten Aufgaben verweisen auf Schwierigkeiten im Umgang und Lesen der Symbole, + wird mit - verwechselt usw.

- 6% der Fehler verweisen auf Schwierigkeiten im Umgang mit Grössen (Zeitmasse, Längenmasse, Geld usw.).

Ein solches Resultat mag Sie erstaunen. Es verweist darauf, dass wir bei den aufgezählten Fehlern, welche von Schülern gemacht worden sind, Schwierigkeiten antreffen, die im Bereich des operativen Denkens liegen. Die Fehler verweisen vor allem auf Schwierigkeiten im operativen Umgang mit Zahlen (Zahlziffern), auf Schwierigkeiten im Ziffernlesen und auf Schwierigkeiten im Verständnis des Stellenwerts. Es sind insgesamt Schwierigkeiten im Bereich der eigentlichen Schulmathematik, welche ein Rechnen auf der Symbolebene anbietet und lehrt, und nicht Schwierigkeiten im Bereich des voroperationalen Denkens (Verfügen über die Aspekte des Zahlbegriffs), wie oft angenommen wird.

3.3. Normvergleich

Beobachtet ein Lehrer die Schwierigkeiten eines Schülers, so fällt es ihm meist nicht schwer, das Ausmass dieser Schwierigkeiten recht exakt anzugeben. Er vergleicht die beobachteten Schwierigkeiten mit den Rechenleistungen der anderen Schüler.

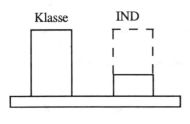

Durch diesen Vergleich wertet er die beobachtete Leistung. Für diese Bewertung kann er sich auch des Notensystems bedienen und schwache Leistungen mit einer niedrigen Note bewerten. Es ergibt sich immer ein Vergleich einer individuell (IND.) erbrachten Leistung mit einer Norm. Wir erhalten nebenstehende Darstellung.

Abb. 3

Einen solchen Normvergleich erhält derjenige, der nicht Schule gibt, mit Hilfe von geeichten Tests.

4. Diagnose

4.1. Beurteilung der Schwierigkeiten

Wir wissen aus unserer Erfahrung, dass nicht alle Schwierigkeiten, die vorkommen, gleich zu gewichten sind, und dass nicht alle Schwierigkeiten, die wir antreffen, mit denselben Mitteln behandelt werden können. Im Umgang mit Kindern merken Sie, dass beim einen Schüler ein Mittel A, beim andern Schüler das Mittel B helfen kann. So ist es auch bei den Rechenschwierigkeiten. Für die Diagnose oder Gewichtung müssen wir sie in einen grösseren Zusammenhang stellen und sie mit der Begabung des Kindes oder mit den Leistungen in anderen Bereichen vergleichen. Aus diesem Vergleich erhalten wir verschiedene Bilder der Rechenschwäche. Vor allem treten die beiden Bilder

Rechenschwäche als Teilleistungsschwäche und das Bild der Rechenschwäche auf dem Hintergrund einer allgemeinen Lernschwäche hervor. Die Diagnose und Beurteilung gibt uns die Grundlage ab für die Wahl der Hilfsmittel, wie am besten die Rechenschwierigkeiten therapeutisch angegangen werden.

4.2. Die Rechenschwäche als Teilleistungsschwäche

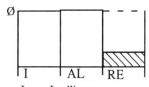

I = Intelligenz
AL = Leistungsstand anderer
    Leistungsbereiche
RE = Rechnen

Abb. 4: Die Rechenschwäche als Teilleistungsschwäche

Von Rechenschwäche als Teilleistungsschwäche sprechen wir dann, wenn die Rechenleistungen von Schülern nicht das Niveau (Erwartungen) erreichen, welches aufgrund ihrer allgemeinen Begabung oder den Leistungen in andern Fächern erwartet werden kann. Wir attestieren diesen Kindern meistens eine sog. durchschnittliche intellektuelle Leistungsfähigkeit, die zur Erarbeitung des Normalklassenstoffes ausreichen sollte. Wir erhalten folgendes Profil (Abbildung 4)[19]

---

[19] GRISSEMANN/ WEBER: 1982, S. 14

Ergänzend wollen wir noch festhalten, dass immer wieder Schüler mit Rechenschwäche zu beobachten sind, bei denen auffällt, dass die Schwierigkeiten im Rechnen mit Schwierigkeiten in anderen Leistungsbereichen (meist Lesen und Rechtschreiben) zusammenfallen. Sie verfügen aber über eine durchschnittliche intellektuelle Leistungsfähigkeit und sind vielfach in der Lage, den Normalklassenstoff im mündlichen Unterricht zu verstehen.

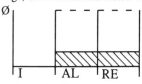

I = Intelligenz
AL = Leistungsstand anderer
    Leistungsbereiche
RE = Rechnen

Abb. 11

Es sind diejenigen Schüler, die mehrere Therapien bräuchten. Längerfristig beobachtet man solche Schüler häufig in Sonderklassen D, Kleinklassen für normalbegabte teilleistungsschwache Schüler. Mit GRISSEMANN wird diese Rechenschwierigkeit als "Rechenversagen im Rahmen eines allgemeinen Underachievments" umschrieben. Es handelt sich um ein akzentuiertes Rechenversagen im Verband mit Schwierigkeiten in anderen Leistungsbereichen

4.3. Schwache Rechenleistungen im Zusammenhang einer allgemeinen Lernschwäche

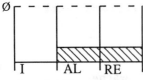

I = Intelligenz
AL = Leistungsstand anderer
     Leistungsbereiche
RE = Rechnen

Abb. 5: Schwache Rechenleistungen im Zusammenhang mit allgemeiner Lernschwäche

Viele Schüler, die allgemein lernschwach sind, zeigen Schwierigkeiten vor allem darin, den Symbolcharakter der Zahlziffern und Operationszeichen zu verstehen. Ihr Denken bleibt in der Anschauung verhaftet, und die meisten Kinder können vor allem dinglich Rechnen. Sie zeigen meist in allen Leistungsbereichen Schwierigkeiten und sind auf kleine Lernschritte, angemessenes Lernmaterial und den persönlichen Umgang mit dem Lehrer angewiesen. Wir treffen hier die Rechenschwäche an, wie sie von KOBI beschrieben wird, und welche BUSEMANN die konsekutive Rechenschwäche nannte, (siehe Abbildung 5).

Die Schüler sind nicht in der Lage, dem Normalklassenstoff folgen zu können. Der Grund dafür liegt meist in der eingeschränkten Lernfähigkeit.

4.4. Rechenschwäche als Teilleistungsschwäche statistisch gesehen

Die Abbildungen, die ich Ihnen nachfolgend zeigen werde, geben die rechenschwachen Schüler wieder, die 1987 im Kanton St. Gallen als rechenschwache Schüler mit mindestens altersgemässer intellektueller Leistungsfähigkeit diagnostiziert worden sind. Sie besuchten alle die Normalklassen, und sie erhielten wegen ihrer Teilleistungsschwäche im Rechnen entweder Dyskalkulietherapie oder Nachhilfeunterricht. Aus den Abbildungen geht klar hervor, wie ihre Leistungen im Rechnen und in den anderen Fächern verteilt sind. Bei allen Schülern wurde auch das Niveau der intellektuellen Leistungsfähigkeit bestimmt. Nicht berücksichtigt haben wir die Schüler mit Rechenschwierigkeiten, die nicht in Normalklassen (Regelklassen) beschult wurden. Es handelt sich bei den von uns diagnostizierten rechenschwachen Schülern um eine Gruppe von 88.

---

trotz - im Vergleich dazu - höherer intellektueller Leistungsfähigkeit. Siehe nebenstehende Abbildung 11.

Die folgenden Abbildungen lassen Aussagen über ihre Klassenzugehörigkeit, die Verteilung der IQ-Werte und die Verteilung der Schulleistungen zu.

1987 Klassenzugehörigkeit

	Klasse						Oberstufe		
Klasse	1.	2.	3.	4.	5.	6.	1.S/R	2.R	tot.
abs.	2	28	25	13	12	3	4	1	88
%	2	32	28	15	14	3,4	4,5	1	99,9
%		62						38	100

Abb. 6: Schüler mit Dyskalkulie

N 88
S Sekundarschule
R Realschule

Aus der Übersicht geht hervor, dass 62% der Schüler mit Rechenschwäche die Unterstufe, also die 1., 2. oder 3. Primarschulklasse besuchen. Lediglich 38% der Schüler besuchen die Mittelstufe (4.-6. Schuljahr) oder die ersten zwei Oberstufenklassen. Wir trafen also die Rechenschwäche insbesondere bei Unterstufenschülern an.

IQ	85 - 89	90 - 110	111 - 115	116 - 130		total
abs.	9	74	4	1		88
%	10	84	4,5	1		99,5
			89,5			

Abb. 7: Verteilung der IQ-Werte der Schüler mit Rechenschwäche. Alle Schüler befinden sich in Regelklassen. Jahr: 1987, N 88 (LO/90)

Alle Schüler wurden mit dem Intelligenzprüfungsverfahren nach KRAMER-BINET-SIMON getestet. Der allergrösste Teil der Schüler mit Rechenschwäche, nämlich 89,5%, zeigen eine Intelligenzanlage mit IQ-Werten von 90 und darüber. Die untersuchten Schüler sind eindeutig als normalintelligent einzustufen.

Auf der Tabelle sind einerseits die Schulnoten 0 - 4 und 4,5 - 6 ersichtlich mit den ihnen entsprechenden Prozentrangangaben. Zum Beispiel entspricht der Note 4 der Prozentrang 25 und der Note 6 der Prozentrang 100. In der Kolonne ganz rechts ist immer das Total der von uns untersuchten Gruppe angegeben (N 88).

Note		0 - 4	4,5 - 6	k. Ang.	total

Prozentrang	0 - 25	26 - 100		
Rechnen	79	8	1	88
Lesetempo	16	54	18	88
Lesefehler	16	53	19	88
Diktat	32	38	18	88

Abb. 8: Rechenschwache Schüler 1987. Vergleich der schwachen Rechenleistungen mit Leistungen im Lesen und Rechtschreiben. IQ mindestens 85, N 88

Aus der Aufstellung können wir herauslesen, dass von den 88 Schülern mit Rechenschwäche 79 oder 90% von ihnen eindeutig ungenügende Rechenleistungen zeigten (Schulnoten 0 - 4). Nur 16 oder 18% dieser rechenschwachen Schüler hatten ungenügende Leistungen bezüglich Lesetempo und Lesefehler. 54 bzw. 53 oder 61% von ihnen zeigte mindestens genügende Leistungen bezüglich Lesefähigkeit. 32 oder 36% der rechenschwachen Schüler wiesen im Diktat ungenügende Leistungen auf. Aus der Darstellung dürfen wir deshalb folgern, dass ein grosser Teil der rechenschwachen Schüler unauffällige Leistungen im Lesen und im Rechtschreiben zeigt.

5. Geschlechtsspezifische Verteilung

Wir haben die Schüler mit Dyskalkulie, die wir 1987 und 1988 im Schulpsychologischen Dienst des Kantons St. Gallen abgeklärt haben, hinsichtlich ihres Geschlechts bewertet und herausgebracht, dass von den 88 Schülern, die wir 1987 untersucht haben, und von den 76 rechenschwachen Schülern aus dem Jahre 1988 54 bzw. 45 Mädchen waren. Dies bedeutet, dass es sich bei den von uns untersuchten Schülern mit Rechenschwäche durchschnittlich um 60% Mädchen und 40% Knaben handelt (siehe Abbildung 9).

	1987		1988		Ø
sex	abs.	%	abs.	%	Ø %
K	34	39	31	41	40
M	54	61	45	59	60
tot.	88	100	76	100	100

Abb. 9: Geschlechtsspezifische Verteilung der Rechenschwäche (Schüler mit Rechenschwäche 1987 und 1988, LOBECK 1990)

1988	N 76	abs.	absolute Zahl
1987	N 88	%	Prozent
sex	Geschlecht	N 1987	88
K	Knabe	N 1988	76
M	Mädchen		

6. Hilfe

6. 1. Einzelförderung

Wir erwähnten bereits, dass Schüler mit Schwierigkeiten im Rechnen ein Anrecht auf angemessene Hilfe haben. Die Rechenfähigkeit ist allgemein gesellschaftlich anerkannt und eine wichtige Voraussetzung, viele Lebenssituationen bewältigen zu können. Bei der Hilfe, die die rechenschwachen Schüler unserer Normalklasse bekommen, handelt es sich meist um eine Dyskalkulietherapie. Die Schüler werden einzeln behandelt, meist über die Zeit von einem Jahr hinweg. Diese Einzelbehandlung bedeutet eine Chance für das Kind. Es wird in seinen Schwierigkeiten ernstgenommen, und die Förderung ist so angelegt, dass diesen Schülern ein erfolgreiches Lernen vermittelt wird. Das Erfolgserlebnis ist die Voraussetzung für das Weiterkommen. Wir konnten es einige Male erleben, dass Schüler, welche wegen ihrer Schwierigkeiten stark verunsichert waren, bald ihre Unsicherheit verloren und Freude entwickelten am Rechnen, was sich auch positiv auf den allgemeinen Schulunterricht auswirkte.

Wie aber wird bei einer Dyskalkulietherapie vorgegangen? Lassen Sie mich im Folgenden kurz die wichtigsten Schritte des Aufbaus einer Therapie aufzählen.

6.2. Aufbau der Rechentherapie

1. *Motivation und Verhaltensauffälligkeit des Kindes beachten:* Meist darf der Therapeut zu Beginn der Therapie nicht mit Rechnen beginnen. Er muss zuerst eine Beziehung zum Kinde aufbauen. Er muss meist einen spielerischen Einstieg finden.

2. *Vom Leichten zum Schwierigen:* Es hat sich gezeigt, dass wir von den Rechenschwierigkeiten nicht alle auf einmal behandeln, sondern dass wir von dem ausgehen, was am leichtesten zu bewältigen ist, und danach dasjenige drannehmen, was für den Schüler schwieriger ist.

3. *Durcharbeiten der präoperationalen Voraussetzungen:* Die Erfahrung hat gezeigt, dass bei vielen Schülern Aspekte des Zahlenbegriffs nur unvollkommen vorhanden sind. Wir überprüfen deshalb zunächst das Vorhandensein oder Fehlen dieser Aspekte:
   - Mengeninvarianz, 1 : 1-Entsprechung
   - Kardinalaspekt: «Was alles ist z.B. 4», «was alles ist 11» usw. Wir überprüfen den Ordinalaspekt: «Was kommt 'vorher', was kommt 'nachher'», «was ist 'grösser als' das andere» usw.
   - Wir überprüfen die intermodale Zuordnung:
     - Zahlwort zu entsprechender Menge («vier» zu ....)
     - Zahlwort zu Ziffer («vier» zu 4)
   - Kann das Kind sinnvoll zählen? Kann es in jeder Situation die entsprechende Menge zeigen ? usw.

4. *Wie werden mathematische Probleme aufgearbeitet ?* Beim Erarbeiten von mathematischen Problemen halten wir uns an das, wie es AEBLI[20] in seiner operativen Didaktik beschrieben hat. Vom Erhandeln einer Operation (Operation aufbauen) schreiten wir zum Verstehen der Operation (die Operation wird durchgearbeitet). Erst dann, wenn die Operation durchgearbeitet ist, können wir sie symbolisch kodieren oder «verinnerlichen». Diese symbolische Kodierung oder die Umsetzung der Operation in Zeichen bedeutet eine eigentliche Abstraktionsleistung des Kindes. Die Kodierung ist Voraussetzung für die Automatisierung. Nur symbolisierte Gegebenheiten können mechanisiert oder automatisiert werden. Damit gewinnt das Kind die Treffsicherheit und erlangt den schnellen Zugriff zu einer Operation.

---

[20] AEBLI, H.: 12 Grundformen des Lehrens. Stuttgart: Klett, 1983

7. Prävention / Schluss

Stellt ein Lehrer fest, dass ein Kind Schwierigkeiten im Rechnen hat, so steht ihm dieser meist spontan helfend zur Seite. Häufig wird indessen festgestellt, dass dem Kind nur unzureichend im Rahmen des Unterrichtes geholfen werden kann. Oft braucht es länger, bis es eine Rechnung versteht und in vielen Fällen treffen wir folgende Situation, dass der Lehrer zuwenig Zeit aufbringen kann, um dem Kinde die Hilfe geben zu können, die es aufgrund seiner Schwierigkeiten tatsächlich braucht. Der zeitliche Rahmen ist meist zu eng. Viele Kinder erhalten zu Hause von seiten der Eltern eine zusätzliche Hilfe. Sie repetieren den Schulstoff, und auch sie merken in vielen Fällen bald, dass sie an Grenzen stossen. Vielfach belastet sie die sich oft monoton wiederholende Arbeit mit dem Kind, und es kommt immer wieder zu Situationen, die schwer zu ertragen sind. In diesen und ähnlichen Fällen ist es nötig, dass die Kinder Einzelhilfe erhalten. Werden sie zu lange mit ihren Problemen allein gelassen, entwickeln sie Motivationsstörungen und leiden unter ihrem mangelnden Erfolg. Die meisten dieser Kinder gehören nicht in Sonderklassen. Vielen Kindern kann mit schulergänzender Therapie nachweisbar geholfen werden. Es ist deshalb wichtig, dass wir uns für diese Kinder einsetzen. Dank der Hilfe der Therapeuten gelingt es meist, dass sie dem Schulstoff folgen können. Helfen Sie mit, dass diese Kinder die Hilfe bekommen können, die ihnen zusteht.

Anschrift des Verfassers:

Dr. Arnold Lobeck
Leiter des Schulpsychologischen Dienstes
des Kantons St. Gallen
Müller-Friedberg-Str. 34
9400 Rorschach

Monika Brunsting-Müller
Psychotherapeutische Elemente in der Legasthenietherapie

1. Ausgangslage

In den letzten Jahren hat die Zahl der behandelten Kinder mit Schulschwierigkeiten stark zugenommen (BÜHLER-NIEDERBERGER 1988, STRASSER 1987). Dies hat sicherlich verschiedene Ursachen.

Eine scheint darin zu liegen, dass es im Zuge der Integrationsbewegung zu vermehrten Bemühungen kommt, Kinder mit Schwierigkeiten in der Regelklasse zu behalten. Es gibt eine Gruppe von Kindern, die ganz offiziell «integrativ beschult» werden. Dies sind Kinder, die früher in Sonderklassen überwiesen wurden, dort als ausreichend betreut und gefördert betrachtet und darum nicht mehr weiter betreut wurden. In Gemeinden mit offiziellen Integrationsbemühungen sind auch solche Kinder heute in den Bereich des Sonder/Heilpädagogen gelangt. Hinzu kommen viele «still integrierte» Kinder, d.h. Kinder, bei denen der Schulpsychologe mit Hilfe von Fördermassnahmen versucht, sie integriert zu halten. In dieser Gruppe sind z.T. Kinder mit recht massiven und bisweilen sehr hartnäckigen Schulschwierigkeiten. Vielen Legasthenietherapeuten sind in den letzten Jahren die zunehmend schwierigeren Fälle schon aufgefallen. (Ich verzichte darauf, die weibliche Form explizit zu verwenden, verstehe aber unter der verwendeten Form immer Exponenten beider Geschlechter).

Zweifellos kann jedoch davon ausgegangen werden, dass wir es mit einer zahlenmässig grossen Gruppe von Kindern zu tun haben, die auf solche individuellen sonderpädagogischen Hilfestellungen angewiesen ist.

Im Zuge der ganzheitlicheren Sichtweise von Schulschwierigkeiten wurden und werden immer wieder neue Wege gesucht, um Kindern zu helfen, ihre Schwierigkeiten zu überwinden. So begegnet man in der sonderpädagogischen Praxis auch psychotherapeutischen Elementen (Entspannungstrainings, verhaltenstherapeutische oder andere psychotherapeutische Elemente). Diese haben in sehr vielen Fällen ihre Berechtigung und sollen - zumindest eine kleine Auswahl davon - im folgenden vorgestellt und sonderpädagogisch reflektiert werden.

2. Abgrenzung psychotherapeutische - sonderpädagogische Intervention

Vorerst einmal soll eine Abgrenzung versucht werden zwischen Psychotherapie im engeren Sinn und sonderpädagogischer Arbeit. Dass es sich dabei um zwei verschiedene Dinge handelt, liegt auf der Hand - selbst wenn teilweise die selben therapeutischen Elemente verwendet werden. Der Psychotherapeut wird aufgrund seines theoretischen und praktischen Hintergrundes, und seines Auftrages anders mit dem selben umgehen als der Sonderpädagoge.

Psychotherapeutische Intervention	sonderpädagogische Intervention
Beide: "Entwicklungshilfe" Hilfe bei der Entwicklung der Person	
Therapeutischer Auftrag: Kind psychisch "gesund" zu machen	z.B. Lern- oder Verhaltensprobleme beheben Stärkung des kindlichen Ich, um das Lernen zu erleichtern
Fokus: grundlegende Probleme, Konflikte, die die Schwierigkeiten im Hier und jetzt vermutlich begründen	Schwierigkeiten im Hier und Jetzt und wie mit ihnen umgegangen werden kann
Psychotherapeutische Elemente: dienen der Aufarbeitung von Konflikten und damit auch der Entwicklungsförderung	dienen der Verbesserung der Lernfähigkeit des Kindes und der Entwicklungsförderung
Technik: ermöglicht Konfliktbearbeitung	erleichtert das Lernen, fördert die Entwicklung

Abb. 1: Abgrenzung psychotherapeutische - sonderpädagogische Intervention

Beiden Interventionsansätzen ist gemeinsam , dass sie gewissermassen «Entwicklungshilfe» sind. Beide sollen und können dem Kind in der Entwicklung seiner Person helfen: Während in der Psychotherapie dies in der Regel das Hauptziel des Bemühens darstellt und damit ein sehr breites ist, ist der Fokus in der Sonderpädagogik häufig enger umschrieben. Der Psychotherapeut hat in der Regel den Auftrag, dem Kind zu helfen, «gesund» zu werden während der Auftrag an den Sonderpädagogen häufig lautet, ein pädagogisches Problem zu beheben (z.B. Lernschwierigkeiten oder Verhaltensprobleme).

Der Fokus des Psychotherapeuten liegt je nach Therapierichtung ausschliesslich oder überwiegend auf den Problemen, welche die aktuellen Schwierigkeiten eines Kindes konstituieren. (Die Verhaltenstherapie stellt in dieser Hinsicht bis zu einem gewissen Grad eine Ausnahme dar, arbeitet sie doch ausschliesslich im Hier und Jetzt, ganz ähnlich wie es der Sonderpädagoge auch tut.)

Da der Auftrag an den Sonderpädagogen in der Regel enger umschrieben ist, wird er seinen Fokus auf die aktuellen Schwierigkeiten richten und mit dem Kind vor allem daran arbeiten, mit diesen sinnvoll umzugehen.

Die selben Werkzeuge dienen also in der Psychotherapie zur Aufarbeitung von Konflikten und in der Sonderpädagogik zur Verbesserung der Entwicklungs- und Lernfähigkeit des Kindes.

3. Modell des Lernens

Lernen soll hier in einem sehr breiten Sinn verstanden werden, der weit hinausreicht über das, was schulisches Lernen bedeutet. Lernen umfasst alle mehr oder weniger bewusst herbeigeführten Veränderungen von menschlichen Zuständen oder Prozessen. Wir lernen neben schreiben, radfahren auch leben, mit Schwierigkeiten umzugehen usw. Wir können in jedem dieser Bereiche Lernschwierigkeiten haben oder entwickeln, wenn nicht alle Lernbedingungen optimal sind.

Die Psychologie des Lernens zeigt heute mit aller Deutlichkeit, dass ein rein kognitives Lernmodell nicht ausreicht, um die hochkomplexen Prozesse von Lernen, Erinnern oder Vergessen zu verstehen. In der Sonderpädagogik, wo wir häufig mit Schwierigkeiten des Lernens konfrontiert werden, sehen wir immer wieder, dass sich unsere Bemühungen auf alle Aspekte des Lernens ausrichten müssen, d.h. dass wir neben kognitiven Momenten auch affektive und soziale deutlich einbeziehen müssen.

An Lernbedingungen sind bedeutsam biologische (neuropsychologische), kognitive, emotionale, soziale und ökologische Faktoren. Diese sind nicht hierarchisch zu sehen, sondern als sich gegenseitig und wechselseitig beeinflussende (interagierende) Faktoren gleicher Wichtigkeit (Bedeutung). Gerade die vielen und subtilen Interaktionen zwischen diesen machen aus dem Lernen ein so komplexes Bedingungs- und Wirkungsgefüge, machen aber auch das Lernen relativ störanfällig.

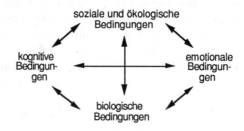

Abb. 2: Modell des Lernens

4. Verschiedene psychotherapeutische Elemente und ihr sonderpädagogischer Einsatz

Auf den im folgenden beschriebenen Wegen versuchen wir, möglichst alle Faktoren des Lernens einzubeziehen, d.h. neben emotionalen, die hier auf der Hand liegen, auch kognitive und soziale Bedingungen zu berücksichtigen.

Psychotherapeutische Elemente können als eigentlich psychotherapeutisch orientierte Phase (und z.T. auch durch qualifizierte Psychotherapeuten durchgeführt) *vor* der eigentlichen sonderpädagogischen Intervention stehen. Gerade wenn Kinder durch viele Misserfolge entmutigt und wenig motiviert sind, im Symptombereich zu arbeiten, kann es sehr nützlich sein, eine solche Phase vorzuschalten. BETZ & BREUNINGER (1987) schlagen diesen Weg vor.

Psychotherapeutische Elemente können aber auch *neben* der sonderpädagogischen Behandlung eingesetzt werden. Sie können und sollen stehen neben
- Übungen im Symptombereich oder Übungen basaler Funktionen (d.h. einem mehr kognitiven Schwerpunkt), sowie neben
- verschiedenen Formen der Zusammenarbeit mit Eltern und Lehrern (d.h. einem mehr sozialen Schwerpunkt).

Das Nebeneinander psychotherapeutischer und sonderpädagogischer Elemente stellt in der Praxis erfahrungsgemäss kein Problem dar. Die Kinder akzeptieren die unterschiedlichen Regeln ohne Schwierigkeiten. Dabei sind m.E. alle Therapiebereiche als gleichwertig und gleich wichtig zu betrachten.

Wir werden im folgenden eine Auswahl aus der Fülle der Möglichkeiten vorstellen und uns ganz bewusst beschränken auf wenige, um diese dafür etwas genauer betrachten zu können. Wir werden drei Gruppen vorstellen und zwar:
1. Entspannungsverfahren
2. Gestaltende Verfahren mit Hilfsmitteln
3. Gestaltende Verfahren ohne Hilfsmittel

4.1 Entspannungsverfahren

Das autogene Training von SCHULTZ (1970) stellt wohl das bekannteste und verbreitetste Verfahren dar. Daneben gibt es aber verschiedene andere, teilweise sind auch meditative Techniken gut geeignet.

Bei Leistungseinbrüchen infolge von Stress, Angst, Verspannung können Entspannungsverfahren mit Erfolg eingesetzt werden: Durch die Entspannung erfolgt eine Zentrierung auf den eigenen Körper, auf das Spüren und Erleben seines Körpers. Man spürt die Schwere, Wärme etc. der Arme und Beine. Dies lenkt gleichzeitig ab von angsterweckenden Gedanken (z.B. den Leistungsanforderungen des Kindes an sich selbst), Objekten (z.B. Prüfungen, Diktat). Durch die aufkommende Ruhe wird es möglich, anschliessend die Aufgabe leichter/besser zu bewältigen.

Die notwendigerweise einbezogenen (zumindest gut informierten) Eltern erhalten damit eine neue und andere Möglichkeit, auf das in Schwierigkeiten steckende Kind einzugehen ohne direkt im Bereich schulischer Leistungen intervenieren zu müssen. Eigenerfahrung der Eltern mit Entspannungsverfahren ermöglicht ihnen, die Wirksamkeit direkt am eigenen Leib zu erfahren und auf diesem Hintergrund ihr Kind besser stützen und unterstützen zu können.

Die gut informierten (und nach Möglichkeit auch eigenerfahrenen) Lehrer erhalten die Möglichkeit, den Einsatz der gelernten entspannenden Verfahren beim Kind mit Lernschwierigkeiten immer wieder anzuregen. Davon könnten an sich auch Kinder ohne Lernschwierigkeiten profitieren. Damit käme solchen Entspannungsübungen auch präventiver Charakter zu, indem die Lernvoraussetzungen aller Kinder verbessert und damit das Lernen erleichtert würden.

Ziel
Dem Kind mit Lernschwierigkeiten, seinen Eltern und seinem Lehrer soll damit ein Mittel in die Hand gegeben werden, das ihm ermöglicht, mit kritischen Situationen (z.B. Prüfungen) besser umzugehen. Wichtig ist es, immer wieder auf die Anwendung in kritischen Situationen hinzuweisen. Entspannungsübungen dienen dazu, die Lernvoraussetzungen (Lernbasis) zu verbessern und die «Arbeit am Symptom » zu erleichtern. Durch Entspannung werden bessere kognitive Leistungen erleichtert oder ermöglicht.

Voraussetzungen
Notwendig ist die Bereitschaft des Kindes, der Eltern und möglichst auch seines Lehrers, sich darauf einzulassen. Entsprechende fachliche Kompetenzen der Therapeuten sind nötig und sind in verschiedensten Fortbildungsangeboten zu erwerben.

Marcel, ein 9 1/2 jähriger Schüler einer dritten Klasse (wir werden ihm im folgenden immer wieder begegnen), hat eine vierjährige Schwester, die sehr aufgeweckt und geschickt ist und vieles kann, was er mit 4 Jahren noch nicht konnte. Marcel hat massive Schulleistungsschwierigkeiten, die sich in Form einer stark schwankenden Legasthenie und in einer leichten Dyskalkulie zeigen. Lehrerin und Mutter sind sehr besorgt, vom Vater weiss man wenig. Er war für Elterngespräche weder im Therapiezimmer noch in seinem eigenen Wohnzimmer erreichbar.

Der Herbst der dritten Klasse war für M. eine krisenreiche Zeit. Er ist äusserst unruhig und kann sich schlecht konzentrieren. M. hat zur Zeit im Rechnen Probleme, weil er Textaufgaben nicht lesen und verstehen kann. In der Einzelförderung wird mit ihm am «Symptom» gearbeitet. Er liest, verheddert sich jedoch schon bei den ersten Wörtern. Er beginnt von Neuem, um gleich noch stärker zu «stranden». Nach kurzer Zeit ist er nicht mehr in der Lage, auch nur das einfachste Wort zu entziffern. Er gerät in Panik und die Aussichtslosigkeit des Unterfangens ist klar. Wir unterbrechen die Arbeit und schalten eine kurze Entspannungsphase ein (autogenes Training). Es gelingt M. rasch, sich zu entspannen. Er liest anschliessend ruhig und praktisch fehlerfrei die Aufgabenstellung vor. Das Erfassen und Lösen der Aufgabe gelingt nun ohne grössere Schwierigkeiten.

4.2. Gestaltende Verfahren mit Hilfsmitteln

Hier sind etwa zu nennen das Kasperli- oder das Sandspiel , Malen, Gestalten mit Klanginstrumenten und verschiedenen anderen Materialien. Alle diese Mittel sind sehr gut geeignet, Kinder «zum Reden» zu bringen. Wir wissen heute, dass viele Kinder mit Lernschwierigkeiten in ihrer verbalen Entwicklung Mühe haben. Sprachentwicklungsverzögerungen, Wortfindestörungen und dysgrammatische Züge sind häufig zu beobachten. Wer dieser Behauptung skeptisch gegenübersteht, sei eingeladen, einmal eine freie Sprachsituation mit einem lerngestörten Kind auf Tonband aufzunehmen und anschliessend genau hinzuhören!

Was heisst das für unsere Arbeit? Wir müssen Gelegenheiten schaffen zur Kommunikation, zum Sprechen. Wir brauche attraktive Sprechanlässe und dürfen uns nicht länger begnügen mit der Präsentation von Bildergeschichten. Die Verwendung von Hilfsmitteln erleichtert vielen gerade jüngeren Kindern die Kommunikation. Inhalte und Ausmass der Verbalisierung werden vom Kind bestimmt, d.h. es ist möglich, wenig zu reden und mehr zu handeln. Der Therapeut kann hier ganz einfach und natürlich einsteigen, kann Handlungsvollzüge des Kindes versprachlichen oder in eine Rolle schlüpfen oder das Kind in ein Gespräch verwickeln. Auch sonderpädagogische Handlungen i.e.S. sind in diesem Setting ganz einfach möglich:

Bsp.

Kind (als Wolf): . .. und dann bin ich in die Höhle gegangt!

Therapeut (als Kind): Was du nicht sagst! Du bist wirklich in die Höhle gegangen? (Fokus: dysgrammatische Äusserung) Bist du denn gerannt oder bist du geschlichen oder wie ging denn das? (Fokus: Wortschatzerweiterung)

In der Schweiz würde diese Kommunikation in einer ersten Phase auch mit Kindern im Schulalter in der Regel im Dialekt verlaufen. Anschliessend könnte diese auch hochdeutsch erfolgen. Wenn man das «wie fürs Fernsehen» macht und es evtl. noch auf Tonband aufnimmt, bekommt das Unterfangen zusätzlichen Reiz und zusätzliche sonderpädagogische Möglichkeiten (s.u.).

Kommunikation, Interaktion und Verbalisation werden durch das vertraute Spiel-Setting erleichtert. Das Kind wagt es, als Kasperli oder Fuchs, «aus sich herauszugehen». Ungefährliches fiktives Problemlösen in der Phantasie und in einem geschützten Rahmen (Therapie, Einzelförderung) wird ermöglicht. (Auf die Bedeutung der Phantasie zur Bewältigung kindlicher Ängste hat schon Anna Freud immer wie der hingewiesen und die Erfahrung zeigt, dass dies noch so aktuell ist, wie es vor Jahrzehnten war). Um beim obigen Beispiel vom Kind und dem Wolf zu bleiben heisst das: Das Kind muss z.B. nicht zwingend vom Wolf verfolgt und existenziell bedroht werden. Es kann auch versuchen, ihn in ein Gespräch zu verwickeln. Es kann selbst andere Handlungsalternativen entwickeln oder der Therapeut kann ihm zu Hilfe kommen. Das heisst: Probleme müssen einen nicht überwältigen. Man kann mit ihnen auf verschiedene Arten umgehen und man kann das Umgehen mit ihnen lernen.

Gestaltende Verfahren mit Hilfsmitteln können eingesetzt werden für diagnostische und therapeutische Zwecke. Diagnostisch ausgerichtete Fragen könnten für Therapeut, Eltern und Lehrer lauten: «Welches Thema beschäftigt das Kind? Was ist in seiner Welt? Was zeigt sich ihm hier und jetzt?» Förderdiagnostisch und therapeutisch wäre zu fragen: «Welche Möglichkeiten des Umgehens damit sind ihm hier und jetzt offen? Wie könnte man ausserdem noch umgehen?»

Ziel
Angestrebt wird mit diesen Methoden die Förderung der Verbalisations- und Kommunikationsfähigkeit. Sie dienen auch als Hilfestellung bei der Bewältigung verschiedener Probleme sowie zur Verbesserung der Lernbasis. Ein vertieftes Verständnis des Kindes, seiner Motive, Ängste und Möglichkeiten, kurz seiner Welt wird ermöglicht. Verständnis für das Kind soll und kann auf diese Weise auch geweckt werden bei Eltern und Lehrern. Gerade anhand anschaulicher und konkreter Beispiele, wie sie in diesen Spielsituationen entstehen, können konkret und auf Handlungsebene mit Eltern und Lehrern Verständnis und Veränderungsversuche für das Kind gesucht werden.

Voraussetzungen
Die Bereitschaft des Kindes, sich darauf einzulassen, ist eine unabdingbare und in aller Regel auch vorhandene Bedingung. Gelegentlich haben ältere Schulkinder Mühe mit dem Spielsetting. Dann gilt es, andere Mittel und Wege zu wählen und beispielsweise auf Hilfsmittel zu verzichten.

Auch die Bereitschaft der Eltern und Lehrer, diese «symptomferne» Arbeit als wichtig zu betrachten ist nötig. Meist ist die Skepsis der Bezugspersonen eine Folge der Unkenntnis und konkrete Informationen über das Was, Wie und Warum schaffen das nötige Verständnis.

Vorgehen
Das Kind gestaltet und spricht nach Möglichkeit dazu. Als Ausgangspunkt ist also das Gestalten zu sehen, das völlig nonverbal erfolgen kann. Darauf aufbauend schliesst sich die Sprache an.

Fallbeispiel: Selbstportrait Marcel; 9;6 Jahre (s. Abb. 3)

Abgesehen vom etwas zu gross geratenen Kopf stellt M. sich gut proportioniert dar. Er füllt das Blatt gut und steht auf dem Blattrand. Gut wiedergegebene Details wie die Schnallen an den Turnschuhen oder die Nummer auf dem Pullover oder der Schulsack zeigen, dass er gut beobachten kann. An seinem Gesicht fällt auf, dass Mund und Nase fehlen. M. «schaut nur erschreckt».

In seiner Lebensgeschichte gibt es eine dunkle Phase von seiner Geburt bis zum Alter von ca. 2 Jahren, in der er möglicherweise einen kranken Zwillingsbruder hatte, der starb. Er erinnert sich an nichts, scheint aber etwas gehört zu haben. Auf meine Anregung fragt er die Mutter danach, bekommt aber keine schlüssige Antwort. Es scheint einen Familienmythos zu geben, er heisst: «Man redet nicht über wichtige Dinge!» Im Gespräch mit der Mutter allein bestätigt sie mir, was M. gehört hat und erzählt mir die Geschichte. Gleichzeitig berichtet sie aber, sie könne nicht anders, als immer wieder zu flunkern. Sie präsentiert eine Familiengeschichte, die ob wahr oder erfunden für sie und indirekt auch für M. einigen Realitätscharakter hat. Sie beklagt sich, dass M. nicht über die Dinge rede, die ihn beschäftigen, wie ihr Mann auch. Sie wisse daher bei beiden nie,

Abb. 3: Selbstporträt Marcel

was los sei. Andrerseits hat offensichtlich auch sie grosse Mühe, über wichtige Dinge klar zu sprechen. In vielen Gesprächen mit der Mutter wurde deshalb immer wieder versucht, sie zu ermuntern, über wichtige Dinge zu reden mit ihrem Mann und M.und nicht nur zu erwarten, dass die beiden es täten. Der Vater konnte leider trotz vieler Versuche nicht erreicht werden. Er schien sich dem Gespräch und der Auseinandersetzung tatsächlich zu entziehen. M. selber wurde in der Therapie immer wieder ermutigt , Fragen zu stellen zuhause.

Mit M. wurde neben dem Entspannungstraining und Arbeiten wie hier geschildert in enger Zusammenarbeit mit der Lehrerin an seinen konkreten schulischen Schwierigkeiten gearbeitet.

4.3. Gestaltende Verfahren ohne Hilfsmittel

Phantasiereisen, katathymes Bilderleben, Geschichten Erfinden sind Wege, die sich im sonderpädagogischen Alltag mit teilleistungsschwachen Kindern bisher sehr bewährt haben. Sie erlauben es, ohne Begrenzung durch Raum, Zeit und Material zu gestalten. Diese Grenzen kommen erst hinzu rund um diese Phantasien (Stundengestaltung, -regeln usw.)

Diese Wege sind vor allem für ältere Schulkinder und Jugendliche geeignet. Bezüglich Indikation, Wirkungsweise und Voraussetzungen unterscheiden sie sich nicht prinzipiell von gestaltenden Verfahren mit Hilfsmitteln, so dass auf das oben ausgeführte verwiesen werden soll.

Vorgehen
Über eine kurze Entspannungsübung wird mit dem Kind eingestiegen und mit oder ohne inhaltliche Vorgabe die Phantasiereise angefangen. Die Motive aus dem katathymen Bilderleben von LEUNER haben sich dabei bewährt. Selbstverständlich sind andere genau so gut brauchbar. Im Bereich der Gestalttherapie sind sehr viele Möglichkeiten skizziert worden (z.B. OAKLANDER 1981, EHRLICH & VOPEL 1985). Sehr gut eignen sich auch Reisen und Geschichten, die gänzlich vom Kind ausgehen, also ohne Vorgaben beginnen. Auf Wunsch des Kindes können diese Phantasien auch noch gezeichnet oder gemalt werden. Dies ermöglicht dem Kind eine zusätzliche Auseinandersetzung mit seinem Thema. Ausgangspunkt sind hier (im Gegensatz zu den Verfahren mit Hilfsmitteln) die verbalen Phantasien, eine nonverbale Gestaltung kann, muss aber nicht erfolgen.

4.3.1. Gestaltende Verfahren ohne Hilfsmittel und mit thematischer Vorgabe (Beispiel Zauberwald)

Thema: Im Zauberwald. Marcel berichtet vier Monate nach dem Selbstportrait (Transkript der Tonbandaufnahme)

«Ich sehe ganz komische Bäume, die haben Mund und Augen und können reden. Ich schaue nach hinten, lustige Tiere. Tiere, die reden und reden miteinander. Ich verstehe einfach nicht, was sie miteinander reden! Sie reden ganz komisch, wie eine Eselsprache, ähnlich. Ich verstehe nicht. Ich möchte es verstehen. Aber wie soll ich das denn verstehen?!

Ach dort ist ja ein Haus. Ich gehe hin. Da drin ist ja ein Zauberer. Ich sage ihm, dass ich mit den Bäumen reden möchte, dass es langweilig ist allein da, weil ich die Sprache nicht verstehe. Da ging der Zauberer hinaus und redete mit den Bäumen. Plötzlich kam es mir in den Sinn, dass das ein Zauberwald ist.

Ich gehe einmal weiter und schaue, ob ich mit jemandem reden kann... Ich gehe weiter, vielleicht finde ich noch andere Tiere.»

Was erzählt uns diese Geschichte? M. ist umgeben von Bäumen und Tieren, die miteinander reden und er versteht nichts davon. Dabei möchte er verstehen. Er unternimmt auch einen Versuch zu verstehen, fragt den Zauberer, aber dieser hilft ihm nicht. Er versteht die Sprache der Bäume, M. hingegen immer noch nicht. Wenn wir uns an sein Selbstportrait erinnern, finden wir dies sicher nicht verwunderlich. Dort konnte er nicht reden, weil er keinen Mund hatte, hier, weil er die Sprache nicht versteht. Der Familienmythos spielt hier sicher eine Rolle. Die in der Schule immer wieder erlebten Schwierigkeiten, Sprache bzw. die «Eselsprache» eines Rechenbuches zu verstehen, kommen hier zum Ausdruck.

Zwei Wochen später, wiederum im Zauberwald:

«Ich schaue, ob jetzt jemand im Haus ist. Ja, jetzt ist jemand drin. Ich gehe einmal und frage.

Da ist aber niemand. Ich schaue mich um und schaue, ob ich das Zauberbuch finde. Dort sind ganz viele Bücher, vielleicht ist dort ein Zauberbuch, wo ich zaubern lernen kann. Aber es hat keines. Was soll ich jetzt tun? Ich suche weiter. Was ist denn das?! So ganz komische Bücher mit Schnüren und so, vielleicht sind das Zauberbücher. Ich gehe schnell nachsehen. Oh, ja, das sind Zauberbücher. Ich schaue, ob ich darin lesen kann. Das ist ganz komisch geschrieben, wie japanisch geschrieben. Vielleicht gibt es noch eins, das so geschrieben ist, wie ich rede. Nein, alle sind gleich geschrieben.»

Hier begegnet M. nicht mehr gesprochener Sprache, die er nicht versteht, sondern geschriebener. Damit kommt er seinen schulischen Problemen wieder näher. Die nicht verstandene Sprache steht auch in der Schule hauptsächlich in Büchern. Was tut nun M. mit diesem Problem? Wie er damit umgeht, zeigt uns der nächste Abschnitt, der direkt auf den obigen folgt:

«Ich gehe wieder im Wald spazieren und schaue mich um, ob ich etwas zu essen finde. Ich habe schon wieder Hunger. Ja, dort hat es. Ich lese ein paar von denen auf. Mh! Sind die fein! Dort gibt es noch ein paar (T:Was ist es?) Ich weiss auch nicht. Sie sind ganz rund und rot, nicht gross.»

M. bekommt Hunger und sucht sich etwas zu essen. Er sieht im Moment noch keine andere Möglichkeit, das Problem des Nichtverstehens direkt anzupacken. Die Zeichnung, die er macht, zeigt uns einen dichten Wald, in dem alles schief steht (s. Abb. 4). Selbstverständlichkeiten werden hier zur Frage: Was ist vorne - hinten - oben - unten? Immerhin kann man feststellen, dass er jetzt einen Mund hat, wenn ihm dieser auch nicht viel nützt in diesem Zauberwald, in dem er die Sprache nicht versteht.

4.3.2. Gestaltende Verfahren ohne Hilfsmittel und ohne thematische Vorgaben

Marcel: Ein Alptraum (aus Gesprächsnotizen formuliert)

M. hat jemanden umgebracht. Erst warf er einen Stein auf ihn. Da drehte der andere sich um und ging dann wütend weg. Da warf M. ihm ein Messer in den Rücken. Der Mann hat seine Mutter umgebracht, darum brachte M. ihn um. Die beiden stehen auf Inseln. Zwischen ihnen ist Wasser. Man darf darin nicht baden, weil es Haifische drin gibt. Hinten ist das Schwimmbad und ein Zaun, von dem aus man schauen kann. Wenn einer da ins Wasser geht, kommt gleich ein Mörderwal. Ein Delphin springt. Es gibt 20 - 40 Delphine im Wasser. Sie sind Freunde der Haie. Hinten eine «Coci-Stelle» (M.s Wort für Kiosk).

Auffallend ist die akute und gleich mehrfache Lebensbedrohung, die einerseits von M. ausgeht und in der er andrerseits steckt . Er ist der Mörder des Mörders seiner Mutter, also ein sehr gefährlicher Mensch. Er ist aber auch ein Kind ohne Mutter, ein Kind, das auf einer Insel inmitten von Haien steht und so existentiell bedroht ist. Der Traum beschäftigte M. sehr stark und zwar während des Erzählens, wie auch des anschliessenden Malens. Die Arbeit erstreckte sich über mehrere Stunden.

In dieser Zeit ging es M. offensichtlich nicht sehr gut. Von der Schule wurden Alarmsignale gesendet und in der Therapie selbst war er kaum zu bändigen bei Arbeiten, die sonst ohne grössere Schwierigkeiten klappten. Er hatte eine extreme innere und äussere Unruhe. Motorisch hyperaktiv, polterte er auch wieder vermehrt und redete zeitweise nur noch in Stichwörtern.

Zu seinem Hintergrund muss man wissen, dass seine Mutter zu diesem Zeitpunkt am Beginn einer Schwangerschaft stand. Wegen einer Erbkrankheit durfte es kein Junge sein. Man wusste noch nicht, ob es Junge oder Mädchen werden würde.

In diesem Beispiel steckt ausserordentlich viel, was psychotherapeutisch aufgearbeitet werden sollte. Als sonderpädagogisch Tätige (Nicht-Psychotherapeuten) müssen wir damit jedoch sehr vorsichtig umgehen. Der Traum gibt uns Einblick in Ängste des Kindes und erleichtert uns das Verstehen dieser auch in der Therapie schwierigen Zeit. So können wir es annehmen und verstehen; wir sollten es aber m.E. ruhen lassen und es nicht weiter sonderpädagogisch verarbeiten. Für solche Vorhaben sind weniger emotional besetzte und belastete Phantasien oder Träume viel besser geeignet.

4.4. Sonderpädagogische Möglichkeiten im Umgang mit psychotherapeutischen Elementen

Zusätzlich zu den bisher skizzierten Möglichkeiten, mit diesen Elementen um-zugehen, sind verschiedene sonderpädagogische (päd.-therapeutische) Ansatz-

Abb. 4:

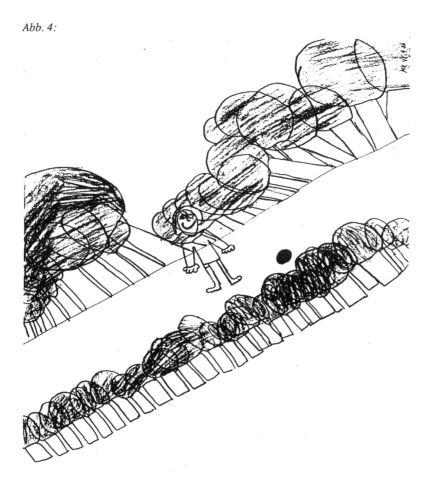

möglichkeiten zu sehen, die im folgenden kurz betrachtet werden sollen.

Ziel aller hier dargestellten Versuche ist es, zur Sprache zu kommen, Sprache zu finden, sprachlich auszudrücken, was einen innerlich bewegt. Im psychotherapeutischen Rahmen wäre es zumeist getan mit dem Versprachlichen des Erlebten, d.h. mit dem Erzählen der Geschichte. Im Bereich sonderpädagogischer Interventionen kann man davon ausgehend weitere Schritte unternehmen. Dies relativiert jedoch in keiner Weise die «nur» gesprochene Sprache, sondern stellt eine weitere Verarbeitungsmöglichkeit (psychologisch oder pädagogisch) dar. Es ist nicht besser, gesprochene Sprache schriftlich festzuhalten, es ist nur anders - und für sonderpädagogische Zielsetzungen in der Regel sehr nützlich gerade dies zu tun.

4.4.1. Schriftliches Fixieren des Textes

- *Therapeut fixiert Text:*
  Das Kind verbalisiert oder diktiert und der Therapeut schreibt auf. Vorteile: das Kind ist motivierter und freier in seinen Berichten, als wenn es weiss, dass es anschliessend aufschreiben muss. (Muster: Schulaufsatz!)Es hat mehr Gelegenheit zum Verbalisieren, wenn der Prozess nicht aufgehalten wird durch das Schreiben.

- *Gemeinsames Festhalten des Textes:*
  Das Kind verbalisiert und schreibt im Wechsel mit dem Therapeuten auf. Schulnahe Anforderungen kommen langsam, aber dosiert und sind sowohl den Fähigkeiten des Kindes, als auch seinen Möglichkeiten in der aktuellen Situation angemessen.

- *Gemeinsames Gestalten eines Textes:*
  Kind und Therapeut schreiben im Wechsel gemeinsam eine Geschichte. Dies ist manchmal eine Erleichterung für Kinder, die Mühe haben mit Geschichten erfinden, Phantasien usw. Wie sich dies aus einem Lehrmittel entwickeln kann, zeigt das folgende Beispiel (Abb. 5). Marcel löst die erste Aufgabe zwar falsch aus der Sicht der Autoren. Aber sie stimmt für M. so, seine Familiengeschichte vermischt sich hier deutlich mit der Aufgabe. So strich er erst ganz andere Wörter an, als gewünscht und macht dann aus dem Teddybär ein Kind.

Der Arzt muß kommen!

Welche der folgenden Ausdrücke passen zu einer Geschichte, die von
Krankheiten erzählt? Unterstreiche sie!

Regenwetter – feuerroter Kopf – Gartenarbeit – vom Rad fallen –
Hunger haben – Schneebälle werfen – zu viel Pudding – zwei Tage
– Gewitterwolke – Boxkampf – Kirschen essen – Entzündung –
Kopfschmerzen – Zähne putzen – Himbeersirup – Telefonbuch –
im Bett sitzen – Schule schwänzen – der Mutter helfen – Arznei –
Fieber messen – Bein ausstrecken – Zunge zeigen – Abendessen –
Fernsehen – Licht aus – Halswickel – heißer Umschlag – Hitze –
Bauchschmerzen – hohler Zahn – Puls fühlen – Quark essen –
Löffel – Ohr – Hausschuhe – Arzneischrank – Tabletten – Sonne
– im Hof spielen – Krankenhaus – Krücken – Rollstuhl – liegen –
messerscharf – Apotheke – Gipsschiene – Koffer – Tragbahre –
Sanitätsauto – Schluckbeschwerden – Operation – Blutdruck –
Klingel – bestrahlen – einreiben – schlucken – genesen.

Stell dir vor, deine kleine Schwester, ein kleines Nachbarskind, irgend
ein Kind also, kommt zu dir und sagt traurig, daß sein Teddybär Fieber
habe. Tu so, als wärst du der Arzt und schreibe das Gespräch auf!

Kind: „Ach bitte! Mein Teddywulli hat furchtbares Fieber!"

Arzt: „Dringen sie den pazenten
her dasich in untersuchen
kann. Ihr Kind hat Krebs, wir
müssen ihr Kind operieren.
Mutter: „Oh, das ist ja schrecklich! Fürch-
terlich! Das kann doch nicht sein!!"
Arzt: „Wir müssen es tun sonst stirbt
Ihr Kind es gebt keine andere
möglichkeit."

Abb. 5

4.4.2. Geschriebene Sprache als Kommunikation:

Auch geschriebene Sprache dient der Kommunikation. Dies sollte in der Therapie lese-rechtschreibschwacher Kinder immer wieder erlebbar gemacht werden. Dazu können verschiedene Projekte durchgeführt werden:
- Arbeitsblätter, die für sich und andere hergestellt werden
- «Zeitungen». Diese ermöglichen ganz unterschiedliche Beiträge. So kann z.B. ein Kind mit sehr grossen Problemen die Titelseite gestalten oder einen Zeitungsausschnitt bearbeiten, in dem seine Taten als Goali im letzten Meisterschaftsspiel gelobt werden. Sachtexte können hergestellt werden.
- Rätsel und Krimis stellen beliebte Textsorten dar. Kurzkrimis mit Zeichnungen verlangen vom Autor Präzision in der verbalen wie der bildnerischen Gestaltung, weil sonst der Fall nicht gelöst werden kann (s. Abb. 6).

Abb. 6:

Wer ist der Räuber ?
Das Schmuckgeschäft in der Quellgasse war beraubt worden.
Der Ladenbesitzer konnte ihn gut beschreiben.
Er sprach zu dem Polizisten: "Er trug karifte Hosen, und einen
Mantel. Er trug einen Sack."
Der Polizist machte sich auf die Suche. Kannst du ihm helfen ?

- Witze sind auch eine gute von Schreibern und Lesern gleichermassen geliebte Textsorte.
- Geschichten aller Arten haben Platz.
- Drehbücher für kleine Spielfilme oder Kasperlitheater können geschrieben werden und zeigen deutlich, wie wichtig Schreiben und die schriftliche Mitteilung von Informationen ist.

Die Aufzählung ist nicht vollständig. Aber es ging hier darum, ein paar Hinweise zu geben, wie der kommunikative Aspekt der geschriebenen Sprache ins Blickfeld gerückt werden könnte.

Texte können mit den heutigen Mitteln (elektrische Schreibmaschinen, Computer) recht leicht in eine fehlerfreie und attraktive Form gebracht werden. Kinderzeitungen mit Texten, Rätseln usw. lassen sich so leicht herstellen und werden von den Kindern mit Vergnügen bearbeitet.

Die Erfahrung zeigt, dass eigene oder zumindest von Kindern gemachte Texte auf teilleistungsschwache Kinder sehr motivierend wirken. Auch sprachlich weniger begabte Kinder haben in der Regel ein feines Gespür dafür, welche Sprache ihnen nahe ist, welche Sprache von Kindern stammt.

4.4.3. Weitere Arbeiten an den Texten:

Beispielsweise können grammatische Kategorien aufgesucht werden, Rechtschreib- oder Trennungsregeln geübt werden. Auch Morphemtrainings können abgeleitet oder angeschlossen werden. Lückentexte können erstellt werden unter Ausrichtung auf das Redundanzmodell des Lesens und Schreibens (GRISSEMANN 1989). Kurzum, man kann unter Rückgriff auf bekannte sonderpädagogische Konzepte mit solchem Textmaterial weiterarbeiten.

5. Voraussetzungen bei den Therapeuten/ Sonderpädagogen

Dass nur durch die ständige Fortbildung ein den Erfordernissen der Zeit angemessenes berufliches Wissen und eine entsprechende Handlungskompetenz möglich ist, ist etwas, was heute die Spatzen von den Dächern pfeifen. Für unkonventionellere Wege wie sie z.B. hier beschrieben wurden, sind auch unkonventionelle Fortbildungsangebote nötig. Eigenerfahrung als «entspannte», «sandspielende» und «fantasiereisende» Person sind nötig, um solche Wege mit Kindern kompetent beschreiten zu können. Supervision in dieser Art (aber an sich nicht nur in dieser Art!) von Arbeit ist notwendig.

6. Ausblick

Es wurden hier beispielhaft einige psychotherapeutische Elemente vorgestellt und sonderpädagogisch reflektiert. Klar sei festgehalten, dass diese keineswegs klassische sonderpädagogische Interventionen ersetzen sollen, sondern dazu geeignet sind, diese zu unterstützen, zu verbessern oder verstärken. Primär sind diese Verfahren dazu geeignet, die Lernbasis zu verbessern und damit das Lernen als solches zu erleichtern. Sie sind nicht in der Lage, Lücken im Bereich der Fertigkeiten zu füllen. (Dazu brauchen wir die bekannten sonderpädagogischen Interventionsmöglichkeiten.) Sie dienen vielmehr dazu, die Voraussetzungen zu verbessern, um das noch nicht Gelernte zu lernen. Ziel ist eine Integration ganzheitlicher und gezielter, fokussierter Zugangsweisen. Dabei sind sowohl Eltern als auch Lehrer einzubeziehen, können diese doch den Prozess bei dem betreffenden Kind unterstützen und gleichzeitig nutzbar machen für andere Kinder, für Kinder ohne Lernschwierigkeiten (präventiver Aspekt).

Literatur

BETTELHEIM, B.: Kinder brauchen Märchen. München: DTV, 1977

BETTELHEIM, B. & ZELAN, K.: Kinder brauchen Bücher. München: DTV, 1985

BETZ, D. & BREUNINGER,H.: Teufelskreis Lernstörungen. München: Psychologische Verlagsunion, 1987

EHRLICH M. & VOPEL, K.W.: Wege des Staunens. Übungen für die rechte Hemisphäre. Teil 1: Kreatives Schreiben. Hamburg: IskoPress, 1985

EHRLICH M. & VOPEL, K.W.: Wege des Staunens. Übungen für die rechte Hemisphäre. Teil 2: Malen und Formen. Hamburg: IskoPress, 1985

FREUD, A.: Das Ich und die Abwehrmechanismen.. Gesammelte Schriften Band 1. München: Kindler, 1980, S. 197-156

GRISSEMANN, H.: Klinische Sonderpädagogik am Beispiel der Legasthenietherapie. Bern: Huber, 1980

GRISSEMANN, H. & ROOSEN, H.: Lesen - denken - schreiben. Lehreranweisung. Luzern: Interkantonale Lehrmittelzentrale, 1989

GRISSEMANN, H.: Förderdiagnostik von Lernstörungen am Beispiel Legasthenie. Bern: Huber 1990

KATZ, N.: Aufbau der Sprach- und Kommunikationsfähigkeit bei redeflussgestörten Kindern. Luzern: SZH, 1986

KRUSE, W.: Einführung in das autogene Training mit Kindern. Köln: Deutscher Ärzte Verlag, 1980

LEUNER, H. & KLESSMANN, E.: Katathymes Bilderleben mit Kindern und Jugendlichen. Basel: Reinhardt, 1978

MAASS, H.: Der Therapeut in uns. Olten: Walter, 1981

MAASS, H.: Der Seelenwolf. Olten: Walter, 1984

OAKLANDER, V.: Gestalttherapie mit Kindern und Jugendlichen. Stuttgart: Klett-Cotta, 1981

SCHULTZ, J.H.: Das autogene Training, Stuttgart: Thieme 1970

Anschrift der Verfasserin:

Dr. phil. Monika Brunsting-Müller
Institut für Sonderpädagogik
Hirschengraben 48
8001 Zürich

Annegret Moser-Baltes

Legasthenietherapie
aus individualpsychologischer Sicht

Mein Thema lautet «Legasthenie-Therapie aus individualpsychologischer Sicht». Der Beitrag könnte auch heissen: ein ganzheitlicher Ansatz in der Therapie von Teilleistungsstörungen.

Die Legasthenietherapeutin sieht sich heute einer breiten Palette von Erklärungsansätzen für Teilleistungsstörungen gegenüber und einem ebenso vielgestaltigen Behandlungsangebot. Als eine, die bei Professor GRISSEMANN gelernt hat, bin ich mit vielen Ansätzen bekannt geworden; - wer seine Bücher kennt, weiss ja, welch unerschöpfliche Fundgruben sie in dieser Hinsicht sind. Für diesen breiten Überblick bin ich dankbar, auch wenn ich bis heute nur den kleineren Teil dieses umfangreichen Repertoires in der Praxis erproben konnte. Die Praktiker werden dieses Dilemma ja kennen. Wie ich aber zu einer Entscheidung darüber komme, wo ich beim einzelnen Schüler in der Therapie ansetze, ist nicht nur eine Frage des Fähigkeitsdefizites und eine Frage der Ursachen dieser Defizite, sondern auch eine Frage, wie ich ein Kind fürs Lernen gewinnen kann. Die Individualpsychologie Alfred ADLERs stellt insofern einen ganzheitlichen Ansatz dar, als sie davon ausgeht, dass die unbewusste Ausrichtung eines Menschen wesentlich ist für all seine Lebensaktivitäten, für die Gestaltung seiner zwischenmenschlichen Beziehungen, für die Ausbildung seiner Stärken und Schwächen, auch für sein Lernen, bzw. seine Lernschwierigkeiten (vgl. ANSBACHER 1982, S.176-180 , ADLER 1976, S. 17).

Da nicht vorauszusetzen ist, dass die Grundlagen der Individualpsychologie ADLERs allgemein bekannt sind, versuche ich in einem ersten Teil einen Einblick in die Theorie der Individualpsychologie zu geben, um anschliessend zu zeigen, wie dieser therapeutische Ansatz meine Arbeit mit den Kindern bestimmt.

Zur Theorie der Individualpsychologie

Da es in diesem Rahmen nicht möglich ist, fundiert in die Begrifflichkeit der Individualpsychologie einzuführen, muss ich mich auf den Versuch beschränken, Sie mit der Art des Denkens der Individualpsychologie ADLERs vertraut zu machen.

Alfred ADLER sah den Menschen mit all seinen Lebensaktivitäten immer im grossen Zusammenhang der Evolution. Alle Bewegung lebender Materie, vom Einzeller bis zum hochdifferenzierten Lebewesen Mensch stellt einen Austausch mit der Umwelt dar, bestimmt vom *Drang zur Selbsterhaltung* (vgl. ADLER 1966, S.29f.). Das Psychische ist in diesem Sinne dann die innere emotionale und darauf aufbauend die kognitive Verarbeitung der Umwelttatbestände. Menschliche Aktivität ist zwar unglaublich vielfältig, aber sie ist im Sinne der Selbsterhaltung stets zielgerichtet und entsteht - wie bei allen Lebewesen - aus einer immer neuen Spannung zwischen einer aktuellen «*Minussituation*» und dem Drang zu einer günstigeren Situation zu gelangen, d.h. aus dem Bedürfnis, sich möglichst optimal an die Lebensumstände anzupassen (vgl. ADLER 1973a, S. 35f. u. S.68f.). Dieser Drang gilt für den einzelnen wie für die gesamte Menschheit.

Wenn wir die Lebensdynamik des Menschen im Unterschied zu primitiveren Lebewesen verstehen wollen, so ist die Form seiner Existenz zu berücksichtigen. Der Mensch, als diejenige Spezies, die die grösste Umweltflexibilität unter Lebewesen besitzt, hat nicht nur die längste Aufzuchtphase, sondern gehört zu denjenigen Arten, die ihr gesamtes Leben im sozialen Verband sichern. Das heisst, der Mensch ist von Natur aus ein *soziales Wesen*. Dies ist unabdingbares Kennzeichen seiner Existenz. Aus diesem Grund ist ADLER der Auffassung, dass man als Psychologe nur zu angemessenen Aussagen über den Menschen allgemein und individuell kommen kann, wenn man ihn nicht ausschliesslich als Einzelwesen untersucht, sondern ihn als Gemeinschaftswesen sieht, und ihn im sozialen und soziokulturellen Kontext erfasst (vgl. ADLER 1966, S. 36f.).

Dem objektiven Tatbestand der sozialen Eingebundenheit des Menschen müssen subjektiv soziale Bedürfnisse gegenüberstehen. Die Menschheit hätte nicht überlebt, wäre von Natur der Mensch aus dem Menschen ein Wolf. Leider besteht auch am Ende des «Jahrhunderts des Kindes» bei Eltern und Erziehern noch kein allgemeingültiges Wissen über die Natur des Menschen allgemein und die Bedürfnisse des Kindes im besonderen und noch viel weniger ein wirkliches erzieherisches Können (vgl. ADLER 1973c, S. 201ff.). Elementare soziale Bedürfnisse sind nach ADLER das Bedürfnis nach Zugehörigkeit, bedingungsloser Anerkennung, Gleichwertigkeit, und das Bedürfnis nach sozialer Bedeutung. Aus der Art, wie diese Bedürfnisse beim kleinen Kind befriedigt werden, entfaltet sich entsprechend das *Gemeinschaftsgefühl*. ADLER spricht dabei von einer angeborenen latenten Kraft, die entwickelt werden muss (vgl. ADLER 1981, S. 49). Das Gemeinschaftsgefühl entscheidet über den Grad der seelischen Gesundheit eines Kindes. Gemeinschaftsgefühl meint jedoch sehr viel mehr als ein Gefühl; es ist eine Lebensform. Sie beinhaltet Einfühlungsvermögen und eine Ausrichtung auf das Wohl des Ganzen. Sie beinhaltet gleichzeitig den Mut, sich den Lebensaufgaben zu stellen und sie in Zusammenarbeit bewältigen zu können. Daraus zieht der Mensch mit Gemeinschaftsgefühl gleichzeitig seine Befriedigung, seinen Lebenssinn und seine Lebensfreude (vgl. ANSBACHER 1982, S. 140-148).

Gewinnt das Kind in den ersten Lebensjahren nicht die Sicherheit, bedingungslos anerkannt, geschätzt, gleichwertig und bedeutungsvoll zu sein, entwickelt es notgedrungen kompensatorische Tendenzen, da es sich in diesem Fall durch den von ihm subjektiv empfundenen Beziehungsmangel mehr oder weniger existentiell bedroht sieht. Wie ist das zu verstehen? Das Kind kommt mit einer bestimmten organischen Ausstattung auf die Welt, und entwickelt im Austausch mit seiner Umwelt nicht nur seine Fähigkeiten, sondern auch seine Gefühle und im Verlaufe der ersten 5 bis 6 Lebensjahre seine unbewussten Einstellungen und Haltungen, d.h. eine unbewusste Meinung über die Welt, die Mitmenschen und über sich selbst, sowie über seine Position zwischen seinen Mitmenschen (vgl. ADLER 1973b, S. 27). Es entwickelt die Vorstellung eines Zieles, das es in dieser Gemeinschaft erreichen möchte, ebenso wie eine unbewusste Auffassung darüber, welche Mittel zur Erreichung dieser Ziele tauglich sind. Weitgehend unbewusst sind diese Vorstellungen nicht nur deshalb, weil ihre Formung zu einer Zeit beginnt, in der das Kind weder der Sprache noch bewusster Denkprozesse mächtig ist (ADLER 1973a, S. 24f.), sondern weil diese Vorstellungen für das Handeln nur dann voll wirksam werden, wenn sie weitgehend unbewusst bleiben. Sobald das Kind seine unbewussten Ziele ausgebildet hat, drücken sich diese mehr oder weniger deutlich in all seinen Aktivitäten sein ganzes Leben hindurch aus. Der Mensch ist in dieser Hinsicht ein *einheitliches* Ganzes. Dies hat ADLER mit seinem Begriff der *Individual* -Psychologie gemeint (vgl. ANSBACHER 1982, S. 176f).

Das Kind ist also aus der Sicht der Individualpsychologie nicht nur Opfer seiner äusseren und inneren Umstände, in die es hineingeboren wird, sondern es verhält sich vom ersten Tag an aktiv im Sinne einer Bewältigung, einer Lebenssicherung gegenüber diesen Umständen. Seine Anschauungen über die Welt, die Mitmenschen über sich selbst und die Möglichkeiten seiner eigenen Wirksamkeit sind das Produkt der Eigenaktivität des einzelnen Kindes. Die Faktoren also, die an der Entwicklung der Auffassungen des Kindes beteiligt sind, sind die physischen Voraussetzungen des Individuums und die Einflüsse der sozialen Umwelt, welche das Kind in einer individuellen Weise verarbeitet (ADLER 1973a, S. 22 u. 1983, S. 72). Bezüglich der sozialen Umwelt ist hier in erster Linie an die Erfahrungen im Austausch mit der Mutter zu denken, dann an den grösseren Rahmen der Familie. Ohne genauer auf diesen Punkt eingehen zu können, möchte ich erwähnen, dass die Positionen in der Familie, speziell in der Geschwisterreihe, die Art der elterlichen Beziehungen, der Erziehungsstil, die Wertsetzungen und auch die soziokulturellen Bedingungen eine grosse Rolle in der Entwicklung des Kindes spielen. Der Erziehungsstil, den das Kind erfährt, ist von entscheidender Bedeutung. Sowohl in einer von Härte als auch in einer von Verwöhnung geprägten Erziehung, erst recht in einer, die das Kind vernachlässigt, kann es nicht jene Sicherheit erleben, jene Fähigkeiten trainieren und jene Ausrichtung entwickeln, die es zu einer befriedigenden Lebensbewältigung brauchen würde. Solche Kinder, beschäftigen sich vordringlich mit ihrer Absicherung, also damit, den Platz in der Gemeinschaft zu finden, den sie meinen einnehmen zu müssen. Dabei entsprechen die subjektiven Vorstellungen des Kindes über die Welt und seine Mitmenschen bei weitem nicht immer den Tatsachen. Das Kind kommt auf Grund seiner *privaten Logik* zu ganz subjektiven und u. U. auch zu irrtümlichen Auffassungen. Nehmen wir z.B. die Situation der enthronten Ältesten. Nicht selten entwickeln sich bei ihnen Gefühle des Zurückgesetztseins. Das kann sich so auf die Entwicklung ihres Lebensstiles auswirken, dass sie meinen, sich in ihrem Leben vor allen Dingen gegen diese drohende Gefahr der Zurücksetzung schützen zu müssen. Wie diese Sicherung aussieht, ist dabei ebenfalls individuell verschieden, häufig haben sie gelernt, ihre Machtposition als Älteste auszuspielen. Sie paktieren häufig mit der Partei, die die Macht hat (vgl. ADLER, 1973a, S. 141ff.). Manche Kinder kommen aufgrund ihrer Lebensumstände vielleicht zu der Auffassung, es sei eine Erniedrigung, das zu tun, was von ihnen verlangt wird, z.B. in der Schule vom Lehrer. Die privaten Lebensumstände mögen ihnen diesen Schluss nahegelegt haben, weil sie als Kind zu Hause immer bestimmen, sei es, weil sie sich bei ihren befehlenden Vätern so häufig erniedrigt gefühlt hat. Die Verallgemeinerung solcher Erfahrungen ist in jedem Fall eine Anschauung, die dem Kind viele Schwierigkeiten im Leben bereiten wird. Wieder andere Kinder entwickeln die Auffassung, sie seien nicht geliebt, wenn sie nicht im Mittelpunkt jeder Gesellschaft stehen. Solche Kinder fühlen sich bei normalem Umgang bereits vernachlässigt (vgl. ADLER 1973b, S. 27).

Gelangt das Kind zu der Auffassung , zu wenig anerkannt zu sein, oder benachteiligt, herabgesetzt, minderwertig, oder wie es dies sonst noch empfinden mag, so hängt wiederum alles davon ab, ob das Kind der Überzeugung ist, durch eigene Anstrengungen den gefährdet erscheinenden Platz in der Gemeinschaft sichern zu können. Ist dies der Fall, so wird das Kind durch diese besonderen Anstrengungen auch spezifische Fähigkeiten entwickeln. Die einen strengen sich vielleicht besonders an, brav zu sein oder fleissig oder tüchtig. Andere meinen vielleicht, gute Schulleistungen, sportliches Können, handwerkliche Geschicklichkeit, künstlerische Fähigkeiten, Charme o.a. sicherten ihnen einen speziellen Stand und die nötige Zuwendung und Beachtung. Es lässt sich unendlich viel aufzählen, was an Gangarten und Charaktereigenschaften entwickelt werden kann, je nachdem, was die individuelle Lebenssituation dem einzelnen nahegelegt hat bzw. was er selbst meint, was gefragt sei oder was er für effektiv hält. Wie bereits oben erwähnt, ist ADLER der Ansicht, dass sich der Mensch ein Leben lang immer aufs Neue in dieser Spannung zwischen einer augenblicklichen (defizitären) Situation und der erreichbaren besseren Möglichkeit sieht. Dies stellt normalerweise den wesentlichen Antrieb zur Entwicklung dar (vgl. ADLER 1966, S. 71).

Wie schon gesagt wird es dann problematisch, wenn aus Misserfolgen in speziellen Situationen verallgemeinerte Schlüsse gezogen werden. Statt seine Kräfte mit einer gewissen Selbstverständlichkeit und Gelassenheit für die zu bewältigenden Aufgaben zur Verfügung zu haben, muss der betreffende Mensch sich ständig um seine bedrohte soziale Position kümmern. Einzelne Lebenssituationen geraten ihm schnell zur Entscheidungsfrage über Sein oder Nichtsein. Er muss sein bedrohtes Selbstwertgefühl retten, seine Minderwertigkeitsgefühle wettmachen. Je nachdem wie sich ihm die Gefahr darstellt, schafft er dies, indem er die Ziele im Leben höher steckt, etwa: «Ich muss besser sein als die anderen.» «Ich darf keinen Fehler machen.» Ein anderer lebt vielleicht in der ständigen Angst, durch eine Veränderung seiner Lebensumstände in eine für sein Selbstwertgefühl bedrohliche Situation zu kommen. Verständlicherweise wird er in diesem Falle versuchen, möglichst alle Einflussfaktoren zu kontrollieren. Traut sich das Kind nicht mehr zu, durch eigene Anstrengung seine Situation zu sichern, so wird es seinen Aufgaben auf eine solche Art Weise auszuweichen versuchen, dass es sein Selbstwertgefühl noch sichern kann. So kann ein Kind faul werden, nur um der drohenden Gefahr zu entgehen, als dumm zu gelten. Es hat vor sich selbst auf diese Weise immer noch die Rechtfertigung: «Ich könnte es schon, wenn ich mich nur mehr einsetzen würde.» Um einer vermeintlichen Entwertung zu entgehen oder der ständigen Furcht, die anderen könnten die eigene Wertlosigkeit entdecken, kann man zu dem Mittel greifen, andere Menschen abzuwerten oder eine ständige Distanz zu seinen Mitmenschen zu schaffen. Gegen das Gefühl der Benachteiligung wird sich vielleicht die Haltung des Geizes oder der Eifersucht entwickeln. Bei einer weitergehenden Entmutigung kann das Kind in den Kampf mit seiner Umwelt geraten. Schlimmer noch ist es, wenn das Kind ganz den Rückzug antritt und nur noch demonstriert, dass es in Ruhe gelassen werden möchte. Die Aktivität eines kämpfenden Kindes bietet für einen geschulten Pädagogen eventuell den entscheidenden Ansatzpunkt, diese wieder in die positive Richtung lenken zu können. Schwieriger dagegen ist es, ein Kind wieder zu ermutigen, das nur noch passiv abwehrt. Dazu bedarf es sicher eines grossen psychologischen Wissens, pädagogischen Geschicks und Geduld.

Die Eifersucht ist im übrigen ein sehr allgemein menschliches Problem. An ihm lässt sich gut verdeutlichen, dass es sich bei all den aufgezeigten Problemen mehr um graduelle als um prinzipielle Unterschiede bei den einzelnen Menschen handelt. (vgl. ADLER 1972, S. 35f.). Jeder Mensch kennt Seiten an sich, bei denen es ihm schneller ans «Lebendige» geht als in anderen Lebensbereichen.

Fassen wir zusammen, was bisher nur andeutungsweise ausgeführt werden konnte: Der Mensch ist sozial. Er tritt vom Beginn seines Lebens an in einen aktiven Austausch mit seiner Umwelt. Alle seine Aktivitäten dienen der Lebenssicherung. Hat das Kind erst einmal seine unbewussten Anschauungen über sich und die Welt und seine unbewussten Lebensziele entwickelt, bringt sich diese einheitliche Persönlichkeit in allen Lebensaktivitäten zum Ausdruck. Konnte das Kind in den ersten Lebensjahren ein genügendes Mass an Gemeinschaftsgefühl entwickeln, so wird es im wesentlichen ein positives Selbst- und Weltbild entwickeln und ein Leben führen können, in dem ihm seine Mitmenschen die Quelle seiner Bereicherung und seines Glückes sind; und es hat Chancen auch schwierige Lebenssituationen befriedigend zu meistern. Entwickelt das Kind dagegen in den ersten Lebensjahren überdauernde Minderwertigkeitsgefühle, so wird ihm die Bewältigung seiner Lebensaufgaben zur existentiellen Frage. Es wird deshalb fiktive Lebensziele aufbauen, mit denen es sich in eine widersprüchliche Position zur Gemeinschaft bringt. Die Bewältigung seiner Lebensaufgaben ist um so stärker gefährdet, je mehr seine Ziele die Gemeinschaft verfehlen und je geringer sein Lebensmut ist. Seine Ziele geben ihm jedoch subjektiv das Gefühl, sein Selbstwertgefühl, bzw. die Zuwendung seiner Mitmenschen sichern zu können. Aufgabe der Erzieher und Psychologen ist es in diesem Fall, das Kind zu ermutigen, sich seinen Lebensaufgaben zu stellen und seine problematischen Ziele zu korrigieren.

Zur individualpsychologischen Praxis in der Legasthenietherapie

In meiner Arbeit mit den Kindern habe ich oft gedacht: «Wie einfach wäre es, wenn ich beim einzelnen Schüler nur genau das Fähigkeitsdefizit bestimmen müsste, dazu ein differenziertes Programm aus der Schublade ziehen oder ausarbeiten könnte, das dem Schüler zum Erfolg verhilft, wenn er es nur durcharbeitet.» Die Praxis sieht ganz anders aus. Was nützen meine schönen Programme, wenn wir in jeder Stunde wieder beim Punkt Null anfangen müssen? Warum verbessert sich ein Schüler im Lesen nicht, obwohl wir so herum und andersherum geübt haben? Warum macht er beim Schreiben genau die gleichen Fehler wieder, obwohl wir schon seit Wochen geübt haben? Meine Erfahrung ist, dass Verbesserungen beim Schüler regelmässig nur dann auftraten, wenn sich mit dem Üben gleichzeitig auch Einstellungsveränderungen beim Schüler, vor allem gegenüber den problematischen Lerngegenständen ergaben. Wie aber kommt der Schüler zu einer solchen Einstellungsveränderung?

Die Schüler in der Legast19therapie haben durchgängig ein problematisches Selbstbild, und die Mittel, mit denen sie um ihr bedrohtes Selbstwertgefühl kämpfen, sind meist wenig brauchbar. So erlebe ich bei manchen Schülern, dass sie ständig aufs Neue den Versuch machen, etwas Fehlerfreies zu liefern. Dabei geht es ihnen nicht ums Lernen, nicht um die Sache, sondern um ihr Image, d.h. sie wollen jemand sein, der fehlerfrei schreibt. Wenn sie dann den ersten Fehler gemacht haben, sieht man ihnen an, wie sie innerlich zusammenbrechen. Wir sehen, ihre Lebensziele sind überhöht und die Möglichkeiten, diese zu erreichen kaum ausgebildet. Ihre Entmutigung kann direkt im Bereich des Lernens liegen. Aber das ist nicht immer der Fall. Manchmal setzt das Kind den Bereich «Lernen» auch ein, um ganz andere Ziele zu erreichen, z.B. spezielle Aufmerksamkeit zu erregen, die es seiner unbewussten Meinung nach nur dadurch erlangt, dass es in der Schule Probleme macht.

Es ist gut möglich, dass bei Kindern mit Teilleistungsstörungen organische Erschwerungen vorliegen, wie sie in der Literatur vielfältig beschrieben sind, die dann natürlich auch einen Einfluss auf die Lebensstilentwicklung haben. Aber Erschwerungen bewirken kompensatorische Bestrebungen. Wenn es für das Kind lohnenswert genug ist zu lernen, wird es verstärkt seine Energie dafür aufwenden. Lernt das Kind nicht mehr oder ist es nicht mehr motiviert, dann hat das seinen Grund in einer entsprechenden unbewussten Einstellung. In jedem Fall ist es sehr nützlich, Einblick in die unbewusste Dynamik eines Kindes, seine Ziele und die Wahl seiner Methoden, mit Lebensanforderungen umzugehen, zu gewinnen, wenn ich einem Kind bei der Aufarbeitung seiner Schulprobleme helfen will. Psychische Mechanismen wie Perfektionismus, Langsamkeit, Unkonzentriertheit, Vergesslichkeit, Ausweichverhalten, Hilflosigkeitshaltungen, die sog. Faulheit, offene oder versteckte Verweigerung, Entlastungsversuche, psychosomatische Störungen, Weinerlichkeit, Trötzeln, Ängstlichkeit u.a. sind Verhaltensmuster, denen wir in der Legasthenietherapie häufig begegnen. Es ist entscheidend, dass der Therapeut diese Auffälligkeiten in ihrer Zielgerichtetheit richtig deutet und als Ansatzpunkt für die Umorientierung nimmt (vgl. DREIKURS/ GRUNWALD/ PEPPER 1987, Kap.1).

Es würde mich nicht wundern, wenn sich bei Ihnen spätestens hier der Widerspruch regte. Das oben Gesagte mag für Sie so tönen, als seien Individualpsychologen der Meinung, das Kind setze seine auffälligen Verhaltensweisen überlegt ein. Dies wäre ein grosses Missverständnis. Die Kinder verhalten sich zwar ihrem unbewussten Lebensplan entsprechend zielgerichtet, aber sie haben keine bewusste Alternative dazu. Wenn der Individualpsychologe auch die Verhaltensweisen eines Menschen begutachtet, so wird er sein Gegenüber doch als einen gleichwertigen Mitmensch achten. Er wertet jede menschliche Aktivität als einen aus der persönlichen Lebenssituation verstehbaren subjektiv nützlichen Versuch der Lebensbewältigung und wird behilflich sein, unbrauchbare und gemeinschaftsfeindliche Ziele zu korrigieren und nützlichere Verhaltensweisen aufzubauen. In diesem Sinne wird auch der Therapeut in der Legasthenietherapie dem Schüler behilflich sein, die hinderlichen Ziele und Verhaltensweisen, die den Kindern so viele Nachteile einbringen durch bessere zu ersetzen und die entmutigten Schüler so weit zu ermutigen, dass sie sich zutrauen, ein adäquates Lernverhalten einzutrainieren und die Defizite aufzuarbeiten.

Um diese Therapieziele zu erreichen, bedarf es allerdings auch einiger Voraussetzungen auf seiten des Therapeuten. Zum einen setzt es ein Wissen um diese psychischen Mechanismen voraus und die Fähigkeit, diese konkret beim Kind auch erfassen zu können. Zum anderen bedarf es einer guten Einfühlung, damit das Kind in einer Beziehung, in der es sich verstanden fühlt, den Mut gewinnt, neue Wege zu betreten und das aufzugeben, was ihm bisher einzig sicher schien. Schliesslich muss der Therapeut seine eigenen unbewussten Charakterhaltungen soweit kennen und damit umgehen können, dass sie nicht störend in die Beziehung zum Kind hineinwirken und so noch den Umorientierungprozess behindern können. Das heisst, der Therapeut muss ein einfühlsamer, ermutigender, kooperativer Partner für den Schüler sein.

Die Therapie im individualpsychologischen Verständnis allgemein enthält vier wesentliche Elemente:
- den Aufbau und Erhalt einer Vertrauensbeziehung
- die Erfassung des Lebensstils
- die Korrektur des Lebensstils
- die Einübung besserer Strategien zur Bewältigung der Lebensaufgaben.

In meinen Therapiestunden läuft die Beziehungsaufnahme in der ersten Stunde meist über ein direktes Gespräch mit dem Schüler über seine Schwierigkeiten in der Schule und über die Verständigung darüber, was wir in den vor uns liegenden Stunden zusammen tun werden. Fühlt sich der Schüler in dieser ersten Begegnung ernst genommen und ermutigt, seine Probleme anzugehen, ist schon sehr viel gewonnen.

Bei einem Teil der Schüler setze ich dann mit dem Üben direkt im Bereich der Schwäche an, d.h. wenn Rechtschreibschwierigkeiten vorhanden sind, werden wir uns der Rechtschreibung zuwenden. Der Schüler soll bereits nach der ersten Stunde nach Hause gehen und irgend etwas besser können oder verstanden haben. Er soll von den Therapiestunden etwas erwarten. Bei manchen Schülern ist es jedoch nicht angebracht, im Bereich der grössten Schwäche anzusetzen, sondern dort, wo sich das Kind das Lernen noch zutraut. Fortschritte in diesem Bereich schaffen vielleicht erst die Voraussetzung dafür, dass sich der Schüler dem Gebiet seiner stärksten Misserfolge wieder zuwenden kann. Aus der Art des Umgangs mit den Lerngegenständen erfahre ich viel über die Persönlichkeit des Schülers, seine Gangart und seine Zielsetzungen. Alle Kinder versuchen, mit allen Mitteln das Image aufrecht zu erhalten, das sie meinen nötig zu haben, um bestehen zu können. Oft steht die Unfähigkeit, einen Fehler machen zu könnnen ganz im Vordergrund. Bei anderen mag es mehr um ihre Glaubwürdigkeit als Person gehen. So mögen meine Stunden für manche Kinder die einzigen in der Woche sein, in denen sie sich als Person nicht in Frage gestellt fühlen, während sie in der Schule und zu Hause sich als die Bösen, die Unfähigen usw. erleben. Es ist für mich deshalb ganz wichtig, aber gar nicht immer ganz leicht, mir ein Bild darüber zu verschaffen, wie es dem Schüler sonst im Leben geht. Damit spreche ich das zweite Element der Therapie an.

Zur Erfassung des Lebensstils bin ich neben meinen Beobachtungen in den Stunden, auf Informationen des Lehrers, der Schulpsychologen und der Eltern z. B. über die Entwicklung des Kindes zu Hause und in der Schule, über die familäre Situation, wie die Familienkonstellation, die Geschwisterreihe, das Verhalten allgemein, und gegenüber dem Lernstoff, gegenüber den Mitschülern und dem Lehrer angewiesen. All dies liefert mir Material für Hypothesen über den Lebensstil des Schülers, d.h. über seine unbewussten Ziele, seine Einstellungen zu sich und zum Lernen und seine problematischen Bewältigungsversuche. Das Erfassen eines Lebensstils erfordert vom Therapeuten, wie bereits erwähnt, viel Einfühlungsvermögen, psychologisches Wissen und Erfahrung. Habe ich als Therapeut durch Vergleich all dieser Informationen eine gewisse Sicherheit bezüglich des Lebensstils gewonnen, dann kann ich mit dem Schüler das Gespräch darüber beginnen, bzw. an der Korrektur des Lebensstils zu arbeiten versuchen.

Wie die Korrektur von Fehlhaltungen und Einstellungen gelingt, hängt vom Alter des Kindes, vom Ausmass seiner Entmutigung, von seiner Zugänglichkeit und auch davon ab, wieweit Lehrer und Eltern hinter meiner Arbeit stehen. Ich konnte regelmässig feststellen, dass kritische Äusserungen über die Therapie von Seiten der Eltern und Lehrer es dem Kind ungeheuer erschweren, sich mir in der gemeinsamen Arbeit anzuschliessen. Alles menschliche Lernen ist immer auch ein Beziehungsproblem. Nicht bei allen Kindern habe ich die Fehlhaltungen direkt angesprochen. Ein korrektives Verhalten kann auch ohne Ansprechen der Fehlhaltung wirken. Dafür ein kleines Beispiel:

«Also lesen wir jetzt in unserem Buch weiter!» Schüler: «Aber ich lese nur bis hierhin.» Wie reagiere ich? Das hängt ganz davon ab, wie ich die Aussage dieses Schülers verstehe. In diesem Fall war ich der Auffassung, dass der Schüler das Lesen zu *meiner* Sache machen wollte. Ich, als die Erwachsene, bin dann diejenige, die die Anforderung stellt und der Schüler entwickelt seinen Widerstand dagegen. Was soll das Lesen dann noch für einen Nutzen haben? Der Schüler muss *selbst* lesen wollen. Es ist wichtig, dass ich mich aus dem Beziehungsmuster heraushalten kann, in das mich der Schüler bringen möchte, und dass ich gleichzeitig kooperativ bleibe. In diesem Fall habe ich gar nichts gesagt. Der Schüler hat angefangen zu lesen und vergessen an der Stelle aufzuhören, bis zu der er lesen wollte. Bei einem anderen Kind hätte ich vielleicht gesagt: «Du möchtest lieber nicht so viel lesen.» Oder: «Wenn du es einmal gut gelernt hast, wirst du leicht viele Seiten lesen», usw. Es ist m.E. aber nicht nur entscheidend, was ich sage, sondern auch aus welcher Gefühlshaltung heraus ich etwas sage. Dies wird das Beispiel von Sabine illustrieren, das zugleich Aspekte ihres Lebensstil verdeutlichen wird:

Sabine kam als 2.Klässlerin zu mir. Inzwischen geht sie in die dritte Klasse. Sie hatte diverse Schulprobleme. Im Vordergrund standen jedoch Probleme im Rechnen. Sie besass wenig Arbeits- und Lernstrategien, verhielt sich in der Einzelsituation hilflos, kapriziös, klagend. Heute hat sie keine auffallenden Defizite mehr im Lernstoff, aber sie ist immer noch zu langsam, zu unkonzentriert,und sie ist streitsüchtig, hat oft ihre Hausaufgaben nicht. An manchen Vormittagen sei sie in der Schule gar nicht zu gebrauchen. In meinen Stunden hörte ich in der ersten Zeit dauernd: «Ich kann das nicht!» «Heute möchte ich mal ausnahmsweise nicht .....» «Muss ich schon wieder ....?» «Ich habe aber heute keine Lust.» Sabine war sehr entmutigt. Sie wich aus, manchmal, indem sie mit grosser Phantasie Einfälle produzierte, was man mit einer Aufgabe alles machen könnte, indem sie Spässe machte, Dinge erzählte. Ging ich darauf nicht ein, so trötzelte sie, begann zu weinen, erklärte, dass es ihr gerade so schlecht ginge. (Was natürlich in gewisser Weise auch stimmte, aber nicht jedes Kind setzt das ein, um etwas zu erreichen.) Manchmal kam sie in die Stunde und warnte mich gleich, heute ginge es ihr gar nicht so gut.

Hinter den vielfältigen Schwierigkeiten des Mädchens steht eine Mutter, die Versagensängste auf Grund einer eigenen belasteten Kindheitsgeschichte hat. Aus diesem Grunde überversorgt sie die Tochter, engt sie damit ein, vermittelt ihr dabei aber immer wieder, dass sie nicht recht ist, so wie sie ist. Ist Sabine nur Opfer? Sie hat erschwerte Bedingungen. Was hat sie daraus gemacht?

Sie hat einen Weg eingeschlagen, der im Zusammenleben mit der Mutter zwar wirkungsvoll ist, sie dabei aber auch sehr beeinträchtigt. Wenn Sabine der Mutter signalisiert, dass es ihr nicht gut geht, bekommt die Mutter Schuldgefühle und wendet sich ihr zu. Wenn Sabine hilflos ist, dann muss die Mutter beispringen. Dadurch gerät die Mutter aber immer wieder in eine Überforderungsituation, aus der dann auch Ablehnungsgefühle resultieren. So fühlt sich die Tochter oft nicht geliebt, wird jedoch durch die unangebrachte Hilfeleistung klein gehalten, psychisch geschwächt. Andererseits diktiert die Tochter mit ihrem Verhalten zu Hause die Spielregeln. Sie versucht das gleiche auch in der Schule bei den Schulkameraden, stösst damit natürlich nur sehr begrenzt auf Zustimmung. Das Dilemma ist perfekt, Sabine erfährt, man hat sie nicht gern. Sie brauchte viel Ermutigung und einen Therapeuten, der ihr weder beispringt, noch sich auf den Machtkampf einlässt, aber trotz dieses «Nicht-mit-Spielens» ihr freundschaftlich verbunden und nahe ist, sich einfühlen kann in sie und ihr einen besseren Weg zeigt. Das ist nur möglich, wenn die Haltung von Sabine nicht auch beim Therapeuten ablehnende Gefühle hervorruft wie bei der Mutter. Sabine ist für diese Art von Beziehungsmuster ja trainiert. Ich muss erwähnen, dass Sabine ausgesprochen gern zu mir kommt und sich immer wieder entschuldigt, wenn sie wieder einmal alte Saiten aufgezogen hat. Vor zwei Wochen konnte ich bei ihr jedoch die Erfahrung machen, wie sehr es darauf ankommt, eigene Gefühle genau wahrzunehmen. Die Lehrerin hatte mich gebeten, mit Sabine über das Schulaufgabenmachen zu sprechen, weil sie diese in der letzten Zeit oft vergessen hatte. Ich fragte sie, ob sie sich denken könne, was mir die Lehrerin beim letzten Kontakt gesagt habe. Sabine: Sie schwätze zu viel oder sie sei zu langsam. «Noch etwas anderes: Sie sagte mir, dass du so oft Deine Hausaufgaben vergisst. Wie kommt das eigentlich?» Ein weinerlich-trötzelndes Gesicht und die vorwurfsvolle Äusserung, die Lehrerin klatsche am Ende der Stunde immer in die Hände und rufe «Eins, zwei, drei!» Dann müssten sie ganz schnell einpacken und sie könne dann gar nicht mehr an die Tafel schauen und auch noch die richtigen Sachen suchen, die sie für die Hausaufgaben brauche. «Wie machen es die anderen Schüler?» Sabine: «Ich weiss nicht. Ich kann nicht an die Tafel schauen und dann meine Sachen noch einpacken.» «Was kannst du tun, dass es in Zukunft besser geht? Hast du eine Idee?» Kopfschütteln. «Wie machen das die anderen?» Ich kenne Sabines Reaktionen. Sie kann sich steigern. Sie beruhigte sich in dieser Situation jedenfalls nicht. Aber ich werde unsicher. Ist es ihre alte Haltung oder ist es etwas anderes? Ich horche in mich hinein, höre noch einmal meine Stimme und merke: Da war ein vorwurfsvoller Ton drin. Das hat nichts mit Ermutigung zu tun. Sie nicht entlasten wollen, heisst ja nicht, keine freundschaftlichen Gefühle für sie zu haben. Ich spüre, wie sich mein Gefühl ändert. Ohne dass ich einen Ton sage, beruhigt sich Sabine. Und dann rückt sie mit ihrem Kummer heraus. «Ich weiss auch nicht, man hat die anderen lieber als mich.» Sie bringt Beispiele aus der Klasse. Zwei Tage später erklärt mir die Mutter am Telefon, dass es ihr nicht gut gehe und sie nicht den richtigen Ton ihrer Tochter gegenüber habe. Deshalb geht es Sabine in der letzten Zeit nicht gut.

Sabine hat den Lebensstil eines verwöhnten und zugleich kritisierten, entmutigten Kindes. Ziel der Therapie ist es, sie so weit zu ermutigen, dass sie ihre Schulangelegenheiten jeweils ohne Umschweife in Angriff nehmen kann, so dass sie nicht ins Hintertreffen gerät und den Kontakt zu anderen Kindern so gestaltet, dass sie sich die Wertschätzung der anderen sichert und damit auch Freunde schaffen kann. Bei einer Mutter, die ihr Kind immer wieder desorientiert, ist sicher auch mit Rückfällen auf dem Weg der Ermutigung und Neuorientierung zu rechnen.

Zum Schluss noch ein weiteres Beispiel für die Verdeutlichung von Lebensstilzielen und die Ausprägungen der Entmutigung. Wie schon erwähnt, finden wir bei Legasthenikern immer wieder Ziele der Überlegenheit, häufig in Form von Fehlerlosigkeit, das beim Lernen natürlich nicht erreicht werden kann und bei diesen Kindern einen Teufelskreis auslöst.

Antonio kam in der 3. Klasse zu mir. Er war der jüngere von 2 Geschwistern. Seine Schwester besuchte die 6. Klasse. Antonio hatte die erste Klasse repetiert. Jetzt war er in Deutsch noch so schwach, dass der Lehrer eine Promotion in die 4. Klasse für nicht vertretbar hielt und eine Versetzung in eine Sonder B-Klasse erwog. Er meldete ihn deshalb beim Schulpsychologischen Dienst an. Antonio fiel in der Schule vor allem wegen seines geringen Wortschatzes und Sinnverständnisses und wegen seiner Haltung auf, oft auch dann nicht zu sprechen, wenn er etwas gefragt wurde. Die Deutsch-Förderlehrerin klagte, dass er in den 2 Jahren bei ihr im Unterricht so gut wie keinen Fortschritt gemacht habe.

Ich wollte wissen, ob er zu Hause und bei den Freunden auch nicht spreche. Mein Schüler fand nicht, dass das so sei, in der Schule spreche er nicht, wenn er nicht verstehe. Bei meinem ersten Besuch zu Hause, sass mein kleiner Freund im grossen Fauteuil und antwortete nicht als ich ihn etwas fragte. Es war den Eltern sichtlich peinlich. Sie drangen etwas in ihn, hatten aber wenig Erfolg. Der Vater erläuterte: «Sehen Sie, so macht er es öfter». In meinem Kopf lief ab: «Aha, dieser Junge übt mit seinem Schweigen Macht aus. Er ist damit stärker.» Bei einem späteren gemeinsamen Gespräch mit dem Lehrer riet uns der Vater, den Sohn damit zu bestrafen, dass man ihn in die Ecke stelle. Wenn er dort eine Stunde gestanden habe, dann mache ihm das schon etwas aus. Er spreche dann. Er habe da seine Erfahrungen.

Wir waren eher entsetzt und fanden, dass wir bei diesem Kind sicher alles damit verderben würden. (Es war eine Bestätigung des Machtkampfes zwischen Vater und Sohn, erklärte aber nicht, warum A. dann nach einer Stunde sprechen sollte. So verlor der Sohn ja den Kampf) Zum Kontakt mit den Gleichaltrigen äusserte der Vater, dass Antonio dort sehr lautstark sei und als ich Antonio persönlich einmal fragte, wer bei den Spielen unter den Freunden sage, was gemacht werde, antwortete er spontan: «Ich», und schränkte es dann auf ein «manchmal» ein. (Das heisst er möchte zumindest dort der Chef sein oder empfindet sich so.)

In meinen Stunden konnte ich die sehr saubere, korrekte Schrift und das genaue Zeichnen von Antonio beobachten. Das waren Anzeichen für Perfektionismus. Dieser Junge will sehr gut, er will überlegen sein. Sein Nichtsprechen hatte vielleicht auch damit etwas zu tun. Etwas Falsches zu sagen, war vermutlich eine unerträgliche Niederlage, die vermieden werden musste. Ich erzählte ihm das Beispiel von Demosthenes, der Probleme mit dem Sprechen gehabt hatte und solange übte, bis er der beste Redner des Volkes wurde. Ob er mir wirklich genau zugehört hat damals, vermag ich nicht zu sagen. Aber ich bin überzeugt, dass die Botschaft ankam, dass ich ihm zutraute, dass er so üben könne, dass er sehr gut werde. Antonio kam zu mir zum Lernen. Unentwegt stand er zu seinen Stunden vor der Tür, egal ob Ferien waren oder Feiertag. Antonio schwieg auch bei mir anfangs manchmal. Ich teilte ihm meine Hilflosigkeit mit. Er sollte ruhig wissen, dass er stärker war, aber auch dass fürs Lernen die Zusammenarbeit wichtig ist. Das Nichtsprechen reduzierte sich bald nur noch auf Situationen, in denen er einfach nicht verstand. Er lernte aber auch mit der Zeit zu fragen und seine Wissbegier kam bald zum Vorschein. Regelmässig, wenn ich ihn zu Beginn einer Stunde fragte, was er heute lernen wollte, flüsterte er: «Sachen wissen». «Was möchtest Du wissen?» «Alles!» «Und heute?» Dann einigten wir uns jeweils auf ein Thema. Er kommunizierte verbal, aber er blieb sparsam. Konnte er mir mit den Augen erklären, was er wollte, musste er es sicher nicht auch noch sagen, war so etwa seine Einstellung.

Antonio ist inzwischen in der 4. Klasse. Ich konnte ihn beim Schulexamen beobachten. Er hatte mich eingeladen, weil ein Theaterstück aufgeführt wurde, bei dem er mitspielte. Das war zu einem Zeitpunkt, als der Lehrer schon äusserte, dass Antonios Verhalten sich sehr geändert habe, auch wenn sein Deutsch noch sehr schwach sei. Auch der Vater erklärte, dass Antonio bei den Hausaufgaben keine Tränen mehr vergiesse und manchmal schon Bücher lese. Zu seinem Geburtstag durfte er sich bei mir ein Buch aussuchen. Nachdem er alle eingehend begutachtet hatte, wählte er ein dickes Lexikon aus. Antonio spielte bei diesem Theaterstück in der Schule die Rolle eines Vaters. Er hatte seinen Text ganz gut gelernt und verstand sich mit grosser Selbstverständlichkeit auf seine (Chef-)Rolle. Es fiel mir auf, dass Antonio, der von seinem Verhalten und der Art seines Sprechens in meinen Stunden eher etwas Zerbrechliches, Zartes, Kindliches zum Ausdruck brachte, sich in der Schule eher wie ein lässiger Jugendlicher kleidete und auch eine entsprechend lässige Haltung versuchte an den Tag zu legen. (Das zeigt, wie zur Erreichung des gleichen Zieles der Überlegenheit in den verschiedenen Lebenssituationen verschiedene Wege eingeschlagen werden.)

In der vorletzten Stunde sagte er zum ersten Mal seit langer Zeit mal wieder eine Weile nichts. Er ist z.Zt. in einer schwierigen Situation. Kaum zu einer neuen Lehrerin in die 4. Klasse versetzt, die ihn sehr gerne mag und gar nicht hergeben möchte, muss er die Schule wechseln, weil die Familie umzieht. Das ist hart. Die Situation in meiner Stunde war die, dass wir uns geeinigt hatten, dass er zum Schluss der Stunde noch einen Text frei nacherzählt. Er fand keinen Anfang und konnte mal wieder nicht zum Ausdruck bringen, wo es klemmte. So schwieg er und packte schliesslich, als die Zeit um war, seine Sachen mit Tränen in den Augen ein, um nach Hause zu gehen. Vielleicht hätte ich ihm mehr entgegenkommen müssen. Ich hatte mit diesem Schweigen nicht mehr gerechnet und wollte nicht verwöhnend sein, als ich auf meine Nachfragen nicht antwortete. In der nächsten Stunde bat er wieder um einen so schwierigen Text wie den letzten, um ihn mit mir zusammen für eine Nacherzählung zu erarbeiten. Antonio verstummt auch in der Schule heute noch, wenn er etwas nicht gut genug kann. Ich wage aber ebenso wie seine Lehrerin die Prognose, dass dieser Schüler, wenn er in der neuen Klasse gut Fuss fassen kann, in 2 1/2 Jahren den Übertritt in die Sekundarschule prüfungsfrei schaffen wird.

Antonios Lebensziel mag Überlegenheit sein. In Überforderungssituationen schützt er sich vor Anforderungen, indem er nicht mehr kommuniziert und zum Ausdruck bringt: «Ich kann nicht.» (WALTON/ POWERS, S. 11). Wollte man seinen Lebensstil verbalisieren, so könnte ein Teil davon etwa lauten: «Ich bin ein kleines Kind, aber wenn ich es nur richtig anstelle, bin ich besser oder stärker als die Erwachsenen. Ich hüte mich etwas Falsches zu sagen, denn wer Fehler macht, ist schwach oder wird ausgelacht etc. Manches von dem, was die anderen von mir verlangen, das kann ich nicht.»

Antonio wird verstärkt Ermutigung brauchen, um sich den neuen Anforderungen stellen zu können.

Unsere Arbeit ist spannend. Kein Kind ist wie das andere. Jedes Mal neu stehen wir zu Beginn einer Therapie vor einem Problem, von dem wir nicht wissen, ob wir es in der Zusammenarbeit mit dem Kind werden lösen können. Die Individualpsychologie ADLERs bietet dabei einen Ansatz, bei der die unbewusste Antriebsrichtung eines Menschen als wesentlich für alle seine Aktivitäten angesehen wird und deshalb bei allem Trainieren, Üben und Lernen, das bei diesem pädagogisch-therapeutischen Ansatz eine grosse Rolle spielt, mit in Betracht gezogen und mitbehandelt werden muss.

Literatur:

ADLER, A.: Menschenkenntnis. Frankfurt a. M.: Fischer, 1966

ADLER, A.: Über den nervösen Charakter. Frankfurt a. M.: Fischer, 1972

ADLER, A.: Sinn des Lebens. Frankfurt a. M.: Fischer, 1973a

ADLER, A.: Individualpsychologie in der Schule. Frankfurt a. M.: Fischer,1973b

ADLER, A.: Heilen und Bilden. Frankfurt a. M.: Fischer, 1973c

ADLER, A.: Kindererziehung, Fischer Tabu, Frankfurt, a. M., 1976

ADLER, A.: Neurosen. Frankfurt a. M.: Fischer, 1981

ADLER, A.: Psychotherapie und Erziehung, Bd. III. Frankfurt a. M.: Fischer, 1983

ANSBACHER, H. L. und ANSBACHER, R.R.: Alfred Adlers Individualpsychologie. München/ Basel: Reinhardt, 1982

DREIKURS, R./ GRUNWALD, B.B. / PEPPER, F.C.: Lehrer und Schüler lösen Disziplinprobleme.Weinheim/ Basel: Beltz, 1987

WALTON, F. X. / POWERS, R.L.: Vertrauen und Verantwortung zwischen Kindern und Erwachsenen. München/ Basel Reinhardt, 1984

Anschrift der Verfasserin:

Annegret Moser-Baltes
Heinrichstr. 76
8005 Zürich

Rolf Nyfeler/ Ruedi Bühlmann

Vom passiven Reizempfänger zum schöpferischen Informationsvermittler:

Der Arbeitsansatz von Feuerstein - diagnostische Hilfsmittel und Förderprogramme (Workshop)

> L'enfant n'est pas un vase
> qu'on remplit,
> mais un feu
> qu'on allume!
>
> François RABELAIS, 1494 - 1553

1. Vorstellen einer Arbeitsprobe aus dem Learning Potential Assessment Device (LPAD)

Das Learning Potential Assessment Device (LPAD) ist eine Sammlung von Arbeitsproben zur Abschätzung der Lernfähigkeit, d.h. des Potentials von kognitiven Fähigkeiten, die ein Lernender (es kann sich um ein Kind, einen Jugendlichen oder gar um einen Erwachsenen handeln, im weiteren reden wir vom Kind) noch nicht hat, aber erwerben kann.

Das Übungsblatt der Arbeitsprobe «Organisation von Punkten» aus dem Learning Potential Assessment Device (LPAD) wird vorgestellt mit der Aufforderung, eine mögliche Arbeitsanleitung zu formulieren. Die Arbeitsanleitung sollte *einfach, klar* und *verständlich* sein:

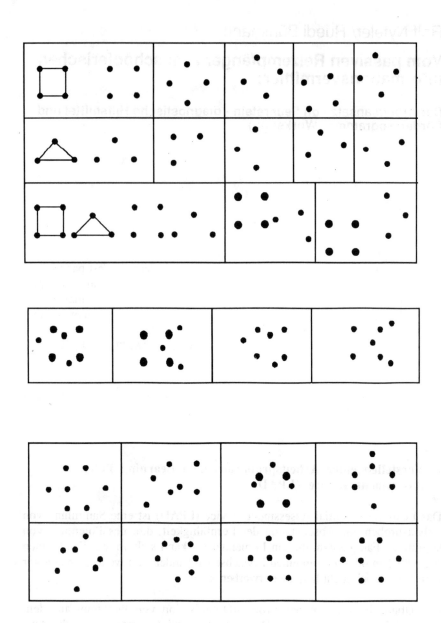

Abb. 1: Übungsblatt «Organisation von Punkten»

Anworten der Teilnehmer:
1. Verbinde die Punkte
2. Zeichne Quadrate und Dreiecke

Wir Trainer verhalten uns wie Kinder (mit Lernschwierigkeiten) und produzieren zum Beispiel in der mittleren Linie:

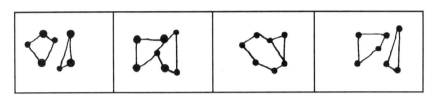

Abb. 2

Die Anweisungen 1 und 2 werden präzisiert:

Verbinde die Punkte, wie es hier oben in den Modellen gezeichnet ist.

Antwort:

☐ solche Quadrate werden gezeichnet.

◇ ◇ solche Quadrate werden nicht erkannt.

Die Instruktionen weisen darauf hin, dass ◇ ◇ auch Quadrate sind. Was haben wir folglich falsch verstanden? Dass die Quadrate gedreht sein können.

Neu wird definiert: die Quadrate und Dreiecke dürfen gedreht sein: Die Richtung oder Lage ist irrelevant.

Im Verlauf des weiteren Dialogs werden die relevanten und irrelevanten Eigenschaften des Quadrates und Dreiecks herausgearbeitet. Hier sind sie für das Quadrat:

Relevant für das Quadrat sind in dieser Aufgabe:
1. Abstände aller vier Seitenlängen müssen gleich lang sein.
2. Vier rechte Winkel müssen vorhanden sein.

Irrelevant sind in dieser Aufgabe:
1. Richtung oder Lage der Figuren,
2. Geradlinigkeit der Strichführung,
3. Dicke der gezeichneten Striche,
4. Farbe der gezeichneten Striche/ Figuren.

Eine explizite Anweisung für die dritte Linie, könnte demnach heissen: In jedem Feld ist eine Aufgabe. Suche genau ein Quadrat und ein Dreieck wie im Modell, sodass die Abstände gleich lang sind und die Winkel der Figuren stimmen.

Die Teilnehmer bearbeiten nun das Blatt nach unserer gemeinsam gefundenen Anweisung und teilen weitere Erfahrungen mit, aus denen Regeln gewonnen werden können. Zum Beispiel:

1. Es bleibt in keinem Rahmen ein Punkt übrig, es ist auch in keinem Rahmen einer zu wenig da.
2. Die Figuren überschneiden sich.
3. Liegt ein Punkt auf der Verbindung der andern Figur, so gehört er nicht zur anderen Figur. Er ist noch unbenützt.

Zusammenfassung:

Die Teilnehmer haben die Aufgabe anfänglich unterschiedlich aufgefasst. Die verschiedenen impliziten Annahmen über die Aufgabe wurden herausgearbeitet. Wir einigten uns auf *eine* Aufgabenstellung.

Genau wie die Teilnehmer können Kinder eine Aufgabenstellung anders als vom Aufgabengeber gewollt erfassen.
Die Voraussetzungen, von denen ein Kind beim Erfassen einer Aufgabe ausgeht, was es wahrnimmt und wie es diese Einzelheiten zur Aufgabe kombiniert, zeigen seine Art der Welterfassung und weisen auf seine kognitiven Fähigkeiten hin.
Die Flexibilität im Verändern der ursprünglichen Auffassungen zur gewünschten «richtigen» Aufgabenstellung widerspiegelt die kindliche Lernfähigkeit.

Der Umfang der nötigen Vermittlung, welche die Aufgabe verständlich macht, gibt Aufschluss über die Lernfähigkeit des Kindes:

1. Welche implizit in der Aufgabenstellung enthaltenen Forderungen kennt und erfüllt das Kind, welche erfasst es nicht?

2. Wie und wieviel Vermittlung ist nötig, damit das Kind die Aufgabe versteht? Dies gibt Aufschluss, wie und wie leicht es gelingen kann, die ursprüngliche Erfassung der Aufgabe des Kindes zu verändern. Oder vom Kind her gesagt: Wie fähig ist es, eine Aufgabe oder Situation anders als ursprünglich zu erfassen, d.h. wie anpassungs- bzw. lernfähig ist es.

1.1. Strategien

Wir fragen die Teilnehmer nach ihren Vorgehensweisen. Welche Strategien haben sie benützt, um das Quadrat zu finden? Die Teilnehmer äussern ihre Erfahrungen:

 Parallelen suchen mit richtigem Abstand der zwei Punkte.

 Sich ein Quadrat im Kopf vorstellen und drehen, bis es auf vier Punkte passt.

Ausführliche Beschreibung des Vorgehens:

 1. Startpunkt suchen, dann

 2. zweiten Punkt im richtigen Abstand suchen, dann

 3. im rechten Winkel und richtigen Abstand einen dritten Punkt suchen,

 4. den vierten Punkt suchen, wieder mit der Strategie des rechten Winkels und richtigen Abstandes.

Die Aufgaben verlangen ein kontrolliertes, planvolles Vorgehen. Wir können zum Beispiel beobachten:
1. welche Strategien das Kind entwickelt,
2. wie planvoll es vorgeht,
3. wie leicht es sein Vorgehen kontrollieren, anpassen kann,
4. was es bei Fehlern tut,
5. wie leicht es reflektieren und sein Vorgehen in Worte fassen kann.

Rolle des Vermittlers:

Der Vermittler versucht, aufgabenangepasstes Verhalten zu evozieren. Ideen, Strategien werden vermittelt und es wird beobachtet, welche vermittelten Strategien das Kind in sein eigenes Vorgehen integrieren kann und wie leicht ihm das fällt. Der Vermittler zeigt eine aktive Haltung. Er nimmt am Geschehen teil, versucht dem Kind zu helfen, damit es die Aufgabe möglichst erfolgreich lösen kann.

Die Interventionen des Vermittlers tragen entscheidend zu den Veränderungen des kognitiven Verhaltens des Kindes bei. FEUERSTEIN hat im Konzept der «Vermittelten Lernerfahrung» die Interaktionsstruktur beschreiben, welche die Lernfähigkeit begünstigt.

Eine der Hauptaufgaben des Vermittlers ist es, mangelhafte kognitive Prozesse des Kindes durch die Interaktion mit ihm zu verändern und zu verbessern. FEUERSTEIN hat in der Theorie der kognitiven strukturellen Umänderungsfähigkeit die Art dieser strukturellen Veränderung des Denkens und Lernens beschrieben.

1.2. Die kognitiven Funktionen

Mangelhaftes Lösen der Aufgaben wird im Ansatz von FEUERSTEIN auf mangelhafte kognitive Funktionen zurückgeführt. Mangelhafte kognitive Funktionen werden in solche der Informationsaufnahme, Informationsverarbeitung und Informationswiedergabe gegliedert. Beispiele sind:

Aufnahme
- Ungeplantes, impulsives und unsystematisches Explorieren.
- Mangelndes Bedürfnis nach Genauigkeit und Präzision.
- Fehlende Bereitschaft, zwei oder mehrere Informationsquellen gleichzeitig in Betracht zu ziehen.

Verarbeitung:
- Unfähigkeit, relevante von irrelevanten Informationen zu unterscheiden.
- Ungenaues Erkennen und Definieren der Problemstellung.
- Fehlen von spontanem Vergleichsverhalten.

Wiedergabe:
- Egozentrische Art, sich mitzuteilen.
- Unfähigkeit, visuell Erfasstes zu erhalten.

- Fehlender Wortschatz, um sich adäquat auszudrücken.

1.3. Transfer

Ein zweites Aufgabenblatt wird von den Teilnehmern bearbeitet. Sie lösen das Blatt und teilen sich ihre Erfahrungen mit.

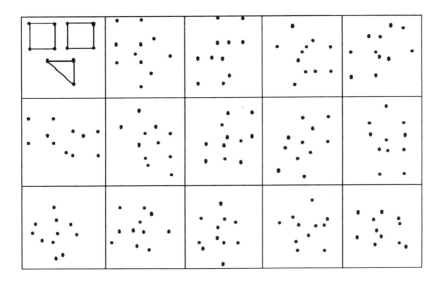

Abb. 3

Die Aufgaben dieser Einheit werden zusehends komplexer. Abgeschätzt wird damit, wie leicht es den Teilnehmern oder dem Kind gelingt, die erworbenen Regeln und Strategien zur Bildung des Quadrates und Dreiecks in diesen sich laufend verändernden Aufgaben anzuwenden und beizubehalten.

Die Fähigkeit, gelernte Prinzipien und Strategien auf sich verändernde neue Inhalte anzuwenden, kann Transferfähigkeit genannt werden. Die Förderung einer hohen Transferfähigkeit ist eine entscheidende Vermittlerfähigkeit und erweist sich als sehr wichtige Komponente jeglichen Lernens.

1.4. Zusammenfassung

1. Die Arbeitsproben des LPAD geben Aufschluss über mangelhaft entwickelte kognitive Funktionen eines Kindes.
2. Die Lernfähigkeit des Kindes, ausgelöst durch die Vermittlung eines Erwachsenen wird abgeschätzt.
3. Die Transferweite der neu erworbenen Fähigkeiten wird abgeschätzt.

2. Das «Feuerstein Instrumental Enrichment Program»

Das «Feuerstein Instrumental Enrichment Program» (FIE) umfasst ca. 400 Arbeitsblätter, die in 15 Einheiten, «Instrumente» genannt, aufgeteilt sind. Jedes Instrument hat die Förderung bestimmter kognitiver Fähigkeiten zum Ziel (kognitive Fähigkeiten, die in unserer Kultur entscheidend sind zur Erfassung der Umwelt und speziell von Lernstoffen).

2.1. Instrument «Organisation von Punkten»

Die Teilnehmer lösen das Blatt 16 aus dem Instrument «Organisation von Punkten». Sie werden nun durch dieses schwierige Blatt ebenso gefordert, wie Kinder meist schon durch die ersten Blätter. Sie entdecken nun, dass strategisches Vorgehen entscheidend ist: Es gilt, Eigenschaften der Figuren zu erfassen und Strategien zur Lösung der Aufgabe zu entwickeln.

Strategien der Teilnehmer:

Auge   Schwanz-
o   flossen-
           ansatz

Festhalten der Lage eines der Fische.

Dicker Fisch: Auge-Front-Stellung: Gleichschenkliges Dreieck mit dem Auge gegenüber der Grundseite.

Dünner Fisch: Auge-Front-Stellung: Gleichseitiges Dreieck. Das Auge berührt die gedachte Seite des Dreiecks.

300

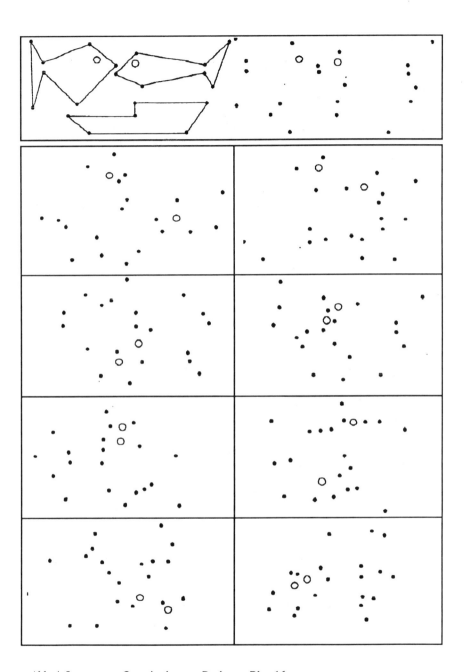

Abb. 4: Instrument «Organisation von Punkten», Blatt 16

2.2. Vorstellen weiterer Instrumente

2.2.1. Instrument «Orientierung im Raum»

Die Ziele des Instrumentes sind:

1. Vermittlung eines stabilen räumlichen Referenzsystems, welches dem Kind erlaubt, die räumlichen Beziehungen zu erkennen, zu beschreiben und mit ihnen zu denken.

2. Im Kind die Fähigkeit bilden, den Raum zu repräsentieren und diese Vorstellung beweglich und differenziert auf verschiedenartigste Situationen anzuwenden.

2.2.2. Instrument «Vergleichen»

Die Ziele des Instrumentes sind:

1. Entwicklung des Vergleichsverhaltens.

2. Vergrösserung und Bereicherung des Repertoires an Vergleichskriterien (z.B. Grösse, Farbe, Lage, Vollständigkeit, Preis, Qualität).

3. Isolieren relevanter Vergleichskriterien, die von den Bedürfnissen des Vergleiches bestimmt sind.

4. Förderung eines flexiblen Gebrauchs verschiedener Vergleichskriterien durch die Verbesserung der Fähigkeit zur Unterscheidung von Elementen.

5. Verwandeln des Vergleichsverhaltens in eine automatische Aktivität, so dass der/ die SchülerIn spontan Beziehungen zwischen Objekten, Ereignissen oder Ideen entwickelt.

6. Förderung der weiteren kognitiven Funktionen, die mit dem Vergleichsverhalten zusammenhängen.

7. Vermittlung der Konzepte, Begriffe und Operationen, um Unterschiede und Gemeinsamkeiten zu beschreiben.

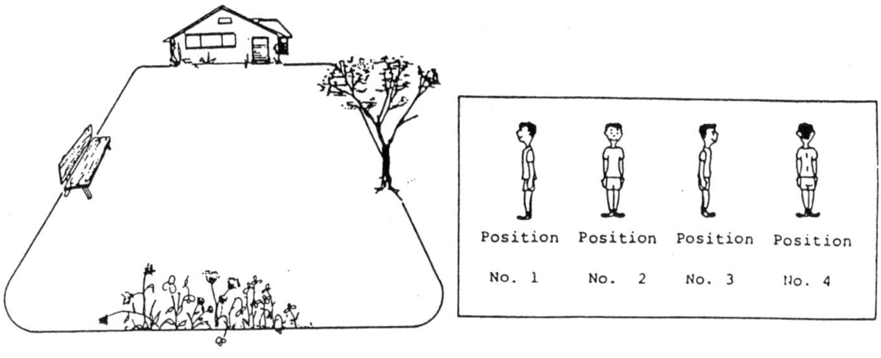

1. Auf welcher Şeite des Kindes befinden sich die Gegenstände?

Position	Gegenstand	Die Seite im Verhältnis zum Kind
2	Haus	
3	Blumen	
1.	Blumen	
4	Baum	
3	Bank	
3	Baum	
1	Haus	
4	Bank	
1	Baum	
2	Blumen	
4	Haus	
2	Bank	
1	Blumen	
3	Haus	
2	Baum	

Abb. 5: Instrument «Orientierung im Raum», Blatt 6

Mache einen Kreis um das Wort oder die Wörter, die beschreiben, was die Bilder
in jeder Reihe mit dem Musterbild links gemeinsam haben.

Muster

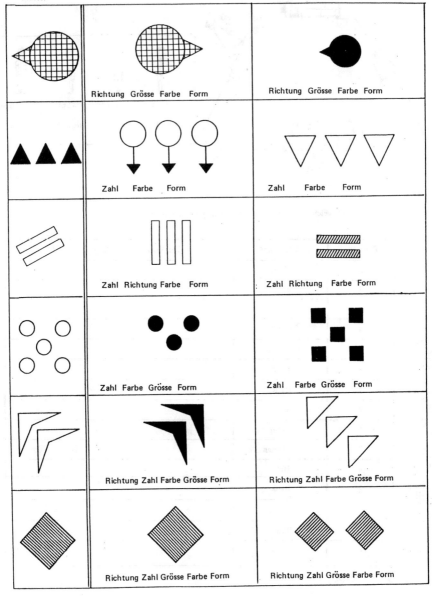

Abb. 6: Instrument «Vergleichen», Blatt 9

2.3.3. Instrument «Analytische Wahrnehmung»

Die Ziele des Instrumentes sind:

1. Die Vermittlung von Strategien zur Beschreibung des visuellen Feldes und seiner Differenzierung und zur Aufteilung des Ganzen in Teile, um bestimmte Ziele zu erreichen.

2. Vermittlung von Strategien zur Integration von Teilen in ein Ganzes.

3. Bereitstellung von Übungsmöglichkeiten zur Artikulierung und Restrukturierung eines visuellen Feldes.

4. Förderung einer Motivationsveränderung in Richtung Eigenaktivität in der Wahrnehmung und Verarbeitung der Realität.

2.3.4. Instrument «Instruktionen»

Die Ziele des Instrumentes sind:

1. Entschlüsseln geschriebener Information und ihre Umsetzung in eine Handlung, und das Verschlüsseln (Beschreiben) einer motorischen Aktivität, eines Prozesses oder einer Wahrnehmung in die verbale Modalität.

2. Herausbilden präziser Kommunikation und eine Reduktion der Egozentrizität.

3. Verstehen, dass das gleiche Phänomen auf verschiedene Arten beschrieben werden und eine Instruktion auf verschiedene Weisen richtig gelöst werden kann.

4. Finden und Benützen von Schlüsselwörtern.

7. Benützen von hypothetischem Denken und logischem Überlegen, um unentschiedene Situationen zu klären.

Schaue das Muster oben genau an. Für jede Zeichnung in der linken Spalte gibt es eine in der rechten Spalte, die sie zum Muster ergänzt. Schreibe Nummer und Buchstaben der zwei Zeichnungen auf, die Du brauchst, um das Muster zu bilden.

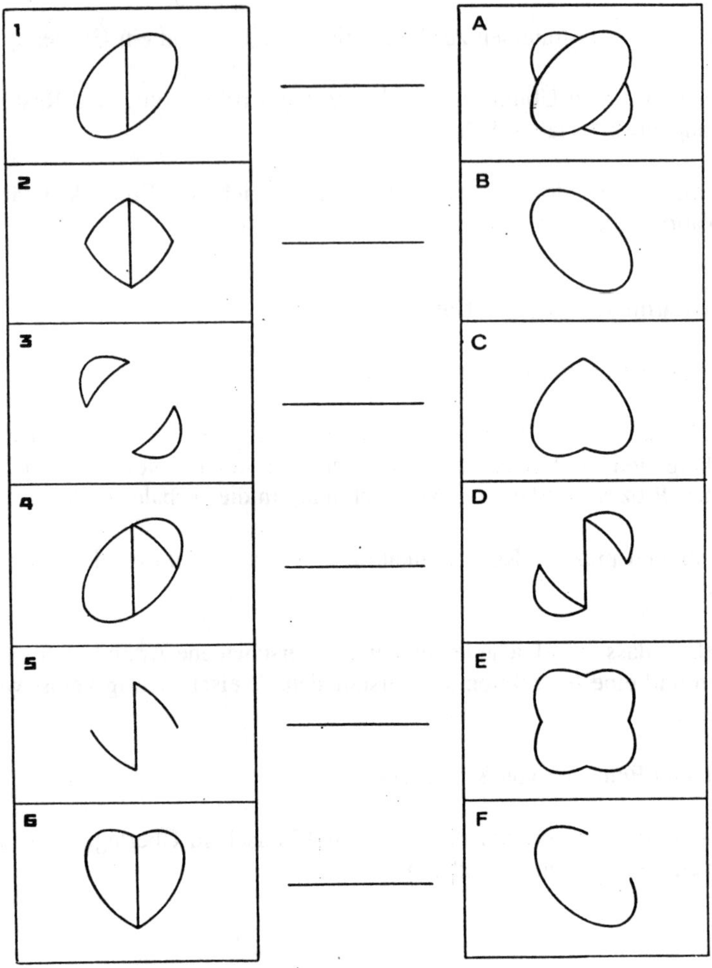

Abb. 7: Instrument «Analytische Wahrnehmung», Blatt 21

306

Figur	Instruktion	Figur	Instruktion
(Kreis in Quadrat in Dreieck mit Diagonale)	Der Kreis ist _____ des Quadrats. Beide sind _____ des Feldes. Eine _____ Linie und eine _____ Linie gehen durch ihren _____.		Zeichne einen Kreis in ein Quadrat in einem Dreieck. Die drei Figuren sollen in der Mitte des Feldes sein.
(zwei überschneidende Sechsecke)	Zwei Sechsecke überschneiden sich. Zeichne ein kleines Quadrat in den gemeinsamen Teil der Sechsecke.	(Dreieck im Kreis)	In der _____ des Feldes ist ein _____ innerhalb eines _____. Beide haben einen gemeinsamen Mittelpunkt. Markiere diesen gemeinsamen Mittelpunkt mit einem Punkt. Der Punkt ist ebenfalls im Mittelpunkt des _____.
	Zeichne in der unteren rechten Ecke des Feldes einen Kreis und darüber einen anderen Kreis, sodass sie sich überschneiden. Zeichne eine waagrechte Linie, die durch den gemeinsamen Teil der Kreise führt.		Zeichne in der Mitte des Feldes vier Kreise mit einem gemeinsamen Mittelpunkt.
(zwei Kreise)	In der Mitte des Feldes sind _____ Kreise, die einen _____ Mittelpunkt haben. Auf der _____ Seite ist ein anderer Kreis, der den _____ Kreis _____.		Zeichne einen Kreis in ein Quadrat im unteren rechten Teil des Feldes. Im gemeinsamen Mittelpunkt beider Figuren bringe ein X an.
(Rechteck)	Zeichne ein grosses Quadrat, welches das Rechteck auf der rechten Seite überschneidet und eine Diagonale, die durch den gemeinsamen Teil führt.		Ziehe eine senkrechte Linie, die die gemeinsame Mitte zweier Quadrate, die sich unten links im Feld befinden, halbiert.

Abb. 8: Instrument «Instruktionen», Blatt 34

307

2.3. Zum Einsatz des Programms

Das «Feuerstein Instrumental Enrichment Program» vermittelt Grundlagen des Denkens und Lernens. Grundlagen, die «normale» Lehrer voraussetzen, wenn sie Lernstoff vermitteln, z.B. Vergleichen, Eigenschaften erkennen, Benennen, Aufgabenstellung erfassen und behalten, planvoll Vorgehen, Folgerungen ziehen, Beobachtungen mitteilen usw. (vgl. mangelhafte kognitive Funktionen).

Hauptziel des «Feuerstein Instrumental Enrichment Programs» (FIE) ist die Verbesserung der Lernfähigkeit (= Anhebung der kognitiven Flexibilität) durch die Unterziele:

1. Korrektur der mangelhaften kognitiven Funktionen,
2. Vermittlung spezifischer Begriffe und Fähigkeiten,
3. Herausbildung kristallisierter Operationen,
4. Reflexion der eigenen Denkprozesse,
5. Entwicklung intrinsischer Motivation,
6. Wandlung zum aktiven Informationsverarbeiter.

In diesem Workshop haben wir primär ein Unterziel vorgestellt: die Förderung mangelhafter kognitiver Funktionen.

Das FIE bezweckt die Grundstruktur, die «Werkzeuge» des Denkens zu vermitteln, damit Kinder fähig werden, vom normalen Lernangebot zu profitieren.
Kinder, denen die kulturrelevanten «Werkzeuge des Denkens» nicht vermittelt wurden, nennt FEUERSTEIN kulturell depriviert.
Indem das FIE die Grundlagen des Denkens vermittelt, ermöglicht es den Kindern, Zugang zu unserer Kultur zu erhalten und daran teilzuhaben.

2.4. Zusammenfassung

Das IE vermittelt, ohne umfangreiches Wissen vorauszusetzen, die grundlegenden kognitiven Fähigkeiten des Denkens und Lernens. Es erreicht eine Verbesserung der Lernfähigkeit, d.h. eine erhöhte Flexibilität, Autonomie und Anpassungsfähigkeit des Lernenden an ständig sich verändernde Umwelten.

Literatur

FEUERSTEIN, R./ RAND, Y./ HOFFMANN, M.: Learning Potential Assessment Device. Baltimore: University Park Press, 1979.

FEUERSTEIN, R./ RAND, Y./ HOFFMANN, M./ MILLER, R.: Instrumental Enrichment. Baltimore: University Park Press, 1980.

SHARRON, H.: Changing Children's Minds. Feuerstein's Revolution in the Teaching of Intelligence. London: Souvenir Press, 1987.

Deutschsprachige Sekundärliteratur:

BÜCHEL, F.: Die Förderung der allgemeinen Lernfähigkeit nach Feuerstein. Schweiz. Heilpädagogische Rundschau 1984 (4), s. 85 - 91.

GRISSEMANN, H.: Spätlegasthenie und funktionaler Analphabetismus. Bern: Huber, 1984. (Speziell das Kapitel «visuelles Kognitionstraining zum Aufbau eines flexiblen strategieorientierten Verhaltens: Das Programm zur instrumentellen Bereicherung von Feuerstein).

WETTSTEIN, P./ BÜHLMANN, R. (Hrsg.): Erfahrung mit der kognitiven Förderung nach Feuerstein. Luzern: Verlag der Schweiz. Zentralstelle für Heilpädagogik, 1988.

Anschriften der Workshopleiter:

Dr. phil. Ruedi Bühlmann
Englischviertelstr. 62
8032 Zürich

Rolf Nyfeler*
Sonneggsteig 7
8006 Zürich

* Berichtverfasser

Karl Schindler

Psycholinguistisches Lesetraining mit dem Kleincomputer

1. Zum Einsatz des Kleincomputers in der Legastheanietherapie

KOSTKA (1980) berichtet über den Einsatz des Kleincomputers in der Kindertherapie im Legasthenie-Zentrum e.V. in Berlin.

Die Kinder, die vom Legasthenie-Zentrum betreut werden, «weisen im allgemeinen eine psychisch bedingte Behinderung in der Persönlichkeitsentwicklung auf, wobei das Versagen in der Schule, besonders in schriftsprachlich orientierten Fächern gewöhnlich den äusseren Anlass für die Einleitung therapeutischer Massnahmen gibt.» (KOSTKA 1980, S. 2)

Auf der Suche nach neuen Umgangsformen mit der Schriftsprache, die den Kindern genügend freie Auswahlmöglichkeiten im Umgang mit der Sprache ermöglichten, begann das Legastheniezentrum auch den Kleincomputer einzusetzen. Begründet wurde der Einsatz des Kleincomputers damit, dass der Computer «ein modernes Produktions- und Kommunikationsmittel» (KOSTKA 1980, S. 4) sei, «das sich nur mit den Mitteln der Schriftsprache beherrschen» lasse.

Als Motivationsquellen zur Arbeit mit dem Kleincomputer bringt KOSTKA folgende Argumente:

1. Die gesellschaftlichen Rahmenbedingungen machen den Umgang mit Computern immer mehr nötig. So entstehen neue Ausbildungsziele wie das Vermitteln von EDV-Kenntnissen, die Fertigkeit, mit dem Computer umzugehen.
   Die Kinder müssen und wollen damit umgehen lernen, genauso, wie sie sich begeistert mit dem Auto als modernem Transportmittel beschäftigen.

2. Das Neugier- und Explorationsbedürfnis der Kinder führt dazu, dass sie sich die Fertigkeiten für den Umgang mit dem Computer aneignen wollen. Der Umgang mit dem Computer bedeutet aber auch «eine Betätigung im Rahmen eines konkreten gesellschaftlichen Entwicklungsbedürfnisses.» (KOSTKA 1980, S. 6).

Hat das Kind einmal einen gewissen Fertigkeitsstand im Umgang mit dem Computer erlangt, so wird diese Arbeit gewissermassen selbstmotivierend. Dies kann dann soweit gehen, dass bei geeigneter Unterstützung die Kinder in der Lage sein sollten, eigene Programme für sich und andere Kinder schreiben zu können (Förderung der Selbständigkeit).

Am Computer hatten die Kinder verschiedene Betätigungsmöglichkeiten, die mehr oder minder mit der Rechtschreibung zusammenhängen.

1. Explizite Spielprogramme (Zahlenraten, Würfelspiele, etc.). Bei diesen Spielen ist der sprachliche Gehalt gering. Lediglich die Mitteilungen müssen gelesen werden.
2. Rechtschreibbezogene Programme wie Wörterraten, bei dem ein bekanntes Wort durch Abfragen der möglicherweise enthaltenen Buchstaben erraten werden muss.
3. Vorgegebene Wörter in Morpheme aufteilen oder aus dem Gedächtnis nachschreiben von kurzen gezeigten Wörtern.
4. Lese- und rechtschreiborientierte Spiele wie *Tiere erraten*. (Bei diesem Spiel denkt sich das Kind ein Tier aus, und der Computer muss dieses zu erraten suchen. Dazu stellt der Computer eine Reihe von Fragen bezüglich des zu erratenden Tieres, die sich mit ja oder nein beantworten lassen. Kennt ein Computer das Tier noch nicht, so kann das Kind das Tier nun abspeichern und eine Frage eingeben, die dem Computer ermöglicht, das Tier von einem anderen zu unterscheiden.

Einmal am Computer, wurden sie nicht allein gelassen, sondern von einem Therapeut unterstützt, d.h. der Therapeut sass als «Berater» mit dem Kind am Computer und half ihm, wann immer es Schwierigkeiten hatte. Dabei war es wichtig, dass das Kind die Initiative hatte und den Therapeuten etwas fragen konnte, wann immer es wollte. Der Therapeut war gewissermassen ein «Auskunftsbüro», das man anfragen konnte, wenn man etwas brauchte. Mit dieser Rolle stellt er somit nicht mehr eine Anforderungen stellende Machtperson dar. Er wird zum Gesprächspartner, der dem Kind seine Fortschritte zeigen kann (und muss).

In der Arbeit mit den Kindern hatten die Therapeuten den Eindruck, dass der Computer einen starken, spielerischen Aufforderungscharakter hatte. Die Arbeit am Computer stellt keine passive Kommunikation dar, sondern ist im

Gegenteil ein aktiver Eingriff, der Rückwirkungen zeigt. «Schriftsprache hat nicht mehr wie früher die Funktion, das gesprochene Wort in seiner schriftlichen Form festzuhalten, sondern wird bedeutsam für die Beherrschung der modernen Kommunikationsmittel...» (KOSTKA 1980, S. 20).

Im Legastheniezentrum standen etwa ein Dutzend verschiedener Programme zur Auswahl. Die verschiedenen Programme ermöglichten ein paar interessante Beobachtungen:

• Je jünger die Kinder und je neurotischer und abwehrender sie gegenüber der Schriftsprache waren, desto eher wurden von ihnen einfachere Programme gewählt.
• Je grösser die Schriftsprachkompetenz der Kinder, desto eher wurden inhaltsorientierte Spiele gewählt.
• Am meisten Schwierigkeiten hatten die Kinder mit der freien schriftsprachlichen Produktion.

Insgesamt wurde festgestellt, dass die Kinder sich alle vorhandenen Spiele anzueignen versuchten, selbst die englischsprachigen, bei denen sie so lange herumprobierten, bis es ihnen gelang, damit umzugehen.

Mit der Arbeit am Computer gelang es, das neurotische Verhältnis zur Sprache abzubauen. Auch wenn die Arbeit mit dem Computer keinen unmittelbaren Umgang mit anderen Personen darstellt, so wird am Computer mittels Schriftsprache gearbeitet und somit mit einem Kommunikationsmittel, das auch zur interpersonellen Kommunikation gebraucht wird.

Wichtig beim Einsatz des Computers ist, dass bei der Erstellung eines Programms auch Arbeit für andere geleistet wird. D.h. ein geschriebenes Programm kann auch von anderen benutzt wrden. Es wird eine individuelle Arbeit geleistet, die auch für andere Personen bedeutsam ist.

2. Das tachistoskopische Training von GUTEZEIT

GUTEZEIT hat 1977 das «Projektionstachistoskopische Übungsprogramm für lese- und rechtschreibschwache Schüler» (PTÜ 3) publiziert, welches für Schüler im dritten bis vierten Schuljahr gedacht ist. Es scheint sich vor allem als Start- bzw. Selektionsprogramm zu eignen. Nach der Durchführung des PTÜ 3 kann sich zeigen, ob weitere, umfangreichere therapeutische Massnahmen notwendig sind. Die Übungsreihe bekommt somit eine diagnostische

Bedeutung. Leichtere Störungen können sogar vielleicht mit dem PTÜ 3 überwunden werden.

Das Übungsprogramm ist eher auf kognitionspsychologische als auf linguistische Kriterien ausgerichtet und deckt nicht alle therapeutischen Dimensionen ab. Die günstigen Evaluationsergebnisse dürften aber das PTÜ 3 als Einstiegsprogramm empfehlen:
Die Therapieevaluation ergab Verbesserungen mit Signifikanz auf dem 1%-Niveau mit dem Prä-Posttest am DRT 3 von MÜLLER und am Wortunterscheidungstest von BIGLMAIER. Die Versuchsgruppe zeigte sich ebenfalls der Vergleichsgruppe überlegen, die in der gleichen Zeit vorwiegend mit TAMMs «Lies mit uns, schreib mit uns» gefördert wurde.

Das projektionstachistoskopische Trainingsprogramm wurde auch versuchsweise in der Sonderschule in den Klassenstufen 5 und 6 eingesetzt (GUTEZEIT 1983). Dabei wurden die 20 «schwächsten» Rechtschreiber der Trainingsgruppe und die 20 «besten» Rechtschreiber der Vergleichsgruppe zugeordnet. Das Training fand dreimal wöchentlich während des Schulunterrichts statt. Es wurde in Kleingruppen zu drei Kindern während neun Wochen durchgeführt. Während des Trainings «wurden gute Schrift, Selbskontrollhandlungen, richtige Niederschrift und Sicherheit im Umgang mit der Aufgabe positiv durch verbales Lob verstärkt.» (GUTEZEIT 1983, S. 73).
Verhaltensbeobachtungen während des Trainings und Befragungen der Lehrer zur Reaktion der Kinder auf das Training zeigten, dass
1. Störverhalten abgebaut wurde. Verhaltensweisen wie motorische Unruhe, Blödeln, Dazwischenreden, etc. verminderte sich oder verschwand gänzlich.
2. ein reflektives Arbeitsverhalten aufgebaut wurde. Raten, Flüchtigkeit etc. wurden abgebaut und mittels Reexposition des Dias, durch exakte Niederschrift ersetzt.
3. die Motivation zur aktiven Mitarbeit gesteigert wurde.

Die Leistungen der Trainingsgruppe verbesserten sich signifikant und blieben auch nach einer achtwöchigen Trainingspause im Vergleich zur 1. Messung signifikant besser. Auch wenn die Rechtschreibleistungen näher an diejenigen der besseren Rechtschreiber herangeführt werden konnten, bestand zur Kontrollgruppe immer noch ein signifikantes Leistungsdefizit.
«Die festgestellten Verbesserungen in der Rechtschreibleistung sind sowohl bezogen auf das Ausmass der Fehlerabnahme als auch bei der Veränderung der Fehlerqualität als Erfolg zu bezeichnen. Besonders ist hier der Abbau der schwersten Fehler zu beachten, die auf der Störung der Wahrnehmung als Ganzem beruhen (...) Dies ist als erster Schritt auf dem Kontinuum von vollkommener Desorganisation des Wortbildes bis zur korrekten Rechtschreibung

zu werten und erhöht die Lesbarkeit der eigenen Niederschrift (...)» (GUTEZEIT 1983, S. 74)

Ähnlich dem programmierten Unterricht ermöglicht das projektionstachistoskopische Übungsprogramm dem Schüler ein individuelles Lerntempo und so Lernprozesse nachzuvollziehen, zu denen er im Klassenverband nicht in der Lage ist.

Die *lernpsychologische Orientierung* des PTÜ 3 lässt sich an folgenden Merkmalen erkennen:
- Die häufigen, kurzen Übungen berücksichtigen das Prinzip des verteilten Übens.
- Die sofortige Erfolgsmeldung wirkt als Verstärker.
- Die sofortige Fehlermeldung mit anschliessender Korrektur hilft falsches Einprägen vermeiden und fördert die Einprägung der richtigen Wortbilder.

GUTEZEIT nennt folgende *Kognitionsebenen,* auf welchen er durch sein gemischtes Kurzprogramm einen Transfer erhofft:
- Förderung der visuellen Gestaltwahrnehmung: Unterscheidung, Aufgliederung, seriale Wahrnehmung,
- Förderung der Verknüpfung von phonemischen und graphemischen Strukturen
- Förderung der Konzentration,
- Förderung des reflektiven Verhaltens.

Durch die Fehlervermeidung und die dauernden Rückmeldungen werden auch *emotionale* Veränderungen angestrebt:
- Das Selbstvertrauen soll gefördert werden,
- Die auf Rechtschreibung bezogene Angst und Unlust soll abgebaut werden. (Eine diesbezügliche Untersuchung von GUTEZEIT et al. (1980) konnte die Wirksamkeit des PTÜ 3 zum Abbau der auf die Rechtschreibung bezogenen Angst nachweisen).

Das PTÜ 3 sollte in kleinen Gruppen dreimal wöchentlich zu 15 Minuten eingesetzt und kann in etwa acht bis zehn Wochen durchgearbeitet werden.

Zum Training gehören 90 Dias. Notwendig sind auch ein Spezialverschluss, mit dem sich die Expostionszeit (0,2 bis 1 Sekunde) regulieren lässt.
Die Dias beinhalten verschiedene Aufgabenbereiche:
- d-b-Diskrimination (visuell)
- d-t-Diskrimination (auditiv)
- Erhaltung des Doppelkonsonanten in der Konjugation (grammatisch-syntaktische Orientierung)

- visuelles Erfassen längerer Wörter mit Sprechsilbensegmentation
- e-ä-Unterscheidung (semantische Orientierung)
- Durchdringung von Konsonantenhäufungen

Wie häufig die Wortbilder gezeigt werden, kann das Kind selber bestimmen.

Zwischen den einzelnen Übungen werden Diktate eingestreut, die sich auf die Übungen beziehen und eine sofortige Selbstkontrolle ermöglichen.

GEUSS (1983) untersuchte die Wirkungsweise des tachistoskopischen Trainings und gelangte zur Überzeugung, dass nicht die *perzeptiven Fertigkeiten* wie etwa visuelle Diskrimintionsfähigkeit oder Gliederungsfähigkeit geübt werden, sondern dass vielmehr das *Wahrnehmungsverhalten* strukturiert und geordnet wird. Im tachistoskopischen Training wird das Wahrnehmungsverhalten zunehmend in Richtung auf ein adäquateres strategiengeleitetes Handeln hin strukturiert und organisiert. Diese «alternative Konzeption sieht den Menschen als aktives Wesen, das nicht zum Handeln veranlasst werden muss, sondern von sich aus handelt und eigenständige Wege und Möglichkeiten sucht.» (GEUSS 1983, S. 43)

3. Psycholinguistisches Trainingsprogramm mit dem Kleincomputer

Das psycholinguistische Trainingsprogramm mit dem Kleincomputer verbindet einerseits die von KOSTKA (siehe oben) beschriebenen Motivationsquellen (Neugier- und Explorationsbedürfnis, Förderung der Selbständigkeit, spielerischer Aufforderungscharakter des Computers) mit den Vorteilen des tachistoskopischen Trainings, wie sie GUTEZEIT (unter Berücksichtigung der Ergebnisse von GEUSS [1983]) beschrieben hat. Das Programm ist zudem auf neueren psycholinguistischen Erkenntnissen aufgebaut und ermöglicht vor allem auch semantische und grammatisch-syntaktische Übungen.

Eine theoretische Begründung des Trainings bringt GRISSEMANN in der Handanleitung des psycholinguistischen Trainingsprogramm (S. 1ff.):

3.1. Die pycholinguistische Begründung des Trainings

3.1.1. Textredundanz als Grundlage von Leseerwartungen

Das nachfolgend dargestellte Trainingskonzept ist abgestützt auf die kommunikationstheoretische Redundanztheorie und soll zeigen, wie Lesestrategien zur Ausnützung von Leserestriktionen und Leseerwartungen aufgebaut werden können. «Redundanz» bedeutet vorerst «Weitschweifigkeit» und «Überladung». Informationstheoretisch ist mit Redundanz die Mehrfachdetermination einer Aussage durch verschiedene Elemente gemeint. Redundanz ist nicht nur gegeben durch die persönliche sprachliche Gestaltung eines Aussagenden sondern auch durch Häufigkeitszusammenhänge zwischen sprachlichen Zeichen und zwischen textlichen Strukturelementen. Textredundanz ist damit die Grundlage zur Entwicklung von Erschliessungsstrategien des Lesens. Flüssiges Lesen ist abhängig von der Textredundanz, von der Ausnützung der Wort-, Satz- und Textredundanz in Leseerwartungen.

Beispiel einer *Wortredundanz*:
Qual gehört zur kleinen Gruppe der qu-Wörter. Durch das Vorkommen eines qu ergibt sich schon eine starke Einschränkung der zu erlesenden Alternativen, eine Restriktion der Deutungsvarianten. Die Restriktion kann durch die textliche Vorgabe noch verstärkt werden.

Innerhalb des Wortes besteht eine Redundanz in der Beziehung von q und u. Da immer u folgt, genügt eigentlich schon die Idendfikation des q. Die Tatsache, dass der Zeichenfolge qu immer ein Vokal folgt, ergibt bei der Erlesung eines qu-Wortes weitere Restriktionen, weitere Einengungen der graphemischen Deutungsvarianten im Wort.

Beispiel von *Satzredundanz*:
In einem Märchentext stehe auf der letzten Zeile einer Seite «Der König fährt in einer». Die Fortsetzung des Satzes findet sich auf der nächsten Seite. Redundanz ist im vorliegenden Satzanfang dadurch gegeben, dass er «Kutsche» schon mitträgt. Die Redundanz ist durch den sprachlich- semantischen Häufigkeitszusammenhang gegeben. Das Wort «Kutsche» ist also ein fast überflüssiger Zusatz. Aber eben nur fast überflüssig, da auch noch Kalesche und Karosse und in einem modernen Zusammenhang auch Kabine in Frage kommen. Der Leser kommt also um eine Merkmalssammlung am nächsten Wort nicht herum. Aber Redundanz mit ihrer Restriktion von Varianten bewirkt eine Entlastung der Lesewahrnehmung. Dieses Beispiel erklärt Satzredundanz im Zusammenhang mit semantischen Restriktionen.

Im nächsten Beispiel steht die Satzredundanz auch in Beziehung zu grammatisch-syntaktischen Restriktionen.

«Er hat den Ball dem Torhüter zugespielt.»

In diesem Satz finden wir eine komplexe Redundanz mit verschiedenen Wahrscheinlichkeitszusammenhängen.

- semantische Satzredundanz finden wir zwischen Ball und dem Verbstamm -spiel-; -spiel- wird eher erwartet als -spuck- zwischen Ball und dem Morphem -hüter- in Torhüter; nach Ball wird eher Torhüter erwartet als Tor*kamera*.
- Wortredundanz besteht in der Morphemkombination «Torhüter». Das Element Tor in einem zusammengesetzten Substantiv schränkt die Möglichkeit von Morphemkombinationen ein (Torhüter, Tornetz, Torbalken...).
- grammatische Satzredundanz finden wir in den Zusammenhängen der Perfektaussage «hat zugespielt», -hat- lässt das Anfangsmorphem ge- und das Endmorphem -t- erwarten.

3.1.2. Tachistoskopisches Lesen als Training zum Ausnützen von Leseerwartungen

Das Training basiert auf der Kurzzeiterfassung von Wort oder Satzteilen, Wörtern und Wortgruppen (tachistos = schnell), auf dem Erlesen von kurz exponierten, aufblitzenden schriftsprachlichen Gestalten, die durch erwartete Wortteile, Wörter, Wortgruppen und Satzteile ergänzt werden sollen. Diese Ergänzungen sind anschliessend einer Selbstkorrektur zu unterziehen. Die Kurzzeitexposition verlangt Konzentration und sorgfältige Durchgliederung der Gestalten. Wenn jeweils - und dies ist der Normalfall - das Erlesen nicht nach der ersten Exposition glückt, wird ein erneutes Aufblitzen der Gestalt verlangt. Dadurch kann eine sukzessive, erarbeitende Durchgliederung der Gestalten erreicht werden.

Es wäre ein Verstoss gegen das Trainingskonzept, wenn die Expositionszeiten verlängert würden.

Das tachistoskopische Training steht und fällt mit der Kurzzeitexposition. Die angegebenen kurzen Expositionszeiten sind unbedingt einzuhalten. Wenn ein Wort nicht erlesen werden kann, ist die Darbietung zu wiederholen, bis die Wortelaboration gelungen ist.

Die Kurzzeitexposition zwingt zur intensiven Elaboration der Wortbilder.

Die Zielsetzung besteht weniger in der Speicherung von Wortbildern, Buchstabengruppensegmenten und Buchstabenfolgen als in der Strategiebildung im morphologischen und grammatisch-syntaktischen Bereich. Deshalb wird nicht nur die Durcharbeitung bestimmter Strukturen angestrebt, sondern die Anbahnung von Verhaltensbereitschaften und flexiblen Verhaltensstrukturen.

Solche Wort- und Satz'blitz'trainings können mit dem Kleincomputer, aber auch mit Diaprojektoren, mit Hellraumfolien und Blitz-Wendekarten durchgeführt werden.

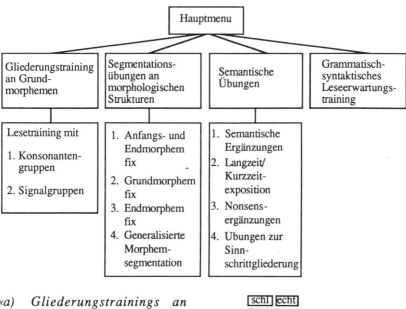

«a) *Gliederungstrainings an Grundmorphemen*
- Lesetraining mit *Konsonantengruppen*
1. Isolation der Konsonantengruppe:
Projektion (2/10") pro Wort oder Wortteil nach jeder Projektion

schlau
schl | au
schl
schlau

2. Lesen vorsegmentierter Wörter

schl echt
Schl acht
schl imm
Schl amm

3. Lesen unsegmentierter Wörter (2/10") Schreiben des Wortes nach jeder Darbietung, anschliessende Selbstkorrektur nach Langzeitexposition der Wörter (2")

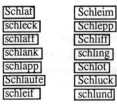

Analoge Trainings können entwickelt werden zu folgenden Konsonantengruppen

schw schr schm str spr u.a.

Daran können Übungen mit der Vermischung von 3 - 5 Konsonantengruppen zur Generalisierung der Konsonantengruppensegmentation angeschlossen werden (Vorgehen wie bei 3)

usw.

- Lesetraining mit *Signalgruppen* (invariante Vokal-Konsonantenkombinationen)
1. Isolation der Signalgruppe

2. Lesen vorsegmentierter Wörter

3. Lesen unsegmentierter Wörter, auch mit Nebenmorphemen (Vorgehen wie bei Konsonantengruppen)

Analoge Trainings können entwickelt werden mit folgenden Signalgruppen:

ink onk atz etz ett att
off uff eck ack ang ung

Auch daran können tachistoskopische Lesetraining mit der Vermischung von Wörtern mit verschiedenen Signalgruppen angeschlossen werden. Jede Übungsreihe sollte dabei mit einigen vorsegmentierten Wörtern eröffnet werden.

b) *Segmentationsübungen an morphologischen Strukturen* (Wortmorphologie, Morphemgliederung)

- Grundmorphem veränderlich - *Anfangs- und Endmorphem fix*
1. Isolation des Anfangs- und Endmorphems 2/10" Projektionszeit pro Zeile

2. Lesen vorsegmentierter Wörter

3. Lesen unsegmentierter Wörter, Vorgehen wie bei a 3), nach Selbstkorrektur eventuell zweiter Durchgang mit vertauschter Wortfolge und kürzerer Exposition

| aufleuchten |

| auffressen |

| aufmucksen |

auch Einsatz von Wörtern mit neuem Morphem:

| aufgegessen |

| aufgefressen |

Nach verschiedenen Trainings mit fixen Anfangs- und Endmorphemen sind Übungen mit vermischten Morphemkombinationen angezeigt. In die Wortlesetrainings sind immer wieder Wörter mit Segmentvorgabe einzustreuen.

- Anfangs und Endmorphem veränderlich - *Grundmorphem fix*
1. Isolation des Grundmorphems. Projektionsfolge:

| geschickt |

| verschicken |

| zugeschickt |

| schick |

| ge | schick | t |

| ver | schick | en |

| zu | ge | schick | t |

wie oben!

Analoge Übungen mit einigen andern Grundmorphemen (z.B. bring, brauch, schwind) und anschliessende Übungen mit vermischten Grundmorphemen. Auch hier wieder gelegentlich Wörter mit Segmentvorgabe einstreuen.

- *Endmorphem fix*
Zu dieser Trainingsfolge müssen analog zu den bisherigen Beispielen Phasen angesetzt werden
  • zur Isolation des Endmorphems

  • zum Lesen vorsegmentierter Wörter
  • zum Lesen nicht segmentierter Wörter mit Schreiben und Selbskorrektur

zur Generalisierung der Strategie an gemischten Wortreihen mit eingestreuten vorsegmentierten Wörtern.

Dieses Vorgehen kann zur Konstruktion von Trainingsprogrammen führen für
  • Endmorpheme bei Nomen wie -ung, -schaft, -tum, -nis
  • Endmorpheme bei Adjektiven/ Adverbien wie -lich, -bar, -los, usw.

c) *Semantische Übungen mit dem Tachistoskop*
- Erarbeitung *semantischer Ergänzungen*
1. Freies Suchen nach Ergänzungen

| Paviane sind Affen |

| mit hundeartig verlängerter |

(Schnauze)

Die beiden Wortblöcke werden nacheinander mit je 1" exponiert, laut gelesen, bei Falschlesung wieder exponiert.

Darbietung weiterer Beispiele
2. Langexposition des ersten Teils - Kurzexposition des zweiten Teils:

| Die Nahrung des Elefanten ist vielseitig | (4")

| Gräser, Blätter, Wurzeln, Früchte |
(8")

Bei Falschlesung des zweiten Teils Wiederholung der ganzen Prozedur. Darbietung weiterer Beispiele.

3. Identifikation von Nonsenserergänzungen.
Vermischung von Beispielen mit sinnvoller und unsinniger Ergänzung. Nach der Nonsensidentifikation sollte die sinnvolle Ergänzung gesucht werden.

Die asiatischen Elefanten	(3")
halten sich eher	(3")
an Glasnahrung	(1/2")

(Grasnahrung)

In Notlagen stillen sie	(3")
ihren Hunger	(1")
mit Rinde oder faserigem Holz	(1")
Etwa die Hälfte der aufgenommenen Nahrung	(5")
verlässt den Körper	(1")
unversaut	(2/10")

(unverdaut)

Bei der Nonsensdarbietung empfiehlt es sich, zum Wahrnehmungstraining klangähnliche oder visuelle ähnliche Wörter zu verwenden:

Gehege - Gelege

Gedicht - Gesicht

Mond - Mohn

Leiter - Lieder

- Übungen zur *Sinnschrittgliederung*/ Phrasierung
1. Leseversuch ohne Sinnschrittstrukturierung

| Paviane lesen sich Samenkörner aus den Dungkugeln der Elefanten |

2. Sukzessives Lesen der einzelnen Sinnschritte

| Paviane | (2/10") |

lesen sich Samenkörner	(6/10")
aus den Dungkugeln	(6/10")
der Elefanten	(4/10")

3. Lesen des Satzes ohne Sinnschrittmarkierung, ohne Zeitbeschränkung, mit deutlichen Pausen nach jedem Sinnschritt. Erarbeitung mehrerer Sätze in dieser Art (1-3)
4. Erlesen von vorstrukturierten Sätzen (mit Sinnschrittmarkierung) mit Kurzexposition für jeden einzelnen Sinnschritt (pro Wort 2/10") berechnen). Bei Falschlesung erneut kurz exponiert.
5. Nach dem tachistoskopischen Training erfolgen Übungen an Texten auf Arbeitsblättern mit Textpräparierung durch die Trainierenden, mit Sinnschrittmarkierung und anschliessendem lautem Vorlesen. (...)

d) *Grammatisch-syntaktisches Leseerwartungstraining mit dem Tachistoskop*
Tachistoskopische Darbietung mit Lücken zur grammatischsyntaktischen Ergänzung. Jede Zeile ist als Block zu exponieren (Darbietungszeit ohne Zeitbeschränkung)

| Von den verschwenderisch □ Essgewohnheit □ |
| der Elefant □ |
| profitieren nicht nur Tier □ |
| sondern auch einige Pflanzenart □ |
| die fast ausschliesslich durch Elefant □ verbreitet werd □ |

Die sechs Wortgruppen werden sukzessive projiziert. An solche Übungen mit Darbietungszeit ohne Zeitbeschränkung sind Trainings anzuschliessen, in welchen die Wortgruppen kurz exponiert werden (1/10" - 2/10" pro Wort).

Beispiel 1 mit Ergänzungen von Kasus- und Pluralendungen:

> Hungrige Elefant ☐ ☐
> brech☐ grosse Ast☐ ab,
> leg☐ ganze Bäum☐ um
> oder graben Sträuch☐ und☐
> Bäum☐ aus,
> um die Wurzel☐ zu verzehr☐ .

Beispiel 2 mit Ergänzungen von Konjunktionen und Teilmorphemen von Verben:

> Sie brechen grosse Aste ☐ ☐
> legen ganze Bäume ☐ ☐
> ☐ graben Sträuche ☐ Bäume ☐ ☐

Nachsatz: Grundsätzliches zur individualisierenden Gestaltung von tachistoskopischen Trainings:

- Das tachistoskopische Training steht und fällt mit der konsequenten Kurzzeitexposition. Die angegebenen kurzen Expositionszeiten sind unbedingt einzuhalten. Wenn ein Wort noch nicht erlesen werden kann, ist die Darbietung zu wiederholen, bis die Wortelaboration gelungen ist. Die Kurzzeitexposition zwingt zur intensiven Elaboration der Wortbilder.
- Die Zielsetzung besteht weniger in der Speicherung von Wortbildern, Buchstabensegmenten und Buchstabenfolgen als in der Strategiebildung im morphologischen und grammatisch-syntaktischen Bereich und semantischen Bereich. Deshalb wird nicht die Durcharbeitung bestimmter Strukturen angestrebt, sondern die Anbahnung von Verhaltensberei6tschaften und flexiblen Verhaltensstrukturen.
- Die Entbindung von fixen Programmen bedeutet in motivationaler Hinsicht eine Chance im Hinblick auf die flexible Berücksichtigung von Interessebereichen und Fehlerschwerpunkten, allerdings auch eine vermehrte Beanspruchung des Therapeuten.» (GRISSEMANN 1984, S. 176 - 180)

Literatur

GEUSS, H.: Ursachen und Wirksamkeit Tachistoskopischer Trainings bei Schreib-/ Leseschwäche. Praxis der Kinderpsychologie und Kinderpsychiatrie 32, H. 2, S. 37 - 44)

GRISSEMANN, H.: Ambulante Sonderpädagogik am Beispiel der psycholinguistischen Legasthenietherapie. Bern: Huber, 1980

GRISSEMANN, H.: Spätlegasthenie und funktionaler Analphabetismus. Bern: Huber, 1984

GRISSEMANN, H./ SCHINDLER, K.: Psycholinguistisches Trainingsprogramm mit dem Kleincomputer für Legastheniker auf der Sekundarschulstufe. (Noch nicht publiziert)

GUTEZEIT, G.: Handanweisung zum projektionstachistoskopischen Übungsprogramm für lese- rechtschreibschwache Kind aus 3. Klassen (PTÜ 3). Göttingen: Hogrefe, 1977

GUTEZEIT, G./ MORGENTALER, B./ GÜNTER, S.: Zum Einfluss nicht kognitiver Variablen des projektionstachistoskopischen Trainingsprogramms für Kinder. In: Heilpädagogische Forschung, Bd VIII, H. 3, 1980, S. 328 - 337

GUTEZEIT, G.: Zur Anwendbarkeit des projektionstachistoskopischen Übungsprogramms für rechtschreibschwache Kinder in der Sonderschule. In: Heilpädagogische Forschung, Bd. X, H. 1, 1982, S. 70 - 76

KOSTKA, W.: Kindertherapie und Klein-Computer. Göttingen: Verlag für Psychologie, 1980

Anschrift des Verfassers:

Karl Schindler
Forchstr. 143
8032 Zürich

Hans-Joachim Motsch

Chancen und Gefahren in der Zusammenarbeit mit Eltern legasthenischer Kinder

1. Problemstellung

Mit Eltern legasthenischer Kinder zusammenarbeiten ist etwas, was viele Therapeuten nicht tun und auch nicht als nötig erachten. Auch in der umfangreichen Legasthenie-Literatur finden sich zum Thema «Elternarbeit» nur wenige Hinweise. Vielleicht lässt sich die Zusammenarbeits-Abstinenz etwas verstehen auf dem Hintergrund der generell eher dürftigen Kontakte zwischen Schule und Elternhaus: Lehrer wechseln an den Elternabenden mit den Eltern *guter* Schüler gern ein paar Worte, mit den Eltern von *Problem-Schülern* wird das Gespräch bereits problematischer und mit *problematischen* Eltern sprechen sie am liebsten gar nicht. Gespräche mit Eltern legasthenischer Kinder sind auf diesem Erlebenshintergrund immer schwierig, weil Legastheniker *Problem-Schüler* sind.

Sind Gespräche mit den Eltern dieser Problem-Schüler nicht verplemperte Zeit, die viel nutzbringender mit der Förderung der Kinder gefüllt werden könnte. Lohnt es sich überhaupt, über Elternarbeit nachzudenken ?

Wenn Legasthenie eher Zeichen einer Lehrschwäche des Lehrers ist als eine Lernstörung des Schülers, könnte die Zeit besser damit verbracht werden, mit dem Lehrer zusammenzuarbeiten. Ganz anders wird die Optik hingegen, wenn wir die Legasthenie als ein Symptom der Familie verstehen: Anzeichen eines kalten, eines überbehütenden oder eines wechselnden Erziehungsklimas (TREMPLER 1976). Legasthenie - ein Notsignal familiärer Konflikte (GRÜTTNER 1980)? Eine derartige Betrachtungsweise würde selbstverständlich umfassende paartherapeutische, familientherapeutische, letztlich psychotherapeutische Interventionen implizieren, zu denen die Mehrzahl der Therapeuten (Logopäden, Legasthenietherapeuten, Schulische Heilpädagogen, Schulpsychologen) nicht hinreichend qualifiziert wären.

Zwischen derartigen Extrempositionen, die einerseits die Legasthenie als *Ausdruck eines Lehrerversagens* und andererseits als *Ausdruck familiärer Konflikte* sehen, gibt es zumindest noch eine dritte Position, die Legasthenie als *Lernstörung des betroffenen Schülers* versteht, bei deren Verbesserung oder Behebung die Eltern eine wie auch immer geartete Funktion in der Förderung übernehmen könnten.

Auf dem Hintergrund dieser unterschiedlichen Betrachtungsweisen der Legasthenie ist es geradezu unmöglich, zum Thema Elternarbeit etwas allgemein Anerkanntes auszusagen. So können die nachfolgenden Ausführungen nur als ein *subjektiver Problemaufriss der Thematik* «Zusammenarbeit mit Eltern legasthenischer Kinder» verstanden werden.

- Im Mittelpunkt steht die provokative, aber ernstgemeinte Frage «*Ist Elternarbeit überhaupt nötig*» - oder anders formuliert, wozu ist sie nötig? Bei der Beantwortung dieser Frage nach dem Ziel, oder nach möglichen Zielen in der Zusammenarbeit mit Eltern werden die im Titel angesprochenen Gefahren und Chancen einer Zusammenarbeit herausgearbeitet. Gleichzeitig werden konkrete Beispiele für Formen und Inhalte einer Zusammenarbeit gegeben.

- Zum Schluss wird die Frage gestellt, welche Bedeutung dieses Wissen um Ziele und Möglichkeiten für die in der Praxis tätigen Therapeutinnen und Therapeuten hat. Um welche Bedingungen der Zusammenarbeit müssen sie sich bemühen, wenn Elternarbeit erfolgreich sein soll.

2. Ist Elternarbeit nötig - wozu ist sie nötig ?

2.1. Vom typologischen zum idiographischen Denken

In den letzten 10 Jahren steckt die Sprachbehindertenpädagogik/ Logopädie in einer Entwicklung, die dadurch gekennzeichnet werden kann, dass bei immer mehr Störungen festgestellt werden muss, dass die Störungsetikette (Beispiel «Legasthenie») sehr wenig aussagt über das im Einzelfall vorliegende Problem, weder über die Schwierigkeiten des einzelnen Individuums, noch über seine Ressourcen und Stärken, weder über die Ursachen der Störung noch über die Betroffenheit des Individuums durch diese Störung, auch nicht über die Betroffenheit seiner Bezugspersonen, seiner Familie oder seiner Lehrer.

Typologisches Denken wird immer mehr ersetzt durch das realitätsnähere *idiographische Denken* (MOTSCH 1990). Idiographisch heisst einzelfallorientiert, vom Einzelfall ausgehend. Diese Veränderung in unserem Denken hat bei Störungen wie Stottern und Spracherwerbsstörungen ihren Anfang genommen, und wurde auch für den Legastheniker und seine Lebenssituation bereits früh von Autoren wie MÜLLER (1974), KOWARIK (1979) oder GRISSEMANN (1983) als sinnvoll erachtet.

Gegenstand unserer Überlegungen ist folglich nicht «der Legastheniker» oder «die Legasthenikerfamilie», sondern einzelne Kinder, die recht unterschiedlich sind und einzelne Familien, die sehr verschieden voneinander sind. Gemeinsam ist evtl. allen eine mehr oder weniger grosse Besorgnis über die weitere schulische Entwicklung, und selbst diese Sorge ist nicht in allen Fällen nachzuweisen.

Publikationen aus der Bundesrepublik Deutschland beziehen sich häufig auf Legastheniker, die bereits älter sind, auf schwere Legastheniker, die misserfolgsorientiert, voll Schulunlust und mit massiven sekundären Problemen belastet sind, auf resignierte Kinder mit grossem Störungsbewusstsein und übergrosser Versagensangst. In der Schweiz zeigt sich bei der Mehrzahl der Fälle ein anderes Bild: hier treffen wir häufig früherfasste Kinder mit zwar aus dem Rahmen des Üblichen fallenden Leistungen beim Erwerb des Lesens und Schreibens, mit aber noch nicht übergrossen Rückständen, häufig mit nicht allzu grossem Störungsbewusstsein und noch durchaus vorhandener Lern- und Leistungsmotivation. Dieses Spektrum bezüglich dem Schweregrad der Legasthenie und den sich daraus möglicherweise ergebenden sekundären Belastungen erfordert allgemein therapeutisch, aber selbstverständlich auch bezogen auf die Frage nach der Zusammenarbeit mit den Eltern eine Differenzierung der Ziele und Wege. So verstanden ist in jedem Einzelfall die Frage nach der Notwendigkeit, dem Ziel und der Form der Zusammenarbeit neu zu stellen.

2.2. Gefahren in der Zusammenarbeit

2.2.1. Über-Information

Therapeuten klären Eltern legasthenischer Kinder auf über die möglichen Folgen der Legasthenie. Mit bestem Willen schildern sie den Eltern in leuchtenden Farben mögliche Weiterentwicklungen und Persönlichkeitsveränderungen des Kindes (Störungsbewusstsein, Angst, Schulunlust, Verhaltensstörungen...).

Die Eltern haben in ihrer Problemsicht das Ganze bisher nicht so tragisch bewertet, erkennen in der geschilderten Entwicklung bisher weder ihr Kind noch sich selbst. Dankbar nehmen sie aber vom Experten diese klare Information entgegen, die nunmehr zu wirken beginnt, und aus ihrem Unbehagen und ihren Fragen ein Störungsbewusstsein entstehen lässt oder das bezogen auf die effektiven Probleme ihres Kindes bereits zu grosse Störungsbewusstsein verstärkt. Ängste, Befürchtungen, gegenseitige Vorwürfe in der Familie sind nicht selten die Früchte einer derartigen Informations-Saat.

2.2.2. Der voreilige Wunsch nach «Eltern-Cotherapie»

Der Therapeut schätzt seine eigenen Möglichkeiten in den kurzen und seltenen Therapiestunden als gering ein und sieht in der Mithilfe der Eltern eine gute Chance, die Therapieeffektivität zu erhöhen. Er leitet die Eltern mit bestem Willen dazu an, die Lernsituationen mit dem Kind zu strukturieren, bestimmte Übungen durchzuführen, die Hausaufgaben zu kontrollieren u.v.m.

Die Eltern sind dankbar, weil sie jetzt etwas Konkretes zur Förderung ihres Kindes in den Händen haben, sie schätzen die Ratschläge des Experten. Insbesondere auch die Eltern, die bisher bereits viel getan haben, die viel Druck aufgesetzt haben, die immer hinter den Hausaufgaben her waren, die schon viel mit dem Kind geübt haben, fühlen sich in ihrem Tun bestärkt. Das Kontrollverhalten der Eltern nimmt zu und damit das, was das Kind jetzt am wenigsten braucht: Druck von Seiten der Eltern durch Üben, Kontrollieren und Kritisieren.

Nicht immer gelingt es den Eltern, die Ratschläge und Ansprüche des Therapeuten umzusetzen, einmal fehlt die Zeit, einmal die Lust oder auch das Verständnis dessen, was zu tun ist. Die Eltern fühlen sich überfordert, ein schuldhaftes Gefühl des Versagens stellt sich ein. Derartige Familienrealitäten zwischen halbherzigem Druck und selbstzweiflerischem Unzufriedensein *gefährden auch die bisher guten Eltern-Kind-Beziehungen.* Die Familie als letzter verlässlicher Rückzugspunkt für den in der Schule bereits unter Druck stehenden Schüler droht durch den Einzug des Leistungs- und Kontrollprinzips zu zerbrechen.

2.2.3. Selbstüberforderung des Therapeuten

Der Therapeut weiss heute, dass eine isolierende, individuumzentrierte Behandlung des legasthenischen Schülers kritisiert wird. Systemisches Denken, Einbezug der Familiensituation ist «in». Er möchte dies berücksichtigen und ganzheitlich arbeiten. In den Elterngesprächen zeigt er einfühlendes Interesse für die Familiensituation.

Die Eltern sind wiederum dankbar. Endlich interessiert sich jemand für die ggf. vorhanden Belastungen in der Familie: familiäre Probleme, ja auch Partner-Probleme u.v.m. werden nun dem Therapeuten dargelegt. Dieser fühlt sich bald einmal damit *überfordert*. Er fragt sich nach dem direkten Zusammenhang zu der Problematik des Kindes, er sieht keine Möglichkeiten, mit diesen angesprochenen Problemen umzugehen und gerät dadurch selbst unter Druck.

Zusammenfassend lauern also Gefahren in der Informationstätigkeit, in der Art und Weise des Miteinbezugs der Eltern bei der Förderung ihres Kindes und bei dem Versuch, ganzheitlich zu arbeiten. Diese Gefahren stellen *Fallen* dar, derer man sich auch vielfach selbst dann nicht bewusst wird, wenn man bereits in sie hineingetappt ist, weil einem viele Eltern noch dankbar für diese Fehler sind, wie gezeigt wurde.Wenn Information, Miteinbezug der Eltern und der Wunsch nach ganzheitlich orientierter Therapie nicht grundsätzlich falsch sind, ist es wohl vielmehr das Wie von Information, Miteinbezug und Beratung der Eltern, das im Einzelfall aus einer gefährlichen Tätigkeit eine begründbare und hilfreiche Tätigkeit werden lässt.

2.3. Chancen in der Zusammenarbeit

2.3.1. Entlastung durch neues Problemverständnis

Die Eltern kommen häufig mit ihrer Enttäuschung über die Leistungen ihres Kindes zum Therapeuten. Mit einem gewissen Recht stellen sie fest, dass sich die Lese- und Rechtschreibfähigkeit nicht nur im Deutschunterricht, sondern auch in anderen Fächern auswirken kann. Sie denken bereits mit Schrecken an den möglicherweise gefährdeten Übertritt in die weiterführende Schule.

In dieser Situation benötigen die Eltern eine Beratung, die ihnen ein neues Problemverständnis ermöglicht. Das «in die gleiche Kerbe hauen» oder den «Teufel gemeinsam an die Wand malen» nützt hier wenig. In dieser Beratung sollen die vorhandenen Schwierigkeiten nicht bagatellisiert werden, aber sie soll den Eltern helfen, wieder ihr *Kind als Kind* und nicht als Legastheniker zu sehen - ein Kind mit liebenswerten Eigenschaften, ein Kind mit Stärken und nicht nur mit Lese-Rechtschreib-Schwäche. Sie soll das zukünftig für das Kind Mögliche ansprechen und unausgesprochene Fragen und Ängste auf eine rational zugängliche Ebene bringen. Die angstbeladene Überbewertung des

Problems soll einer gemeinsam erarbeiteten hoffnungsvollen Bewertung des Problems weichen.

Beispiel Elternabend
Die Therapeutin hat 5 Ehepaare um 20 Uhr zu einem Elternabend eingeladen. Alle Elternpaare wohnen im gleichen Dorf und haben ein legasthenisches Kind. Bereits beim Eintreffen ist Erstaunen darüber festzustellen, dass Bekannte auch hier sind und somit ähnliche Probleme haben. Die Eltern erzählen von ihren Kindern, wie sie diese erleben, worüber sie sich Sorgen machen und welche Fragen sie sich stellen. Sie erleben, dass nicht nur sie «ein Problemkind» haben. In der daran anschliessenden Auseinandersetzung mit der Frage «Wie kann ich meinem Kind helfen?» sind die Eltern überrascht, dass nicht die permanente Hausaufgabenkontrolle oder das verstärkte Üben von ihnen erwartet und als positiv bewertet wird, sondern in erster Linie Geduld, Vertrauen und Zuwendung zum Kind. Auf dieser Grundlage lassen sich gemeinsam mit dem Kind und Therapeuten Hilfen erarbeiten, die das Kind auch selbst bejaht und somit als Hilfe empfindet.

2.3.2. Unspezifische Förderung

Viele Autoren sind sich darin einig, dass Eltern keine Therapeuten ihrer Kinder werden sollen. Die Gefahren, die darin stecken, wurden zuvor angesprochen. Wie Eltern ihre Kinder dennoch unterstützen können, wird als *«unspezifische Förderung»* bezeichnet. Was ist darunter zu verstehen ?

BRÜGELMANN (1984) betonte, dass die Voraussetzungen für einen erfolgreichen Schriftspracherwerb erschwert sind, wenn beim Kind nicht Vorstellungen von der Funktion der Schrift vorhanden sind. Er sieht in sogenannten «naiven Erfahrungen» im Umgang mit der Schrift (Beispiele: aus der Bibel oder Märchenbuch vorlesen, in briefliche Kommunikationen miteinbeziehen) wichtige Voraussetzungen für das Lesenlernen, die wirksamer sind als das Training einzelner Funktionen (Beispiele: Spazierstöcke malen, Übungsblätter zur optischen Differenzierung bearbeiten). Die häusliche Erfahrung mit Büchern und Schriftmaterial spielt somit eine wichtige Rolle für den späteren Erfolg im Lesen.

Diese auch bereits für das Vorschulkind oder das Kindergartenkind wichtigen Hinweise sind auch weitgehend empirisch abgesichert. Aus den 10 Untersuchungen, die bereits BRÜGELMANN als Beleg der Wirksamkeit einer unspezifischen Förderung anführt, scheint eine besonders erwähnenswert. WELLS und RABAN (1976) untersuchten in einer Längsschnittuntersuchung 111 Kinder im Kindergarten - und Primarschulalter. Die Ergebnisse der Untersuchung belegten einen engen Zusammenhang zwischen dem Schriftverständnis der Kinder beim Schulanfang und ihrer Leseleistung nach dem 1.Schuljahr mit folgenden Elternvariablen:

- dem Interesse der Eltern an Schrift,
- der Häufigkeit ihres Lesens und Schreibens,
- ihrer Bereitschaft, Materialien dieser Art (d.h. bspw. Stifte, Papier, Stempelspiele) den Kindern zur Verfügung zu stellen,
- der Ausstattung der häuslichen Umgebung (bspw. Anregungen durch Zeitschriften und Bücher),
- der Bereitschaft der Eltern, zu erzählen und vorzulesen.

Diese Ergebnisse bedeuten für Eltern legasthenischer Kinder, dass sie sich bemühen sollten, das Kind die Wichtigkeit des Lesenkönnens im Alltag erleben zu lassen: spielerisch, lustbetont, kooperativ. Wie kann so etwas aussehen?

Beispiel «Einzelgespräche mit den Eltern»
Die häufigste in der Schweiz anzutreffende Form der Elternarbeit ist sicherlich das Einzelgespräch. Dort sollte sehr konkret besprochen werden, was individuell als hilfreich erlebt wird und wie dies in den Tagesablauf eingebaut werden kann. Mit dem Ergebnis sollten wenn immmer möglich alle Beteiligten (Kind, Eltern und Therapeut) einverstanden sein. Um dieses gemeinsame Einverständnis und auch die vereinbarten Belohnungen bei Einhaltung der Vereinbarung festzuhalten, haben sich schriftliche «Verträge» bewährt, die von allen unterschrieben werden (vgl. BETZ/ BREUNINGER 1982). Auch GRISSEMANN bezweifelt die Wirksamkeit unverbindlicher Informationen «Informationen führen zum Kopfnicken, nicht zu Einstellungs- und Verhaltensänderungen» (GRISSEMANN 1980, S. 181). Die Inhalte dieser Einzelgespräche drehen sich häufig um folgende Möglichkeiten «unspezifischer Förderung»:

- Sanierung des Alltags (Tagesablauf, Fernseh- und Musikkonsum, Schlafenszeiten u.a.).

- Funktion der Schrift im Alltag erleben lassen: Angebote machen, wie bspw. das Vorlesen aus einem für das Kind spannenden Buch, sensibel werden für eigene Erkundungsversuche des Kindes und diese unterstützen, so z.B. einzelne Wörter, für die sich das Kind interessiert, benennen (beim gemeinsamen Einkauf, beim gemeinsamen Kochen nach Rezept, beim gemeinsamen Spiel nach Spielanleitung, auf Kassette lesen, auf Schreibmaschine schreiben, Einkaufszettel schreiben, Briefe schreiben). Durch derartige Aktivitäten erfährt die Schrift im sozialen Miteinander eine konkrete Bedeutung. Diese Vorschläge eignen sich nicht nur für Eltern, die Bücherwürmer sind, Schrift ist etwas «Alltägliches» Einkaufspläne, Kochrezepte, Spielanleitungen, Fernsehzeitung, Blick, Konserven, Zettel auf Frischware, Ansichtskarten, Werbung im Briefkasten, Plakate in der Stadt...

- Arbeitsgestaltung. Voraussetzungen schaffen für störungsfreies Lernen (Arbeitsplatz: ruhig, gut beleuchtet), Hilfsmittel (Hefte, Schreibpapier, Duden..), Hilfe bei der Aufgabeneinteilung und Zeitplanung, Hilfen besprechen (Beispiel: Schwungübungen zur Entkrampfung der Schreibhand und Steigerung des Schreibtempos)

- Lesestoff besprechen (Interessen des Kindes finden, berücksichtigen oder wecken, keine zu hohen Forderungen an «wertvolle» Litreratur, auch mit Globi, Micky Maus und Fernsehzeitung lässt sich lesen lernen)

- Gemeinsames Lesen: wenn, dann sollte die Mutter/ der Vater voll dabei sein und nicht daneben anderes machen, Möglichkeiten besprechen (Beispiel: mitflüstern, vorlesen im Wechsel)

- Spielerische Übungen gemeinsam machen: Memory, Kim, Leselotto, Scrabble, zum Fenster hinaushören, beim Spaziergang lauschen, Formen und Buchstaben auf Rücken schreiben und erraten...)

2.3.3. Neue Bewertungsmasstäbe

Gerade Eltern, die bereits einen hohen Leidensdruck aufweisen, werden diese unspezifische Förderung erst akzeptieren und damit auch umsetzen können, wenn es ihnen mit Hilfe des Therapeuten gelingt, ihre *Einstellungen* gegenüber dem Kind und seinen Leistungen zu ändern. Häufig sind es nicht die Leistungen des Kindes, sondern die hohen Massstäbe und Erwartungen der Eltern, die aus einer kleinen Legasthenie ein grosses, die Familie belastendes Problem machen. Die Eltern benötigen Hilfe, um zu verstehen, dass gerade in der jetzigen Situation diese hohen Massstäbe zur Verschärfung der Situation führen. Erst wenn es ihnen gelingt, über ihren eigenen Leistungsfimmel-Schatten zu springen, das Kind mit seiner aktuellen Rechtschreibfähigkeit und seinem jetzt erreichten Lesetempo zu akzeptieren, indem sie sich auch wieder bewusst und mit unserer Hilfe andere Persönlichkeitsbereiche des Kindes vor Augen holen, können sie dem Kind auch wieder Vertrauen entgegenbringen und Liebe zeigen - beides hat das Kind nötig, um sich selbst vertrauen zu können und die eigenen Leistungsressourcen aktivieren und ausschöpfen zu können.

Beispiel Elternkurs
BETZ und BREUNINGER(1982) beschreiben sehr ausführlich die Form eines Elternkurses, der sich über neun Abende erstreckt. Der zentrale Inhalt dieses Kurses ist die Arbeit an den Erwartungen und Bewertungen der Eltern vis-à-vis ihrer Kinder. Die Eltern werden mit ihrem eigenen Erziehungsschicksal konfrontiert. Auf diesem Hintergrund beginnt die Arbeit an zwei zentralen «Utopien» im elterlichen Denken: die Utopie der idealen Eltern und die Utopie des idealen Kindes. Erst das Aufgeben dieser Utopien befreit die Eltern von einer falsch verstandenen Verantwortlichkeit und von dem Zwang des Machbarkeitsdenkens.

2.3.4. Aktivitäten zur Stärkung des Selbstwertgefühls

Verbunden mit dem Versuch einer positiven Einstellungsänderung ist auch der Versuch, diese Einstellungsänderung im Verhalten deutlich zu machen: *Unterstützung anstatt Unterdrückung*. Gerade ein Kind, dessen Selbstwertgefühl durch die im Vergleich mit anderen Schülern schlechteren Leistungen angekratzt ist, braucht die immer wieder erlebte Sicherheit, dass dieses Schulproblem nicht die Liebe und Zuwendung seiner Eltern gefährdet. Kinder benötigen das Gefühl, akzeptiert zu werden. Sie müssen erleben, dass nie die Gefahr besteht, die Liebe der Eltern zu verlieren (vgl. TREMPLER 1976). Nicht Drohung, Liebesentzug, Bestrafung, Druck sind hier hilfreiche Mittel, auch wenn sie durchaus die ultima ratio vieler Eltern in ihrem hilflosen Bestreben, dem Kind zu «helfen», darstellen. Unguter Druck und Kontrolle müssen durch Aktivitäten ersetzt werden, die das Selbstwertgefühl des Kindes stärken können.

Beispiel «Gemeinsame Freizeitgestaltung»
Neben dem Betonen der Stärken und guten Seiten des Kindes erlebt ein Kind vor allem in den Zeiten, die sich seine Eltern ausschliesslich ihm widmen, Zuneigung und Zuwendung. Aus diesem Grund sollte gemeinsam überprüft werden, ob es noch solche Zeiten gibt, in denen gemeinsam gespielt, getobt, gebastelt, spazieren gegangen, gejoggt, Fussball gespielt, gesungen, geredet ... wird.

Beispiel «Kommentare zu sogenannten schlechten Leistungen»
Wahrscheinlich hat jeder Mensch schon einmal erlebt, wie aufbauend ein aufmunterndes «Wort» und wie vernichtend eine vielleicht sogar achtlos eingestreute Bemerkung von Personen wirkt, die uns viel bedeuten. Diese Wirkung von *Kommentaren* ist besonders gross in Bereichen, die wir selbst als unsere Schwachstellen kennen. Ein Schüler, der sich wieder einmal mit einer verheerenden Note im Diktat auf dem Nachhauseweg befindet, ist bereits voller angstvoller Erwartung vor dem Kommentar seiner Eltern.

Auf diesem Hintergrund sind die Überlegungen von BREUNINGER und BETZ (1987) hilfreich. Sie schlagen vor, diese Kommentare bewusster einzusetzen um sicherzustellen, dass sie konstruktiv und ermutigend bleiben. Wichtig wäre, dass der Kommentar die persönliche Zuwendung signalisiert («Du bist mir als Person wichtig») und die schlechten Noten entdramatisiert («Das kann man lernen»). Je nach Situation könnten dabei folgende Elemente Verwendung finden:

- *Stärken des Schülers benennen:* Was kann er gut, was macht er richtig z.B. Schrift, einzelne Rechtschreibkategorien

- *Verbesserungen hervorheben:* Worin hat er sich im Vergleich zu früher gebessert. «Man sieht, dass du jetzt ... sicher beherrschst. ...gut geübt hast. Es hat sich gelohnt, dass..»

- **Einen Fehlerschwerpunkt herausfinden** und Bewältigung betonen. Bsp. Gross-Kleinschreibung (nicht mehrere Fehlerschwerpunkte gleichzeitig ansprechen, dies wirkt verwirrend und entmutigend)

- Hilfestellungen geben: konstruktiv sind Hilfestellungen, wenn sie eine Anleitung beinhalten, wie der Fehler behoben werden kann. Bsp. Benennung von «Eselsbrücken».

4. Therapeutische Bedingungen einer «guten» Zusammenarbeit

Bei der skizzierten Zusammenarbeit mit Eltern handelt es sich nicht um Formen psychotherapeutischer Beeinflussung, sondern um Formen eines gut reflektierten Elterngespräches mit einzelnen Eltern oder mit Elterngruppen, die integrierter Teil pädagogisch-therapeutischer Massnahmen sein sollten. Wo sich wirklich schwerwiegende familiäre Konflikte, Ehekonflikte u.ä. andeuten, ist konsequent die *Grenze eigener Hilfsmöglichkeit und Zuständigkeit* zu ziehen.

Aber auch Elternarbeit i.S. pädagogisch-therapeutischer Massnahmen bedarf einer seriösen Vorbereitung der Therapeuten, wobei unterschiedliche Voraussetzungen berücksichtigt werden sollten:

- *Das Wissen um sinnvolle Ziele und Möglichkeiten der Elternarbeit.* Dieses Ziel kann in Aus- und Fortbildung, im Selbst- oder Gruppenstudium hilfreicher Literatur erarbeitet werden.

-   *Auseinandersetzung mit sich selbst.* Jeder Erwachsene trägt «Gestalten» in sich, die zurückliegende Lebenserfahrungen mit den damit verbundenen Gefühlen und Einstellungen abbilden (Eigenerfahrungen als Kind, als Schüler, ggf. als Mutter/ Vater, ggf. als Lehrer und Fremderfahrungen der eigenen Eltern und Lehrer). Diese Gestalten sind in unserem Leben erlebens- und verhaltensaktiv, d.h. sie machen viel von dem verständlich, wie wir uns vor bestimmten Situationen fühlen, wie wir uns in bestimmten Situationen verhalten und welche Gefühle wir dabei entwickeln, wie wir Situationen bewerten u.v.m. Die Auseinandersetzung mit uns selbst, mit unseren eigenen Massstäben, Erwartungen, Einstellungen ist eine wichtige Voraussetzung dafür, dass wir nicht unsere «eigenen Probleme» in die Arbeit mit Kind und Eltern hineintragen, ohne es zu merken. Vielleicht steckt in uns ein ähnlicher Leistungsfimmel, ein Kontrollzwang, der Gedanke, dass sich die Kinder nur mehr anstrengen müssen... Wenn solche oft unbewussten Anteile in uns nicht bewusst gemacht werden, werden sie uns immer wieder in unserer Arbeit behindern. Ohne diese Auseinandersetzung stehen wir in Gefahr, zum verlängerten Arm, zum Vollzugsbeamten des Systems zu werden (Druck durch Schule, Druck durch Elternhaus, Druck durch Therapie).

-   *Handlungskompetenz in Gesprächsführung.* Nach dieser Auseinandersetzung mit sich selbst ist es sicherlich hilfreich, die eigenen Möglichkeiten zu einer hilfreichen Gesprächsführung zu überprüfen und ggf. zu erweitern: lernen, ein guter Zuhörer zu sein, offen zu werden, nicht immer belehren zu wollen, dem anderen Wertschätzung, Interesse und die Suche nach Verständnis signalisieren zu können, die Fähigkeit zu erhöhen, sich in andere einfühlen zu können, um sie auch mit den eigenen Überlegungen zu erreichen. Um eine Annäherung an die letztgenannten Ziele zu ermöglichen, sollten vermehrt Selbsterfahrungseinheiten in Gesprächsführung und Elternarbeit in Aus- und Fortbildung angeboten werden.

-   *Rollenverständnis und Haltung gegenüber den Eltern.* Die Zusammenarbeit mit Eltern wird mit grösserer Wahrscheinlichkeit erfolgreich sein, wenn der Therapeut sich immer wieder um die Annäherung an die folgenden Rahmenbedingungen bemüht (vgl. MOTSCH 1986):

    -   *Offenheit* (nicht nebulöse Expertenverschwiegenheit, die den Eltern das Gefühl gibt, nichts von allem zu verstehen, sondern Teilhabe an den therapeutischen Überlegungen)

    -   *Partnerschaftliche Zusammenarbeit* (als Therapeut den Wert der Erfahrungen und Möglichkeiten der Eltern anerkennen und gemeinsam mit ihnen an Problemlösungen arbeiten)

- *aktive Beteiligung der Eltern* (die Eltern nicht zu Empfängern von Ratschlägen machen, sondern sie zur Beobachtung, handelnder Selbsterfahrung, zum Mitdenken und Mitentscheiden anregen)

- *Weg der kleinen Schritte* (Verzicht auf zu hoch gesteckte Ziele [Idealverhalten, Lösung aller Konflikte und Probleme], Freude am Teilziel, aha-Erlebnis, Wegfallen *einer* negativen Reaktion, Auftauchen *eines* positiven Verhaltens)

- *Individualisierung*, die nicht nur von den Bedürfnissen und Problemen des Kindes ausgeht, sondern auch von den Bedürfnissen und Möglichkeiten der Eltern.

Durch den Versuch, diese Überlegungen ernst zu nehmen und schrittweise umzusetzen, bekommt die Arbeit mit dem legasthenischen Kind eine *neue bereichernde Dimension.* So soll es auch nicht als unzulässige Relativierung der Notwendigkeit der Zusammenarbeit mit Eltern verstanden werden, wenn ich am Ende auf *die* Kinder zu sprechen komme, mit deren Eltern aus irgendwelchen Gründen trotz therapeutischem Bemühen keine Zusammenarbeit zustande kommt. Gerade in den Fällen, in denen es für das Kind wichtig wäre, eine Aufwertung seines Selbstwertgefühls von Seiten der Eltern zu erleben und dies nicht gelingt, wird die Beziehungsqualität zwischen Therapeut und Kind zum zentralen Punkt. Einer der «grossen» amerikanischen Sprachtherapeuten, Charles VAN RIPER, sagt dazu: «Wir meinen, dass wenn ein Therapeut zu einem bedeutsamen Menschen im Leben des Kindes werden kann, seine Wirkungen viel wichtiger sind, als es die Beschränkungen bezüglich der Zeit und der Kontakte vermuten lassen. Das Leben der meisten Menschen wird nur von einigen wenigen Schlüsselpersonen geformt. Es ist die Aufgabe des Therapeuten, eine solche Schlüsselfigur im Leben des Kindes zu werden.» (VAN RIPER 1986, S. 257)

Literatur

BLUM, N.S.: Die therapeutischen Möglichkeiten des Spiels in der pädagogisch-therapeutischen Arbeit mit legasthenischen Kindern. Berlin 1980

BREUNINGER, H./ BETZ, D.: Note 5 und 6: Die ermutigende Wirkung gezielter Kommentare. In: Dummer, L. (Hrsg.): Legasthenie. Hannover 1987, S. 69-78

BREUNINGER, H./ BETZ, D.: Teufelskreis Lernstörungen. München 1982

BREUNINGER, H.: Jedes Kind kann schreiben lernen. Weinheim 1982

BRÜGELMANN, H.: Lesen- und Schreibenlernen als Denkentwicklung. In: Zt.schr. für Päd. 30 (1984) 1, S. 69-91

DUDLE, S.: Miteinbezug der Eltern in der Therapie der Legasthenie. Unver. Diplomarbeit der Abt. Logopädie der Universität, Freiburg 1987

FIRNHABER, H.:Legasthenie. Wie Eltern helfen können. Frankfurt 1985

GRISSEMANN, H.: Klinische Sonderpädagogik am BeispiBeispid in der Legastheniebehandlung. In: Der Sprachheilpädagoge 11 (1979) 2, S. 26-29

GRISSEMANN, H.: Legasthenie als Symptom: Modernes Schlagwort oder Beitrag zur Differenzierung des Verständnisses einer verbreiteten Lernstörung? In: Vierteljahr.schrift für Heilpädagogik (VHN) 52 (1983) 4, S. 443-459

GRÜTTNER, T.: Legasthenie ist ein Notsignal. Reinbek 1980

KOWARIK, O.: Derzeitiger Stand in der Legastheniebehandlung. In: Der Sprachheilpädagoge 11 (1979) 2, S. 26-29

MOTSCH,H.J. (Hrsg.): Idiographische Logopädie. Themenheft «Logopädie-Sprachbehindertenpädagogik» der Vierteljahresschrift für Heilpädagogik (VHN) 59 (1990)

MOTSCH, H.J.: Zusammenarbeit mit Eltern sprachentwicklungsgestörter Kinder. In: BÄCHTOLD, A. u.a. (Hrsg.): Sonderpädagogik. Berlin 1986, S. 209-226

MÜLLER, R.: Leseschwäche, Leseversagen, Legasthenie. Weinheim 1974

TREMPLER, D.: Legasthenie - neue Wege der Heilung. Freiburg 1976

VAN RIPER, Ch.: Die Behandlung des Stotterns. Solingen 1986

Anschrift des Autors:

Dr.phil. Hans-Joachim Motsch
Heilpädagogisches Institut
der Universität Freiburg
Petrus-Kanisius-Gasse 21
CH-1700 Freiburg

Käthi Leemann Ambrož

Funktionaler Analphabetismus - was tun?

1. Funktionaler Analphabetismus

1.1. Zum Begriff funktionaler Analphabetismus

Die Vereinten Nationen proklamierten vor fast vierzig Jahren in den «Universalen der Erklärung der Menschenrechte» das «Recht auf Bildung». Die obligatorische Schulpflicht sollte Grundkenntnisse wie Lesen und Schreiben garantieren. Das Erstaunen war gross, als anfangs der siebziger Jahre in verschiedenen westeuropäischen Staaten (und Mitte der achtziger Jahre in der Schweiz) erkannt wurde, dass es Erwachsene gibt, die trotz erfüllter Schulpflicht nicht über ausreichende Lese- und Schreibkenntnisse verfügen, um sich im Alltag selbständig, initiativ und erfolgreich bewegen zu können.

Der Begriff funktionaler Analphabetismus beinhaltet, dass gewisse schriftsprachlichen Kenntnisse vorhanden sind. Es wird nach Personen unterschieden,
1. «die gar nicht lesen und schreiben können, d.h. allenfalls nur einzelne Buchstaben kennen und nur ihren Namen schreiben können;
2. die einfache Gebrauchstexte lesen, aber gar nicht oder mit derartigen Entstellungen der Wörter schreiben, dass die Aussage nicht mehr rekonstruierbar ist;
3. die sinnentnehmend lesen können, aber aufgrund der ihnen bewusst gewordenen Rechtschreibmängel psychische Schreibhemmungen entwickelt haben» (FUCHS-BRÜNINGHOFF u.a. 1986, S. 30f.).

Der Begriff funktionaler Analphabetismus subsummiert also verschiedene Schriftsprach-Defizite, deshalb wird er heute zum Teil massiv kritisiert. HARTING (1988) bezeichnet Betroffene als Nichtleser und Nichtschreiber.

Da es bei uns als Selbstverständlichkeit gilt, nach acht bis neun Jahren Schulunterricht über die Kulturtechniken Lesen und Schreiben zu verfügen, ist der Mangel an diesen Fertigkeiten für Betroffene meist verbunden mit emotionalen Problemen, mit der Angst, erkannt, als sozial minderwertig und dumm eingestuft zu werden.

1.2. Verbreitung in der Schweiz

Über die Verbreitung des funktionalen Analphabetismus in der Schweiz etwas Genaues sagen zu können erscheint problematisch, solange unklar bleibt, wie und von wem die Minimalanforderungen an die Beherrschung der Schriftsprache definiert werden; je nachdem sind es mehr oder weniger Betroffene.

Verwendet man objektive Kriterien wie Minimalleistungen in Rechtschreib- und Lesetests, so lässt sich aufgrund der erreichten Leistungen eine Anzahl Betroffener vermuten. Gestützt auf eine solche Erhebung nimmt Prof. GRISSEMANN (1984) an, dass in der Schweiz 20'000 bis 30'000 funktionale Analphabeten leben. In einer repräsentativen Auslese von Schülern in Abschlussklassen der Sonderklasse B (= Schule für Lernbehinderte) und in Abschlussklassen der Oberschule (= unterster Typus der dreigeteilten Oberstufe im Kanton Zürich) wurden Schulleistungstests (der Rechtschreibtest «DRT 3» und der Lesetest «Sinnverstehendes Lesen SVL 3») durchgeführt. Von den Sonderschulabgängern erreichten 40% im Lesen und gar 50% in der Rechtschreibung nicht die mittleren Normwerte für das 3. Schuljahr, bei den Oberschulabgängern waren es etwa 2,5% im Lesen und 10% in der Rechtschreibung. Es kann angenommen werden, dass Menschen mit so geringen Fertigkeiten Gefahr laufen, ihre rudimentäre Lese- und Schreibkompetenz über kurz oder lang wieder zu verlieren.

Betrachtet man nun die dritte der oben unterschiedenen Personengruppen, so gibt es keine objektiven Kriterien, welche konkrete Zahlen vermuten lassen. Die Minimalanforderungen werden hier von den Betroffenen selbst definiert. Viele Menschen erleben sich als funktionale Analphabeten (sie funktionieren in unserer Gesellschaft nicht so, wie sie dies möchten/ sollten), obwohl sie objektiv betrachtet weitgehend fehlerfrei lesen und schreiben können. Mit anderen Worten: Sie beherrschen die Kulturtechnik, wenden sie jedoch aus verschiedenen Gründen nicht an.

1.3. Ursachen

Untersuchungen in der Bundesrepublik Deutschland zur Entstehung von funktionalem Analphabetismus basieren auf der Analyse von Biographien Betroffener: Aus der Lebensgeschichte Einzelner wurden Verallgemeinerungen abgeleitet (vgl. z.B. die Thesen von OSWALD 1981, S. 51 - 56). Systematische Ursachenforschung wurde in der Schweiz bisher keine gemacht. Die Aussagen betroffener SchweizerInnen decken sich jedoch weitgehend mit den Untersuchungsergebnissen aus Deutschland.

Eher selten spielten nicht erkannte physische Beeinträchtigungen des Sehens, Hörens und Artikulierens bei der Entstehung einer Lernstörung eine Rolle. Das Zusammentreffen von ungünstigen familiären und schulischen Bedingungen ist entscheidend bei der Entstehung von funktionalem Analphabetismus. Belastende Bedingungen sind beispielsweise beengtes Wohnen, anregungsarmes Milieu, hohe Kinderzahl, finanzielle Probleme, Arbeitslosigkeit der Eltern, Alkoholismus, Krankheit, früher Tod eines Elternteils, zerrüttete Ehen, keine Begleitung und Betreuung der Kinder während der Schulzeit, Heimaufenthalte usw. Die Eltern funktionaler Analphabeten lebten also oft in einer permanenten Überforderung; sie konnten häufig weder die kognitiven noch die emotionalen Bedürfnisse ihrer Kinder ausreichend befriedigen. Die Betroffenen waren oft schon bei der Einschulung derart belastet, dass schulisches Lernen kaum möglich war.

Die Schule erlebten viele Betroffene zunächst als erfreuliche Abwechslung und Entlastung von der häuslichen Misere. Im Laufe der Schulzeit entwickelten sie jedoch aufgrund von Misserfolgen, Ängsten, auch Erniedrigungen und Ablehnung eine tiefe Abneigung gegen die Schule, insbesondere gegen die Lehrpersonen. Die ungünstigen Verhältnisse zu Hause fanden so eine fatale Ergänzung. Der Erwerb der Schriftsprachkompetenz war erschwert oder gar unmöglich geworden, da Empathie, positive Ermutigung, Förderung der Eigenaktivität, Achtung der Person in Elternhaus und Schule fehlten.

Ursachen seitens der Institution Schule verändern sich laufend. Vor zwanzig, dreissig Jahren wussten viele Lehrer noch wenig darüber, wie sich schriftsprachliche Strategien vermitteln und aufbauen lassen. Die Aus- und Fortbildung hat sich mittlerweile verbessert, linguistische Erkenntnisse fliessen in neuere Leselehrgänge ein. Auch therapeutische Angebote für legasthenische Kinder fehlten vor zwanzig, dreissig Jahren weitgehend, was oft zur Folge hatte, dass Schüler mit solchen Problemen fälschlicherweise in die Sonderklasse überwiesen wurden. Eine solche Überweisung bleibt jedem Betroffenen in schmerzlicher Erinnerung. (In Zukunft werden vermutlich auch ehemalige, über Jahre therapierte LegasthenikerInnen im Erwachsenenalter das Lesen und Schreiben noch lernen wollen.) Ferner sind in Biographien funktionaler Analphabeten häufige Lehrerwechsel nicht selten anzutreffen; oft war es kaum möglich, ein stabiles Vertrauensverhältnis zu einer Lehrperson aufzubauen.

Eine der wichtigsten Ursachen ist ein verfestigtes negatives Selbstbild im Zusammenhang mit den mangelnden Fertigkeiten, v.a. im schriftsprachlichen Bereich (vgl. die Untersuchung von DÖBERT-NAUERT 1985). Die Einschätzung Betroffener, nicht lesen und schreiben zu können, entstand während der Schul- und Ausbildungszeit allmählich und verfestigte sich im Erwachsenenalter durch die ständig wiederholten Erfahrungen zu einem negativen Selbstkonzept. Beim Verlassen der Schule verfügten funktionale Analphabeten zwar über bestimmte Kompetenzen, wandten diese aber aus Angst vor Diskriminierung nicht mehr an und verlernten sie so mit der Zeit. Als Erwachsene gehen sie allen schriftsprachlichen Anforderungen aus dem Weg und haben Vertrauenspersonen, die ihnen alle Korrespondenzen erledigen. Dieses Arrangement hält ihr negatives Selbstbild aufrecht, während das Selbstwertgefühl und das Vertrauen in die eigenen Fertigkeiten zusehends schwinden.

1.4. Zur Lebenssituation funktionaler Analphabeten

Funktionaler Analphabetismus bedeutet mehr als bloss das Fehlen einer Kulturtechnik. Funktionaler Analphabetismus ist tendenzielles Ausgegrenztsein aus den verschiedensten Kommunikationsprozessen, die unsere Gesellschaft prägen. Wer nicht oder nicht ausreichend lesen und schreiben kann, erfährt in allen Lebensbereichen ganz erhebliche Einschränkungen: in der Arbeitswelt (z.B. unqualifizierte Arbeit), im öffentlichen Leben (z.B. Wahrnehmen der staatsbürgerlichen Rechte und Pflichten) oder im Privatbereich (z.B. Schreiben von [Liebes-]Briefen). Dies ist nicht nur psychisch belastend, sondern oft auch existenzgefährdend.

Viele funktionale Analphabeten glauben, sie seien die einzigen, die in einer solchen Situation leben. Ein Teilnehmer des Pilotkurses in Zürich beschreibt dies so: «Ich glaubte immer, ich sei der einzige in der Schweiz, der nicht lesen und schreiben könne. Ich wusste, dass Ausländer nicht schreiben können. Ich fühlte mich eigentlich nicht als Schweizer. Ich fühlte mich als totaler Aussenseiter. Ich ging alleine aus, vergass mein Problem im Restaurant mit Alkohol - doch dann wurde es das Problem des Alkohols.»

Da funktionaler Analphabetismus noch heute als nicht existent angesehen oder in Zusammenhang mit geistiger Behinderung gebracht wird, entwickeln viele

342

Betroffene das Grundgefühl, minderwertige Menschen zu sein, von denen sich alle abwenden würden, wenn sie die Wahrheit wüssten. Menschen mit Lese-/Schreibproblemen zweifeln massiv an sich und ihrem Verstand.

Funktionale Analphabeten sind meist auf eine Vertrauensperson (PartnerIn, SozialarbeiterIn) angewiesen, die ihnen bei der Erledigung alles Schriftlichen behilflich ist. So geraten sie in Abhängigkeiten, unter denen sie meist beträchtlich leiden. Es gibt Betroffene, die ihrem Partner jahrelang mit Erfolg verheimlichten, dass sie nicht lesen und schreiben können. Angesichts solch differenzierter Vermeidungs- und Verheimlichungsstrategien lässt sich erahnen, wie gross die Angst vor dem Entdecktwerden sein muss.

Funktionale Analphabeten bewegen sich in einem Teufelskreis: Sie leben in Abhängigkeit von Bezugspersonen, in der permanenten Angst, irgendwo etwas schreiben zu müssen; gleichzeitig verlernen sie mehr und mehr; so wird ihre Situation weiter verschlimmert. Es ist ihnen unmöglich, alleine aus diesem Kreis auszubrechen. Ihre Lebenssituation ist gekennzeichnet durch Angst, Stress, Isolation bis hin zum neurotischen Ausagieren und psychosomatischen Erkrankungen.

1.5. Lernmotive Betroffener

Für funktionale Analphabeten ist der Schritt heraus aus der Anonymität verbunden mit riesigen Ängsten und gleichzeitig grossen Erwartungen. Er zeigt jedoch, dass das Vertrauen in die eigene Lernfähigkeit nicht ganz gebrochen ist. Alle Betroffenen bringen eine lange Lern- und Leidensgeschichte mit. Meist ist es für sie etwas Neues, anderen Menschen ihre Probleme anzuvertrauen.

Funktionale Analphabeten wollen primär das Lesen und Schreiben lernen, um sicherer, selbständiger und unabhängiger zu werden. Die Abhängigkeit von Bezugspersonen wird als sehr belastend und einengend erlebt; stirbt beispielsweise eine solche Vertrauensperson, bedeutet dies für funktionale Analphabeten neben dem Verlust als solchem auch eine Katastrophe für ihren Alltag. Beim Erlernen des Lesens und Schreibens geht es den Betroffenen immer auch darum, sich und anderen zu beweisen, dass sie nicht dumm sind. Da sie jedoch das Scheitern an den Normen der Schriftsprachlichkeit im Verlauf der eigenen Lerngeschichte so schmerzlich erlebten, stellten sie als Erwachsene meist überhöhte Erwartungen an sich selbst: Sie möchten innert kürzester Zeit perfekt und fehlerfrei lesen und schreiben können. Der Wunsch nach

Lese- und Schreibkompetenz kann bei vielen als Reaktion auf die erlittenen Verletzungen, als Versuch der Wiedergutmachung verstanden werden.

Daneben treten oft sehr praktische Motive: Funktionale Analphabeten wollen z.B. Autofahren lernen (d.h. auch die Theorieprüfung bestehen), den Zahlungsverkehr selbständig erledigen, private Korrespondenz schreiben, die Zeitung regelmässig lesen, den Kindern bei den Hausaufgaben helfen, sich weiter entwickeln mittels beruflicher Aus- und Fortbildung usw. Bei einigen steht vielleicht die Hoffnung im Hintergrund, nach einem Lese- und Schreibkurs in eine reguläre Ausbildung einsteigen zu können und auf diesem Weg doch noch zu einer beruflichen Qualifikation zu kommen. Die Arbeit würde interessanter und verantwortungsvoller, zudem würde sich die Sicherheit auf dem Arbeitsmarkt erhöhen.

2. Was tun?

2.1. Anforderungen an die Arbeit mit funktionalen Analphabeten

Die Arbeit mit funktionalen Analphabeten erfordert neben verbal kognitiven Massnahmen (Vermittlung) prinzipiell auch psycho- und sozialtherapeutische Massnahmen (Begleitung und Beratung), denn die Lernbiographie hat bei vielen zu tiefen seelischen Leiden und zu einer schwierigen aktuellen Lebenssituation geführt. Je nach Bedürfnis der Betroffen und den lokalen Möglichkeiten kann einzeln oder in Gruppen gearbeitet werden.

2.1.1. Psycho- und soziotherapeutische Massnahmen

Damit funktionale Analphabeten das Lesen und Schreiben lernen können, ist eine intensive Selbstreflexion notwendig. Aufgrund ihrer bisherigen Lernerfahrungen erwarten sie eher Misserfolg als Erfolg. Die Gefahr ist gross, dass Betroffene diese lerngeschichtlich erworbene Sichtweise mit den ihr entsprechenden Handlungsmustern unbewusst auf die aktuelle Lernsituation übertragen. Diese Auseinandersetzung mit sich selbst erleben viele anfangs als unerwartet («Zeitverschwendung»), als schmerzlich oder gar bedrohlich. Sie ist aber notwendig, damit eine positivere Meinung über die eigenen Person und die vorhandene Lernfähigkeit entstehen kann, die erfolgreiches und eigeninitiatives Lernen ermöglicht.

Einzelne oder Lerngruppen entscheiden in Gesprächen mit den Lehrenden, wie und ob bestimmte Lernangebote genutzt werden sollen. Das Lernen in Eigenverantwortung verlangt von funktionalen Analphabeten ein grundsätzliches Umdenken; in ihrer Schulzeit sind sie unter anderem an einem weitgehend fremdbestimmtem Lernmodell gescheitert. Von Anfang an werden die Lernenden schrittweise in die Planung, Umsetzung und Auswertung miteinbezogen. So entsprechen die Lerngegenstände den subjektiven Interessen und den kommunikativen Fähigkeiten der Betroffenen. Ziel der Gespräche ist, mit den Betroffenen ihre Lernmotive zu überprüfen. Konkret heisst das: Betroffene sollen Klarheit darüber gewinnen, was sie in ihrem Privat- und Berufsleben lesen und schreiben wollen, ob sie überhaupt diese Kulturtechnik erlernen möchten. Es kann ja auch sein, dass als Ergebnis dieser Auseinandersetzung Betroffene zum Schluss kommen, das Lesen und Schreiben nicht zu erlernen. Ein solcher Entscheid wäre die Konsequenz von übernommener Eigenverantwortung, das Nichtkönnen nicht mehr (nur) als defizitär zu erleben.

Damit die im Schonraum Therapie/ Kurs erworbenen Fertigkeiten auch ins Alltagsleben einfliessen können (Transfer), müssen die Lernenden immer wieder ermutigt werden, bisher delegierte Aufgaben selbst zu übernehmen. Durch grössere Eigenaktivität verändern sich in der Folge die Beziehungsmuster. Damit nun diese neue Selbständigkeit nicht missverstanden wird als «ich brauche dich nicht mehr», sind ausführliche Gespräche mit den jeweiligen PartnerInnen notwendig. Auf diese delikaten und wichtigen Gespräche werden die funktionalen Analphabeten in der Therapie/ im Kurs vorbereitet und später unterstützt, eventuell ist auch ein Gespräch mit PartnerIn und TherapeutIn/ KursleiterIn angebracht. Ziel dieser Gespräche ist es, dass die funktionalen Analphabeten die impliziten, abhängig machenden Verträge im eigenen Lebenszusammenhang erkennen und nötigenfalls neue Abmachungen mit ihren PartnerInnen/ Bezugspersonen treffen, welche Lernen und somit Veränderungen erlauben (Bsp. Autofahren lernen). Gelingt dieser Transfer nicht, so besteht die Gefahr der Pseudoalphabetisierung, d.h. die bisherigen Schulerfahrungen wiederholen sich und das Gelernte geht nach der Therapie/ dem Kurs wieder vergessen.

2.1.2. Vermittlung

Die Diskussion über Methoden der Schriftsprachvermittlung, die in der Erwachsenenbildung vertretbar sind, ist bis heute nicht abgeschlossen. Einig ist man sich darüber, dass neben dem systematischen Aufbau vor allem die kommunikative Seite des Lesens und Schreibens erfahrbar werden soll.

a) Zur Sprachsystematik:
Eine Zielsetzung der Sprachvermittlung besteht darin, den Lernenden (eine gewisse) Einsicht in das komplexe System der Sprache zu ermöglichen. Um dies zu erreichen, wurde die von PILZ und SCHUBENZ (1979) entwickelte und linguistisch begründete Morphemmethode (Morphem = kleinstes sinntragendes Element der Sprache) aufgenommen. Darüber hinaus werden mit Wörtern Aufgliederungs- und Syntheseübungen mit weiteren Segmentationseinheiten gemacht. Parallel zu solch spezifischen Trainings sind immer auch Ganztexte Gegenstand des Lernens. Hier geht es primär darum, Texte inhaltlich zu erfassen und Strategien zur Ausnützung von semantischen und syntaktischen Leseerwartungen aufzubauen.

b) Zur Spracherfahrung:
Die beste Chance, Transfer zu ermöglichen, ist die konkreten Schreibanliegen der Lernenden aufzunehmen und zu bearbeiten (z.B. das Ausfüllen eines Hotelformulars, Kündigungsschreiben usw.). Die Handlungskompetenz erhöht sich so direkt. Sehr oft schreiben funktionale Analphabeten auch spontan eigene Texte zu ihrer aktuellen Lebenssituation oder auch zu früheren Erlebnissen. Solche Texte werden orthographisch und grammatikalisch (nie stilistisch) bereinigt, gemeinsam gelesen und besprochen. So erfahren die SchreiberInnen, dass primär der Inhalt (und nicht die Anzahl Fehler) ihrer Texte wichtig ist. Sie gewinnen Vertrauen, sich überhaupt schriftlich mitzuteilen, d.h. Sprache nicht nur funktional zu erleben, sondern auch als eigenständige Möglichkeit von Welterfahrung und Persönlichkeitsausdruck.

2.1.3. Anforderungen an TherapeutInnen/ KursleiterInnen

Wie eingangs dargestellt, umfasst die Bezeichnung «funktionaler Analphabet» Menschen mit sehr unterschiedlichen Fertigkeiten und (Lern-)Anliegen. Entsprechend differenziert müssen auch die (Lern-)Angebote sein. Für Einzelne oder Gruppen existieren zur Zeit seitens des Vereins «Lesen und Schreiben für Erwachsene» und von weiteren Institutionen oder Privatpersonen Angebote folgender Art:
1. Lesen und Schreiben für Erwachsene (Elementares wird von Grund auf neu erarbeitet);
2. Lese- und Rechtschreibtrainings für Menschen, die entsprechende Grundkenntnisse mitbringen, denen aber das freie Lesen und Schreiben infolge grosser Unsicherheiten nicht möglich ist;
3. Selbsthilfegruppen für Menschen, die (mehr oder weniger fehlerfrei) lesen und schreiben können, jedoch derart gehemmt sind, dass sie ihre Fähigkeiten nicht nützen;

4. Psychotherapie (als Start- oder Begleitmassnahme) ist für all diejenigen Menschen sinnvoll, denen tiefe Blockierungen jedes Lernen verunmöglichen;
5. Schreibstuben, in welchen mit Hilfe einer kompetenten Person Schriftliches erledigt werden kann, bieten all den Menschen Entlastung und Hilfe, die auf den Beginn eines Kurses/ einer Therapie warten müssen.

In einer ausführlichen Anfangsberatung wird neben dem Klären der Lernmotive die Lerngeschichte (familiär und schulisch) sowie die aktuelle Lebenssituation besprochen. Anschliessend schreibt und liest der/ die InteressentIn, damit die konkreten Kenntnisse sichtbar werden und ein Eindruck entsteht, mit wievielen Ängsten das Lesen und Schreiben verbunden ist. Die möglichen Angebote werden diskutiert, damit der/ die Betroffene eine Entscheidungsgrundlage hat. Während der Therapie/ des Kurses wird überprüft, ob die Entscheidung grundsätzlich richtig war; eventuell können weitere Abklärungen eingeleitet und spezifischere Förderangebote gemacht werden.

3. 1990 - Das internationale Jahr der Alphabetisierung

Das Jahr 1990 ist von den Vereinten Nationen zum Internationalen Jahr der Alphabetisierung erklärt worden. Geplant sind Aktionen zur Bekämpfung des Analphabetismus in der dritten Welt und des funktionalen Analphabetismus in Industriestaaten. Jedes Internationale Jahr ruft auf zum Nachdenken, zum Überprüfen des bisher Geleisteten, aber auch zum Stellen von Forderungen.

Seit 1986 bietet der Verein «Lesen und Schreiben für Erwachsene» Kurse für funktionale Analphabeten an. Die Pilotphase ist vorbei, jetzt ist die Überprüfung der entstandenen Strukturen, der Angebote für Betroffene und der Finanzierung notwendig. Fragen folgender Art stehen im Zentrum:
- Mit welchem Verständnis von Alphabetisierung treten OrganisatorInnen/ KursleiterInnen an die Öffentlichkeit und an die Betroffenen heran?
- Was ist die Zielsetzung von Alphabetisierungsmassnahmen in der Schweiz?
- Wie beurteilen die Betroffenen die Angebote? Entsprechen diese ihren Lern-Bedürfnissen?
- Sind die Konzepte von Kursen für funktionale Analphabeten und die Fortbildung der OrganisatorInnen und KursleiterInnen realistisch? usw.

Das Phänomen des funktionalen Analphabetismus zeigt auf, dass die Schule bis heute das Recht auf Bildung für alle nicht garantieren kann. Forderungen folgender Art drängen sich auf:

- Die Forderung nach dem Recht auf Bildung für alle muss überprüft werden. Wie kann die öffentliche Schule diese Forderung erfüllen?
- Eine intensive Ursachenforschung zum funktionalen Analphabetismus muss betrieben werden, damit Möglichkeiten der Prävention sichtbar und wirksam werden können.
- Es muss überprüft werden, ob die LehrerInnen in ihrer Aus- und Fortbildung die Kompetenzen erlangen, auch in problematischen Lernprozessen gezielt helfen zu können.
- Es muss überprüft werden, ob dem Aspekt der Persönlichkeitsbildung der Schüler genügend Rechnung getragen wird und die Lehrer entsprechende Kompetenzen im Rahmen ihrer Aus- und Fortbildung erwerben.
- Untersucht werden muss das Phänomen der Therapieresistenz. In diesem Zusammenhang müssen die therapeutischen Angebote für Kinder mit Lernproblemen sowie die Kompetenzen der TherapeutInnen überprüft werden.
  usw.

Das Internationale Alphabetisierungsjahr ist ein Aufruf zur Initiative. Mit Engagement, Innovationskraft und intensiver Zusammenarbeit verschiedenster Fachleute können weitere Schritte in die Zukunft einer alphabetisierten Schweiz gemacht werden.

Kontaktadresse Alphabetisierungskurse

Verein Lesen und Schreiben für Erwachsene Schweiz
c/o SAH,
Postfach,
8031 Zürich   Tel. 01/ 271 26 00

Literatur

DÖBERT-NAUERT, M.: Verursachungsfaktoren des Analphabetismus. Bonn - Frankfurt 1985
FUCHS-BRÜNINGHOFF, E.: Alphabetisierung - Konzepte und Erfahrungen. Bonn - Frankfurt 1986
GRISSEMANN, H.: Spätlegasthenie und funktionaler Analphabetismus. Bern 1984

HARTING, U.: eine subjektive Bilanz. In: HARTING, U. (Hrsg.): SCHRIFT-
LOS. 10 Jahre Alphabetisierung. Bonn - Frankfurt 1988

OSWALD, M.L.: Thesen zur Entstehung von Analphabetismus auf der Grundlage einer Analyse von Biographien Betroffener. In: DRECOLL, F./
MÜLLER, U.: Für ein Recht auf Lesen. Frankfurt a.M. 1981

PILZ, D./ SCHUBENZ, S.: Schulversagen und Kindertherapie. Köln 1979

Anschrift der Verfasserin:

Käthi Leemann Ambroz
Grünenhofstr. 8
8625 Gossau

Hans Grissemann

Rückblick auf das Symposium

Beitrag an der Podiumsdiskussion

Ich habe während dieses Symposiums versucht, möglichst viele Beiträge in Kurzbesuchen zu erfassen, um einen Gesamteindruck zu gewinnen. Für mich waren dabei die Vielfalt der Darstellungen und die wissenschaftlichen Bemühungen um einen Bezug zur pädagogischen und sonderpädagogischen Praxis beeindruckend.

Es drängte sich auf, die Beiträge in ihrem Zusammenhang mit fünf aktuellen Fragestellungen zu verstehen, die heute, nach rund 25 Jahren Legastheniepädagogik in der Schweiz zur Diskussion stehen (vgl. Abbildung).

Meine Hinweise werden der Fülle des Angebots nicht gerecht; sie entsprechen der Kurzverarbeitung von Teileinsichten.

Zu Frage 1: Professionalisierung der Ausbildung im Legastheniebereich

Neue Forschungseinsichten bewirken neue Interventionsvarianten, die in neue Ausbildungs- und Fortbildungspläne einbezogen werden können.

- U. CORADI verwies auf die Überwindung des individuumzentrierten Ansatzes, auf die Bedeutung von Änderungen im Schulsystem, auf die Ausnützung der Kooperation von sonderpädagogischen und schulpsychologischen Fachkräften mit Regelklassenlehrern mit ihren Auswirkungen auf die individualisierte Betreuung von Problemschülern und auf die Verbesserung des Schulklimas zur Optimierung der Lernbedingungen.

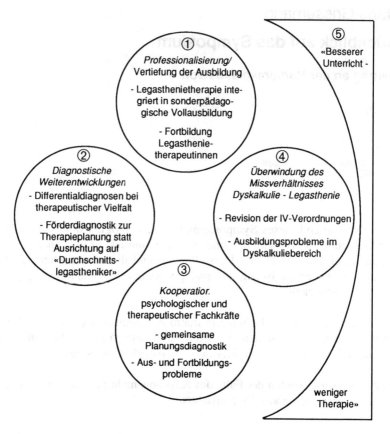

- M. BRUNSTING behandelte emotional therapeutische Implikationen der Legastanietherapie, welche die frühere Ausrichtung auf lesetechnische Förderkonzepte in Frage stellen.

- A. MOSER vertiefte den emotional-therapeutischen Erweiterungsansatz mit Möglichkeiten des Einbezugs individualpsychologischer Einsichten aus der Schule von Alfred ADLER. Dabei bemühte sie sich, auf die heute sehr aktuellen sozialtherapeutischen und systemorientierten Implikationen bei ADLER hinzuweisen.

- H. WIRTH behandelte den Zusammenhang von neuropsychologischen Hintergründen von Aneignungsprozessen des Lesens und Schreibens mit neuropädagogischen Interventionen.
Bei der Erweckung entsprechender Hoffnungen war eine Dissonanz innerhalb der am Symposium vorgestellten Beiträge nicht zu übersehen. Es wurde gezeigt, wie Grundfunktions- bzw. «Werkzeug»störungen als cere-

brale Basisfaktoren therapeutisch beachtet werden. Die sozial-systemisch orientierte Psychologie untersucht aber insbesonders die Interaktionen zwischen Basisfaktoren und Umwelt und versteht Legasthenie als Entwicklungsprozess.

- H. OCHSNER unterstützte die Bemühungen zur Professionalisierung der Ausbildung angesichts der ätiologischen Vielfalt von Lernstörungen beim Lesen und Schreiben. Dabei weist er auf die Gefahr der Kompetenzkumulation und Überforderung hin, die sich bei der Ausrichtung auf dynamisch-systemische Entwicklungskonzepte ergeben kann und der mit differenzierten diagnostischen Abklärungen, gezielten Zuweisungen, Kooperation von Fachkräften und Supervisionierung begegnet werden sollte.

- A. LANFRANCHI machte die Überschneidung von Ausländerpädagogik und Pädagogik der Teilleistungsschwächen verständlich. Er zeigte Lösungsversuche zur Vorbeugung deprivationsbedingter schulischer Teilleistungsschwächen bei Ausländerkindern mit Spielgruppen im Vorschulalter und implizierte dabei auch Grundsätzliches zur Betreuung teilleistungsschwacher Immigrationsschüler bezüglich komplementärer sprachlicher Förderung in interkultureller Integrationspädagogik.

- M. SCHMASSMANN zeigte ein hochschuldidaktisches Beispiel zur Professionalisierung in Aus- und Fortbildung. Sie bewies, dass wissenschaftsfundierte Ausbildung nicht hochabstrakter und praxisferner Akademisierung zu entsprechen braucht. Dies gelang ihr mit der Animation der Kursteilnehmer zur Eigenaktivität an mathematischen Grundproblemen aus dem Lebensalltag.

Insgesamt drängen sich zum ersten Problemkreis folgende Fragestellungen auf:
- Die pädagogisch-psychologische Forschung hat zu vielen vielversprechenden Interventionsansätzen geführt, die neuen Ausbildungen und einer angepassten Förderdiagnostik rufen.
- Die additive Verarbeitung verschiedener Teilbeiträge der Forschung muss durch eine übergreifende, modellorientierte Synthese ersetzt werden.
- Professionalisierung darf nicht mit einem Feindbild von Akademisierung missverstanden werden.

Zu Frage 2: Weiterentwicklungen der Diagnostik

- H. WIRTH zeigt, dass sich in neuropsychologischer Sicht verschiedene Legasthenikertypen erfassen lassen, denen verschiedenartige Interventionen zugeordnet werden müssten. Dabei interessierten besonders die Aussagen zur Therapieresistenz bei einem Legasthenikertypus.

- H. OCHSNER bekämpft insbesondere die alte diagnostische Durchschnittsformel «Legasthenie», welche sich auf typische Merkmale beziehen will und ein allgemeines Vorgehen ohne situations- und persönlichkeitsspezifische therapeutische Modifikationen begünstigt.

- W. BAUMBERGER und J. HOLLENWEGER richten sich ausdrücklich auf Förderdiagnostik aus. Sie geben Einblicke in die Entwicklung und den Aufbau der Schweizer Version des Heidelberger Sprachentwicklungstests, der im Einschulungsalter die Möglichkeit bietet, die sprachliche Lernbasis bezogen auf die schweizerdeutsche Sprachkompetenz im Hinblick auf die schulischen Aneignungsprozesse von Lesen und Schreiben zu erfassen. Damit kann die Indikation zur besonderen Förderung im oralsprachlichen Bereich erarbeitet werden.

- S. KAMM bezieht sich ebenfalls auf Förderdiagnostik, aber auf eine therapieimmanente nach Überweisung und Therapiebeginn. Sie zeigt, wie in Verlesungsanalysen Grundlagen zur Selektion spezifischer Lesetrainings gewonnen werden können.

- J. STEPPACHER verweist in einer kritischen Auseinandersetzung mit Früherfassungsmethoden (Differenzierungsprobe nach BREUER/ WEUFFEN und Schulreifetest) eher auf Desiderate als auf Lösungen, trägt aber fruchtbare Postulate zum Aufbau einer Förder- bzw. Planungsdiagnostik vor.

Insgesamt drängt sich der Eindruck auf, dass eine Förderdiagnostik, die eher prozessorientiert ist, die konkrete Planungshinweise erarbeitet, welche eine systematische therapieimmanente Diagnostik beinhaltet und sich auf wissenschaftsbegründete Modelle des Lesens und Schreibens bezieht, noch weitgehend ein Desiderat ist, dass aber der Einstieg in eine neue Phase der Entwicklung einer neuen pädagogisch-psychologischen Diagnostik schon begonnen hat.

Zu Frage 3: Kooperation in der Therapie

- H. St. HERZKA zeigt die Kooperation eines kinderpsychiatrischen, psychologischen und sonderpädagogischen Teams, das sich nicht nur auf die fachspezifische Fallbearbeitung sondern auch auf die Teamprobleme und auf Konfliktbearbeitung bezieht. Dabei wurden wohl bei den Symposiumsteilnehmern Überlegungen angestossen, welche dem Transfer eines solchen Modells auf die analogen Kooperationen gelten, in die auch der Lehrer einbezogen wäre. Dabei würde die Stufe der üblichen Informationen überstiegen und eine gemeinsame Erarbeitung von unterrichtlichen und therapeutischen Massnahmen bei Problemschülern, wie auch die Pflege der Kooperationskultur angestrebt.

-   U. STRASSER unterstützt dieses Kooperationsdenken mit der Bezugnahme auf das Zürcher Projekt zur schulischen Integration schulschwieriger Schüler. In der wissenschaftlichen Begleituntersuchung wurde der Nachweis erbracht, dass Kooperation in einem Transfer des von HERZKA aufgezeigten Modells auf die Schule sich positiv auf die kognitiven Leistungen und auf die soziale Integration von Problemschülern auswirken müsste.

In diesem Problembereich wurde ein zentrales Anliegen der modernen Legastheniepädagogik angeschnitten. Besonders in der noch aufzubauenden Förderdiagnostik drängen sich entsprechende Innovationen auf.

Zu Frage 4: Das Missverhältnis der pädagogisch-psychologischen Beachtung von Legasthenie und Dyskalkulie

Dieses Missverhältnis spiegelt sich auch im Tagungsprogramm ab, das sich grundsätzlich auf alle Teilleistungsschwächen bezog, aber von legastheniepädagogischen Beiträgen dominiert wurde.

-   Beim Beitrage von A. LOBECK musste man sich betroffen erinnern an die ungleiche Würdigung dieser Teilleistungsschwäche im Vergleich mit Legasthenie und an die heute kaum mehr verständliche Abwehrhaltung des Bundesamtes für Sozialversicherung bezüglich der Aufnahme schwerer Dyskalkulie als beitragswürdige Beeinträchtigung. LOBECK gibt etliche Hinweise auf die Verfestigung überholter Einsichten der sonderpädagogischen Psychologie, in welcher Rechenschwäche einseitig auf mangelnde intellektuelle Begabung bezogen wurde. Er machte auch verständlich, dass die Gleichsetzung von Nachhilfeunterricht und Legasthenietherapie heute nicht mehr haltbar ist.

Vorstösse von Schulpsychologen, von therapeutischen Fachkräften, aber auch Bemühungen im behördlichen Bereich (z.B. der Einsatz einer erziehungsrätlichen Kommission im Kanton Zürich zur Behandlung der Dyskalkulieprobleme) deuten aber an, dass hier eine Wandlung bevorsteht.

Zu Frage 5: Besserer Unterricht - weniger Therapie

- A. BÜRLI entwirft unter Bezug auf die internationale Schulforschung ein «Porträt einer guten Schule», in welcher Prozess- und Strukturmerkmale dargestellt werden. Zum Teil decken sie sich auch mit den Einsichten in den Zürcher Schulversuchen zur Integration schulschwacher Schüler (Zielkonsens und Kooperation).

- K. LEEMANN-AMBROZ erinnert in ihrem Beitrag zum funktionalen Analphabetismus an das Versagen des Sonderklassensystems bezüglich dieser Schwerstlegasthenie. Es ist zu erwarten, dass neue Ausbildungen für Sonderklassenlehrer einen Unterricht ermöglichen, der zur Prävention der schweren Lernbeeinträchtigungen welche zum funktionale Analphabetismus Erwachsener führen können, besser gerecht zu werden vermag und zu einer Prävention dieser Beeinträchtigung beiträgt.

- U. CORADI kritisiert den Aussonderungsansatz zur Bildung homogener Schulklassen der einer Restringierung der Ausbildungsangebote für schulschwache Schüler rufen kann und meint, dass das Nivellierungssystem der Jahrgangsklassen einer wesentlichen Individualisierung des Unterrichts entgegensteht (Beispiel: Potentielle funktionale Analphabeten brauchen mehr als ein Schuljahr für den Erstleseunterricht).

- E. LOBSIGER und H.J. KELLER zeigen die vielfältigen Chancen, Bemühungen und Angebote im Primarlehrerseminar des Kantons Zürich, die einem Aufbau der Sonderpädagogik in der allgemeinen Schule in der Regelklassenlehrerausbildung gelten. Damit ist eine Problemschülerpädagogik zur Prävention von Lern- und Verhaltensstörungen und zur Stützung von Schülern mit besonderen Schwierigkeiten gemeint. Dabei wurde eine Dilemma sichtbar. Die eindrückliche Verbesserung der Erstlesedidaktik mit dem Bezug zur Legasthenieprävention wird immer wieder beeinträchtigt durch Abwehrmechanismen von Lehrerstudenten gegen den Wissenschaftsbezug und das geforderte systematische didaktische Denken.

Anpassungen der Lehrerbildung an den neuen Stand der pädagogisch-psychologischen Forschung einschliesslich der Leseforschung sind im Gange und weiter voranzutreiben. Damit würden auch therapeutische Fachkräfte vom

Ergänzungs- und Nachhilfeunterricht entlastet und könnten sich mehr auf komplexe therapeutische Bemühungen ausrichten.

Das Symposium kann insgesamt als eindrückliches Zeichen der aktuellen Wende der Legastheniepädagogik, und als Zeichen ihrer vermehrten Pädagogisierung verstanden werden. Der Jubilar ist erfreut und dankbar für die Bemühungen der Referenten an dieser Veranstaltung, der auf ihrem Einsatz an ihren Wirkungsfeldern basiert.

Anschrift des Verfassers:

Prof. Dr. H. Grissemann
Institut für Sonderpädagogik
Hirschengraben 48
8001 Zürich

SZH ||SPC

Schweizerische || Secrétariat suisse
Zentralstelle || de
für Heilpädagogik ||pédagogie curative

CH-6003 Luzern   Obergrundstrasse 61   Telefon 041 - 23 18 83

Publikationen

Behinderung

o   Peter Wettstein; Rudolf Bühlmann (Hrsg.): Erfahrungen mit der kognitiven Förderung nach Feuerstein. 130 p., 1988, Fr. 26.--, ISBN 3-907988-69-8

o   Raffael Wieler: Die Zürcher Blindenschule. Existenzkämpfe einer Zwerganstalt seit 1809. 184 p., 1988, Fr. 28.--, ISBN 3-907988-72-8

o   Christa Schlenker-Schulte; Klaus Schulte: Sprechen und Rhythmik, Artikulation auf allen Stufen. 63 p., 1988, Fr. 10.--, ISBN 3-907988-59-0 (aspekte Nr. 29)

o   Pro Infirmis Kanton Zürich (Hrsg.): Auf immer verknüpft - Geschwister in Solidarität und Abhängigkeit? Bericht über die Tagung zur Geschwisterproblematik in Familien mit einem behinderten Kind. 57 p., 1988, Fr. 10.--, ISBN 3-907988-58-2 (aspekte Nr. 28)

o   Franz Hochstrasser (Hrsg.): "Ich habe keine Bücher". Legasthenie und Analphabetismus in Theorie und Praxis. 138 p., 1988, Fr. 23.--, ISBN 3-907988-64-7

o   Andreas Fröhlich (Hrsg.): Die Förderung Schwerstbehinderter. Erfahrungen aus sieben Ländern. 223 p., 1988 (2. unveränderte Auflage), Fr. 25.--, ISBN 3-907988-18-3

o   Peter Kaufmann: Zeichensysteme in der Hörgeschädigtenpädagogik. Eine Uebersicht. 64 p., 1988 (3. durchgesehene Auflage), Fr. 7.--, ISBN 3-907988-52-3 (aspekte Nr. 14)

o   Nitza Katz-Bernstein: Aufbau der Sprach- und Kommunikationsfähigkeit bei redeflussgestörten Kindern. Ein sprachtherapeutisches Übungskonzept. 147 p., 1988 (3. unveränderte Auflage), Fr. 23.--, ISBN 3-907988-42-6

o   Daniela Sichel: Adoption schwieriger und behinderter Kinder. 176 p., 1987, Fr. 27.--, ISBN 3-907988-62-0

o   Schweizerischer Berufsverband der Heilpädagogen (Hrsg.): Festhaltetherapie: pro und contra. Tagungsbericht der SBH-Fortbildungsveranstaltung vom 23. September 1986, bearbeitet von Barbara Jeltsch- Schudel, Margrith Balbi-Kayser und Andrea Burgener. 76 p., 1987, Fr. 11.40, ISBN 3-907988-54-x (aspekte Nr. 25)

o   Hans Grissemann: Zur Lage der Legasthenietherapie in der Schweiz/ La rééducation de la dyslexie en Suisse. 47 p., 1981, Fr. 5.70, ISBN 3-907988-28-0 (aspekte Nr. 9/aspects no 9)

Grundlagen

o   Gabriel Sturny-Bossart; Alois Bürli (Hrsg./Eds.): Sonderschulung zwischen Pädagogik und Finanzen/Enseignement spécialisé entre pédagogie et finances. 129 p., 1989, Fr. 20.--, ISBN 3-907988-73-6

o   Alois Bürli (Hrsg./Ed.): Jahrbuch 1986/87 zur Schweizer Heilpädagogik/Annuaire 1986/87 sur la pédagogie spécialisée en Suisse. 384 p., 1988, Fr. 41.--, ISBN 3-907988-68-x

o   Emil E. Kobi: Heilpädagogische Daseinsgestaltung. 351 p., 1988, Fr. 39.--, ISBN 3-907988-67-1

o   Rudolf Arn (Hrsg.): Ganzheitliche Sicht vom Menschen in der Heilpädagogik. 77 p., 1988 (2. unveränderte Auflage), Fr. 13.--, ISBN 3-907988-30-2

o   Alois Bürli: Grundzüge der Sonderpädagogik in der Schweiz. 52 p., 1986, Fr. 9.60, ISBN 3-907988-46-9 (aspekte Nr. 20)

o   Alois Bürli: Zur Integration behinderter Kinder in der Schweiz. 64 p., 1986, Fr. 10.--, ISBN 3-907988-44-2 (aspekte Nr. 18)

o   Alois Bürli: Zur Behindertenpädagogik in Italien, England und Dänemark. Fakten, Beobachtungen, Anregungen. 140 p., 1985, Fr. 23.--, ISBN 3-907988-37-x

o   Christian Mürner: Die Pädagogik von Heinrich Hanselmann. Zum Verhältnis von Entwicklung und Behinderung. 282 p., 1985, Fr. 35.--, ISBN 3-907988-31-0

o   Emil E. Kobi; Alois Bürli; Erwin Broch (Hrsg.): Zum Verhältnis von Pädagogik und Sonderpädagogik. Referate der 20. Arbeitstagung der Dozenten für Sonderpädagogik in deutschsprachigen Ländern. 280 p., 1984, Fr. 37.--, ISBN 3-907988-06-x

o   Ursula Höhn: Die sonderpädagogischen Einrichtungen der Schweizer Kantone. Eine schematische Übersicht aufgrund der Gesetzgebungen/Mesures de pédagogie spécialisée dans les cantons suisses. Une vue d'ensemble schématique basée sur les législations cantonales. 48 p., 1981, Fr. 5.90, ISBN 3-907988-29-9 (aspekte Nr. 11/aspects no 11)

o   Eduard Bonderer, Andreas Bächtold (Hrsg.): Schweizer Beiträge zur Integration Behinderter. 207 p., 1981, statt Fr. 24.--: Mod. Antiquariat Fr. 9.--, ISBN 3-907988-19-1

o   Fritz Schneeberger (Hrsg.): Erziehungserschwernisse. Antworten aus dem Werk Paul Moors. 144 p., 1979, Fr. 16.--, ISBN 3-907988-10-8

SZH ∥ SPC

Schweizerische Zentralstelle für Heilpädagogik ∥ Secrétariat suisse de pédagogie curative

CH-6003 Luzern   Obergrundstrasse 61   Telefon 041 - 23 18 83

Nachschlagewerke

o   2. Bibliographie zur Schweizer Heilpädagogik 1981 - 1985. Herausgegeben von der Schweizerischen Zentralstelle für Heilpädagogik, bearbeitet von Claudia Achermann und Rolf Meier/2e bibliographie sur la pédagogie spécialisée en Suisse 1981 - 1985. Editée par le Secrétariat suisse de pédagogie curative, préparée par Claudia Achermann et Rolf Meier. 289 p., 1986, Fr. 38.--, ISBN 3-907988-41-8

o   Bibliographie zur Schweizer Heilpädagogik 1975 - 1980. Herausgegeben von der Schweizerischen Zentralstelle für Heilpädagogik von Kurt Gschwind/Bibliographie sur la pédagogie spécialisée en Suisse 1975 - 1980. Editée par le Secrétariat suisse de pédagogie curative, préparée par Kurt Gschwind. 130 p., 1983, statt/au lieu de Fr. 17.--: Mod. Antiquariat Fr. 9.--, ISBN 3-907988-25-6

o   Audiovisuelle Medien zum Thema Behinderung. Filme, Videos, Tonbänder, Tonbildschauen. Zusammengestellt von Margret Sieber. - Médias audio-visuels sur le handicap. Bandes vidéos, bandes sonores, séries de diapositives. Rassemblés par Margret Sieber. 108 p., 1987, Fr. 20.--, ISBN 3-907988-60-4

o   Medien zum Thema Behinderung. Filme, Tonbildschauen, Tonbänder. Zusammengestellt und bearbeitet von Brigitt Baumeler. 245 p., 1981, statt Fr. 28.--: Mod. Antiquariat Fr. 9.--, ISBN 3-907988-20-5

o   Heilpädagogische Studienabschlussarbeiten 1970-1979. Eine Bibliographie der Schweizerischen Zentralstelle für Heilpädagogik, zusammengestellt und bearbeitet von Franz Müller, Urs Hagmann und André Chappot/Travaux de fin d'études en éducation spécialisée 1970-1979. Une bibliographie du Secrétariat suisse de pédagogie curative, rassemblée et éditée par Franz Müller, Urs Hagmann et André Chappot. 222 p., 1980, statt/au lieu de Fr. 25.--: Mod.Antiquariat Fr. 9.--, ISBN 3-907988-17-5

BULLETIN

Bulletin der Schweizerischen Zentralstelle für Heilpädagogik. Erscheint vierteljährlich. Enthält aktuelle Beiträge zur Heilpädagogik in der Schweiz sowie Hinweise auf Veranstaltungen, Neuerscheinungen, etc. 192 Seiten pro Jahrgang. Jahresabonnement Fr. 18.--